대한민국 대표
주말가족여행

대한민국 대표 주말가족여행

지은이 박동철
펴낸이 임상진
펴낸곳 (주)넥서스

초판 1쇄 발행 2012년 4월 30일
초판 4쇄 발행 2013년 1월 25일

2판 1쇄 발행 2016년 2월 25일
2판 3쇄 발행 2017년 5월 15일

3판 1쇄 인쇄 2021년 4월 26일
3판 1쇄 발행 2021년 5월 3일

출판신고 1992년 4월 3일 제311-2002-2호
10880 경기도 파주시 지목로 5
Tel (02)330-5500 Fax (02)330-5555
ISBN 979-11-6683-054-9   13980

저자와 출판사의 허락 없이 내용의 일부를
인용하거나 발췌하는 것을 금합니다.
저자와의 협의에 따라서 인지는 붙이지 않습니다.

가격은 뒤표지에 있습니다.
잘못 만들어진 책은 구입처에서 바꾸어 드립니다.

www.nexusbook.com

계절과 월별 체험에 맞춘
국내 가족 여행지 100

대한민국 대표 주말 가족여행

최신 개정판

박동철 지음

넥서스BOOKS

여는 글

대한민국 어디나 우리 아이의 놀이터다

♣ 코로나 19라는 엽기적인 질병으로 전 세계는 팬데믹에 빠져 버렸고 잃어버린 2020년도는 암흑의 역사 속에 묻혀 버리고 말았다. 하지만 그 어려움 속에서도 대한민국은 민족의 저력으로 빛을 발하며 그 위상을 세계에 알리기도 했다. 5천 년의 역사가 말해 주듯 우리는 가슴속 깊숙한 곳에 어떤 역경도 헤쳐 나갈 수 있는 커다란 힘을 저마다 품고 있다. 곧 코로나 19도 독감 정도의 질병으로 여겨질 날이 올 것이고, 우리는 다시 바깥세상으로 여행을 떠나 우리나라 구석구석에 숨어 있는 저력을 꼼꼼하게 확인해 보면 되는 것이다.

이 책을 처음 출간하고서 벌써 몇 번의 개정판을 내게 되었는데, 그 시간 동안 우리나라 곳곳은 빠르게, 하지만 우아하게 변화하였다. 지방 자치 행정이 첫걸음을 시작했던 당시만 해도 먹거리와 볼거리도 고만고만한 이벤트성 축제들이 우후죽순식으로 생겨나서 지역을 대표한다고 했지만, 지금의 지방 축제는 그 옛날과 전혀 격이 다르다. 각 지역에서 발굴한 알찬 테마들은 특별한 색깔이 있고, 역사적 배경들까지 알기 쉽도록 재구성하여 여행의 즐거움을 안겨 준다. 이 책에서는 각 지역이 어떤 테마들을 품고 있는지 자세하게 소개한다.

동백이 질 때쯤 남도의 매화 향기와 함께 찾아오는 봄 풍경은 형형색색의 꽃들로 마음을 들뜨게 하고, 태풍이 지나고 무더운 여름이 찾아오면 초록의 계곡과 에메랄드빛 바다가 여행을 즐겁게 한다. 강원도 설악산으로부터 찾아오는 단풍의 물결은 제주도

한라산까지 붉게 물들이고 하얀 눈송이 휘날리는 겨울을 맞이한다. 다양한 계절은 우리나라만이 가지는 행운이고, 그런 특별한 모습들을 얻었기에 여행은 지루하지 않다. 연인들의 데이트 코스, 아이를 가진 부모들의 체험 학습, 황혼의 노부부가 즐기는 낭만 여행까지, 대한민국 구석구석에 숨겨진 여행 코스들은 오감을 만족시킨다.

여행을 통한 마음의 치유는 교육을 통한 것보다 효과적이고 포용력이 강하다. 그래서 여행을 교육적으로 해서는 안 된다. 조금은 느긋하게 또 오래오래 머물면서 마음으로 느끼는 것이 좋다. 짧은 시간에 많은 것을 보려고 하기보다는 한 가지라도 오래 보며 이해하는 것이 훨씬 도움이 된다. 특히 아이들과의 여행에선 더욱 그러하다. 누구를 위한 여행인지 먼저 생각한다면 여행의 목적과 테마를 결정하는 일이 수월해지는데, 우리는 가끔 주체를 잊어버리기도 한다. 예를 들어 반려견과의 산책에서 우리가 종종 저지르는 실수들처럼 말이다. 산책이 노즈 워킹과 배변을 통한 스트레스 해소가 목적이기에 기다려 주고 이해해 주는 시간이 필요한데도, 보호자는 많이 걷도록 하는 것에만 열중하는 실수 말이다.

오랫동안 기억에 남고 가슴 뿌듯한 여행이 되길 원한다면 아이들을 이끌어 주는 부모의 역할이 무엇보다 중요하다. 아이들의 호기심을 불러일으키고 열정의 불씨를 지피는 것은 책과 공부가 아니라 기다려 주고 이해해 주는 부모의 말과 행동에 달려 있다. 진정한 여행이란 새로운 풍경을 바라보는 것이 아니라 새로운 눈을 가지는 데 있다는 것을 잊지 말자.

박동철

이 책의 구성

《대한민국 대표 주말가족여행》은 아이들의 체험 여행에 꼭 맞는 여행지 100곳을 담고 있습니다. 박물관, 숲, 바다, 산 등을 누비며 오감을 자극시키는 체험을 할 수 있을 것입니다. 여기에 오토캠핑, 주말 체험 프로그램, 시티투어 등의 다양한 여행 프로그램도 소개하고 있어 가족 여행을 계획하는 데 유용한 정보를 모았습니다.

▶여행지의 순서
월별로 그 달에 꼭 맞는 체험거리 위주로 다양한 지역을 골고루 선정하였습니다. 바닷가와 산, 유적지 등 다양한 장소를 고루 섞어 아이들이 자연 생태 체험과 역사 공부 등을 자연스럽게 접할 수 있도록 했습니다.

▶오토캠핑
오토캠핑의 인기로 전국 휴양림에 다양한 오토캠핑장이 생겨나고 있습니다. 책에서 설명하는 곳 외에 오토캠핑에 대한 필자의 다양한 팁과 전국 오토캠핑 명소 리스트를 일목요연하게 정리하여 알려 줍니다.

▶월별/가나다순/지역순/테마별 찾아보기
월별로 꼭 체험해야 할 것을 묶어서 그 달에 가야 할 여행지를 빠르게 찾을 수 있도록 정리했습니다. 책 뒷부분에는 가나다순/지역순/테마별 찾아보기를 정리하여 실었습니다.

▶주말 체험 프로그램
서울을 비롯한 전국의 대표적인 주말 체험 프로그램을 정리하였습니다. 전통 체험에서 자연 생태 현장 학습에 이르기까지 주말을 이용해 아이들이 직접 체험할 수 있는 다양한 프로그램을 알려 줍니다. 장소와 일정, 대상, 가격 등을 확인하고 우리 아이에게 꼭 맞는 프로그램을 선별할 수 있습니다.

▶버스 여행 '시티투어'
전국의 대표적인 시티투어를 정리하여 책 속 부록에 실었습니다. 곳곳에 자리 잡은 명소와 대중교통으로는 가기 힘든 아름다운 유적지, 그리고 아이들은 물론 어른들에게도 유익한 박물관 등을 쉽고 편하게 둘러볼 수 있는 시티투어 프로그램을 소개합니다.

*이 책에 실린 여행 정보는 2021년 4월 기준으로 정리된 것이며, 향후 달라지는 내용은 쇄를 거듭할 때마다 수정·보완할 계획입니다.
*현재 코로나 상황으로 인해 여행 정보의 변동이 심하므로 휴관 등의 정보는 개별 확인하시어 착오 없으시길 바랍니다.

이 책을 보는 법

이 책은 기본적으로 한 여행지에 대해 4페이지에 걸쳐 알려 주고 있습니다. 월별 표시에서 연계 교과, 여행 정보, 추천 코스, 가족 여행 팁을 비롯해 여행 전에 미리 알고 가면 좋은 정보와 꼭 해 봐야 할 체험거리를 정리해서 보여 줍니다. 가족 여행을 고민하는 부모님에게 최고의 가이드북이 될 것입니다.

월별 대표 여행지
좌측 상단에 월별로 대표적인 체험 여행지를 실어 떠나고자 하는 달에 맞게 여행지를 찾습니다.

가족 여행 팁
아이들과 함께하는 여행의 만족도를 더욱 높이기 위해 각 여행지마다 가기 전에 미리 알아 두면 좋은 팁을 정리했습니다.

추천 코스
각 꼭지에서 소개하는 여행지를 비롯해 함께 돌아보면 좋은 코스를 선별하여 제안하였습니다.

연계 교과/체험 포인트
연계 교과: 부모와 여행을 많이 떠나는 초등학생 연령대에 맞춰 현재 교과서에서 각 여행지와 연계되는 부분을 정리했습니다.

체험 포인트: 여행지 현지에서 우리 아이가 꼭 배우고 느꼈으면 하는 부분을 정리했습니다.

여행 정보
승용차와 대중교통으로 찾아가는 방법, 주소, 연락처, 먹을거리, 잠자리와 이색 체험과 축제, 주변 여행지 등에 대한 기본적인 정보를 수록했습니다.

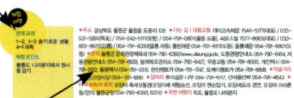

이것만은 알고 가요!
해당 여행지에 가기 전에 그 지역에서 우리 아이가 꼭 알아야 할 역사적·생태적 정보를 사진과 함께 알려 줍니다. 관련 지식을 미리 알고 가면 여행의 재미와 학습 효과가 높아집니다.

놓치면 안 될 체험거리
해당 여행지에서 결코 놓쳐서는 안 될 체험거리를 알려 줍니다. 각 여행지와 그 시기에만 할 수 있는 특별한 체험거리를 짚어 주어 아이들이 색다른 체험을 할 수 있도록 도와줍니다.

9

차례

여는 글 | 5
이 책의 구성 | 8
이 책을 보는 법 | 9

1월

001 울산광역시 울산 간절곶 제일 먼저 해 뜨는 곳에서 소망을 빌다 | 14
002 충청남도 태안 신두리 사구 자연을 지키고 가꾸는 법을 배우다 | 18
003 전라북도 군산 근대문화유적지 군산의 옛 역사 현장 속으로 떠나다 | 22
004 경상남도 창원 주남저수지 저수지 위를 날아가는 철새를 관찰하다 | 26
005 경상남도 합천 해인사 소중한 문화유산의 면면을 살펴보다 | 30
006 경상북도 경주 문무대왕릉 삼국을 통일한 문무대왕을 생각하다 | 34
007 충청북도 단양 도담삼봉 카르스트 지형이 만들어 낸 최고의 절경 | 38
008 전라북도 무주 덕유산 눈꽃 트레킹 온통 눈으로 뒤덮인 설천봉에 오르다 | 42

2월

009 강원도 영월 선암마을 단종의 슬픔이 서린 곳에서 자연을 만나다 | 46
010 제주도 제주 올레길 7코스 느긋하게 걸으며 자연의 아름다움에 빠지다 | 50
011 경상남도 통영 이순신공원&동피랑마을 이순신 장군의 기개를 이어받다 | 54
012 경상남도 남해 보리암&다랑이논 보물섬에서 선조의 지혜를 엿보다 | 58
013 전라남도 여수 오동도 동백꽃이 만발한 여수의 봄을 만끽하다 | 62
014 경상남도 거제 지심도 동백길 쪽빛 남해 바다 가운데 붉은 동백섬의 유혹 | 66
015 충청북도 청주 고인쇄박물관 세계 최초의 금속활자를 만나다 | 70
016 서울특별시 서울 길상사 법정 스님의 무소유 정신을 생각하다 | 74

3월

017 제주도 제주 우도&성산 일대 제주의 길을 걸으며 호연지기를 느끼다 | 78
018 경상북도 경주 양동마을 세계가 보존해야 할 한국의 전통 마을을 가다 | 82
019 경상남도 거제 전쟁유적지구 아름다운 섬에서 옥포대첩의 영웅을 만나다 | 86
020 전라남도 강진 다산 유배길 차향 가득한 길에서 정약용을 만나다 | 90
021 전라북도 익산 무왕길 무왕이 사랑한 도시를 걸어서 둘러보다 | 94
022 서울특별시 서울 인사동&남산한옥마을 현대와 어우러진 한국의 전통 미술을 보다 | 98

023 경기도 임진각 평화누리공원 슬픈 전쟁의 역사 현장을 돌아보다 |102
024 전라남도 창평 슬로시티 전통이 살아 있는 마을의 돌담길을 걷다 |106
025 충청남도 논산 관촉사 은진미륵의 미간에서는 촛불처럼 빛이 난다 |110

4월

026 충청북도 제천 청풍문화재단지 벚꽃 흩날리는 청풍호를 누비다 |114
027 경상남도 거제 해금강&외도 사람이 만든 아름다운 자연에서 쉬다 |118
028 전라남도 여수 영취산 붉게 타오르는 진달래밭을 오르다 |122
029 전라북도 남원 광한루원 춘향을 따라 봄의 광한루를 걷다 |126
030 전라북도 진안 마이산 탑사 환상적인 십리 벚꽃길을 따라 돌탑을 돌다 |130
031 경상남도 하동 화개 벚꽃길을 따라 천년차나무를 찾다 |134
032 충청북도 청주 대청호 청정환경이 만든 아침 풍경을 누리다 |138
033 경상남도 창녕 우포늪 태곳적 자연 속에서 자신을 돌아보다 |142
034 전라남도 완도 청산도 느린 걸음으로 봄 향기에 한껏 취하다 |146

5월

035 강원도 강릉 경포&정동진 커피향에 취해 바다를 바라보다 |150
036 전라북도 남원 바래봉 붉은 철쭉으로 물든 산상정원을 거닐다 |154
037 전라남도 보성 차밭 초록의 차밭에서 맑은 마음을 키우다 |158
038 경상남도 합천 황매산 은하수를 따라 흐르던 별빛은 황매산 철쭉 위로 쏟아진다 |162
039 강원도 대관령 삼양목장 드넓은 초록의 목초지를 마음껏 걷다 |166
040 경상북도 문경새재 과거길 조선시대 선비들이 걷던 과거길을 따라가다 |170
041 전라남도 영암 도갑사 신령스러운 고장에서 도선국사를 느끼다 |174
042 경기도 양평 두물머리 두물머리에서 아침을 맞고 다산을 따라가다 |178

6월

043 전라북도 임실 옥정호 옥정호 일출의 장관 속에 서다 |182
044 전라남도 강진 청자박물관 비색청자의 혼이 머무는 곳으로 가다 |186
045 전라남도 순천 낙안읍성 조선시대의 마을 속에서 머물다 |190
046 강원도 평창 장전계곡 초록의 세상에서 마음을 정화하다 |194
047 강원도 대관령 양떼목장 양 떼와 함께 푸른 초원 위를 누비다 |198
048 전라남도 담양 대나무 숲길 푸른 바람이 부는 대나무숲에서 쉬다 |202
049 충청북도 옥천 둔주봉 자연이 만든 놀라운 지형을 감상하다 |206
050 강원도 평창 오대산 우리나라 5대 적멸보궁 중 한 곳을 가다 |210

7월

051 강원도 춘천 남이섬 동화의 나라에서 꿈에 대해 이야기하다 |214
052 전라북도 부안 변산반도 넉넉한 바다의 품에서 마음이 쉬다 |218
053 경상북도 청송 주왕산&주산지 신록이 우거진 숲에서 무더위를 이겨 내다 |222
054 충청북도 청원 청남대 대통령의 별장을 거닐며 꿈을 키우다 |226
055 경상남도 고성 학동마을 고결한 선비의 노블레스 오블리제를 느끼다 |230
056 전라남도 신안 증도 소금과 태양이 있는 자연의 섬으로 가다 |234
057 전라남도 무안 회산 백련지 연꽃 사이를 거닐며 청아한 사람을 꿈꾸다 |238
058 전라남도 해남 땅끝마을 땅끝, 삼천리 금수강산의 시작점을 가다 |242

8월

059 충청남도 보령 머드축제 서해 갯벌이 만든 축제의 현장으로 가다 |246
060 경기도 포천 아트밸리&비둘기낭 버려진 것에서 새로움을 발견하다 |250
061 충청북도 괴산 갈은구곡&산막이 옛길 아름다운 계곡과 옛길을 걷다 |254
062 충청남도 부여 궁남지&부소산성 백제의 역사와 자연의 신비로움을 느끼다 |258
063 경상북도 안동 하회마을 유네스코 문화유산 속을 거닐다 |262
064 전라남도 신안 안좌도 천재 미술가의 예술들이 섬을 그리다 |266
065 경상북도 울릉도 행남해안 산책로 자연을 벗 삼아 바닷길을 거닐다 |270
066 충청북도 진천 농다리 생거진천을 돌아보며 선조의 지혜를 배우다 |274

9월

067 강원도 춘천 청평사 소양호를 지나 천년 고찰을 찾다 |278
068 전라남도 신안 비금도 염전, 고운 모래, 바둑이 있는 섬으로 가다 |282
069 경상북도 울릉도 나리분지 울릉도의 원시림 속을 느긋하게 거닐다 |286
070 전라북도 고창 선운사 인간 세상에서 하늘로 오르는 길을 걷다 |290
071 서울특별시 서울 창덕궁 조선왕조 500년의 역사를 살펴보다 |294
072 경상남도 하동 악양 슬로시티 슬로시티가 주는 느림의 미학을 즐기다 |298
073 인천광역시 인천 소래포구 펄떡이는 포구의 활력 속으로 가다 |302
074 충청남도 태안 해변길 해변을 따라 거닐며 솔숲향에 취하다 |306
075 경기도 가평 자라섬 오토캠핑과 가평 올레길을 함께 즐기다 |310

10월

076 인천광역시 강화 석모도 서울에서 가까운 섬으로 소풍 가다 |314
077 경상남도 진주 유등축제 논개의 충절이 깃든 남강을 음미하다 |318

078 경상남도 창녕 화왕산 넘실거리는 억새의 바다 속을 걷다 |322
079 충청북도 보은 속리산&법주사 세조의 발자취를 따라 오리 숲길을 걷다 |326
080 전라북도 완주 대둔산 구름다리 위에서 가을의 정취에 취하다 |330
081 경기도 포천 명성산 억새가 만든 하얀 물결의 바다를 걷다 |334
082 경기도 가평 아침고요수목원 동화 속 정원의 아름다움에 취해 걷다 |338
083 전라남도 장흥 천관산 억새에게 손을 내밀어 자연을 느끼다 |342
084 경기도 안산 누에섬 드넓은 갯벌에서 온몸을 치유하다 |346

11월

085 강원도 인제 자작나무숲 귀족의 자태를 뽐내는 자작나무숲을 거닐다 |350
086 전라북도 정읍 내장산 단풍이 물든 길에서 자연의 이치를 깨닫다 |354
087 울산광역시 울산 대왕암 문무대왕의 왕비가 잠든 곳을 둘러보다 |358
088 경상북도 영주 부석사 부석사의 다양한 문화재를 둘러보다 |362
089 전라북도 전주 한옥마을 전통과 현대가 함께 어우러진 곳으로 가다 |366
090 충청북도 영동 월류봉 달빛이 유유히 흐르는 신선들의 마을 |370
091 충청북도 옥천 용암사 새벽 운해에 휩싸인 산 위에 오르다 |374
092 경상북도 경주 역사유적지구 신라의 문화 유산 속에서 역사를 배우다 |378

12월

093 충청남도 서천 갈대밭&동백정 갈대의 멋과 한산모시의 전통을 만나다 |382
094 대전광역시 장태산 자연휴양림 숲 속을 거닐며 몸과 마음을 정화시키다 |386
095 충청남도 서산 천수만 간월도 철새들의 낙원을 찾아 떠나다 |390
096 전라남도 순천만 갈대숲 갈대숲을 걸으며 철새를 관찰하다 |394
097 경상북도 경주 읍천항 용암이 빚어 낸 돌꽃의 선율을 만나다 |398
098 인천광역시 강화 전등사 한반도 역사의 축소판인 강화도를 걷다 |402
099 인천광역시 인천 차이나타운 화교들의 삶을 통해 중국 문화를 이해하다 |406
100 강원도 철원 전쟁유적지 금수강산을 갈라놓은 군사분계선을 보다 |410

부록

오토캠핑 여행 |414
주말 시티투어 |422
주말 체험 프로그램 |440
가나다순·지역별·테마별 찾아보기 |451

001

제일 먼저 해 뜨는 곳에서 소망을 빌다
울산 간절곶

새해 첫날이 되면 으레 해맞이를 하려는 사람들로 인해 내로라하는 일출 명소들이 북새통을 이룬다. 그중에서도 울산의 간절곶은 가장 인기 있는 해맞이 명소로 잘 알려져 있는데, 12월 31일 오후부터 주변은 아수라장이 된다. 일 년에 단 한 번밖에 없는 날이므로 이곳에서 해를 바라보며 한 해의 소망을 기원해 보자.

연계 교과
- 간절곶 | 2-2 슬기로운 생활, 4-2 사회, 5-2 과학
- 조각공원(박제상 부인 석상) | 3-1학기 사회, 5-1학기 사회(외고산 옹기마을, 간절곶에서 자동차로 30~40분 거리)

체험 포인트
1. 간절곶의 해돋이 함께 보기
2. 울산해양박물관 관람하기

●**주소** 울산광역시 울주군 서생면 대송리 ●**가는 길 | 자가용** 경부고속도로 → 언양/울산고속도로 → 남부순환도로 → 진하 해수욕장 → 간절곶 ●**문의** 울산광역시 관광과 052-229-3852, 울산지방해양항만청 052-228-5549, 간절곶등대 052-239-6313, 울산해양박물관 052-239-6708~9 ●**먹을거리** 진하아구찜(아구찜) 052-238-8330, 떡바우횟집(성게비빔밥) 052-238-3136, 뜨락 전통손칼국수 052-238-8839, 보광칼국수 보리밥 052-239-5562 ●**잠자리** 티엔느펜션 010-4439-3314, 해돋이펜션 052-238-5938, 나사리펜션 052-239-9845, 비학펜션 052-239-6468 ●**이색 체험과 축제** 간절곶 해맞이 축제 12월 31일~1월 1일 ●**주변 여행지** 진하 해수욕장, 강양항, 울산 대왕암

간절곶 해맞이 광장은 새해 첫날이 아니어도 늘 많은 사람이 찾는 해맞이 명소이다.

추천 코스

간절곶등대 숙박 → 간절곶 해안가 걷기 → 송림숲과 조각공원 걷기

가족여행 팁

해맞이를 위해 이곳에서 숙박을 하려면 반드시 미리 예약을 해야 한다.

● 새해 소망도 빌고 다짐도 하기

간절곶은 툭 튀어나온 육지의 끄트머리 부분으로, 바다에서 바라보면 마치 간짓대(대나무로 된 긴 장대)처럼 생겼다고 해서 붙여진 이름이다. 독도를 제외하면 대한민국에서 가장 빨리 해가 뜨는 곳이다. 영일만의 호미곶보다 1분 빨리, 강릉의 정동진보다 5분 빨리 해가 뜨니 이곳에 해가 들어야 한반도에 새벽이 시작된다는 말이 딱 들어맞는다.

소망우체통 옆으로는 독특한 돌탑 하나가 세워져 있다. 유라시아 대륙의 서쪽 끝에 있는 포르투갈의 땅끝 마을인 호카곶(Cabo Da Roca)의 땅끝탑과 똑같은 모양이다. 땅이 끝나고 새로운 바다가 시작되는 호카곶과 새로운 땅이 시작되는 간절곶은 특별한 의미를 가진 곳이다. 2017년 두 도시가 자매결연을 맺으면서 이 탑도 세워졌는데, 아무튼 새해 첫날 떠오르는 태양을 보면서 저마다 소원을 빌며 하고자 하는 일들을 꼭 이루겠다는 결심을 한다. 비록 결심했던 일들을 쉽게 포기해 버리는 일이 생긴다고 할지라도 계획을 세워 다짐하는 것은 참 중요하다. 가족 간에도 1년을 마무리하고 또 1년을 새롭게 시작할 무렵 자기 자신을 되돌아보고, 한 해의 계획을 세울 수 있도록 독려함으로써 책임감을 키워 줄 수 있다. 작은 계획이라도 세워서 실천하려고 노력하는

'곶'의 뜻 알기

바다로 돌출한 육지. 규모가 크면 반도라고 부른다. 육지가 침강하면 골짜기나 만이 되고 산줄기는 반도나 곶이 된다. 우리나라의 경우 삼면이 바다로 둘러싸인 반도이며 간절곶은 울산 앞바다로 길게 뻗어 있는 곶의 형태를 띠고 있다.

위 한반도에서 가장 먼저 해가 뜨는 간절곶에 세워진 Cabo Da Roca 탑은 그 의미가 특별하다.
아래 간절곶 공원은 여유를 가지고 산책하기에도 좋은 장소다.

1. 해맞이 광장 주변으로 산책로가 정비되어 있어서 바다를 보며 느긋하게 걷기에 좋다.
2. 소망우체통에 있는 소망 엽서함에 엽서를 적어 넣으면 매주 토요일 울산 MBC 라디오에서 사연을 소개해 준다.
3. 간절곶등대는 예약 및 추첨을 통해서만 체험할 수 있다.

것은 아무것도 하지 않고 그저 수동적인 자세로 한 해를 사는 것보다 훨씬 유익하고 보람된 일이다. 그런 면에서 새해 해맞이는 조금 귀찮더라도 가족이 한데 뭉치는 시간이 될 테니 꽤 해 볼 만하다.

● ● **소중한 기억을 글로 적어 소망 엽서함에 담기**

탁 트인 바닷가를 볼 수 있는 언덕 주변에는 남편을 기다리다 망부석이 되었다는 신라의 충신 박제상 부인 석상을 비롯하여 다양한 형태의 조각들을 볼 수 있다. 차가운 바닷바람이 얼굴을 사정없이 때리지만 하나도 춥지 않게 느껴지는 건 간절곶이 가지는 상징성 때문이기도 하거니와 바다가 주는 개방감이 스트레스를 풀어 주기 때문일 것이다. 바다를 찾는 사람들은 바로 그런 기분을 느끼기 위해 가는 것이니까.

조각공원 뒤쪽으로는 크기가 정말 어마어마한 소망우체통이 있는데 사람들이 그 안에 들어가서 엽서를 쓸 수 있다. 소개하고 싶은 사연을 적어 넣는 '소망 엽서함'과 보내고 싶은 우편물을 넣는 '우편 엽서함'이 따로 있는데, '소망 엽서함'에 담긴 사연은 매주 토요일 울산 MBC 라디오에서 소개해 준다.

우체통 뒤편 높은 언덕에는 하얀색의 깔끔한 간절곶등대가 우뚝 솟아 있다. 울산지방해양항만청에서는 울기등대와 더불어 간절곶등대를 일반인에게 무료로 개방하여 방학을 이용해 아이들에게 특별한 체험을 할 수 있도록 해 준다. 원래 높이가 3m도 채 되지 않을 것 같은 앉은뱅이 등대가 이곳에서 불을 밝혀 장생포와 울산항으로 드나드는 배들에게 길을 인도하였다는데, 2001년에 지금의 높이 17m의 새로운 등대가 세워졌다. 지금에야 먼 바다에서도 휘황찬란한 도시의 불빛을 보고 방향을 잡을 수 있지만, 먼 옛날 아무것도 보이지 않는 칠흑 같은 어둠 속에서 등대의 불빛을 발견했을 때는 얼마나 기뻤을까? 망망대해 속의 두려움을 떨치고 육지가 가까워졌다는 안도감을 느끼게 해 준 등대, 등대의 불빛을 켜고 끄는 등대지기의 외롭지만 아름다운 이야기도 충분한 감동과 여운을 준다.

해안가 근처의 거대한 돌무덤들도 눈길을 끈다. 사람들이 저마다 소원을 빌며 쌓아 올린 돌들이 탑을 이루는데, 대체 무슨 소원이 저리도 많을까 싶은 생각이 든다. 아이들과 함께 이곳에 돌을 올리며 소망을 빌어 본다.

간절곶등대에서는 숙박을 할 수도 있다. 숙박 프로그램은 학생을 동반한 가족을 대상으로 진행되며 여름 방학(7월 말~8월 말)과 겨울 방학(1월) 동안에만 개방한다. 등대 숙소 이용신청서는 울산지방해양항만청 홈페이지(ulsan.mltm.go.kr)를 통해 할 수 있다. 간절곶등대에서 하룻밤을 자고 일어나 새벽 일출을 본다면 더욱 색다른 경험이 될 것이다.

해돋이 감상하기

간절곶은 예전에는 그저 등대가 있는 평범한 곳이었으나 2000년 1월 1일, 새 천년이 시작되는 날 한반도에서 해를 가장 빨리 볼 수 있는 곳으로 방송되면서 해맞이 명소로 급부상했다. 간절곶 해맞이 축제도 열리는데 12월 31일 저녁부터 해돋이를 기다리는 동안 각종 레크리에이션과 공연 등의 무대를 볼 수 있으며 영화 관람도 할 수 있다.

울산해양박물관 관람하기

내려오는 길에 간절곶등대 입구 옆에 있는 울산해양박물관(세계 희귀 산호·패류전시관)에 들러 다양한 산호와 패류를 살펴본다. 패류를 활용한 팔찌, 목걸이, 액자, 배지 등을 만드는 체험도 할 수 있어 아이들에게 색다른 경험이 될 것이다.

주소: 울산광역시 울주군 서생면 대송리 261

위 간절곶의 해돋이를 보기 위해 전국 각지에서 사람들이 몰려온다.
아래 울산해양박물관에서 세계의 희귀한 산호와 조개를 살펴본다.

1월 002

자연을 지키고 가꾸는 법을 배우다
태안 신두리 사구

하루가 다르게 개발의 소용돌이 속에서 발전해 가는 현대사회는 자연의 법칙들을 거스른다. 하지만 자연의 정화 활동이나 자기방어적 현상들을 무시해서는 안 된다. 우리나라 12번째 슬로시티로 지정된 태안 신두리 해안사구는 바다와 육지의 완충지대 역할을 톡톡히 하고 있다. 자연을 아끼고 보존하는 일은 우리가 안전하게 살 수 있는 길이기도 하다.

체험 여행

연계 교과
4-1 과학

체험 포인트
신두리 사구에 서식하는 생물 살펴보기

● **주소** 충청남도 태안군 원북면 신두리 산 263-1 ● **가는 길 | 자가용** 서해안고속도로 서산 IC → 태안 → 신두리사구 ● **문의** 신두리 해안사구 관리소 041-670-2114, 천리포 수목원 041-672-9982, 태안해안국립공원 041-672-9737, 태안군 문화관광과 041-670-2366 ● **먹을거리** 원북박속낙지(박속낙지) 041-627-4540, 천리포횟집(갱개미무침) 041-672-9170, 정가네(해물칼국수) 041-675-8001, 토담집(우럭젓국) 041-674-4561 ● **잠자리** 하늘과바다사이 리조트 041-675-2111, 파크펜션 041-674-5580, 자작나무리조트 041-675-9995, 바다여행펜션 041-675-1366 ● **이색 체험과 축제** 태안문화제 6월 ● **주변 여행지** 태안 해변길, 해미읍성

추천 코스

신두리 사구 → 두웅습지 → 천리포 수목원

가족여행 팁

사구는 모래밭이기 때문에 신발 속에 모래가 많이 들어가므로 편한 신발을 신는다.

신두리 사구 너머로 바다를 바라보며 부드러운 모래 위를 느긋하게 걷는다.

● 눈으로 직접 보고 발로 밟는 해안사구

우리나라에는 133곳의 해안사구가 있는데 그중 42곳이 충청남도에 있다. 이는 북서계절풍의 영향을 많이 받기 때문인데, 태안반도 원북면 신두리에 있는 해안사구는 천연기념물 제431호로 지정된 우리나라 최대 규모의 해안사구다. 해안을 따라 길이 약 3.4km, 너비 500m~1.3km의 규모로 형성되어 있다. '사구가 뭐 그리 대단한가.'라고 생각하는 사람도 있겠지만 이런 특별한 지형은 자연의 자기정화 활동의 일부이기 때문에 우리가 지켜야 할 소중한 대상이다.

해안사구의 형성 과정에서 이곳에 지하수가 저장되었는데 주변 마을의 식수원으로 쓰이는 한편 그 안에 다양한 동식물이 자라는 천연 습지를 만들어 낸다. 신두리 사구와 주변 산의 경계에는 람사르 습지 보호지구로 지정된 두웅습지가 있다. 아주 옛날에는 사구의 모래들을 마구 퍼서 써 버리기도 했는데, 그 모래를 없애 버리면 더 많은 피해를 볼 수 있다는 사실은 몰랐나 보다.

사구가 없어지면서 육지가 노출되면 파도에 의한 침식 작용으로 육지의 면적이 급히 줄고 해안도 흙탕물로 바뀌게 된다. 그렇게 되면 당연히 주변의 아름다운 해수욕장은 사라지게 될 것이고 관광지로서의

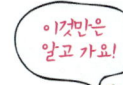

사구의 형성 과정

사구는 바닷가에서 만들어지는 해안사구와 내륙의 사막 부근에서 생성되는 내륙사구로 나뉜다. 해안사구는 파도로 인해 해안으로 밀려온 모래들이 일정한 방향으로 지속적으로 부는 해풍 때문에 육지로 밀려 올라가서 퇴적되며 언덕을 만들어 형성된다. 이는 천연 방파제가 되어 바닷물로 인한 위험을 줄여 주는 완충지대의 역할을 한다. 또 지하수를 저장하기도 하여 주변 마을의 식수원으로 사용되며, 그 안에서 다양한 동식물이 자라 생태계를 건강하게 한다.

사구의 유실 방지를 위해 나무 데크로 탐방로를 만들었다.

1. 두웅습지에는 금개구리와 표범장지뱀 등 멸종위기종이 많이 서식한다.
2. 천리포 수목원 안에는 다양한 숙박시설이 있어 자연 속에서 편안하게 하룻밤을 보낼 수 있다.
3. 천리포 수목원은 사계절 중 가을에 더욱 운치 있는 분위기를 만끽할 수 있다.

운명도 끝나 버린다. 또 사구가 없어지면서 거기에 담긴 지하수도 사라져 버리고 사람들은 살 수 없게 된다. 아울러 거기 살던 다양한 동식물마저도 멸종되고 말 것이다. 결국 해안사구는 육지와 바다의 경계를 나누기 위한 완충지대로, 반드시 보호해야만 하는 중요한 자연생태계의 일부다.

큰 기대를 갖고 신두리 사구를 찾은 사람들 중에는 실망만 안고 가는 사람도 적지 않다. 거대한 사막을 연상하고 또 흔치 않은 풍경을 상상하면서 찾기 때문이다. 사구는 사막이 아닌데 말이다. 신두리 사구의 입구에 서면 마치 거대한 초원을 연상시키는 풀들이 바람을 맞고 있는데, 그 사이로 난 길을 따라 고운 모래밭을 걷다 보면 오랜 시간 동안 바다로부터 날아온 모래가 만들어 낸 세월을 느낄 수 있다. 해당화와 뻘기가 피는 계절에는 사구의 또 다른 아름다움을 맛볼 수 있다. 되돌아

나올 때는 해변을 따라 걷는 것도 좋다. 끝이 보이지 않을 것만 같은 광활한 해안에 발자국을 남기며 걷는 일은 별 것 아닌 것 같지만 오랫동안 기억에 남을 추억이 된다.

●● 한 사람의 정성과 노력으로 완성된 천리포 수목원

태안반도의 해안을 따라 남쪽으로 내려가면 천리포 수목원이 나온다. 1962년에 부지를 매입해 1970년부터 수목원을 만들기 시작했는데, 설립자는 다름 아닌 미국인 칼 페리스 밀러(Carl Ferris Miller)이다. 1945년에 정보장교로 한국에 들어와 한국의 아름다움에 반해 천리포 수목원을 가꾸기 시작했는데, 식물전문가도 아닌 그는 오로지 식물에 대한 사랑만으로 13,200여 종의 식물을 심었다. 그는 1979년에 한국인으로 귀화하여 한국 이름 '민병갈'을 얻었는데, 마지막 눈을 감을 때까지도 수목원에 대한 사랑을 놓지 않았다. 한국인보다 더 한국을 사랑한 사람에 의해 우리나라 최초의 민간 수목원이 탄생한 것이다.

수목원은 이곳의 모체와도 같은 밀러가든과 생태 교육 및 연수를 위한 생태교육관, 다양한 목련과 배롱나무, 벚나무가 즐비한 목련원, 천리포 해변의 닭섬, 침엽수원, 활엽수를 심은 종합원, 천리포에서 가장 높은 국사봉에 위치한 큰골의 7개 구역으로 나뉜다. 사시사철 새로운 매력을 보여 주지만 특히 늦가을에는 곳곳의 꽃과 나무로 인해 운치가 가득하다. 작은 연못 가운데에 서 있는 보디사트바나무에 낙엽이 지면서 만드는 만추의 분위기는 생각보다 훨씬 우아하다. 인위적으로 만들어진 형식적 조형미를 앞세운 다른 수목원에 비해 천리포 수목원은 자연의 일부처럼 정직하게 가꾼 곳이라는 느낌이 든다. 자연은 자연으로 있을 때가 가장 이상적이지 않을까.

두웅습지 둘러보기

람사르 습지 보호지구로 지정된 두웅습지는 해안사구와 산의 경계 부분에 담수가 고여 습지가 형성된 것으로, 국내에서 해안사구에 접한 습지로는 가장 규모가 크다. 습지 가운데에 호수가 있는데, 사구가 형성될 때 바람에 날려 온 가는 모래가 바닥에 쌓여 특이한 지형을 이룬다. 황조롱이와 천연기념물 제323호로 지정된 붉은배새매 등 조류 39종, 멸종위기종 2급인 금개구리, 맹꽁이 등 양서류 14종, 식물 311종과 곤충 110종 등이 살고 있으니 빼놓지 말고 둘러보자.

두웅습지 주변으로 산책로가 만들어져 있으므로 편안하게 볼 수 있다.

1월 003

군산의 옛 역사 현장 속으로 떠나다
군산 근대문화유적지

군산은 지리적 특성 때문에 일제 강점기 때 부산, 원산, 인천, 목포 등에 이어 무역항으로서 이름을 날렸다. 당시 일본인들이 많이 오가면서 일본식 건물과 그 흔적이 아직도 남아 있다. 군산지역 곳곳에 남은 옛 역사의 슬픈 발자취를 따라가 본다.

연계 교과
3-2, 4-1, 5-2, 6-1 사회

체험 포인트
군산의 근대문화유적지 둘러보며 역사적 사실 이해하기

●**주소** 전라북도 군산시 경암동 590-304(철길마을) ●**가는 길 | 자가용** 서해안 고속도로 군산IC → 금강하구둑 사거리 → 금강 철새조망대 ●**문의** 군산시 문화관광과 tour.gunsan.go.kr, 063-450-6598, 군산시외버스터미널 063-442-3747, 군산여객터미널 063-472-2712, 비응도 월명유람선 063-445-5735 ●**먹을거리** 가시리(생선찜) 063-446-4613, 계곡가든(게장백반) 063-453-0608, 고래면옥(칡냉면) 063-468-1616, 궁전(갈치찜) 063-445-7770 ●**잠자리** 군산 리버힐 관광호텔 063-453-0005, 금강파크장여관 063-467-5457, 유로빌리지36 063-471-1112, 명성스파월드 찜질방 063-462-1600 ●**이색 체험과 축제** 군산 세계철새축제 11월, 군산 구불길축제 4월 ●**주변 여행지** 선유도, 서천

금강 하구둑은 일몰 무렵 사진을 찍으려는 사진가가 많이 찾는다.

추천 코스

군산 철길마을 → 월명공원 → 해망굴 → 금강 철새조망대

가족여행 팁

여행 전에 군산시 문화관광 사이트에서 근대문화유산에 관련된 일정을 미리 확인한다.

○● 느긋하게 걸으며 만나는 근대문화의 현장

군산은 바다와 인접해서 늘 항구에 배의 출입이 잦고, 또 여객터미널에는 인근 해역은 물론 멀리 외국으로까지 이어지는 배들이 늘 가득하다. 1899년, 군산항 개항과 더불어 형성된 일본인 거주 지구는 현재 군산의 대표적 근대문화유적지로, 그곳에 가면 마치 당시의 일본인 마을에 닿은 듯한 느낌을 받는다. 그중 동국사는 국내에 남아 있는 유일한 일본식 사찰이다. 해망동 주변에는 일본식 정원이 아름다운 히로쓰 가옥이 있는데, 영화 〈장군의 아들〉에서 하야시가 나오던 장면을 촬영했다고 해서 '하야시집'으로도 불린다. 이 밖에도 해망굴, 구(久) 군산세관 건물, 부잔교, 이영춘 가옥과 시마타니 쌀창고가 있는데, 아이들과 함께하는 여행이라면 이런 문화유적지 안에서 직접 역사를 보고 배우는 재미를 느끼게 해 준다.

군산에는 색다른 풍경이 또 하나 있는데 바로 경암동의 철길마을이다. 군산 이마트 바로 건너편에 있는 작은 마을로, 1994년 근처의 신문용지 제조업체인 페이퍼코리아로 원료와 생산품을 나르기 위해 군산역을 잇는 총 길이 2.5km의 철길을 건설하게 되었다. 매립지였던 이곳은 땅 주인이 없어 자연스럽게 가난한 사람들이 모여들면서 마을을 이

군산 지명의 유래

지금의 군산이라는 지명은 그 유래가 남다르다. 고려시대 여·송 무역로의 기항지였던 군산도는 지금의 선유도였다. 하지만 조선 초기에 창설된 수군진영이 군산도에서 옥구현(지금의 전라북도 옥구군)으로 이동하면서 '군산'이라는 지명까지 가져갔다. 그래서 지금의 선유도 일대를 '고군산도'라고 부르게 되었고, 군산시는 지금의 이름을 갖게 되었다.

비응항에서는 군산과 선유도를 오가는 유람선이 드나든다.

1. 근대역사박물관은 아이들이 다양한 체험을 즐길 수 있다.
2. 경암동 철길마을은 특별한 추억이 가득한 관광지로 변모했다.
3. 히로쓰 가옥은 일제 강점기 때 군산지역의 유명한 포목상이었던 일본인 히로쓰가 건축한 전통 일본식 목조가옥이다.

루었다.

철길과 찰싹 붙어 있는 집 사이를 거대한 디젤기관차가 비집고 들어올 때면 요란한 호각소리와 함께 일대가 완전히 비상상황으로 바뀌었다. 이제는 더 이상 기차는 다니지 않지만 두 줄로 나란히 깔린 철길은 언제라도 그때의 추억으로 돌아갈 수 있는 비상구처럼 남아 있다. 파스텔톤의 벽에는 빨랫줄이 축 늘어져 있고, 그 가운데에는 양말 한 켤레가 햇볕을 쪼이고 있다. 소박하고 평화로운 모습 때문에 아직까지 사진 찍는 사람들에게는 늘 찾고 싶은 장소로 손꼽힌다.

●● 금강의 하늘과 들녘을 수놓은 철새

군산여객터미널을 지나 군장산업단지 대로를 따라 10분 정도 달리면 비응항에 닿는데, 신시도를 거쳐 부안에 이르는 총 길이 33km의 새만금방조제의 시작점이기도 하다. 대한민국의 지도를 바꾸는 엄청난 규모의 간척 사업은 환경운동가들의 반대에 부딪혀 중간에 공사가 중단되는 등 많은 우여곡절을 겪었지만 결국 2006년 4월에 완공되었다. 비응항의 동화 속 풍경 같은 등대를 뒤로 하고 시원스레 직선으로 뻗은 왕복 4차선 도로를 달리면 그 개방감에 속이 뻥 뚫리는 것 같다. 도로 중간 중간에 만들어 놓은 전망대와 주차 공간 덕분에 좀 더 여유롭게 멀리 고군산군도까지 내다볼 수 있다. 새만금방조제 덕분에 군산과 변산을 오가는 교통편은 훨씬 수월해졌다. 또 신시도의 배수갑문에서 바라보는 일몰은 사진가들 사이에서도 유명하다.

군산은 400여 km를 흘러온 금강이 바다로 흘러드는 곳이자 철새의 천국이기도 한데, 국제적 보호종인 가창오리 떼 수십만 마리와 금강의 햇살을 받으며 유영하는 백조의 모습은 겨울 철새 도래지의 명성에 걸맞은 장관이다. 철새는 예민하고 겁이 많아 사람의 인기척이 느껴지면 금세 다른 곳으로 도망가 버린다. 그러므로 숨을 죽여 가며 나무와 짚으로 만들어 놓은 탐조대 뒤에서 빠끔히 철새들의 움직임을 주시하거나 망원경을 통해서 바라보는 게 좋다.

뉘엿뉘엿 해가 산 너머로 모습을 감추기 시작하면 서쪽 하늘은 붉은 기운과 푸른 기운이 뒤섞여 화려한 그러데이션을 만들고, 하루 종일 물 위와 갈대 사이를 비집고 다니던 철새들은 꽥꽥거리며 하늘을 날아오르기 시작한다. 선두에 나선 무리가 하늘 위를 한 바퀴 휘저으면 남아 있던 녀석들도 합세하여 더 큰 무리를 만든다. 곧 나포 들녘의 하늘을 새까맣게 뒤덮은 60만 마리의 가창오리 떼는 화려한 군무를 보여 준다. 온몸에 전율이 흐를 만큼 짜릿한 피날레는 짧게 끝나고 다시 정막이 감도는 깊은 밤 속에서 금강이 잠든다.

군산의 근대문화유산 찾아보기

구(舊) 군산부윤 관사, 구(舊) 군산세관 본관, 구(舊) 군산시 제3청사, 구(舊) 시마타니 금고, 구(舊) 장기18은행, 구(舊) 조선은행, 구(舊) 히로쓰 가옥, 구암교회, 군산 내항 부잔교, 동국사 대웅전, 백년 광장, 이영춘 가옥, 임피역사, 채만식 문학관, 해망굴

위 해망굴을 비롯해 군산 곳곳에 일제강점기 때의 유적이 남아 있다.
아래 고군산군도는 다리가 놓여 자동차를 이용해서 쉽게 여행할 수 있게 되었다.

1월 004

저수지 위를 날아가는 철새를 관찰하다
창원 주남저수지

드넓은 저수지 위로 자유롭게 나는 철새를 보고 있으면 자연의 장엄함과 함께 넘치는 생명력을 느낄 수 있다. 주남저수지는 대표적 철새 도래지여서 출사족이 많은데, 꼭 잘 찍지 않아도 되므로 아이들과 함께 철새의 모습을 사진에 담아 보는 것도 좋을 것이다.

연계 교과
2-1 슬기로운 생활, 3-2 과학, 4-2 사회

체험 포인트
1. 람사르 문화관 둘러보기
2. 주남저수지에서 철새 감상하기

● **주소** 경상남도 창원시 의창구 동읍 대산면 일원 ● **가는 길 | 자가용** 남해고속도로 동창원 IC → 창원 방면 국도 14호선 → 용잠 삼거리 우회전 → 주남저수지 **| 대중교통** 마산시외버스터미널, 창원역에서 40·41·42번 버스 → 주남저수지 가월마을 앞 하차 ● **문의** 창원시청 환경정책과 주남저수지 담당 055-225-3487, 동읍사무소 055-212-5100, 주남저수지 생태학습관 055-225-3491, 탐조대 055-225-3309 ● **먹을거리** 주남 오리알(청둥오리 참숯불구이) 055-297-7776, 해훈가든(민물매운탕) 055-253-7835, 양평해장국(아침식사) 055-251-5335, 베니베니카페(양식, 커피) 055-253-1993 ● **잠자리** 창원호텔 055-283-5551, 캔버라관광호텔 055-268-5000, 브이모텔 055-237-3061, 르네상스모텔 055-275-0181 ● **이색 체험과 축제** 주남저수지 철새축제 12월 ● **주변 여행지** 진주, 통영, 고성

주남저수지 주변의 논에는 떨어진 곡식 낱알이 많아 가창오리 떼의 식사 때가 되면 장관을 볼 수 있다.

추천 코스

주남저수지 람사르 문화관 → 철새탐조대 → 동판저수지

가족여행 팁

1. 원색의 옷을 피하고 향수를 뿌리는 것도 삼가자.
2. 옷을 가능하면 따뜻하게 입고 장갑도 준비하자.
3. 운동화와 같이 편하고 소리가 나지 않는 신을 신자.
4. 망원경 하나쯤 준비하자.
5. 따뜻한 음료를 담은 보온병을 준비하자.

●● 낙동강의 나그네, 철새의 도래지

학은 십장생에도 등장할 만큼 상서로운 동물로 평화, 행운, 행복, 장수를 의미한다. 한자로는 두루미 학(鶴)을 쓰며 "뚜루루루~ 뚜루루루~" 하고 운다고 해서 두루미라 이름 붙였다. 긴 다리로 성큼성큼 걷는 모습이나 1m에 가까운 커다란 날개를 휘저으며 날아오르는 모습은 새 중의 황태자라 불리기에 충분하다.

하지만 두루미는 전 세계적으로 이제 1,500여 마리밖에 남지 않은 대표적인 멸종위기의 동물이다. 그래서 우리나라에서는 천연기념물 제202호로 지정되기도 했다. 한 번 짝을 지으면 평생을 함께한다고 하는데 그래서 그런지 대부분 무리를 지어 다니기보다 가족 단위로 생활한다. 겨울에 남쪽으로 내려와 월동을 하는데 대개 10월부터 이듬해 3월까지 우리나라 일대에서 머문다.

겁 많고 사람을 두려워하는 새의 습성 때문에 철새 도래지는 사람의 발길이 적어 자연 친화적이고 청정한 환경을 갖추고 있다. 철원 평야 인근, 순천만의 평야지대, 낙동강 언저리 주남저수지 일원이 바로 그곳이다. 그중에서도 낙동강 강바람에 봄 향기가 실려 오는 주남저수지는 저수지 위를 나는 철새 떼의 장엄한 풍경이 인상 깊다.

람사르 협약
(Ramsar Convention)

습지 보호와 지속 가능한 이용에 대한 국제 조약으로 기본 취지는 지구의 허파 역할을 하는 습지를 보호하자는 것이다. 정식 명칭은 '물새 서식지로서 특히 국제적으로 중요한 습지에 관한 협약'이며 우리나라는 1997년 7월 28일에 101번째로 가입하였고 2008년에는 제10차 람사르 협약 당사국 총회를 열기도 했다. 현재 강원도 용늪과 창녕 우포늪을 비롯하여 모두 11곳이 람사르 습지로 지정되어 있다.

주남저수지는 추운 겨울을 나기 위해 우리나라를 찾은 고니와 청둥오리 등의 철새에게 좋은 보금자리다.

1. 겨울이 되면 주남저수지 어디에서나 철새 사진을 찍는 사진사들과 가족 나들이객을 만날 수 있다.
2. 주남저수지 북쪽에 있는 주남돌다리 위를 걸어본다.
3. 동판저수지 가운데에서 자라는 버드나무는 사진 찍는 사람들에게 인기 있는 피사체다.

●● 그림 같은 풍경 속에 머무는 주남저수지

낙동강을 건너 창원시 동읍으로 들어서면 고요하고 잔잔한 저수지가 나타난다. 산남저수지, 주남(용산)저수지, 동판(가월)저수지 3개가 한데 모여 이름 붙여진 주남저수지다. 영하 10도를 밑돌던 맹렬한 동장군의 기세가 온몸을 움츠리게 만들 무렵, 시베리아 땅에서 남쪽으로 겨울을 나기 위해 찾은 철새들이 주변으로 모여들어 저수지는 온통 무리지어 생활하는 새들로 가득 찬다. 그야말로 철새들의 낙원인 셈이다. 멀리 동쪽 하늘이 발그레하게 달아오르기 시작하면 잠에서 깨어난 가창오리 떼가 무리지어 날아올라 점점이 하늘을 수놓는다.

낙동강의 곡창지대를 끼고 있는 주남저수지는 한겨울에도 저수지 전체가 얼어 붙는 경우가 드물고 주변 논바닥에는 낙곡들이 많아 겨울을 나야 하는 새들에게는 안성맞춤의 장소이다. 100여 종, 2만여 마리의 철새가 찾는다고 하니 겨울 철새 사이에서 이곳은 꽤 유명한 곳임에 분명하다.

주남(용산)저수지와 동판저수지 사이로 난 도로를 따라 가다 '주남저수지' 표지판을 따라 들어가면 건물의 외벽이 나무로 만들어진 '람사르 문화관'이 눈에 들어온다. 아직까지 주남저수지는 람사르 습지 보호지구에 지정되지는 않았지만 우포와 낙동강 하구언(하구둑, 바다의 염수가 침입하는 것을 막기 위해 강과 강어귀에 쌓는 둑)을 연결하는 중요한 길목이기에 보호할 가치가 충분하다. 람사르 문화관 건너편으로는 습지 생물을 한눈에 볼 수 있는 생태 탐방로가 만들어져 있다.

저수지 둑길을 따라 이어지는 탐조길 곳곳에는 무료로 이용할 수 있는 망원경이 설치되어 있으므로 천천히 걸으며 새를 관찰한다. 커다란 망원경을 통해 그들의 모습을 보고 있으면 시간 가는 줄 모른다. 특히 전망대 건물 앞쪽에는 철새들의 눈을 피하기 위해 짚을 엮어 발을 만들고 그 가운데에 조그맣게 구멍을 뚫어 새들과 아주 가까운 위치에서 탐조를 할 수 있게 만들어 놓아 아이들에게 인기가 높다. 어쩌다 놀란 기러기 떼가 꽥꽥거리다가 한꺼번에 파닥거리며 도망치는 모습은 그야말로 장관이다. 그 숫자가 얼마나 많은지 하늘이 순간 시커멓게 어두워져 버린다.

동판저수지는 주남(용산)저수지보다 크기는 작지만 저수지 주변의 왕버들과 갈대 때문에 색다른 풍경을 만들어 낸다. 특히 저수지를 빙 둘러 만들어진 둑방길은 한적하고 평화로운 데다가 둑 너머로 평야지대가 펼쳐져 두루미를 볼 수 있는 최적의 장소다. 두루미는 잡식성이지만 한겨울에는 떨어진 낱알 등을 먹이로 하기 때문이다. 우아한 자태의 두루미는 멀리서 봐도 한눈에 다른 새들과 차별되는데 살금살금 다가가면 예민한 후각 때문인지 눈치를 채고 머리를 들어 경계를 하다 하늘로 후두둑 날아올라 버린다. 아이와 함께 아름다운 풍경을 보면서 자연의 소중함을 생각하는 시간을 가져 보자.

놓치면 안 될 체험거리

람사르 문화관 둘러보기

주남저수지 옆에 위치하며 지상 2층으로 이루어져 있다. 1층에는 람사르 기념실, 기획전시실, 회의실, 카페테리아가 있고 2층에는 영상실, 어린이 람사르 습지실, 도서자료실, 전망대 등이 있다. 특히 2층의 람사르 습지실은 어린이를 위한 습지 문화공간으로 습지 교육과 놀이를 통한 생태 퍼즐을 체험할 수 있다.

주소: 창원시 의창구 동읍 월잠리 303-7
문의: 055-225-2798

철새 관찰하기

겨울 나기 위해 우리나라를 찾은 철새들의 모습을 살펴본다. 철새의 일상을 방해하면 안 되므로 튀는 옷이나 향수, 소음 등을 피하며 망원경을 통해 자연스럽게 관찰한다.

위 람사르 문화관 안에서는 다양한 습지의 모습을 살펴볼 수 있다.
아래 탐조로 곳곳에 망원경이 설치되어 있어 아이들이 철새를 관찰할 수 있다.

1월
005

소중한 문화유산의 면면을 살펴보다
합천 해인사

유네스코 세계기록유산으로 등록된 팔만대장경과 이를 보관하는 수다라전과 법보전이 있는 해인사는 아이들에게 꼭 한 번 보여 주고 싶은 장소다. 성철 스님이 머물렀던 백련암까지 둘러 보면 뜻 깊은 여행이 될 것이다. "어려운 가운데 가장 어려운 것은 알고도 모른 척하는 것이다."라는 말씀처럼 아이에게 겸손의 미덕을 알려 준다.

체험 여행

연계 교과
5-1 사회

체험 포인트
1. 장경고에 보관된 팔만대장경 살펴보기
2. 백련암에서 성철 스님의 흔적 보기

● **주소** 경상남도 합천군 가야면 치인리 10 ● **가는 길 | 자가용** 경부고속도로 → 청주-상주 고속도로 → 중부내륙고속도로 성주 IC → 해인사 ● **문의** 해인사 055-934-3000, 백련암 055-932-7300, 해인사 시외버스터미널 055-932-9362, 가야산 국립공원 055-930-8000 ● **먹을거리** 백운식당(대장경밥상) 055-932-7393, 미가원(해물찜) 055-931-7643, 소담원(전통 사찰 음식) 055-934-0703, 삼일식당(송이국 정식) 055-932-7254 ● **잠자리** 해인사관광호텔 055-933-2000, 청기와산장 055-931-9300, 시실리황토펜션 054-932-1133, 딱밭골쉼터 054-931-8069 ● **이색 체험과 축제** 합천 황매산 철쭉제 5월 ● **주변 여행지** 덕유산, 산청 예담촌, 창녕 우포늪

해인사 가는 길에 나오는 홍류동 계곡 위 다리에서 바라보는 풍경이 아름답다.

추천 코스

길상암 → 해인사 → 탑골 외나무다리 → 백련암

가족여행 팁

여행 전에 팔만대장경과 장경고의 과학적인 사실을 먼저 이해한 후 관람하는 것이 좋다.

● 팔만대장경의 위대한 업적을 품은 절

'좁은 내'라는 뜻을 가진 합천, 그 이름이 의미하듯 주변에 산이 많으며 더불어 계곡도 많다. 덕분에 아름다운 풍경도 많은데 합천 8경 중 첫 번째가 가야산(1,430m)이다. 옛날 가야국이 있던 자리여서 이름 붙여졌으며, 산봉우리와 능선의 기묘한 바위가 웅장하고 아름답다. 성주군과 합천군의 경계를 긋는 산이며 우리나라 국보 제32호이자 유네스코 세계기록유산인 팔만대장경이 보관된 해인사가 있다. 수려한 아름다움을 자랑하는 입구에서 약 5km에 이르는 홍류동 계곡을 따라 해인사까지 길이 이어진다. 아름드리 소나무와 전나무, 참나무가 빽빽하게 들어찬 길 옆으로 계곡의 맑은 물과 어우러진 바위를 보고 있으면 어디에라도 차를 세우고 발을 담그고 싶어진다.

해인사는 우리나라 3보 사찰 중 하나이다. 부처님 진신사리가 봉안돼 있는 양산의 통도사는 불보사찰, 큰스님을 많이 배출한 송광사는 승보사찰이라 하고, 이곳 해인사는 팔만대장경을 보관하고 있어 법보종찰이라 해서 3보라 부른다. 한석봉마저도 팔만대장경의 글자체를 보고 신필(神筆)이라고 했을 정도이니 그 우수성이야 더 말해 무엇하겠는가. 만들어진 지 800년이나 되었음에도 지금까지 멀쩡하게 보존되고 있

이것만은 알고 가요!

팔만대장경의 유래

대장경은 불교의 모든 설법과 실천규범 등을 한데 모은 경전을 말하는데, 팔만대장경은 부처님의 힘으로 몽골의 침략으로부터 나라를 구하고자 1236년(고려 고종 23)부터 16년에 걸쳐 제작된 81,258개의 목판 장경이다.

불교 경전은 물론 13세기 초의 역사적 사실까지 기록되어 있어 당시의 시대를 이해하는 데 중요한 가치가 있다. 또 만들어진 지 800년이나 되었음에도 변형되지 않아 놀라움을 안겨 준다. 1995년에 팔만대장경을 보관하는 장경판전이, 2007년에 팔만대장경이 세계기록유산에 각각 등재되었다.

장경판전에는 세계기록유산으로 지정된 팔만대장경이 보관되어 있다.

1. 백련암은 아비라 기도로 잘 알려진 성철 스님이 머물던 곳이다.
2. 해인사 마당에 있는 해인도를 따라 소원을 빌어본다.
3. 해인사로 오르는 길은 가야산 둘레길의 한 부분이다.

는 팔만대장경은 과연 어떻게 만들어졌을까? 우선 산벚나무와 돌배나무 등을 3년간 바닷물에 담갔다가 찌고, 다시 2년간 건조시킨 후 글자를 깎는다. 구리판으로 테두리를 마감함으로써 뒤틀림을 막았는데 이를 보관하는 장경판전의 배치와 구조도 신비로울 정도다.

사실 팔만대장경의 제작 과정이나 옮긴 이유, 경로에 대한 확실한 역사적 자료는 없다. 다만 일부에 남겨진 작은 단서로 추론해 볼 때, 남해 고현면에서 만들어 조금씩 당시의 수도였던 강화도의 대장경판고로 옮긴 후, 선원사에서 일체를 보관한 것으로 전해진다. 그러다가 이성계가 고려왕조를 무너뜨리고 조선을 건국한 후, 불교를 통해 민심을 수습하고 결속을 다지기 위해 팔만대장경을 해인사까지 옮기는 대역사를 만든 것으로 보여진다. 총 무게가 258톤이나 되었기에 2,000명의 군사와 승려들이 동원되어 불경을 외우면서 옮겼다고 한다.

●● 깨달음을 찾아 온 사람들의 쉼터

해인사는 팔만대장경뿐만 아니라 가야산이 만들어 내는 울창한 삼림 덕분에도 찾는 사람이 많다. 일주문을 지나면 사천왕문이 나오는데, 다른 사찰의 사천왕이 모두 나무로 조각된 반면 이곳의 것은 그림으로 그려져 있어 특별하다. 해탈문을 오르기 전 마당에는 미로처럼 생긴 '해인도'를 따라 소원을 비는 사람들이 줄을 잇고 있다. 해탈문을 지나면 비로자나불을 모신 웅장한 모습의 대적광전이 눈에 들어온다.

그 뒤쪽, 해인사의 가장 높은 곳에 수다라전과 법보전, 그 사이에 조그마한 직사각형 구조의 장경판전이 사방을 에워싸며 팔만대장경을 보관하고 있다. 사진 촬영 금지와 함께 가이드라인까지 둘러치고 경비원이 항상 감시하는 모습에 어떤 사람들은 불쾌한 마음을 드러내기도 하지만, 사진을 찍겠다고 밀치고 카메라로 문살 틈을 찍거나 혹은 담배꽁초라도 던지는 사람이 있다면 800년의 역사는 망가지거나 화재로 인해 잿더미가 되고 말 것이다. 조금 불편하더라도 충분히 이해해야만 할 일이다.

해인사 주변의 산속에는 국일암, 길상암 등 총 15개나 되는 크고 작은 암자들이 있는데 그중에서도 가장 높은 곳에 있는 백련암의 풍경이 제일 수려하다. 특히 성철 스님이 살아 계실 때 주로 머물던 곳이라는 점 때문에 더 유명해졌다. 해인사를 찾았다면 조금 번거롭더라도 백련암을 찾아보는 것이 좋다. 사리탑 옆으로 난 길을 따라 800m 정도 오르면 단청 없이 고풍스러운 느낌의 백련암이 모습을 드러낸다. 자그마한 암자이지만 그곳을 걷고 있으면 평생을 철저한 수행으로 일관된 삶을 살면서 "산은 산이요, 물은 물이로다."라는 말씀으로 많은 사람에게 삶의 본질에 대해 가르친 성철 스님의 흔적이 느껴지는 듯 숙연해진다.

백련암 오르기

백련암은 해인사의 부속 암자 중 가장 높은 곳에 위치해 오르는 길이 쉽지 않다. 하지만 '이 뭐꼬'와 '산은 산이요, 물은 물이로다'로 우리들에게 잘 알려진 성철 스님이 기거하시던 암자이므로 꼭 들러 보자. 백련암 곳곳에서 그의 가르침이 묻어 있는 흔적들을 찾아보는 것도 좋은 경험이 된다.

위 성철 스님의 사리를 모신 탑을 둘러본다.
아래 성철 스님이 백련암에서 해인사로 향하던 산길을 걸어 보자.

1월
006

삼국을 통일한 문무대왕을 생각하다
경주 문무대왕릉

삼국통일이라는 위대한 업적을 이룬 문무대왕의 일대기를 배우고 문무대왕릉을 둘러보며 호국정신을 느낀다. 경주는 초등학교의 대표적 수학여행지인데, 이때 문무대왕릉도 빠지지 않는다. 아이들과 함께 겨울바다의 낭만을 느끼고 대왕암의 역사에 대해서도 살펴보는 시간을 갖자.

 체험여행

연계 교과
- 대왕암 일출 | 2-2 슬기로운 생활
- 문무대왕릉, 감은사지 | 5-1 사회

체험 포인트
1. 감포 앞바다에서 일출 보기
2. 감은사지에서 대왕암 바라보기
3. 감포항 둘러보기

●**주소** 경상북도 경주시 양북면 봉길리 26 ●**가는 길 | 자가용** 경부고속도로 경주 IC → 보문단지 → 양북 → 봉길리 해수욕장 **| 대중교통** 서울 센트럴시티터미널 → 경주 고속버스터미널 → 양북/감포행 시외버스 ●**문의** 경주시 문화관광과 054-779-6077, 감포읍사무소 054-744-3002, 기림사 054-744-2292, 골굴사 054-744-1689 ●**먹을거리** 할매횟집(회국수) 054-744-3411, 명지회식당(회밥) 054-775-3879 ●**잠자리** 화이트캐슬 054-771-7775, 해뜨는 집 010-5300-7172, 해맞이 펜션 054-749-1600, 하얀둥지펜션 054-775-7750 ●**이색 체험과 축제** 벚꽃축제 4월, 신라문화제 10월, 경주 떡과 술잔치 10월 ●**주변 여행지** 경주, 양동마을, 강양항, 간절곶, 울산 대왕암

추천 코스

문무대왕 수중왕릉 → 감은사지
→ 감포항 → 기림사 → 골굴사

가족여행 팁

겨울철 바닷바람이 매우 차가우므로 옷을 따뜻하게 입는다.

아침의 감포 앞바다는 해무와 문무대왕릉이 어우러져 신비로운 분위기를 자아낸다.

○● 경주 앞바다를 가득 채운 섬 하나, 문무대왕릉

보문호를 끼고 달리는 4번 국도는 어느새 보문단지를 빠져나와 한적한 덕동호수 드라이브길을 달린다. 이전에는 굽이굽이 열두 고개를 힘들게 넘어야만 동해안으로 갈 수 있었지만 추령터널이 개통되고 나서는 훨씬 수월해졌다. 양북 삼거리에서 다시 14번 도로를 타고 남쪽으로 내려가면 멀리 바다가 바라보이는 언덕 위에 감은사지가 눈에 들어온다. 신문왕(神文王, 신라 제31대 왕)이 아버지를 위해 지은 감은사(현재는 터와 석탑만 남음)의 흔적이 남은 곳인데, 본당 아래에 동쪽을 향해 구멍을 내어 용이 되어 나라를 지킨다고 한 아버지가 드나들 수 있도록 하였다.

섬 하나 보이지 않는 바닷가에 닿으면 봉길리 해수욕장 앞에 예사롭지 않은 바위섬만 덩그러니 놓여 있다. 바로 문무대왕 수중왕릉이다. 문무대왕은 삼국통일의 기틀을 마련한 태종무열왕 김춘추의 아들이다. 비담의 난에 의해 선덕여왕이 죽고, 다시 즉위한 진덕여왕마저 죽었지만 자식이 없었던 탓에 직계존속이 아닌 김춘추가 왕이 되었다. 신라의 엄격한 골품제도에도 불구하고 성골이 아닌 진골 출신의 김춘추는 51세의 늦은 나이에 왕이 되었는데, 이는 김유신의 든든한 후원이 있었기 때문이다. 김춘추가 김유신의 누이와 결혼하여 얻은 아들이 문무왕 법

문무대왕
(文武王, 661~681)

신라 제30대 왕인 문무왕은 태종무열왕과 문명왕후 사이에서 태어났다. 661년에 왕위에 올랐고 668년에는 고구려를 통합하였다. 676년에는 당나라 군사를 몰아냄으로써 삼국을 통일하는 위업을 이루기도 했다. 죽은 뒤에 해룡이 되어 나라를 지키겠다며 경상북도 경주시 봉길리 앞바다에 수중릉을 지어 묻혔다고 한다.

봉길리 해수욕장 앞에 세워진 문무대왕릉 표지석

1. 문무왕이 부처의 힘으로 왜구를 막겠다는 뜻으로 세운 감은사는 옛터만 남아 있다.
2. 문무대왕 수중왕릉이 있는 봉길리 앞바다에는 무속인이 많이 찾는다.
3. 많은 사진가가 대왕암의 일출을 담으려고 이곳으로 모여든다.

민이다. 우리가 일반적으로 삼국통일을 이룩한 사람을 태종무열왕 김춘추라고 말하지만 실제 주인공은 그의 아들 문무왕이다.

사위와 딸이 백제군에 의해 죽은 것에 원한을 품고 있었던 김춘추는 김유신과 아들 법민을 시켜 백제를 공격한다. 이들은 소정방이 이끄는 13만의 당나라 군대와 협공을 펼쳐 계백이 이끌던 5천 명의 백제군을 물리치고 사비성을 함락시킨다. 이 무렵 58세였던 김춘추가 갑자기 세상을 뜨자 그의 맏아들인 법민이 뒤를 이어 왕위에 올랐다.

지혜롭고 용감했던 문무왕은 즉위 후 군사력을 더욱 강화시켜 주변을 공격했고 6년에 걸쳐 백제 부흥을 꿈꾸는 세력과 고구려를 정복해 드디어 삼국통일의 위업을 달성했다. 이후 당나라가 전쟁에 참여한 대가를 요구해 8년에 걸친 전쟁에서 승리를 거둔 뒤 당나라를 한반도에서 몰아냈다. 문무왕 즉위 후 15년 만에 전쟁이 끝난 것이다.

●● 봉길리 앞바다에서 감포항에 이르는 길

백제, 고구려, 신라의 삼국을 통일하고 통일 신라를 만들어 낸 시초는 태종무열왕이었지만 오랜 시간에 걸쳐 결국 문무대왕이 삼국통일의 위업을 달성했다. 이처럼 일생을 전쟁과 함께 살아온 문무왕은 죽어서도 편안하게 있을 수 없었다. 그가 죽으면서 지의법사에게 유언하기를 "내가 죽어서 해룡(海龍)이 되어 나라의 안위를 지키려 하니 화장하여 바다에 묻으라."고 하였다. 이에 그의 아들 신문왕은 경주시 양북면 봉길리 앞바다의 조그마한 바위섬에 그를 화장하여 산골(散骨, 산이나 강에 유골을 뿌리는 것)하였고, 우리는 그곳을 문무대왕 수중왕릉이라 부른다. 12개의 작은 봉우리가 둘러싸고 있는 바위섬의 중간은 동서남북으로 물길을 만들어 항상 파도가 없이 잔잔하고 용이 드나들 수 있도록 만들었다고 한다.

이른 아침이면 물안개가 피어올라 수많은 사진작가가 찾는 일출 명소이기도 한 문무대왕 수중왕릉은 예부터 신성시 여겨져 해녀들조차 이곳에서는 물질을 하지 않았다고 한다. 이런 신령스러운 곳이기에 무속인들 사이에서는 성지로 여겨져 이른 새벽에 굿을 하는 풍경을 쉽게 볼 수 있다.

파도에 자그락거리는 작은 몽돌이 아름다운 해안을 따라 올라가면 감포항이 나온다. 2개의 등대가 방파제 끝에서 배들의 길잡이 역할을 하는 항구에는 오징어잡이배가 가득 정박해 있다. 밤이면 환하게 집어등을 밝히고 오징어를 잡아들이는 모습만 봐도 이곳이 오징어로 유명한 곳이라는 것쯤은 쉽게 알 수 있다.

바닷가 여행은 딱히 무엇을 하지 않아도 마음이 편안해진다. 바다는 원래 사람의 마음을 편안하게 해 주는 곳이기 때문이다. 통일신라를 이룩한 문무대왕의 위대한 업적의 현장을 밟으며 아이들에게 역사의식을 몸소 깨닫게 해 주자.

일출 바라보기
대왕암 위로 떠오르는 뜨거운 태양을 바라본다. 문무대왕의 신성한 혼령이 깃들어 있는 대왕암과 태양이 어우러져 환상적인 풍경을 만들어 낸다. 사진을 찍어도 되고 마음속으로 소망을 빌어도 좋다.

감포항에서 오징어 맛보기
감포항 부근의 대표 어종인 오징어를 싱싱한 상태 그대로 현지에서 맛본다. 감포공설시장에 다양한 음식점이 있어 돌아보며 건어물을 사거나 음식을 맛본다. 오징어부침, 오징어회무침, 오징어국수, 오징어회 등 싱싱한 오징어를 다양하게 즐긴다.

감포항 둘러보기
감포항은 봉길리 해수욕장에서 해안도로를 따라 10분만 북쪽으로 올라가면 된다. 푸른 바다를 끼고 달리는 도로는 청량감을 안겨 준다. 감포항은 오징어잡이가 유명해서 횟집 어디에서나 오징어회를 먹을 수 있다. 아늑한 방파제에 정박 중인 고기잡이 배 위에는 갈매기들이 한가로이 낮잠을 즐긴다.

위 이견대에서는 문무대왕릉이 보이는 바다 풍경을 만날 수 있다.
아래 봉길리 앞바다에는 갈매기가 많아 생기 넘치는 바다 풍경을 만들어 낸다.

1월 007

카르스트 지형이 만들어 낸 최고의 절경
단양 도담삼봉

석회암 지대인 단양은 우리나라의 대표적인 카르스트 지형으로, 영월에서 흘러내린 남한강 물줄기가 갖가지 특별한 아름다움을 빚어내는 곳이다. 단양팔경은 예로부터 극찬을 받아 왔는데, 그중에서도 강물에 섬처럼 떠 있는 도담삼봉을 으뜸으로 꼽는다. 겨울 단양은 여름처럼 붐비지 않아 더욱 여유로운 여행을 할 수 있다.

체험여행

연계 교과
3-2 과학, 6-2 사회

체험 포인트
고수동굴 보면서 카르스트 지형 이해하기

●**주소** 충청북도 단양군 매포읍 하괴리 산20-26(도담삼봉) ●**가는 길 | 자가용** 중앙고속도로 북단양IC → 매포 삼거리 → 도담삼봉 → 단양 시내 → 고수대교 → 양백산 전망대 | **대중교통** 단양 시외버스터미널 → 고수대교에서 제천행 시내버스 → 도담삼봉 정류장 하차, 양백산은 택시 이용 ●**문의** 단양 관광관리공단 043-421-7883, 도담삼봉 주차장 043-421-3182, 단양 시외버스터미널 043-421-8800, 고수동굴 주차장 043-423-1991 ●**먹을거리** 장다리식당 043-423-3960, 전원회관 043-423-3131, 장림산방 043-422-0010, 어부명가 043-421-7688 ●**잠자리** 대명리조트 단양 043-420-8311, 단양관광호텔 043-423-7070, 고인돌펜션 043-422-2977, 다리안밸리 043-423-4738 ●**이색 체험과 축제** 소백산 철쭉제 5월, 단양 온달문화축제 10월 ●**주변 여행지** 청풍, 영월

고수동굴은 총 길이가 1㎞가 넘는 동굴로서, 4억 살의 나이만큼 특별한 볼거리가 산재해 있다.

추천 코스

1일차 : 도담삼봉 → 석문 → 단양 읍내 → 고수대교 → 고수동굴 → 양백산 전망대
2일차 : 구담봉 등산
(※고수동굴 보수 기간: ~2016. 7. 31.)

가족여행 팁

양백산 전망대는 경사가 심하고 길이 좁아 운전 경험이 많은 사람이 운전하는 것이 좋다. 구담봉 등산은 계단이 많으니 편한 신발을 준비한다.

○● 정도전이 사랑한 단양의 비경, 도담삼봉

기기묘묘한 바위들이 바다와 강을 뚫고 올라서서 신비로운 분위기를 만들어 내는 중국의 계림과 베트남의 하롱베이를 우리는 카르스트 지형이라고 부른다. 우리나라에도 이와 같은 카르스트 지형이 존재하는데 단양은 그 대표적인 예라고 할 수 있다. 카르스트 지형은 석회암 지역에서 나타나는데, 빗물에 잘 녹는 특성 때문에 세월이 지나면서 흔히 볼 수 없는 진귀한 경치를 빚어낸다. 중국의 계림은 석회암이 다 녹아내리고 잘 녹지 않는 바위 부분만 남게 된 '탑카르스트' 지형인 반면, 단양 지방은 전체가 석회암 지형으로 빗물에 의해 연못처럼 파여 나가는 돌리네 형상과 지하의 석회암이 녹아서 만들어진 동굴이 특징이다. 시멘트의 원료인 석회암이 워낙 풍부하기 때문에 시멘트 공장이 많고, 여기저기 산이 잘려 나간 모습도 심심치 않게 볼 수 있다.

단양과 영월 지역에는 유난히 근사하고 멋있는 풍경들이 많다. 예로부터 '단양팔경'은 삼척동자도 알 만큼 빼어난 산수를 자랑하지 않았던가. 그중에서도 으뜸은 단양을 여행하는 이들이 제일 먼저 찾는다는 도담삼봉일 것이다. 영월에서 흘러내린 남한강 물줄기가 크게 물돌이를 만들며 단양 읍내로 흘러드는 길목에 유유히 섬처럼 떠 있는 세 개의

카르스트 지형

석회암지층이 빗물에 용해되어 형성된 지형으로, 돌리네(doline)·우발라(uvala)·폴리에(polje)·석회굴 등이 있다. 카르스트라는 명칭은 석회암 지형이 발달한 슬로베니아의 크라스(kras) 지방을 독일어로 카르스트(karst)라고 소개한 데서 유래한다.

구담봉 전망대에 오르면 남한강과 카르스트 지형이 만들어 내는 특별한 풍경을 볼 수 있다.

1. 양백산 정상에 오르면 단양 시내 너머로 지는 해를 볼 수 있다.
2. 밤이 되면 단양 시내의 고수대교에 조명이 켜져 또 다른 멋을 느낄 수 있다.
3. 구인사는 현대적 양식의 건축물로 고풍스런 멋은 없지만, 천태종의 총본산으로 규모가 대단하다.

봉우리는 신비롭기까지 하다. 기암으로 이루어진 3개의 섬 가운데 제일 큰 봉우리는 장군봉(남편봉)이라 부르고 왼쪽은 첩봉(딸봉), 오른쪽은 처봉(아들봉)이라고 부른다. 장군봉에는 삼도정이라는 그림 같은 정자가 있는데, 이는 조선의 개국공신이며 파란만장한 삶을 살았던 정도전이 풍류를 읊기 위해 지어 놓은 것이다. 단양이 고향인 그는 도담삼봉을 무척이나 아끼고 사랑했다고 한다. 자신의 호를 '삼봉'이라 정한 것만 보아도 어느 정도였는지 충분히 짐작할 수 있다.

한겨울이 되면 도담삼봉 주차장에서 봉우리 방면으로 뜨는 해를 볼 수 있고, 강물이 얼지 않는 날이면 모락모락 김이 나는 물안개의 장관도 볼 수 있다. 눈이 내리는 날이면 더욱 특별한 설경을 감상할 수 있다. 도담삼봉은 보는 각도에 따라서도 그 모습이 달라지니, 관광보트를 타고 삼봉 주변을 둘러보는 것도 좋은 방법이다.

●● 양백산 전망대에서 단양 시내를 한눈에 내려다보다

구담봉은 단양과 제천의 경계에 위치한 바위 봉우리이다. 계란재에서 등산로가 시작되는데, 완만하고 널찍한 등산로를 따라 30분 정도 오르면 갈림길이 나온다. 왼쪽은 제천의 명물 옥순봉으로 향하는 길이고, 오른쪽은 단양팔경 중 제4경인 구담봉으로 향하는 길이다. 여기서부터는 본격적인 등산로가 시작된다고 보면 되며, 구담봉 정상의 전망대까지는 약 30분이 소요된다. 지금의 계단이 없었을 때에는 수직 암벽에 매달아 놓은 밧줄을 붙잡고 올라야만 했는데, 지금 생각해 보면 아찔하다. 전망대에 올라서면 생각보다 훨씬 근사한 풍경이 펼쳐진다. 발 아래 까마득한 절벽 밑은 오금이 저릴 만큼 스릴 넘치지만, 멀리 바라보이는 남한강의 아름다움은 가슴이 시원해질 만큼 장쾌하다. 바위가 많아 유난히 아름다운 풍경을 자랑하는 구담봉 주변에 유람선이 옥빛 물살을 가르며 흐르는 모습은 한 폭의 그림 같다.

석회암 지대인 단양에는 고수동굴(천연기념물 제256호), 노동굴(천연기념물 제262호), 천동굴(강원도 지방기념물), 온달동굴과 같은 석회동굴이 많이 있다. 그중 단양 시내와 가장 가까운 고수동굴은 총 길이가 1km가 넘는 동굴로, 4억 살의 나이만큼 특별한 볼거리가 산재해 있다. 이 동굴의 수호신인 사자바위를 비롯해서 만물상, 독수리상, 선녀상, 용바위, 도담삼봉 등 기기묘묘한 종유석들이 '와!' 하는 감탄사를 자아낸다.

고수대교 건너편에는 단양의 활공장이자 전망대가 있는 양백산이 위치해 있다. 한참을 올라가야 하는 가파른 시멘트 포장길은 차량 두 대가 교행하기에도 버겁다. 마주 오는 차량이 있을 때에는 미리 갓길에 대피하는 양보의 미덕을 가져야 수월하다. 정상 부근에는 제법 많은 차량을 주차할 수 있는 주차장이 마련되어 있고, 천문대를 연상시키는 모습의 전망대에 올라서면 단양 시내가 한눈에 들어온다. 운이 좋다면 패러글라이딩과 행글라이딩을 즐기는 활공인들을 만날 수도 있다. 단양은 자연 박물관이라 불릴 만큼 다채로운 모습을 간직하고 있으니, 시간 여유를 갖고 차근차근 둘러보아도 좋을 것이다.

배 타고 단양팔경 둘러보기

청풍호의 유람선을 타고 구담봉을 둘러보거나 도담삼봉에서 모터보트를 타고 석문을 둘러보는 것도 색다른 체험이 된다.

청풍 유람선: 대인 11,000~22,000원, 소인 8,000~17,000원
도담삼봉 모터보트: 대인 6,000원, 소인 4,000원

위 눈이 내린 구담봉은 한 폭의 산수화가 된다.
아래 단양팔경 중 제8경 석문에는 수십 척의 돌기둥 위에 돌다리가 걸려 있어 서무지개 형상을 하고 있다.

1월
008

온통 눈으로 뒤덮인 설천봉에 오르다
무주 덕유산 눈꽃 트레킹

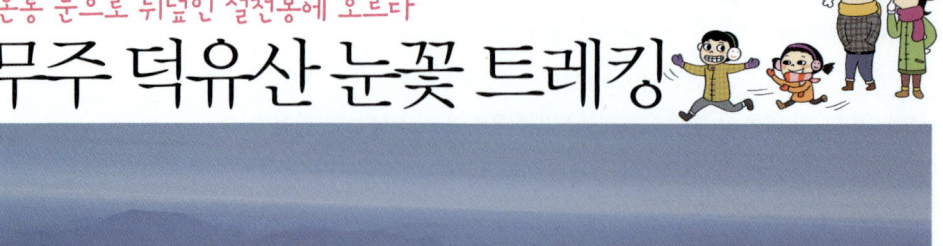

겨울 등산은 엄두도 내지 못하는 사람들에게도 덕유산 눈꽃 트레킹은 꼭 추천한다. 곤돌라를 이용해 설천봉을 오르는 신비로운 체험과 설천봉에 올라 눈길을 걷는 기분은 말로 다 표현할 수 없을 정도로 황홀하다. 내려와서 노천온천에 몸을 담그면 일상에서의 피로가 말끔히 사라질 것이다.

연계 교과
2-2 즐거운 생활, 6-1 사회, 6-2 사회

체험 포인트
1. 곤돌라를 타고 설천봉 오르기
2. 향적봉 등산로 걷기

●**주소** 전라북도 무주군 설천면 삼공리 ●**가는 길 | 자가용** 대전–통영 고속도로 무주 IC → 사산 삼거리 → 치목 터널 → 구천동 터널 → 덕유산리조트 **| 대중교통** 서울 남부터미널 → 무주·덕유산 리조트행 시외버스 → 리조트 셔틀버스 ●**문의** 무주군 문화관광과 063-322-2905, 덕유산 관리사무소 063-322-4174, 무주 공용버스터미널 063-322-2245, 무주 덕유산리조트 063-322-9000, 덕유산 자연휴양림 063-322-1097, 무주관광안내소 063-324-2114 ●**먹을거리** 반딧불 맛집(간장게장) 063-324-5220, 다복회관(돼지갈비전골) 063-322-2361, 금강식당(어죽) 063-322-0979, 명가(참나무 흙돼지구이) 063-322-0909 ●**잠자리** 덕유산리조트 063-322-9000, 무주토비스콘도 063-322-6411, 무주펜션 063-322-7008, 구천동펜션 063-322-7557 ●**이색 체험과 축제** 남대천 얼음축제 1월, 반딧불축제 6월 ●**주변 여행지** 대둔산, 마이산

곤돌라를 타고 설천봉에 내려 조금만 올라가면 이곳의 명물인 상제루에 닿는다.

추천 코스

곤돌라 탑승 → 설천봉 → 향적봉 → 덕유산리조트 노천온천

가족여행 팁

바람이 많이 불기 때문에 산에 오르기 전 목도리, 마스크, 장갑을 꼭 착용한다.

○● 덕유산 설경을 즐기는 또 다른 방법, 곤돌라

가족과 함께 떠나는 겨울 여행에 눈까지 더해지면 얼마나 좋을까. 하지만 도로에 눈이 내린다는 건 그만큼 위험하고 불편한 일들을 감수해야만 하는 일이니 꼭 좋은 것만은 아니다. 그렇다 하더라도 건조하고 차가운 겨울바람만 불어대는 것보다 눈 내리는 풍경이 훨씬 운치 있고 따뜻해 보일 것이다. 게다가 뽀드득거리는 하얀 눈을 밟으며 즐기는 눈꽃 트레킹이라면 더욱 마음을 설레게 한다. 눈이 쌓인 높은 산을 올라야 한다는 부담감이 걱정이라면 덕유산으로 가 보자. 태백산맥에서 뻗어 나온 소백산맥과 남녘의 어머니 품 같은 지리산을 잇는 덕유산은 덕(德)이 많고 너그러운 어머니 같은 산이라고 해서 붙여진 이름인데 그 꼭대기 봉우리는 1,614m의 향적봉이다.

대개 겨울 산을 오르려면 준비를 단단히 해야 한다. 등산복에 등산화, 방한장비, 아이젠까지 중무장을 해야만 하는 게 보통이지만 덕유산은 다르다. 한겨울이면 스키어와 보더들로 인산인해를 이루는 덕유산리조트에 덕유산을 오르는 관광용 곤도라가 설치되어 있기 때문이다. 만선봉을 중심으로 슬로프가 운집한 지역은 콘도와 호텔이 주를 이루는 반면, 설천봉 주변 지역은 국내에서 가장 긴 슬로프인 실크로드가

나제통문(羅濟通門)

전라북도 무주군 설천면 소천리에 있는 석굴문으로 옛 신라와 백제의 경계관문이었다. 통문을 경계로 동서 지역이 나뉘어 삼국시대부터 고려시대에 이르기까지 서로 다른 언어와 풍습을 가져왔고 지금도 그 영향력이 남아 있다.

나제통문은 신라와 백제의 끝자를 따서 이름 붙였으며 바위를 뚫어서 만들었다.

43

1. 향적봉에 오르면 멀리 산들이 발 아래로 시원스럽게 펼쳐진다.
2. 덕유산리조트에서는 노천온천 외에 아이들이 눈썰매를 즐길 수 있다.
3. 덕유산리조트는 밤 풍경도 아름다워 가족이나 연인에게 낭만적인 하룻밤을 선사한다.

6.1km나 이어진다. 베이스로부터 설천봉을 이어 주는 곤돌라 덕분에 좀 더 편하게 눈꽃 산행을 즐길 수 있다.

덕유산 자락의 백련사에서 시작되는 구천동 계곡을 따라 폭포와 담소, 기암절벽들이 아름다운 풍경을 만드는데, 무주 1경인 나제통문에서부터 33경인 덕유산 정상의 주목 군락까지 절경들이 줄을 잇는다. 봄부터 가을까지라면 백련사까지 이어지는 6.5km의 계곡 트레킹이 제격이다. 하지만 눈이 내리는 겨울에는 산 위쪽으로 눈을 돌려 보자.

덕유산리조트의 만선베이스에서 출발하는 8인승 관광곤돌라는 무려 길이가 2.5km에 이르지만 불과 15분 만에 설천봉에 닿는다. 곤돌라가 고도를 높이자 눈밭에서 속도와 스릴을 즐기는 스키어들은 점점 멀어지고 창밖의 풍경은 이내 짙은 안개 속으로 사라져 버린다. 당연한 이야기지만 산 위의 날씨는 장담할 수 없다. 특히 해발 1,500m가 넘는 산들은 구름 속에 가려져 있는 경우가 많고, 또 겨울철 함박눈이 내리는 경우도 허다하다. 하지만 가끔씩 보여 주는 파란 하늘은 하얀 눈과 어울려 환상적인 그림을 만들어 내는데, 푸르다 못해 검푸른 빛깔을 보이는 하늘을 바라보면 쌓인 스트레스가 모두 날아간다.

●● 설경 속을 걷는 즐거움, 덕유산 등산로

설천봉의 상징물처럼 여겨지는 근엄한 상제루를 지나면 향적봉으로 이어진 0.6km의 등산로로 들어서게 된다. 등산로 주변의 나뭇가지와 주목들은 하얀 눈꽃이 피어 절경을 만들어 내는데, 중간쯤 오르다가 설천봉을 내려다보면 그 풍경이 천상의 도시를 연상케 할 만큼 이국적이다. 날씨가 좋다면 그 너머로 적상산의 산정호수가 손에 잡힐 듯 눈에 들어온다. 설천봉에서 향적봉을 오르는 구간은 잘 정돈된 산책로 같은 느낌이다. 돌무덤 등으로 지형이 험한 곳은 나무 데크를 깔아 놓아 누구라도 쉽게 오르내리도록 배려해 놓았다. 하지만 자연을 훼손하는 일은 극히 제한한 흔적도 볼 수 있다. 향적봉에 오르면 켜켜이 이어지는 산들의 능선이 그러데이션되어 그려진다.

향적봉 주변으로는 주목들이 군데군데 위용을 자랑하고 있어 고산의 느낌을 제대로 전해 준다. 붉을 주(朱) 자를 쓰는 주목은 해발 1,000m 이상의 높은 곳에서만 자라는데, 살아서 천 년, 죽어서도 썩지 않고 천 년을 그 자리에 서 있다고 해서 지조와 우직함의 상징이기도 하다. 덕유산 설천봉과 향적봉 사이, 그리고 향적봉에서 중봉에 이르는 구간에 군락을 이루고 있다. 전체적으로 능선을 타고 이동하는 구간이라 걷기에 편안해서 체력이 허락한다면 향적봉을 넘어 조금 더 걷는 것도 좋다. 걷다 보면 높은 산의 공기 때문에 가슴이 한결 시원해진다.

곤돌라에서 설경 감상하기
곤돌라를 이용해 온 세상이 하얗게 눈꽃으로 뒤덮인 순백의 설경을 감상한다. 설천봉에서 내려 산길을 걸을 수 있다는 장점 때문에 많은 관광객으로 북적거린다. 요즘은 동남아시아나 중국 등 겨울에 눈을 보기 힘든 나라의 여행객이 많이 찾는다.

향적봉 등산로 걷기
설천봉 상제루를 지나 향적봉으로 이어지는 0.6km의 등산로를 걷는다. 길의 대부분이 나무 데크와 계단으로 되어 있어 걷는 데 큰 어려움은 없지만 정상까지 갈 마음이라면 방한준비를 제대로 하는 게 좋다. 길이가 짧다고 얕잡아 봤다가는 영하 20도의 매서운 칼바람에 혼쭐이 날지도 모른다.

위 곤돌라를 타고 산을 오르며 곱게 눈꽃을 피운 나무들을 만난다.
아래 눈이 내리는 산길을 따라 설천봉에서 향적봉으로 가는 등산로를 걷는다.

2월
009

단종의 슬픔이 서린 곳에서 자연을 만나다
영월 선암마을

단종의 슬프고도 기막힌 이야기는 드라마로도 방영되는 등 많은 사람의 관심을 받고 있다. 단종이 슬픈 죽음을 맞이한 장릉을 둘러보며 역사의 한 장면을 상상해 보자. 뒤이어 별마로 천문대에서는 광활한 우주의 아름다운 별자리를 관찰할 수 있다.

연계 교과
- 소나기재, 장릉 | 5-1 사회
- 별마로 천문대 | 2-2 슬기로운 생활, 5-1, 5-2 과학

체험 포인트
1. 선암마을의 한반도 지형 보기
2. 단종의 능이 있는 장릉 둘러보기

● **주소** 강원도 영월군 한반도면 옹정리 산80번지 ● **가는 길 | 자가용** 서울 → 중앙고속도로 신림 IC → 주천 → 연정 IC → 선암마을 | **대중교통** 서울센트럴시티터미널 → 영월고속버스터미널 → 선암마을 ● **문의** 영월군 문화관광과 033-370-2542, 별마로 천문대 033-374-7460, 청령포 1577-0545, 탄광문화촌 033-372-1520 ● **먹을거리** 주천 떡메식당(민물매운탕) 033-372-2928, 주천 다하누촌(한우) 033-372-7779, 청산회관(곤드레나물) 033-374-2141, 장릉보리밥(보리밥) 033-374-3986 ● **잠자리** 엘솔펜션 033-374-1112, 동강유토피아 033-375-4002, 아뜰리에펜션 033-375-7427, 별마로빌리지 010-3008-6408 ● **이색 체험과 축제** 단종문화제 4월, 영월동강축제 7월, 김삿갓문화제 10월 ● **주변 여행지** 단양

부모님의 손을 잡고 판운리에 있는 섶다리를 건너 보자.

추천 코스

선암마을 → 선돌 → 장릉 → 청령포 → 별마로 천문대

가족여행 팁

영월은 곳곳에 기암괴석이 어우러진 멋진 풍경이 숨어 있으므로 카메라를 꼭 준비한다.

○○● 종종걸음으로 선암마을 섶다리 건너기

지그재그를 그리며 산줄기와 강줄기가 서로 뒤엉켜 돌아 나가는 영월은 청정수와 기암괴석으로 가득한 고장이다. 또한 영월은 수많은 역사가 살아 숨 쉬는 곳이다. 김삿갓이라 불리는 김병연(金炳淵, 조선 후기의 방랑시인)의 고장이자, 열일곱 꽃다운 나이에 생을 마감한 단종의 한이 서려 있는 곳이기도 하다. 동쪽에서는 정선으로부터 흘러드는 동강이 어라연 계곡을 따라 스며들고, 서쪽에서는 주천강과 평창강이 만나 서강이 되어 영월로 흘러들면 두 강줄기가 하나가 되면서 남한강을 이루며 본격적인 위세를 갖추고 한강으로 흐른다.

그 강줄기마다 곳곳에 섶다리가 놓여 있는데 엄마, 아빠의 뒤를 따라 종종거리며 강을 건너는 아이들의 눈에 호기심이 가득하다. 본래 섶다리는 잡목의 잔가지를 엮어서 만든 나무다리이며 못을 하나도 쓰지 않고 도끼와 끌로만 만들었다. 얼핏 보기에는 허술해 보이지만, 실제 그 견고함을 알고 나면 선조들의 지혜로움에 놀라게 된다. 무릉리와 도원리를 에돌아 온 주천강은 서면에 이르러 평창강을 만나 기세 좋은 서강과 하나가 되는데, 이곳이 바로 옹정리이며 서강 풍경의 절경인 선암마을(한반도 지형)이 있는 곳이기도 하다. 흔히 서강은 물살이 잔잔하고, 부

이것만은 알고 가요!

단종(端宗, 1441~1457)

조선 제6대 왕(재위 1452~1455). 문종이 죽고 어린 나이에 즉위하여 숙부인 수양대군에게 왕위를 빼앗겼다. 단종복위운동을 주도하던 세력이 죽임을 당하자 서인으로 강등되고 결국 영월에서 죽음을 맞았다. 이때 복위운동을 주도하였다가 죽임을 당한 성삼문 등의 6명을 사육신이라 한다.

단종의 유배지였던 청령포는 단종의 슬픈 한이 서려 있다.

1. 선돌 전망대에서 내려다본 풍경이 이색적이다.
2. 선암마을에 눈이 내리면 환상적인 풍경이 펼쳐진다.
3. 선암마을에서는 겨울철이 되면 강물이 꽁꽁 얼어 천연 썰매장이 만들어진다.

드러운 산세와 들판을 안고 돌아 나가는 모습 때문에 여성적인 강에 비유하여 '암강'이라 부르기도 한다.

○●● **단종의 슬픈 혼이 머무는 곳**

단종이 영월로 유배당하면서 고개를 넘을 때 갑자기 소나기가 쏟아졌다고 해서 이름 붙은 소나기재 정상은 선돌로 들어가는 길목이다. 선암마을을 휘돌아 오노산의 허리를 쓰다듬으며 여러 굽이를 돌아 나간 서강은 선돌에 이르는데 여름철 일몰이 아름다운 선암마을과 반대로 선돌의 일몰은 남서쪽으로 해가 지는 겨울에 특히 아름답다. 오금이 저릴 만큼 까마득한 낭떠러지 너머로 강물을 뚫고 올라온 커다란 바위가 도끼에 맞고 둘로 쪼개진 듯한 형상의 선돌이 바라다보인다. 바위 안에 자갈이 들어 있는 역암이라 침식의 영향을 덜 받아서 생긴 현상이라 하지만 자연의 힘으로 빚어낸 선돌의 크기와 위용은 실로 엄청나다.

소나기재를 지나면 바로 장릉이다. 숙부인 수양대군에게 왕위를 찬탈당하고 영월로 유배 왔다가 결국 사약을 받고 숨을 거둔 한 많은 단종을 모신 묘이다. 단종의 억울한 넋이 깃들어 있는 영월에는 장릉 외에도 소나기재, 군등치, 배일치 등 단종과 관련된 고개 이름이 많다. 단종이 영월로 내몰린 뒤 처음 머물던 청령포는 한쪽만 빼고 삼면이 모두 깊은 강물이 가로막고 있는 유배지였다. 지금은 황포돛을 단 동력선이 오가는데 강을 건너면 울창한 솔숲이 반긴다. 숲 속에는 단종이 머물던 어가를 비롯하여 접근하지 말라는 경고를 적은 금표비, 단종이 서낭당처럼 쌓았다는 돌탑 등이 남아 있다. 솔숲에서 눈길을 끄는 나무는 천연기념물(제349호)로 지정된 관음송이다. 단종의 유배 생활을 지켜보았고, 단종의 울음소리를 들었다는 소나무로 알려져 있다.

●●● 하늘의 별을 보며 우주의 신비 체험하기

검룡소에서 발원한 물줄기는 정선 아우라지에서 송천, 오대천이 만나 동강이 된다. 그렇게 영월로 쉼 없이 달려온 동강은 어라연 계곡을 거치면서 봉래산 옆을 스치듯 지나간다. 서강에 비해 물살도 급하고 각종 기암괴석이 강 주변으로 솟아올라 그 기세가 거칠고 남자답다 하여 '숫강'이라고도 불리는 동강은 우리나라 래프팅의 일번지로 손꼽힐 만큼 비경으로 가득 차 있다.

영화 〈라디오스타〉의 주 무대가 되었던 영월. 그중에서도 가장 인상적으로 기억에 남는 장소가 있다면 단연 봉래산이다. 아름다운 밤하늘의 별을 보며 추억을 담을 수 있는 별마로 천문대가 위치해 있으며 영월 시내가 한눈에 내려다보인다. 영화 속 두 주인공이 천문대에서 천체망원경을 통해 안드로메다 성운을 보며 나누던 대화가 생각난다. "별은 자기 혼자 빛날 수는 없어. 다 빛을 받아서 반사하는 거야." 우리의 역사가 고스란히 담긴 자연을 훼손하지 않으면서 문명과 공생하며 서로가 빛나게 해 주는 일이야말로 가장 의미 있는 일이 아닐까 다시 한 번 생각해 본다.

섶다리 걷기
조심조심 강 사이에 놓인 섶다리를 건너 본다. 섶다리는 주로 추수가 끝난 늦가을에 다리를 놓아 이듬해 장마가 들기 전까지 사용했지만 요즘은 관광객을 위해 시기에 상관없이 만들어 놓아서 연중 어느 때라도 볼 수 있다. 판운리를 비롯해 주천리, 선암마을 등에도 있다.

별마로 천문대 살펴보기
'별(star)+마루(정상)+로(고요할 로)'의 합성어로 별을 보는 고요한 정상이라는 뜻을 지닌다. 민간 천문대로는 국내에서 가장 높은 곳(865m)에 위치해 있다. 천체망원경을 통해 안드로메다 성운을 비롯해 다양한 별자리를 관찰할 수 있다.

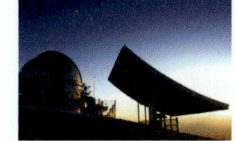

위 판운리의 섶다리는 영월의 대표 명물 중 하나이다.
아래 별마로 천문대는 시민 천문대로 봉래산 꼭대기에 있다.

2월
010

느긋하게 걸으며 자연의 아름다움에 빠지다
제주 올레길 7코스

제주의 바다와 하늘을 벗 삼아 천천히 걸으면서 작은 것의 아름다움과 행복감을 느껴 본다. 특히 7코스는 풍광이 빼어나 외국인에게도 인기가 많은데, 걷다 보면 어느새 마음 가득 즐거움이 샘솟는다. 아이들은 물론 어른들의 스트레스도 말끔히 사라질 것이다.

연계 교과
4-1사회, 4-2사회, 6-1사회

체험 포인트
1. 올레 스탬프 찍기
2. 바닷가 풍경에 취해 쉬기
3. 풍경 사진 찍기

●**주소** 제주특별자치도 서귀포시 강정동 ●**가는 길 | 자가용** 제주공항 → 1100도로 → 서귀포 자연휴양림 → 서귀포시청 → 외돌개 | **대중교통** 100번, 36번 좌석버스 이용 → 외돌개 하차 ●**문의** 제주관광정책과 064-710-3314, 제주관광공사 064-740-6000, 외돌개 안내소 064-760-3033, 제주올레길 064-762-2190, 제주올레 셔틀버스 064-780-8000 ●**먹을거리** 서귀포 꽃돼지연탄구이(돼지구이) 064-739-2882, e조은식당(갈치회) 064-738-7123, 제주명가 두루치기(두루치기) 064-763-2272 ●**잠자리** 향림원 064-733-5799, 가산토방 064-732-2096, 서귀포호텔 064-738-0123, 굿인호텔 064-767-9602 ●**이색 체험과 축제** 감귤 따기 체험, 제주유채꽃걷기대회 3월, 제주왕벚꽃축제 4월 ●**주변 여행지** 제주 성산

올레7코스의 초입에 있는 외돌개의 우뚝 솟은 모습이 독특하다.

추천 코스

올레길 7코스: 외돌개 → 수봉로 → 법환 → 강정

가족여행 팁

평소보다 오래 걸어야 하므로 편안한 신발을 신고 배낭도 되도록 가볍게 한다.

○● 제주의 자연 속을 걷는 치유의 여행

제주도는 유네스코 세계자연유산으로 지정되었을 만큼 빼어난 자연 경관을 자랑한다. 섬 전체가 종합선물세트라고 해도 될 정도다. 울릉도와 마찬가지로 화산 활동을 통해 솟아났지만 대부분 산악지형인 울릉도에 반해, 제주도는 대부분 평지로 되어 있다. 그래서 자전거나 도보로 이동하는 것이 훨씬 수월하다. 옛날에야 평생에 한 번 제주도를 갈까 말까 했지만 지금은 비행기 편도 많아졌고, 배를 이용한 교통편도 다양해져 마음만 먹으면 언제라도 갈 수 있다. 장흥에서 출발하는 쾌속선은 불과 1시간 반이면 제주 성산항에 닿는다.

그래서인지 제주 여행도 짧은 시간에 많은 것을 보려는 사람보다 자주 찾으면서 느긋하게 여행을 즐기려는 사람들이 늘어나는 추세다. 일종의 웰빙 바람이 제주 여행에도 영향을 미치는 셈인데, 그중 제주를 대표하는 웰빙 여행이라 하면 단연 올레길 걷기 여행이다. 성산일출봉과 광치기 해안을 거치는 1코스부터 조천에서 김녕에 이르는 19코스까지, 대부분 제주의 바닷가를 끼고 걷는 코스로 이루어져 있어 제주의 속살을 제대로 볼 수 있다.

요즘같이 물질적으로 풍요로운 세상에 살다 보면 감사하는 마음이 점

올레길 알고 걷기

올레는 원래 제주도의 방언으로 '차가 다니지 않는 작은 길'을 말하는데, 큰 도로에서 집 앞 대문까지 이르는 좁은 길을 뜻한다. 스페인의 산티아고 순례길은 전 세계적으로도 유명한 걷기 여행 코스이기도 한데, 제주 올레길 역시 한때 10대 히트 상품으로 선정될 만큼 아직도 그 인기가식을 줄을 모른다.

올레길마다 올레를 상징하는 간세와 리본이 달려 있어 길을 쉽게 찾을 수 있다.

1. 이호테우 해수욕장 끝에는 원담 속에 원담이 있는 문수물이 있다.
2. 성읍민속마을은 상업 구역이면서 민속 마을로, 겨울의 끝자락에는 동백꽃이 가득해 걷는 걸음마다 향기롭다.
3. 오설록 녹차밭 주변으로 핀 동백꽃은 또 다른 볼거리를 제공한다.

점 작아진다. 아이들은 자전거 한 대 잃어버리는 일쯤은 대수롭지 않게 여길 정도다. 여행도 자극적이고 대단한 것이 아니면 쉽사리 따라 나서려고도 하지 않는다. 큰 기쁨에도 소리 내어 웃지 않는 냉랭한 가슴을 가진 사람으로 자라는 건 참 슬픈 일이다. 하지만 올레길을 걷는 여행은 사람을 변화시킨다. 길가에 자란 작은 풀과 꽃을 보고, 밭과 오름 사이로 보이는 소소한 풍경들을 마주하면서도 크게 감탄할 줄 아는 행복을 맛보기 때문이다. 한 코스가 보통 15~20km 정도로 하루에 한 코스 정도만 걷는 것이 무난하다.

●● 외돌개와 강정을 잇는 천혜의 자연길

외돌개에서 시작하는 7코스는 가장 많은 사람이 찾는 코스로, 억새와 들꽃이 길가에 소박하게 피어서 걸을 때마다 감동이 샘솟는다. 깎아지른 절벽의 해안가에 높이 20m의 외로운 바위섬이 송곳처럼 삐죽 솟아 있는 외돌개는 드라마 〈대장금〉의 촬영지로도 알려져 있다. 멀리 하얗게 눈 쌓인 한라산이 아스라이 보이는 풍경으로 7코스는 시작된다. 이 길이 올레길임을 알리는 독특한 모양의 이정표가 곳곳에 설치되어 있다. 키 작고 강단이 있어 보이는 제주의 토종말 '간세'를 형상화한 것으로 옥수수를 원료로 만든 천연 소재라고 하니 이마저도 자연의 한 부분이다.

파도소리와 함께 용암의 흔적을 볼 수 있는 돔베낭길을 지나고 속골의 징검다리를 건너면 가장 아름다운 길을 만난다. 잡풀과 돌이 많아 길이 없었던 이곳에 오직 삽과 곡괭이만으로 혼자서 이 길을 만들었던 김수봉 님의 이름을 따서 만든 수봉로이다. 그래서 그런지 가장 자연스럽고 걷는 동안 애착이 느껴진다. 올레길을 걷는 사람들에게 수봉로는 꼭 한 번 걸어 보고 싶은 명품길로 알려져 있다.

법환포구와 강정포구를 지나 월평마을에 이르는 14km를 모두 걷지 않아도 된다. 힘들면 중간에서 버스나 택시로 되돌아올 수 있으니 부담 가질 필요도 없다. 제주의 남쪽은 우리나라에서 가장 따뜻한 지역이다. 바닷바람이라고 해도 매섭게 거칠지 않다. 그래서 서귀포지역은 귤이 많이 재배된다. 중문관광단지 주변의 주상절리와 천지연·천제연 폭포도 아름답다.

또 아름다운 산방산이 해변 풍경을 더욱 운치 있게 만드는 화순 금모래 해변과 사계 해변에서 한가로움을 즐겨 보는 것도 좋다. 해 질 무렵에는 차귀도가 바라보이는 고산마을이나 커다란 풍력발전기가 바닷가 풍경을 한층 운치 있게 만드는 신창 해변으로 가 보자. 자연이 만들어 내는 아름다움을 보며 매사에 감사하는 마음을 가질 수 있을 것이다.

올레 스탬프 찍기
올레 7코스는 외돌개를 출발해서 제주풍림리조트, 월평포구까지 이어진 코스로 시작점인 외돌개 제주올레 안내소에서 스탬프를 받고 중간 지점인 제주풍림리조트 내 바닷가 우체국에서 한 번, 종점인 월평 송이 슈퍼에서 스탬프를 확인 받는다. 한 코스당 스탬프 2번만 찍어도 그 코스를 완주한 것으로 인정해 준다. 스스로 스탬프를 찍으며 완주의 기쁨을 느낄 수 있다.

바닷가 자갈소리 듣기
월평마을에 가까워지면서 만나는 일강정 바닷올레는 검은 자갈들이 자르르 구르는 소리가 인상적이다. 맑고 푸른 바닷물에 구르는 검은색 자갈들이 묘한 색의 대비를 이루며 독특한 풍경을 만들어 낸다. 평소 시끄러운 음악에 익숙해져 있는 아이들에게 자연이 만든 소리를 들을 수 있는 기회를 제공한다.

위 올레길 각 코스의 시작과 중간, 종점에서 올레 스탬프를 찍을 수 있다.
아래 '두머니물~서건도' 구간은 제주올레에서 손으로 직접 돌을 골라 만들었다.

011 2월

이순신 장군의 기개를 이어받다
통영 이순신공원 & 동피랑마을

통영의 강구안 주변은 많이 붐비지도, 그렇다고 한적하지도 않으며 볼거리가 꽤 많다. 강구항이 내려다보이는 남망산공원에 들렀다가 동피랑마을을 둘러보고 한려수도 케이블카까지 탄다면 통영의 대표 볼거리는 얼추 본 셈이다. 강구안에는 거북선 모형이 있으므로 지나면서 살펴보자.

체험 여행

연계 교과
5-1 사회, 6-1 사회

체험 포인트
1. 동피랑마을 꼭대기에서 차 한 잔 마시기
2. 오미사꿀빵 먹어 보기
3. 달아공원에서 일몰 보기

● **주소** 경상남도 통영시 정량동 683(이순신공원) ● **가는 길** 대전-통영 고속도로 → 통영IC → 우회전 → 통영 시내 | **대중교통** 서울 고속버스터미널/남부시외버스터미널 이용 → 통영 터미널 ● **문의** 통영시 문화관광과 055-650-4681/4680, 한려수도 조망 케이블카 1544-3303, 통영 여객터미널 055-642-0116, 충무 마리나리조트 055-643-8000, 수산과학관 055-646-5704 ● **먹을거리** 향토집(굴요리) 055-645-4808, 궁전횟집(활어회) 055-646-5737, 통영맛집(멍게비빔밥) 055-641-0109, 오미사꿀빵(꿀빵) 055-646-3230, 동진김밥(충무김밥) 055-645-6988 ● **잠자리** 금호 충무 마리나리조트 055-643-8000, 통영펜션 011-9515-6405, 한산호텔 055-642-3374, 팜비치 055-648-8863 ● **이색 체험과 축제** 한산도염개갯벌체험 6월, 통영한산대첩축제 8월 ● **주변 여행지** 고성 학동마을, 진주 유등축제

이순신공원에는 이순신 장군의 동상과 함께 산책로가 마련되어 있다.

추천 코스

이순신공원 → 남망산 조각공원 → 동피랑마을 → 해저 터널 → 한려수도 케이블카 → 달아공원

가족여행 팁

동피랑마을은 중앙시장 근처에 주차를 하고 걸어서 둘러보는 게 좋다.

○● 용맹스러운 전쟁의 역사를 품은 곳

우리나라 역사를 통틀어 가장 위대한 장수가 누구냐고 묻는다면 대한민국 사람 대부분은 충무공 이순신 장군을 꼽는다. 그가 진두지휘한 한산도대첩은 진주대첩, 행주대첩과 더불어 임진왜란의 3대첩 중 하나이자 세계 4대 해전의 하나로 기록되며 영국의 해군사관학교 전술교과서에 실릴 정도로 대단하다.

와키사카가 거느린 왜군 함대 73척을 상대로 이순신 장군은 판옥전선 서너 대로 적을 유인하여 한산도 앞바다에서 학익진 전법을 펼쳤는데 당황하는 적전선의 가운데를 철갑 두른 거북선이 화염을 내뿜으며 들어가 순식간에 왜군을 오합지졸로 만들어 버린 당시의 상황은 생각만 해도 통쾌하다. 이 전쟁이 끝나고 난 후 충청·전라·경상의 3도 수군통제영을 이 지역에 설치하면서 '통영'이라 불렀는데, 1955년에 통영읍이 시로 승격하면서 잠시 충무(忠武)라는 이름을 사용하기도 했다. 그래서 그런지 통영 곳곳에는 충무공의 숨결이 스며 있음을 느낄 수 있다.

'한산도에서 여수까지의 수려한 바닷길'이란 뜻의 한려수도 150여 개 섬의 중심인 통영은 한산도, 매물도, 욕지도, 사량도 등 내로라하는 섬들을 거느리고 있다. 통영 IC를 빠져나와 동호만에 이르면 망일봉 아

이순신(李舜臣, 545~1598)

조선 중기의 명장으로 서울에서 태어났다. 무인선발시험 중 말에서 떨어져 발목이 부러지는 바람에 32세의 늦은 나이에 병과에 급제하였다. 임진왜란 당시 일본군을 물리치는 데 큰 공을 세웠으며 옥포대첩, 부산포해전, 명량해전, 노량해전 등에서 승리를 거두었다. 그러나 선조 31년에 노량에 집결한 일본군과 혼전을 벌이다가 전사했다. 주요 저서로는 《난중일기》가 있다.

강구안에는 이순신 장군이 만든 거북선 모형이 있다.

55

1. 동피랑마을 곳곳에 독특하고 재미있는 그림이 많다.
2. 통영 미륵산에는 한려수도 케이블카가 놓여 있어 다도해의 풍광을 한눈에 볼 수 있다.
3. 통영수산과학원은 아이들의 교육에 좋은 장소이다.
4. 통영의 해저 터널을 지나다 보면 이곳의 역사를 보여 주는 사진과 그림이 눈길을 끈다.

래에 청마문학관과 이순신공원이 자리 잡고 있다. '必死則生 必生則死 (필사즉생 필생즉사: 죽고자 하면 살 것이오, 살고자 하면 죽을 것이다.)'의 글귀가 적힌 이순신 장군 동상을 지나면 초록의 바다를 끼고 산책로가 이어진다. 바닷바람과 어우러진 호젓한 공원 분위기는 북적이지 않아서 좋다.

●● 충무김밥과 벽화마을 추억하기

통영의 옛 지명에서 유래한 충무김밥은 향긋한 김에 고슬고슬한 밥을 가늘게 말고, 오징어무침과 무김치가 곁들여져 이쑤시개로 콕콕 찍어 먹어야 제 맛이다. 강구항 선착장 앞쪽은 통영에서 김밥거리로 통하는데 서로들 자기네가 원조라고 내세운다. 하지만 사실 어딜 가도 맛은 크게 다르지 않다. 오히려 원조라고 소문난 곳들의 불친절함과 비싼 요금은 눈살을 찌푸리게 만든다. 또 통영에 왔다면 충무김밥과 함께 반드시 먹어봐야 할 것이 '통영 꿀빵'이다. 무려 그 역사가 50년이 된 이 빵집은 별다른 상호도 없이 주택가 골목 안에서 시작하였지만 입소문이 나면서 너도나도 찾기 시작했다. '오미사'라는 옆집 세탁소가 문을 닫고 없어지는 바람에 그냥 '오미사 꿀빵집'이 되어 버린 이곳은 지금도 그때 그 손맛으로 꿀빵을 만들어 내는 할머니와 할아버지가 자리를 지키고 있다. 적당한 팥 앙금과 달콤한 물엿이 어우러진 맛은 누구나 좋아할 수밖에 없다.

김밥거리 옆에 있는 중앙시장의 뒤쪽 언덕은 동피랑마을이다. 피랑은 이곳 사투리로 비탈길, 혹은 벼랑이라는 뜻인데 중앙동을 중심으로 동쪽 언덕은 동피랑, 서쪽 언덕은 서피랑 마을이다. 한때 개발이라는 이름으로 철거 위기에 몰렸던 마을이지만 2007년에 시민단체의 힘을 빌어 '동피랑 색칠하기 공모전'을 열어서 벽화마을로 되살아났다. 좁은 골목길에 사이좋게 바짝 붙은 집들의 벽은 원색의 예쁜 그림 덕분에 마치 동화 속 풍경 같다. 동피랑 꼭대기에 오르면 통영의 아름다운 바다 풍경이 손에 잡힐 듯 다가온다. 동피랑 공판장이라 쓰인 작은 가게 앞에 앉아 커피 한 잔을 마시면서 여유로움을 즐겨 보자.

통영 본토와 불과 100m 정도 떨어진 미륵도를 이제 섬이라 부르는 사람은 아무도 없다. 동양 최초의 480m 길이인 해저 터널을 지나면 통영시 산양읍 미륵도인데, 그 한가운데에 우뚝 선 미륵산 꼭대기에는 케이블카가 놓여 한려수도의 아름다움을 편안히 감상할 수 있다. 날씨가 맑은 날이면 대마도까지 보인다고 하는데, 점점이 떠 있는 다도해의 풍경은 "와!" 하고 소리 지르기에 충분하다. 구불거리며 산의 능선을 붙잡고 이어지는 산양 해안일주도로를 따라 드라이브를 즐기다 보면 통영 최고의 일몰을 볼 수 있는 달아공원에 닿는다. 주말 오후 해 질 무렵이면 주차장에 차 한 대 세우기도 힘들 만큼 많은 사람이 이곳을 찾는다는 점만 봐도 일몰 감상의 포인트라는 것을 실감할 수 있다. 섬과 섬 사이로 빠져드는 붉은 노을을 가족과 함께 감상한다는 건 참 기분 좋은 일이다.

놓치면 안 될 체험거리

충무김밥 맛보기
통영의 대표 먹을거리인 충무김밥을 맛본다. 가게에 들어가서 먹어도 좋지만 간편하게 포장해서 남망산 조각공원 벤치에 앉아서 항구를 내려다보며 먹는 맛이 일품이다. 여행지에서 맛보는 음식은 언제 먹어도 꿀맛이다.

동피랑 공판장에서 커피 한 잔 마시기
동피랑마을은 무엇보다 아기자기하면서도 화려한 벽화가 인상적이다. 맨 꼭대기에 올라가면 강구항이 아래로 내려다보이는데, 동피랑 공판장에서 따뜻한 커피 한 잔 마시며 통영의 풍경에 취해 보자.

위 오징어무침과 어우러진 충무김밥은 먹을수록 당기는 맛이 있다.
아래 동피랑마을의 꼭대기에 있는 공판장에서 차 한 잔 마시며 쉬어 간다.

보물섬에서 선조의 지혜를 엿보다
남해 보리암 & 다랑이논

남해는 한려수도의 빼어난 경관으로 국내는 물론 세계적으로도 많이 알려져 있다. 특히 이곳에는 죽방렴과 다랑이논, 보리암 등 자연과 역사, 삶이 녹아 있는 곳이 많아 걸을 때마다 새로운 것을 배우고 느낄 수 있다. 몸과 마음에 든든한 기운을 채워 갈 수 있는 남해에서 마음껏 보고 느끼고 즐겨 보자.

체험 여행

연계 교과
3-1 사회, 4-1 사회, 4-2 사회, 6-1 사회

체험 포인트
보리암에 올라 남해 바라보기

●**주소** 경상남도 남해군 창선면 서대리 ●**가는 길 | 자가용** 경부고속도로 → 호남고속도로 → 완주–순천 고속도로 → 남해고속도로 → 하동 IC → 남해 → 보리암 | **대중교통** 서울 → 남해시외버스터미널 → 보리암까지 택시 이용 ●**문의** 남해군 문화관광과 055-860-8601, 삼천포대교 관광안내소 055-867-5238, 남해 보리암 055-862-6115, 남해 다랑이마을 055-860-3946 ●**먹을거리** 바래길 멸치쌈밥 055-867-9800, 공주식당(갈치회무침) 055-867-6728, 유진횟집(모듬회) 055-862-4040, 다랑이맛집(생선구이정식) 055-862-8166 ●**잠자리** 독일마을 055-867-1337, 남해펜션 010-8552-4882, 바다가머무는집 055-867-8848, 가족펜션 010-5455-2836 ●**이색 체험과 축제** 보물섬 멸치축제 5월, 다랑이논 축제 6월, 독일마을 옥토버페스트 10월 ●**주변 여행지** 진주, 통영, 순천만

창선도에 해가 지면 죽방렴과 함께 아름다운 풍경이 만들어진다.

○● 남해가 품은 바다와 마을 찾아가기

남해는 제주도, 거제도, 진도 다음으로 큰 섬으로 보물섬이라는 별칭으로 불린다. 68개의 섬으로 이루어져 있지만 가장 큰 섬인 창선도와 남해도에 대부분의 주민이 거주하고 있다. 하동과 연결되는 남해대교가 놓인 후, 1980년에 남해 본토와 창선도를 이어 주는 창선대교가, 2003년에는 삼천포대교가 개통되면서 이동이 편리해졌다.

창선도와 남해를 사이에 둔 목 좁은 바닷길 사이에는 이상한 말뚝이 초록색 깊은 물속에 가지런히 줄을 맞춰 박혀 있다. 삼각형 모양의 말뚝이 모이는 지점에는 둥그런 모양으로 나무가 박혀 있는데, 이것이 바로 '죽방렴'이다. 보물섬 남해를 대표하는 것들 중 단연 으뜸이기도 한 죽방멸치가 바로 이곳에서 만들어진다.

미조항에 조금 못 미친 곳에 있는 물건마을에는 독일마을과 바닷가마을이 있다. 굽이굽이 이어지는 해안도로를 타고 가다 보면 산 아래 바닷가에 펼쳐지는 물건마을 풍경은 마을 앞 몽돌 해안가를 따라 가지런히 심겨 있는 방풍림 때문에 더욱 독특한 풍경을 만들어 낸다. 특히 아침 햇살을 받아 빛나는 풍경은 단연 최고다. 수령이 무려 300년이나 되는 팽나무와 느티나무를 비롯하여 여러 종류의 나무로 구성

추천 코스

창선도 죽방렴 → 상주 은모래 비치 → 보리암 → 가천 다랑이 논 → 노량리

가족여행 팁

많은 시간을 차량으로 이동해야 하므로 간식과 물을 충분히 준비한다.

죽방렴

섬과 섬 사이를 흐르는 바다 물길에 커다란 그물을 펴 놓으면 그곳을 지나는 멸치들은 점점 좁아지는 통로를 따라 끌려들어가게 된다. 이윽고 둥그런 바가지 모양의 통인 '죽방렴' 속으로 모여든다. 이렇게 자연스레 그물 속으로 모여서 잡힌 멸치는 스트레스를 덜 받아서 맛이 뛰어나 최상품으로 평가받는다.

어부림(漁付林)

물건마을 앞 몽돌 해안가에는 방풍림이 심겨 있다. 해일이나 태풍 등의 피해로부터 농작물과 마을을 보호하기 위해 심은 것으로 천연기념물로 지정되었다. 어부림이라고 부르는 것은 이 방풍림을 만들어 놓음으로써 물고기가 살기 좋은 바다 환경이 조성되어 고기를 부르는 숲으로도 활용된다고 해서 붙인 것이다.

어부림으로 통하는 독일마을 해안의 방풍림이 아름다운 해안 풍경을 이룬다.

1. 금산 보리암에 오르면 다도해 풍경이 그림처럼 보인다.
2. 상주 은모래 비치는 이름처럼 백사장이 아름답다.
3. 이충무공의 사당이 있는 노량리 바닷가 너머로 남해대교가 보인다.
4. 삼천포대교는 야경이 특히 아름답다.

되어 있다.

미조면을 한 바퀴 돌아서 설리 해수욕장을 지나면 곧이어 넓은 백사장을 뽐내는 송정 해수욕장이 펼쳐진다. 보물섬 남해는 몽돌 해수욕장도 많지만 고운 모래밭을 가진 해수욕장 또한 여러 곳에 있어서 다양한 바다 풍경을 볼 수 있는 장점이 있다. 송정 해수욕장을 거쳐 언덕을 지나면 산 아래로 또 다시 시원한 바다 풍경이 펼쳐지는데, 송정 해수욕장보다 더 넓고 새하얀 상주 은모래 비치다. 남해를 대표하는 해수욕장이다. 해안을 따라 이어지는 도로변에는 수줍은 듯 고개를 숙인 동백이 한창이다. 짙은 초록의 무성한 잎사귀 사이로 고개 내민 빨간 동백꽃이 아침 햇살을 받으며 예쁜 눈인사를 보낸다. 한겨울 풍경 속에서 보는 동백꽃은 생각보다 훨씬 포근한 느낌을 만들어 낸다.

●● 금산의 보리암에서 한려수도 바라보기

정상 부근이 바위로 뒤덮인 금산은 남해에서도 최고의 조망을 가진 산으로 상주 은모래 비치가 한눈에 내려다보인다. 산 정상 바로 아래에 있는 '보리암'은 한려수도의 장관을 내려다보며 태조 이성계가 백일기도를 드린 후 조선을 건국했다고 알려진 절이기도 하다. 해수관음상과 삼층석탑이 아름다움을 더하는 보리암은 양양 낙산사, 강화 보문사와 더불어 우리나라 3대 기도처 중 하나로 알려져 있는데, 늘 많은 사람이 빼어난 아름다움을 감상하기 위해 이곳을 찾는다.

산의 면적이 전체의 2/3를 넘는 남해에서는 절대적으로 농지가 부족할 수밖에 없다. 한 방울의 물도 아껴야 하고, 한 뼘의 땅이라도 놀릴 수 없었던 지리적인 열세의 남해에서 다랑이논은 우리 조상의 근면함을 잘 반증해 주고 있다. 그중에서도 가천면에 있는 다랑이논은 국가명승으로 지정되었을 만큼 놀랍도록 잘 정비되어 있다. 심하게 경사진 산비탈을 계단처럼 깎고 다듬어서 겨울에는 마늘과 양파 농사로, 봄부터 가을까지는 벼를 심는 논농사로 농업을 유지할 수 있게 만든 끈기와 부지런함을 보면 쉽게 포기해 버리는 요즘 세태가 부끄럽기만 하다.

가천마을의 한가운데를 가로질러 바닷가로 내려가면 풍요와 다산을 안겨다 준다는 암수바위가 있어 한 번쯤 들러 보는 것도 괜찮다. 남해의 일주도로를 따라 가면 남해대교 아래의 노량리에 닿는다. 왜적에 맞서 싸우다가 장렬히 전사한 충무공 이순신 장군의 전적지로도 유명한 노량은 충렬사와 거북선 모양의 전시관 등이 있다. 아름다운 풍경뿐만 아니라 선조의 지혜를 엿볼 수 있는 남해의 곳곳을 둘러보며 행복을 충전해 보자.

보리암에 올라 남해 감상하기

보리암에서는 발아래로 한려수도의 장엄한 풍경이 시원스레 펼쳐진다. 그림 같이 황홀한 풍경에 보기만 해도 감탄사가 절로 흘러나오며 자연의 위대함을 다시금 깨닫게 된다. 우리 아이들에게 한 번 보면 결코 잊을 수 없는 풍경을 선물로 주는 것은 어떨까.

위 금산 보리암은 우리나라 3대 기도도량으로 알려져 있다.
아래 남해의 아름다운 풍광 중 하나인 미조리항은 그림 같은 풍경을 보여 준다.

2월
013

동백꽃이 만발한 여수의 봄을 만끽하다
여수 오동도

여수 10경 중의 하나인 오동도와 향일암, 돌산대교 등을 두루 둘러본다. 이와 더불어 여수 10경을 모두 돌아본다면 여수를 대략적으로나마 살펴보았다고 할 수 있다. 자연과 하나 되어 살아가는 여수의 모습 속에서 자연을 아끼는 마음을 깨달을 수 있다.

연계 교과
2-2 슬기로운 생활, 3-2, 5-1, 5-2, 6-1 과학, 4-1, 4-2, 5-1, 6-1 사회

체험 포인트
오동도 동백길 걷기

● **주소** 전라남도 여수시 수정동 산 1-11 ● **가는 길 | 자가용** 경부고속도로 → 호남고속도로 → 완주-순천고속도로 → 동순천 IC → 여수공항 → 돌산대교 → 오동도 | **대중교통** 서울 → 여수고속버스터미널 → 오동도행 시내버스 ● **문의** 여수시 문화관광과 061-690-2036, 오동도 061-690-7303, 돌산공원 061-690-2342, 향일암 061-644-0309 ● **먹을거리** 삼학집(서대회) 061-662-0261, 산골식당(장어탕) 061-642-3455, 구백식당(금풍생이구이) 061-662-0900, 복춘식당(아귀찜) 061-662-5260 ● **잠자리** 오동도펜션 061-644-7500, 향일암 흙집펜션 010-8661-4761, 언덕에바람 061-644-3178, 하얀풍차 061-644-1888 ● **이색 체험과 축제** 영취산 진달래축제 4월, 여자만 갯벌 노을축제 10월, 여수세계박람회 2012년 5월 12일~8월 12일 ● **주변 여행지** 영취산, 순천만, 남해, 보성다원

무슬목 해안은 여수를 대표하는 일출 명소로 알려져 있다.

추천 코스

돌산대교 → 오동도 → 무슬목 → 향일암

가족여행 팁

무슬목 해안을 직접 보여 주고 이순신 장군의 전술을 이해할 수 있도록 한다.

이것만은 알고 가요!

○● 바다의 역사와 함께해 온 여수

여수는 동쪽으로 통영과 남해를 거쳐 여수까지 이어지는 한려해상 국립공원이 인접하고, 서쪽으로는 홍도에서 완도를 거치는 다도해해상 국립공원이 한데 어울려 그 아름다움이 남도 최고로 알려져 있다. 또 고속버스 요금에서 알 수 있듯이 서울에서 가장 멀기로도 유명하다. 백제시대에 '돌산현'이라는 이름이 등장했고, 조선시대에는 삼도수군통제영이 설치되었던 곳이니 그 역사가 꽤 오래되었다. 오래전에 여천시와 여천군이 모두 여수로 통합되면서 몸집을 불렸는데, 여수에 딸린 섬이 무려 365개나 된다. 여수시청을 중심으로 서쪽 여자만 쪽으로 백야도가 이어지고 동쪽 남해 쪽으로 돌산대교로 이어진 돌산도가 위치한다.

여수 하면 그 누구라도 돌산 갓김치를 입에 올릴 정도로 돌산도에서는 지천에서 갓을 재배한다. 오색 불빛이 연신 번갈아 가며 휘황찬란하게 돌산대교의 교탑과 교각을 비추는 모습은 여수 10경 중 하나로 꼽히는데, 다리를 지나 바로 정면의 산꼭대기에 위치한 돌산공원은 아름다운 돌산대교의 빛 잔치와 여수의 야경을 한눈에 볼 수 있는 곳이기도 하다. 밤바다의 바람이 차갑지만 시시각각 변하는 다리의 불빛들을 보고

여수 10경

제1경 이순신 장군의 영이 숨 쉬는 진남관

제2경 동백나무 군락지와 수목 기암이 어우러진 오동도

제3경 우리나라 4대 관음기도처인 향일암

제4경 환상적인 야경이 매력적인 돌산대교

제5경 다양한 기암괴석이 장관을 이루는 백도

제6경 남해안에서 최초로 불을 밝힌 거문도등대

제7경 선사시대의 공룡 흔적이 남아 있는 사도

제8경 화사한 빛깔로 유혹하는 영취산 진달래

제9경 해가 지지 않는 여수국가산업단지

제10경 멋진 일몰과 왜가리가 그림 같은 여자만 갯벌

자산공원 아래에서 오동도까지는 셔틀버스가 운행된다.

1. 무술목 해변가에는 다양한 야외 미술품들이 있어 재미를 더한다.
2. 돌산공원과 자산공원을 잇는 해상 케이블카는 새로운 관광 명소이다.
3. 돌산공원에서 바라본 돌산대교의 야경이 황홀하다.

있노라면 추운 줄도 모른다. 대교를 건너 갓김치의 본고장인 돌산읍으로 들어서서 서쪽 해안도로를 달리면 평사부터 금봉을 거쳐 군내에 이르기까지 바닷물 속에 줄을 맞춰 박혀 있는 나무들이 보인다. 바로 바다의 선물이자 완전식품인 굴을 양식하는 곳이다. 여수시에서 굴양식 단지로 지정할 만큼 엄청난 양의 굴을 생산하는 하는 곳이므로 이곳에 왔다면 싱싱한 굴을 꼭 맛보아야 한다.

●● 오동도 동백의 알싸한 향기에 취하기

무술년에 이순신 장군이 이곳의 지형을 이용하여 바닷길인 줄 알고 밀려든 왜군을 대파하면서 유래된 지명은 흔히 무슬목(무술목)이라고 불린다. 육지의 폭은 고작 100m 정도로 한쪽에서는 해돋이를, 반대편에서는 일몰을 볼 수 있기도 하다. 해양수산박물관이 있고, 뒤편으로 울창한 해송 숲과 조각공원이 있어 가족휴양지로도 제격이다. 무슬목 해변에는 수박만 한 몽돌이 700여 m의 해변에 깔려 있어 독특한 아름다움을 뽐내기 때문에 해 뜰 무렵 전국의 사진사들이 멋진 사진을 찍기 위해 모여든다.

무슬목을 지나 17번 국도는 향일암까지 이어지는데, 도로 아래로 파노라마처럼 펼쳐지는 옥색 바닷물은 어디가 하늘이고 어디가 물인지 모를 만큼 맑고 깨끗해서 창밖의 풍경에서 눈을 뗄 수 없다. 돌산대교에서 시작하는 해안일주도로의 하이라이트는 방죽포에서 돌산항까지의 구간인데, 그 중간에 위치한 향일암은 해를 향한 암자라는 뜻처럼 일출 명소로 잘 알려져 있다.

겨우내 붉은 꽃을 피우다 늦은 봄비가 내리면서 모두 져 버리는 동백은 여수의 시 꽃이자 시 나무로 잘 가꾸어져 있는 데다가 수량도 많아 여수를 여행하는 동안 눈을 즐겁게 한다. 빨간 꽃잎 속에 노란 수술이 보는 이를 매료시키는 동백꽃은 3월에 펼쳐지는 '오동도 동백축제' 때 절정에 이른다. 오동도는 찾는 관광객이 많아 서둘러 입장하지 않으면 들어가는 차량들로 북새통을 이뤄 차 안에서 시간을 다 보내기 일쑤다. 이럴 때는 오동도는 물론이고, 남해를 비롯한 한려수도가 한눈에 내려다보이는 자산공원으로 발길을 옮기는 것도 좋은 방법이다.

아니면 유람선을 타고 오동도 주변 해상관광과 오동도 관광을 할 수도 있다. 멀리서 보면 섬의 모양이 꼭 오동잎처럼 보이기도 하고, 옛날에 오동나무가 많았다고 해서 오동도라 부른다는데, 섬 안에는 동백나무, 참식나무, 후박나무, 쥐똥나무 등 그야말로 수목원을 연상시킬 만큼 많은 나무가 숲을 이루고 있어 산책하기에 그만이다. 오동도등대에서 오동도의 연혁을 알아보는 것도 좋다. 동백꽃이 활짝 피는 2월에는 여수로 가족 여행을 떠나보자.

오동도 동백 즐기기

동백나무가 가장 많은 군락을 이루어 동백섬이라고도 불리는 오동도에는 초봄이면 온 천지에 동백꽃이 피어 은은한 향기로 가득 찬다. 동백꽃을 가까이에서 보고 향기를 맡으며 걷는 길은 여느 곳에서는 느낄 수 없는 감동을 선사한다. 자연이 만들어 낸 아름다운 길을 아이들과 걸어보자.

굴 요리 맛보기

늦가을부터 이듬해 3월까지만 굴 수확을 할 수 있다고 하니 이 시기에 여수에 왔다면 꼭 싱싱한 석화구이를 맛본다. 굴의 핵산은 노화를 막아 주고, 칼슘은 뼈를 튼튼히 하고 피부 미용에도 좋으며, 비타민과 무기질을 통해 신경안정제 역할도 하니 그야말로 만병통치약 같은 음식이다. 숯불에 구워 먹는 석화구이는 아이들의 입맛에도 딱이다.

위 멀리서 보면 오동잎처럼 보인다고 해서 오동도라 하는데, 겨울이면 동백꽃이 섬을 가득 메운다.
아래 초봄에 여수를 찾았다면 청정 해역에서 자란 싱싱한 굴을 꼭 먹어 보자.

2월 014

쪽빛 남해 바다 가운데 붉은 동백섬의 유혹
거제 지심도 동백길

반질거리는 윤기를 머금은 풍성한 초록의 잎사귀 사이로 붉은 동백이 탐스럽게 모습을 드러낸 지심도는 겨우내 움츠러들었던 몸과 마음에 싱그러운 봄의 기운을 불어넣어 줄 진정한 힐링의 섬이다. 여인의 붉은 입술처럼 바라볼수록 빠져드는 그 아름다움이 부르는 그곳으로 떠나 보자.

연계 교과
3-2 사회

체험 포인트
지심도 민박집에서 하룻밤 묵으며 섬마을 체험하기

●**주소** 경상남도 거제시 장승포로2길 34(지심도행 연안여객터미널) ●**가는 길 | 자가용** 대전–통영 고속도로→ 신거제대교 → 장승포동 주민센터(지심도 여객터미널) **| 대중교통** 거제 고현버스터미널 → 10번 시내버스 장승포항 하차 → 지심도 선착장 → 지심도 ●**문의** 거제시 문화관광 홈페이지 tour.geoje.go.kr, 지심도 여객터미널 055-681-6007, 지심도 홈페이지 jisimdoro.com ●**먹을거리** 싱싱계장 055-681-5513, 함흥냉면 055-681-2226, 항만식당 055-682-4369, 막썰이횟집 055-681-2151 ●**잠자리** 지심도 동박새민박 010-2053-2906, 지심도 황토민박 010-4722-0323, 오션베스트호텔 055-681-9700, 웰컴모텔 055-681-8706 ●**이색 체험과 축제** 거제섬꽃축제 10월 ●**주변 여행지** 거제 해금강·외도, 여수 오동도, 순천만 갈대숲

겨울에 보는 빨간 동백꽃의 정취는 봄에 대한 그리움을 불러 일으킨다.

추천 코스

장승포 → 지심도(민박) → 지심도 둘레길 걷기

(※ 지심도는 작은 섬으로 구석구석 꼼꼼히 둘러 보아도 4km 밖에 되지 않아 아이들과 함께 해도 2시간이면 충분하다.)

가족여행 팁

지심도 여객터미널은 장승포 여객터미널과 따로 있으니 주의할 것. 인터넷(jisimdoticket.com)을 이용하면 요금 할인을 받을 수 있다. 평일은 08:30부터 16:30까지 하루 5회, 주말과 공휴일에는 30분~1시간 간격으로 배가 오간다. 요금은 왕복 12,000원.

● 남쪽 바다 뱃길 따라 우거진 동백 숲을 거닐다

겨울에는 야외 활동이 줄어드니 햇볕을 쬐는 시간도 당연히 줄게 되어 계절성 우울증에 걸리기 쉽다. 이제 기지개를 켜고 신나게 봄맞이를 나서 보자. 11월부터 이듬해 4월까지 피고 지기를 반복하는 동백이 온 섬을 가득 메우고 있는 지심도를 한 바퀴 걷고 나면 움츠러들었던 마음이 훨훨 봄 하늘을 날게 될 것이다.

지심도행 유람선은 거제시 장승포동 주민센터 옆에 위치한 지심도 여객터미널에서 출발한다. 평소에는 하루 다섯 번 왕복하지만, 동백꽃 절정기인 2월 하순부터 3월 하순까지 주말에는 30분 간격으로 쉴 새 없이 배들이 오간다. 뱃길은 고작 15분밖에 걸리지 않으니 뱃멀미를 걱정할 필요도 없다. 하늘에서 보면 섬 모양이 '心(마음 심)'자를 닮았다고 해서 지심도라는 이름이 붙었는데, 수목이 우거져 섬 전체가 숲이나 마찬가지다. 그중에서도 수령 500년 이상인 동백나무가 70%나 된다고 하니 동백섬이라 부르는 게 당연한 일이다.

지심도 선착장 한쪽 어귀에는 커다란 채반 같은 그물을 대나무 장대에 매달아 물에 넣었다가 건져 내는 모습을 볼 수 있다. '반대'라 불리는 재래식 낚시 방법으로, 홍합 부스러기 등을 밑밥으로 담고 고기가 모여들

동백꽃

차나뭇과에 속하는 늘푸른큰키나무로 우리나라 겨울을 대표하는 꽃이다. 따뜻한 남쪽 지방 바닷가에 주로 자라며, 키는 5~7m, 11월부터 5월까지 개화하고 꽃에는 꿀이 많아 겨울철 동박새의 먹이가 된다. 열매로는 기름을 짜는데, 예전에는 머릿기름, 기계 윤활유 등으로 사용했으나 요즘에는 피부 미용에 사용하거나 식용한다.

이른 아침 어느 예쁜 손이 동백꽃으로 하트를 만들어 놓았다.

1. 진망대로 기는 길은 탁 토여 있어 시원스럽다.
2. 활주로 전망대에 앉아 봄 햇살을 만끽해 보자.
3. 머리 위로 후둑후둑 떨어질 것만 같은 동백꽃 길을 걷다보면 기분마저 좋아진다.

면 걸어 올리는 것이다. 흔히 볼 수 없는 풍경이라 그 모습이 재미있다. 가파른 콘크리트 포장도로를 따라 오르면 매점을 겸한 민박집 몇 채가 눈에 들어온다. 이른 아침 첫 배를 타고 들어와서일까? 섬은 조용하고 차분하다. 곱게 정리된 마당의 의자와 테이블 옆으로 떨어진 동백꽃들이 하트 모양을 이루고 가지런히 모여 있다. 어떤 예쁜 손이 이렇게 하나하나 곱게도 동백꽃을 모아 놓았을까? 조용한 섬마을 어디선가 휘파람 소리같이 맑은 지저귐이 들린다. 동박새의 울음소리다. 동백꽃의 달콤한 꿀을 먹는 녀석들 덕분에 벌도 나비도 없는 한겨울의 동백꽃이 수분을 할 수 있으니 자연의 섭리는 참 오묘하고 신기하기만 하다.

김소월의 《진달래꽃》 한 구절이 생각난다. 섬의 곳곳에 후둑후둑 떨어진 동백꽃을 보고 있으니 '가시는 걸음걸음 놓인 그 꽃을 사뿐히 즈려밟고 가시옵소서'라는 대목의 그 마음을 이해할 수 있을 것만 같다. 모가

지가 통째로 똑 떨어져 버린 꽃들의 처연함을 무심히 밟고 지나갈 용기는 도무지 생기지 않는다. 행여나 애꿎은 내 발걸음에 곱디고운 동백꽃 붉은 이파리가 뭉개질까 봐 발걸음은 조심스럽기만 하다.

●● 일제의 역사를 담은 동백섬의 아픈 추억

섬을 한 바퀴 도는 데는 한 시간 반이면 충분하다. 그러니 더 느긋한 걸음으로 중간중간 쉬어 가도 좋다. 지금은 폐교가 된 학교 운동장을 지나면 활주로가 있다. 고작 헬리콥터나 앉을 수 있을 정도의 작은 공터지만 이 섬에서 이보다 더 넓은 곳은 없으니 광활함마저 느껴진다. 해안가에 놓인 벤치에 앉아 크게 심호흡 한 번 하면 봄 햇살 아래로 불어오는 바닷바람이 가슴속 깊이 밀려든다.

활주로를 지나 시작되는 500여 미터의 동백 터널은 지심도 여행의 하이라이트다. 한여름에도 하늘이 보이지 않을 만큼 빼곡한 동백나무가 넝쿨처럼 이어져 터널을 이루는데, 그 사이로 파고든 햇살에 비친 동백꽃이 붉은빛을 뿌린다. 동백꽃이 질 때는 송이째로 떨어지기 때문에 절개를 상징하는데, 그래서인지 바닥에 떨어진 꽃송이조차도 그 아름다움을 그대로 간직하고 있다. '겸손한 마음'이라는 꽃말처럼 허세를 부리지 않는 동백꽃은 천천히 오래 볼수록 아름다운 꽃이다.

이런 지심도의 아름다움 뒤에는 숨겨진 역사의 한 조각이 있다. 바로 일본 강점기의 흔적들로, 태평양 전쟁 중 일본군이 해안 방어를 위해 섬 곳곳에 포진지와 탄약고 등을 만들어 놓은 것이다. '역사를 잊은 민족에게 미래는 없다.'라는 말처럼 우리에게는 아프고 수치스러운 역사라도 더 큰 성장을 위해 결코 잊어서는 안 될 것이다.

섬의 일주 코스가 끝날 때쯤, 이렇게 작은 섬에 있을 것 같지 않은 이색적인 풍경이 눈에 들어온다. 붉은 파라솔들이 마당에 질서 정연하게 깔린 야외 카페인데 섬의 명물인 노란코끼리카페다. 예전 일본군 소장의 사택이었던 곳을 리모델링했는데, 단정하고 퓨전적인 느낌의 카페에서 잠깐 쉬어 가는 여유를 부려 보자. 푸른 남해 바다 너머로 손에 잡힐 듯 가까이 보이는 거제도를 바라보며 봄 기운을 한껏 담아 가자.

포진지와 탄약고 둘러보기
포진지와 탄약고가 있는 섬의 동쪽 끝을 꼭 가 보자. 일제 시대의 아픈 흔적들이 잘 남아 있어 역사적인 교훈을 얻을 수 있다.

위 포진지가 있던 자리에 동백꽃이 떨어져 옛 상처를 보듬어 준다.
아래 일제 시대 때 탄약고로 쓰이던 곳은 지심도 역사관으로 바뀌었다.

2월 015

세계 최초의 금속활자를 만나다
청주 고인쇄박물관

직지가 세상에 모습을 드러내면서 세계의 시선이 우리나라에 집중되었다. 이는 세계 인쇄 역사를 바꾼 계기였으며 우리나라의 위상을 드높이기도 했다. 직지의 실제 모습을 살펴보고 그 과정을 배우며 우리 금속활자의 우수성을 다시금 깨닫는다.

체험여행

연계 교과
5-1 사회

체험 포인트
1. 고인쇄박물관 관람하기
2. 상당산성 거닐기

● **주소** 충청북도 청주시 흥덕구 운천동 866 ● **가는 길 | 자가용** 경부고속도로 청주 IC → 사창 사거리 → 고인쇄박물관 / 중부고속도로 서청주 IC → 봉명 사거리 → 고인쇄박물관 **| 대중교통** 서울 → 청주 시외버스/고속버스터미널 → 고인쇄박물관행 시내버스 ● **문의** 청주시 문화관광과 043-200-2231, 청주 고인쇄박물관 043-200-4511, 청주국립박물관 043-229-6300, 백제유물전시관 043-263-0107, 상당산성 043-200-2227 ● **먹을거리** 대한생선국수(어죽,생선국수) 043-265-9292, 황할머니 갈비찌개(갈비찜찌개) 043-222-9292, 갈치명가(갈치구이) 043-232-7222, 성안골(한정식) 043-223-6118 ● **잠자리** 라마다플라자 청주호텔 043-290-1000, 리호관광호텔 043-233-8800, 뉴베라관광호텔 043-235-8181, 레이크팜스테이 043-257-3737 ● **이색 체험과 축제** 청주직지축제 9월, 청주공예비엔날레 9월 ● **주변 여행지** 대청호, 옥천 용암사, 옥천 둔주봉, 장태산 자연휴양림

고인쇄박물관에서는 직지와 관련된 유물과 자료를 볼 수 있다.

추천 코스

청주 고인쇄박물관 → 백제유물전시관 → 청주국립박물관 → 상당산성

가족여행 팁

박물관을 둘러볼 때는 아이들에게 물어보고 또 질문에 대답을 하는 등 서로 적극적이어야만 즐거운 관람이 된다.

○● 금속활자의 우수성으로 세계의 주목을 받은 곳

청주(淸州)는 한자 그대로 맑은 고을이다. 나무가 많고 주변에 대청호가 있어 공기 좋고 살기 좋은 고장인 데다가 사통팔달의 요지여서 동서남북 어디에서 찾더라도, 또 어디를 가더라도 교통이 편리하다. 가끔 충주와 혼동하는 사람도 있지만, 청주는 충청북도의 도청 소재지가 위치해 있고 경부고속도로와 중부고속도로를 접하고 있다. 삼한시대에는 마한의 땅으로, 고려 태조 23년(940)에 청주로 지명을 개칭한 후 지금에 이르고 있다.

경부고속도로 청주 IC를 빠져나오면 아름드리 플라타너스 가로수가 터널을 이루어 장관을 연출한다. 6km에 이르는 길가로 늘어선 1,500여 그루의 아름드리 가로수가 만들어 내는 신비로움은 사진가들뿐만 아니라 이 길을 다니는 그 누구라도 감성에 젖게 만든다. 이곳을 지나면 김현승 시인의 〈플라타너스〉라는 시처럼 나무가 마치 오래된 친구처럼 느껴진다.

청주는 그 첫인상처럼 주변에 볼거리와 즐길거리가 즐비한 곳인데, 더욱 청주의 가치를 높여 주는 것은 이곳이 다름 아닌 직지(直指)의 고장이라는 것이다. 1233년에 몽골의 침입을 부처님의 힘을 빌어 막아 보

이것만은 알고 가요!

직지(直指)

고려 말 국사를 지냈던 백운 스님이 선불교에서 전해져 내려오는 이야기를 모아서 청주 흥덕사에서 만들어 낸 《백운화상초록불조직지심체요절》의 상하 두 권을 줄여서 부르는 말이다. 상권은 분실되어 현재 그 존재 여부를 알 수 없고, 나머지 한 권마저 프랑스 국립도서관에 보관되어 있다. 1887년 당시 주한 프랑스 초대 공사를 지냈던 콜랭드 플랑시가 고서를 수집하면서 헐값에 사간 것으로 그나마 고(故) 박병선 박사의 노력 끝에 잠자고 있던 직지가 세상에 모습을 드러냈다. 2001년 유네스코 세계기록유산으로 등재되었다.

세계 금속활자의 역사를 바꾼 직지의 우수성을 배울 수 있다.

1. 청주에서는 백제의 유적을 많이 볼 수 있으므로 백제유물전시관을 꼭 들러보자.
2. 오랜 역사가 쌓인 상당산성 둘레길을 걷다 보면 저 아래로 청주 시내가 시원스레 펼쳐진다.
3. 청주 국립박물관은 아이들을 위한 체험학습 프로그램이 잘 준비되어 있다.

자는 의미로 만들어진 목판, 팔만대장경 이후로 인쇄술의 일대 혁신을 가져온 것이 바로 금속활자다. 1377년에 직지가 처음으로 인쇄되었는데, 독일 구텐베르크의 42행 성서보다 78년이나 빨리 만들어졌으니 정말로 대단한 일이 아닐 수 없다.

중국으로부터 대부분의 문화를 받아들이던 시기였음에도 불구하고 고려는 당시 혁신적인 인쇄술을 만들어 냈는데, 이전까지만 해도 책을 만들기란 정말로 어려운 일이었다. 직접 글을 써서 만든 책을 다시 베껴서 사본을 만들거나 목판을 만들어 같은 책을 찍어 내는 정도였는데, 금속활자의 조합으로 책을 계속해서 찍어낼 생각을 했다는 건 감히 상상하기도 어려울 만큼 획기적인 것이다. 인류 문화가 비약적으로 발전할 수 있었던 것도 따지고 보면 서적들이 널리 전파될 수 있었기 때문이다. 그래서 금속활자의 발명은 인류 역사에서 가장 큰 영향을 준 100대 사건 중 그 첫 번째로 꼽힌다. 세계 어디에 내놔도 자랑스러운 문화유산이지만 요즘 사람들은 그 가치를 제대로 알지 못해 참 가슴 아프다.

●● 우리나라 인쇄의 역사를 한눈에 보는 곳

청주 고인쇄박물관은 이렇게 자랑스러운 직지가 나오게 된 과정을 한눈에 볼 수 있도록 잘 정돈되어 아이들의 교육을 위해 꼭 한 번 찾아야 할 곳이다. 상세한 모형과 함께 다양한 체험도 할 수 있어 아이들이 따분해하지도 않고 유익하기까지 하다.

청주는 박물관의 도시라고 해도 될 만큼 다양한 박물관이 많은데, 국립청주박물관과 백제유물전시관이 그곳이다. 현대적 균형미를 뽐내는 국립청주박물관은 귀중한 역사 자료뿐만 아니라 다양한 장르의 전시회도 있어 볼거리가 풍성하다. 또 무료로 운영되는 백제 고군분에 지어진 백제유물전시관도 볼 만하다.

청주는 백제문화의 유산도 곳곳에 있는데, 대표적인 곳이 상당산성이다. 백제의 상당현에서 유래한 것으로 보이며, 처음에는 토성으로 만들어졌던 것을 통일신라시대에 들어오면서 석성으로 개축했다고 한다. 지금은 넓고 시원스러운 남문 앞쪽의 잔디광장에 휴일마다 가족들이 삼삼오오 모여 여유를 즐기는 휴식장소로 사랑받고 있다. 성벽을 따라 나 있는 산책길 중간 중간에 만들어 놓은 벤치에 앉아 김밥을 먹으며 느긋하게 산성을 둘러본다고 해도 고작 두 시간이면 충분하다. 소나무가 울창한 숲과 시원한 풍경을 보며 걸을 수 있는 성벽 외곽길은 산책하기에 부담이 없다. 걸으면서 멀리 청주 시내와 오창 과학단지의 모습을 볼 수 있어 아이들의 호기심을 자극한다.

고인쇄박물관 관람하기

직지와 한국의 옛 인쇄문화를 살펴볼 수 있는 곳이다. 금속활자 인쇄 과정을 알려 주는 모형도 있다. 시연실에서는 관람객이 직접 목판 인쇄와 금속활자 인쇄를 체험해볼 수도 있다.
주소: 충청북도 청주시 흥덕구 직지대로 713(운천동)
시간: 09:00~18:00(매주 월요일, 1월 1일, 설날, 추석 휴관)
문의: 043-200-4515

상당산성 거닐기

명암저수지를 지나고 오르막 도로를 따라 10분만 오르면 도착한다. 상당산 주변으로 쌓아 올린 성벽을 따라 걸으면 청주 시내는 물론 무심천을 따라 오창까지도 눈에 들어오는데, 그 길이가 무려 4km가 넘는다. 길이 평탄한 데다가 성벽을 따라 걷는 길과 조금 안쪽으로 숲길을 걷는 2가지 코스가 있어 날씨와 기온에 따라 적당한 길을 선택하면 된다.

위 직지가 만들어진 과정을 인형을 통해 상세하게 묘사해 이해하기 쉽다.
아래 주말이 되면 상당산성 성벽 둘레길을 걷기 위해 많은 가족이 이곳을 찾는다.

법정 스님의 무소유 정신을 생각하다
서울 길상사

무소유를 강조한 법정 스님, 시인 백석과 자야의 슬픈 사랑 이야기가 스며 있는 길상사는 상서로운 기운이 가득하다. 그리 넓지는 않지만 그곳에 담긴 옛 이야기와 법정 스님의 말씀을 되새기며 걷다 보면 그리 작은 곳만은 아님을 느낄 수 있다. 느긋하게 거닐며 일상에 지친 마음에 여유로움을 더해 보자.

체험 여행

연계 교과
5-1 사회

체험 포인트
법정 스님의 말씀 찾으며 읽어 보기

● **주소** 서울특별시 성북구 성북동 323 ● **가는 길 | 자가용** 국민대학교 → 성북동길 → 길상사 | **대중교통** 지하철 4호선 한성대입구역 6번 출구 → 길상사행 셔틀버스 ● **문의** 서울관광 www.visitseoul.net, 길상사 02-3672-5945, 북촌안내소 02-2148-4160, 서울관광 02-120, 서울도보관광 02-6925-0777, 서울시티투어버스 02-777-6090 ● **먹을거리** 쌍다리돼지불백(연탄불돼지구이) 02-743-0325, 안동할매청국장(청국장) 02-743-8104, 금왕돈까스(돈까스) 02-763-9366, 누룽지백숙(백숙) 02-764-0707 ● **잠자리** 국제스카이웨이호텔 02-762-1448, 락고재 02-742-3410, 유진하우스 02-741-3338, 테마모텔 02-926-1511 ● **이색 체험과 축제** 덕수궁 수문장 교대식 매일, 종묘제례악 5월, 계천 등불축제 11월 ● **주변 여행지** 창덕궁, 인사동

절 한편에는 법정 스님에게 절을 시주한 길상화 김영한 님의 비석이 있다.

추천 코스

길상사 경내는 비교적 작은 곳이므로 모두 둘러보는 데 시간이 많이 걸리지 않는다.

가족여행 팁

천천히 둘러보면서 나무마다 걸려 있는 좋은 말들을 읽어 본다. 또 관세음보살상의 조각에 대해서도 자세히 살펴본다.

○● 시인 백석과 김영한의 절절한 사랑 이야기

북한산 아래에 자리 잡은 길상사는 1997년에 창건되었다. 다른 이름난 절과는 비교도 되지 않을 만큼 짧은 역사를 가졌으나 그 속에는 백석과 자야의 애틋한 러브스토리와 무소유의 참 진리가 숨어 있다.

몰락한 가정의 식구를 먹여 살리기 위해 스스로 기생이 되어야 했던 여인, 김영한은 진향이라는 이름으로 가곡과 궁중무를 배운 미모의 여성이었다. 그녀는 특히 잡지에 수필을 발표할 만큼 시와 글, 그림에 두각을 보였는데, 어느 날 운명적으로 시인 백석을 만나게 된다. 두 사람은 서로 감성이 잘 통했고, 백석은 미모와 총명함, 아름다운 감성까지 지닌 진향을 자야라 불렀다. 이렇게 그들의 운명적 사랑이 시작되었지만 집안의 반대로 백석은 만주로 떠나 버리고 자야는 서울에 남아 기생 생활을 했다. 그러나 그녀는 단 하루도 백석을 잊지 못해 다시 태어나면 시인으로 태어나 백석과 함께하겠다고 했을 정도였다. 자야는 성공해 당시 서울의 3대 요정이자 밀실정치의 중심으로 알려져 있던 대원각을 운영하는 거부가 되지만 정신적 만족이 채워지지 않았다. 그러던 중 잡지에서 법정 스님의 무소유에 대한 글을 읽고 깊은 감명을 받아 자신의 전 재산인 대지 7천 평과 건물 40여 동을 시주하겠다는 뜻

법정(法頂) 스님

1955년에 통영 미래사로 입산하여 1956년에 송광사에서 효봉 스님의 문하로 출가했다. 무소유에 대한 가르침으로 전국민에게 일깨움을 주었으며 폐암으로 투병하던 중 2010년에 길상사에서 입적했다. 《홀로 사는 즐거움》, 《말과 침묵》, 《법정 스님이 들려주는 참 좋은 이야기》, 《화엄경》, 《인연 이야기》, 《그물에 걸리지 않는 바람처럼》, 《새들이 떠나간 숲은 적막하다》 등 다수의 저서가 있다.

아직도 절 곳곳을 거닐다 보면 법정 스님의 소박한 인품이 느껴진다.

1. 단정한 일주문을 지나면 백석과 자야의 사랑, 법정 스님의 무소유 정신을 느낄 수 있는 길상사 여행이 시작된다.
2. 여름이 되면 곳곳이 작은 쉼터가 되어 편안하게 앉아서 쉬며 여유를 누릴 수 있다.
3. 길상사의 관세음보살상에는 종교를 넘어 사랑과 화합이라는 특별한 의미가 담겨 있다.

을 밝혔다.

법정 스님은 평생 동안 단 한 번도 주지 스님 자리를 탐하지 않고 오로지 회주(會主, 모임을 이끄는 사람)로서 묵묵히 살아왔기에 큰 재산의 시주는 용납할 수 없었다. 하지만 8년간의 끈질긴 설득으로 1993년에 대원각은 요정에서 풍경과 범종 소리가 울려 퍼지는 사찰로 바뀌게 되었다. 법정 스님은 자신의 이름에는 재산을 올리지 않겠다는 뜻을 밝혀 절을 송광사의 말사로 등록하고 대원각의 이름을 따서 대법사라 부르다가 나중에 송광사의 원래 이름인 길상사로 바꿔 불렀다. 법정 스님은 김영한 님에게는 길상화라는 법명을 주었는데, 많은 사람이 절을 시주한 사람의 법명을 따서 길상사라 부르게 되었다고 말하지만 사실은 다르다. 법정 스님은 프랑스 파리에 불자모임의 터를 만들면서도 길상사라고 이름 지을 만큼, 원래부터 좋고 상서로운 의미의 '길상(吉祥)'이라는 단어를 사랑했다. 그래서 김영한 님의 법명도, 이 사찰의 이름도 모두 길상으로 불리게 된 것이다.

●● 법정 스님의 무소유 정신 배우기

법정 스님은 '맑고 향기롭게'라는 단체를 만들어 운영했는데, 그 시작은 이렇다. 1993년 당시 개신교 신자였던 대통령의 발언에 따라 경복궁, 창덕궁, 독립기념관의 연못에 있던 연꽃이 모두 사라지게 되었다. 불교를 상징한다는 것 때문에, 한 사람의 생각에 따라 문화와 전통이 사라지게 된 데 큰 충격을 받은 법정 스님은 "연못에 연꽃이 없더라."라는 글을 쓰면서 종교와 문화를 초월해 인간의 마음부터 맑고 향기롭게 하는 것이 우선시되어야 한다고 생각하고 뜻을 함께하는 사람들과 모임을 시작하였다. 지금은 독거노인과 몸이 불편하고 어려운 이웃들에게 도움을 주는 자선봉사활동과 장학 사업이 주를 이루는 이 모임은 "무소유란 아무것도 갖지 않는다는 것이 아니라, 불필요한 것을 갖지 않는다는 뜻이다."라고 말씀하신 법정 스님의 사상과 철학을 그대로 이어나가고 있다.

길상사의 담장이나 작은 문에서는 아직도 요정의 느낌이 묻어나기도 하지만 산책을 하면서 아이들과 함께 나무 곳곳에 붙어 있는 법정 스님의 말씀들을 하나하나 읽어 보는 것은 꽤 의미 있다. 길상사 마당에는 독특한 모양의 관세음보살 조각이 있다. 얼핏 성모 마리아의 모습처럼 느껴지는 이 불상은 천주교 신자인 최종태 교수가 조각했는데, 법정 스님은 명동성당 100주년에서 법문을 설파할 만큼 종교간의 사랑과 화합을 먼저 생각했기에 가능한 일이었다. 관세음보살을 의미하는 머리의 화관, 시외무인을 말하는 오른손의 수인, 목마르고 아픈 자에게 물과 약을 베푼다는 의미의 정병까지 모두가 불교를 의미하지만 그 속에는 종교를 떠나 온 세상이 맑고 향기롭게 살기를 염원하는 마음이 담겨 있다. "절대로 다비식 같은 것을 하지 말라. 이 몸뚱아리 하나를 처리하기 위해 소중한 나무를 베지 말라."고 한 법정 스님을 생각하며 걷는 길상사의 풍경은 그 어떤 여행보다도 값지다.

법정 스님 말씀 찾아보기
나무 곳곳에 붙어 있는 법정 스님의 말씀을 차분히 읽어 본다. 아이들이 완벽하게 이해하지 못하는 말일지라도 그것들을 소리 내어 읽다 보면 충분히 값어치 있는 말씀이란 것은 느낄 수 있을 것이다.

경내 곳곳에서 법정 스님의 무소유에 대한 가르침을 담은 글귀를 만난다.

3월
017

제주의 길을 걸으며 호연지기를 느끼다
제주 우도 & 성산 일대

제주의 원시림과 바닷길을 걷다 보면 자연과 하나 되는 느낌을 받게 된다. 매일 공부와 학원에 스트레스 받고, 게임 등에만 몰두하는 아이들에게 그저 걷는 것만으로도 자연을 온몸으로 느끼는 기회를 줄 수 있다. 맑은 공기를 마음껏 마시며 걷고 이야기를 나누다 보면 어느새 가족애가 샘솟는다.

연계 교과
2-2 슬기로운 생활, 3-1, 3-2, 5-1, 5-2, 6-1, 6-2 과학, 5-1 사회

체험 포인트
1. 사려니 숲길 걷기
2. 우도 8경 찾아보기

●**주소** 제주특별자치도 제주시 조천읍 ●**가는 길 | 자가용** 제주공항 → 제주대학교 → 붉은오름 → 사려니숲 **| 대중교통** 제주시외버스 → 교래 입구 하차 → 사려니숲 ●**문의** 사려니숲 예약 064-732-8222/jejuforest.kfri.go.kr, 성산일출봉 064-783-0959, 섭지코지 064-782-2810, 우도관광 064-728-4333 ●**먹을거리** 어미도(자리돔 물회) 064-753-5989, 용담골(한상정식) 064-752-2344, 청진동 뚝배기(해물뚝배기) 064-782-1666, 섭지해녀의 집(성게칼국수) 064-782-0672 ●**잠자리** 일출봉관광호텔 064-782-8801, 섭지코지파도소리 064-783-3344, 해변 게스트하우스 064-764-3533, 성산일출봉 게스트하우스 064-784-6434 ●**이색 체험과 축제** 탐라국 입춘굿놀이 축제 2월, 정월대보름들불축제 2월 ●**주변 여행지** 제주 올레길

용눈이오름은 억새가 아름다운 오름으로, 멀리 성산일출봉이 보인다.

추천 코스

사려니 숲길 → 성산일출봉 → 우도 → 섭지코지 → 용눈이오름

가족여행 팁

많이 걸어야 하므로 편한 신발을 신고, 휴대품을 가볍게 한다.

● 태초의 자연 마주하기

제주도를 단 한마디로 표현하면 자연박물관이라는 단어가 딱 들어맞을 것이다. 특히 제주의 동쪽 해변과 한라산의 동쪽은 온통 봐야 할 곳들 투성이다. 보통 3~4일 정도 일정을 잡고 제주를 찾지만 가는 곳마다 발길이 떨어지지 않으니 시간은 늘 부족하다. 여행의 즐거움과 여유로움을 느끼고 싶다면 가고자 하는 장소를 대폭 줄이는 것이 좋다.

천연기념물로 지정된 성산일출봉은 제주를 상징하는 곳이라 해도 될 만큼 대표적인 관광명소이다. 그래서 주변 지역을 돌아볼 수 있도록 잘 정비된 탐방로, 일출봉 분화구 위쪽으로 오르는 계단마저도 불편함이 없도록 만들어져 있다. 분화구 주변으로 99개의 봉우리가 성처럼 둘러싸고 있다고 해서 성산이라 부르는데, 바로 앞에 우도가 눈에 들어온다. 그 이름에서도 알 수 있듯 소의 모양을 닮은 이 섬은 해안 일주도로가 고작 17km에 지나지 않는다. 하지만 제주에 왔다면 꼭 한 번 찾아볼 것을 권한다.

성산항에서 출발하는 카페리가 연신 바쁘게 움직이며 사람과 차를 실어 나르는 이 섬은 거제도의 외도처럼 순수한 관광지가 아니다. 1,600여 명의 주민들이 살고 있는 보통의 섬이다. 하지만 그래서 더 제주답

우도 8경

우도에 갔다면 꼭 봐야 할 8개의 볼거리로 1983년에 애월읍 연평중학교에 재직하던 김찬흡 선생에 의해 선정되었다.

제1경 주간명월: 우도봉 아래 광대코지의 해식동굴 풍경
제2경 야항어범: 하고수동 앞바다의 멸치잡이 광경
제3경 천진관산: 천진항 동쪽 우도봉 중턱에서 바라본 한라산 풍경
제4경 지두청사: 우도봉에서 바라본 바다와 백사장 풍경
제5경 전포망도: 하도리와 종달리 앞바다에서 바라본 우도 풍경
제6경 후해석벽: 천진항 부근에서 바라본 광대코지 절벽 풍경
제7경 동간경굴: 검멀레 해변에 있는 2개의 동굴 풍경
제8경 서빈백사: 홍조단괴 해빈 해변의 백사장 풍경

푸른 하늘과 바다를 벗 삼아 우도의 초원을 걷다 보면 어느새 나도 자연의 일부가 된 듯한 느낌이 든다.

1. 제주 해안 곳곳에 있는 청굴물에서는 민물이 흘러나오기 때문에 바닷물을 씻을 수 있다.
2. 우도의 서빈백사 해변은 눈부시게 하얀 백사장이 압권이다.
3. 섭지코지는 드라마 촬영장으로도 유명하며 산책로가 잘 정비되어 있어 아이들이 걷기에도 좋다.

다. 이 작은 섬을 둘러볼 때는 차보다는 자전거나 섬 안의 교통편을 이용해 보자. 작은 섬이라면 거기에 맞게 여행의 패턴도 바꿀 줄 아는 센스가 필요하다. 초록의 풀들이 소머리오름의 전부를 뒤덮어 마치 초원을 연상케 하고, 그 위에서 자연스럽게 풀을 뜯는 소와 말은 이곳이 제주도임을 증명한다. 소머리오름 아래에는 검은 빛깔 모래밭의 검멀레 해변과 용암동굴이 있는데, 예전에는 이곳에 고래가 살았다는 전설이 있다.

●● 바다와 하늘, 숲이 만든 길 따라 걷기

우도의 해안을 따라가면 검은 현무암에 비췻빛 바다가 만들어 내는 풍경이 연신 발걸음을 느리게 만든다. 물이 빠지면 비양도에서 등대까지 이어진 길이 열린다. 그 옆에 있는 하고수동 해변은 모래가 얼마나 곱고 하얗지 눈이 부실 지경이다. 우도에는 특별한 해변이 또 있는데, 우도의 서쪽 해안을 차지하고 있는 서빈백사이다. 백사장을 이룬 곱고 하얀 것들의 정체는 모래나 산호가 아닌 홍조사, 혹은 홍조단괴로 불리는 알갱이다. 홍조단괴는 홍조류가 성장하면서 모래 알갱이에 의해 둥글게 변화되어 만들어지는 것을 이르는데, 이렇게 홍조단괴만으로 해안이 형성되는 것은 서빈백사가 우리나라에서 유일하다고 한다. 그래서 천연기념물로 지정되기도 했다.

다시 성산으로 돌아와 광치기 해안을 따라가면 그 끝에는 섭지코지가 바닷가로 툭 불거져 나와 있다. 제주의 다른 해안과 달리 '송이'라는 붉은 화산재로 이뤄진 이곳 주변은 기암괴석이 어우러져 파도가 칠 때마다 독특한 풍경이 연출된다. 꼭 드라마 촬영장이 아니더라도 제주의 바닷바람을 따라 곶 끝에 우뚝 선 등대까지 걷고 싶은 충동이 이는 곳이다.

화산 활동으로 만들어진 제주도에는 360여 개에 이르는 오름이 독특한 자태를 뽐내고 있다. 봉긋 솟아 오른 것이 왕릉을 연상하게 하는 오름은 언덕을 오르듯 설렁설렁 걸으면 된다. 일출이 아름다운 용눈이오름이나 오름의 여왕이라 불리는 다랑쉬오름을 올라 보는 건 제주여행의 특별함을 경험했다고 말해도 좋을 만큼 의미 있는 일이다.

또는 제주의 원시림을 제대로 한 번 걸어 보는 것도 좋다. 그중 최고는 사려니 숲길로 비자림로에서 사려니오름에 이르는 15km 남짓한 구간을 말한다. 사려니는 '살안이' 혹은 '솔안이'라고 불리는데 신령스러운 곳이라는 뜻이다. 80년 이상 된 삼나무가 가득한 숲길을 걷는 것은 피톤치드를 통한 면역력 증대에도 도움이 되지만 무엇보다 초록의 성성함이 만들어 내는 마음의 치유가 가장 큰 선물일 것이다. 제주의 청정함을 마음껏 즐겨 보자.

제주의 숲길 걷기

사려니 숲길은 총 5개 코스로 이뤄져 있는데, 5코스는 전일 예약에 의해서만 입장할 수 있다. 그만큼 원시림이 잘 보존되어 있어 훼손을 염려한 탓이다. 평일은 100명, 주말에는 200명까지만 입장이 가능하며, 오후 2시 이후에는 입장할 수 없으니 주의해야 한다. 삼나무 전시림과 사려니 오름길은 5코스 중에서도 최고의 장소로 꼽힌다. 천혜의 자연이 그대로 살아 있는 제주의 숲길을 느긋하게 걸어 보자.

제주정월대보름들불축제 참가하기

2월 초 3일간 제주시 애월읍 봉성리 새별오름에서 펼쳐지는 행사이다. 제주도민 모두의 역량을 하나로 집결하여 무사안녕은 물론 자연과 인간이 함께 조화로운 발전을 염원하며 화합과 상생, 평화와 번영을 기원한다. 오름을 뒤덮은 들불을 바라보며 축제도 즐기고 마음도 새롭게 다질 수 있다.

위 겨울에는 얇게 눈 쌓인 사려니 숲길을 걷는 특별한 경험을 할 수 있다.
아래 제주 현지의 기상 등의 상황에 따라 축제가 열리지 않기도 한다.

3월 018

세계가 보존해야 할 한국의 전통 마을을 가다
경주 양동마을

경주 양동마을은 안동 하회마을과 함께 우리나라 대표 전통마을로, 보이는 모든 것이 역사의 증거이자 문화재라 할 수 있다. 차분히 둘러보면서 옛 조상의 삶의 방식과 지혜를 배울 수 있고, 다양한 체험 활동을 통해 전통을 몸소 체득할 수 있다.

연계 교과
5-1 사회

체험 포인트
옥산서원 둘러보기

●**주소** 경상북도 경주시 강동면 양동리 94 ●**가는 길 | 자가용** 경부고속도로 → 익산–포항 고속도로 북영천 IC → 양동마을 | **대중교통** 서울 → 경주고속버스터미널 → 양동마을행 시내버스 ●**문의** 양동마을 관리사무소 054-762-4541, 경주역 관광안내소 054-772-3843, 옥산서원 054-762-6567 ●**먹을거리** 우향다옥 한정식 054-762-8096, 백리향식당(칼국수) 054-762-7110, 초원식당(연밥정식) 054-762-4436, 거림식당(청국장) 054-762-4201 ●**잠자리** 양동마을 관리사무소 054-762-4541, 옥산모텔 054-762-9500, 휴휴산방 054-763-0521, 양동마을 가는 길 054-763-1999 ●**이색 체험과 축제** 전통문화 체험프로그램: 한지공예, 양좌서당 등(양동마을 관리사무소에 문의) ●**주변 여행지** 경주, 문무대왕 수중왕릉

추천 코스

양동마을 → 옥산서원

가족여행 팁

양동마을을 둘러보기 전에 문화해설사의 설명을 들으면 이해하는 데 도움이 된다.

양동마을은 실제로 주민들이 살고 있으므로 고택을 둘러볼 때에도 예의가 필요하다.

○● 세계가 인정한 한국 전통가옥의 아름다움

인류의 역사나 문명에서 중요한 단계를 예증하거나 독보적인 존재의 가치를 가지고 있는 것을 전 세계가 같은 뜻으로 보호하자고 지정한 것이 유네스코 세계문화유산이다. 우리나라에는 석굴암·불국사, 해인사 장경판전, 종묘, 창덕궁, 수원화성, 경주 역사유적지구, 고창·화순·강화 고인돌 유적, 조선왕릉, 안동 하회마을과 경주 양동마을이 지정되었고 세계자연유산으로 제주 화산섬과 용암동굴도 등재되었다. 우리나라의 전통마을이라고 하면 보통 안동 하회마을을 떠올리는데, 경주의 양동마을은 세계가 먼저 그 아름다움을 발견해 세계문화유산에 등재되고 난 뒤에야 비로소 우리나라에서 관심을 받기 시작했다. 경주 역사유적지구와 불국사, 석굴암 등의 주요 유적지에 밀려 제대로 빛을 발하지 못했던 것이다.

하지만 형산강 줄기를 끼고 평화롭게 모여 사는 양동마을은 특별하고도 독보적인 점이 많다. 한국의 역사가 최고조로 찬란함을 꽃피웠던 조선시대에 발발한 임진왜란(1592~1598)으로 수많은 건축물이 온통 불타 버리고 쑥대밭이 되어 버렸다. 궁궐이 부서지고, 사찰도 망가졌으니 한옥은 더 말해 무엇하겠는가. 결국 임진왜란 이전에 지어진 전통한옥

양동마을

1984년에 마을 전체가 국가지정문화재로 지정되었으며 경주 손씨와 여강 이씨 종가가 500여 년 동안 전통을 이어오는 반촌 마을이다. 마을의 규모, 보존 상태, 문화재의 수와 전통성, 아름다운 자연환경과 때 묻지 않은 향토성 등에서 어느 곳보다 훌륭하고 볼거리가 많아 1992년에 영국의 찰스 황태자도 이곳을 방문했다.

양동마을에서는 임진왜란 이전에 지어진 전통가옥을 살펴볼 수 있다.

1. 양동마을의 서당 강학당에 서면 옛 조상들의 학구열을 느낄 수 있다.
2. 양동마을에서는 한옥과 더불어 부드럽게 이어진 아름다운 돌담이 인상적이다.
3. 양동마을 서백당의 향나무는 수령이 500년이 넘었다.

중 아직까지 남아 있는 집은 고작 10채밖에 되지 않는다. 그런데 그중 6채가 양동마을에 있다.

양동마을은 구성도 특별하다. 보통 한국의 전통마을은 단일 성씨를 가진 씨족마을이 대표적인데, 이곳은 월성 손씨와 여강 이씨 두 가문이 함께 마을을 이루고 살았다. 서로 혼인관계를 맺기도 하였지만, 손씨 서당과 이씨 서당이 따로 있을 정도로 서로 학문에서도 경쟁을 하였고, 가옥을 짓는 것도 서로를 의식하며 독특한 구조를 선보였다.

이곳에는 국보 1점과 보물 4점이 있는데, 국보는 다름 아닌 《통감속편》이다. 1361년에 진경이라는 사람이 중국의 역사를 기록한 책인데, 1422년(세종 4)에 우리나라에서 동활자로 찍어 냈으며 인쇄술 발달에 중요한 자료로 여겨진다. 손씨 가문에서 대대로 전해 내려오는 소장품인데, 보물로 지정된 손씨 가문의 초상화와 함께 일반인이 구경하기는 어렵다.

●● 맞배지붕의 소박한 건축미를 가진 곳

나머지 보물 3점은 관가정, 향단, 무첨당으로 모두 1,500년 초에 지어진 건물이다. 향단의 건물은 회재 이언적 선생(李彦迪, 1491~1553, 조선 전기의 문신)의 모친 간병을 위해 중종이 직접 하사한 건물이다. 처음에는 99칸으로 지어졌다고 하는데, 임진왜란과 6·25 전쟁 때 일부 소실되어 지금은 56칸만 보존되고 있다. 조선시대 때 건물을 지을 때는 나라에서 그 크기를 제한하였다. 특히 관직이 높을수록 더욱 엄격하게 제한하였는데, 청렴하고 백성을 살펴야 하는 까닭에 사치스러움을 막기 위해서였다. 벼가 자라는 모습을 보듯 자손이 번성함을 본다는 뜻의 관가정은 그 이름처럼 사랑채 아래로 내려다보이는 풍경이 일품이다.

양동마을 건물의 대부분은 사람들이 실제로 살고 있으며, 무첨당도 후손이 거주하고 있는 공간이다. 마음속에 괴로움이 없다는 현판처럼 그 안에 있으면 절로 마음이 편안해진다. 양동마을이 세상에 이름을 알리기 시작하면서 찾는 사람이 많아졌지만 관람도 예절과 남을 배려하는 마음이 먼저가 되어야 한다는 것을 모르는 사람이 많다. 중요민속자료인 서백당은 그 현판의 의미가 특별하다. 참을 인(忍) 자를 하루에 백 번 쓰면서 마음을 가다듬는다는 뜻인데, 바쁘게 살아가는 현대인에게 꼭 필요한 말이기도 하다.

마을의 이곳저곳을 꼼꼼히 둘러보다 보면 두세 시간이 훌쩍 지나 버린다. 한옥을 구경하면서 그냥 오래된 고택이라는 점만 볼 것이 아니라 건물의 양식과 차이점 등을 살펴본다면 더욱 재미있을 것이다. 양동마을을 둘러보고 시간이 허락한다면 안강의 옥산서원에 가 보는 것도 좋다. 숭유억불 정책을 내세운 조선시대에는 서원을 장려하였다. 주세붕이 백운동서원을 만든 이후, 한때 급격히 서원이 늘어났으나 나중에 그 병폐와 부정적인 영향 때문에 대원군은 모범이 될 만한 곳 47개를 남기고 모두 철폐하였다. 옥산서원은 현존하는 서원 중 가장 많은 책을 소장하고 있는 것으로도 잘 알려져 있지만, 그보다 주변의 풍경에 먼저 반하고 만다.

양동마을 체험 활동 참여하기

연꽃차 시연, 미꾸라지 잡기, 엿 만들기 등 다양한 체험을 할 수 있으며 체험 활동은 예약이 필수이다. 또한 이곳에서는 한옥 민박도 운영하고 있어서 한옥에서 잠을 자는 특별한 경험도 할 수 있다.

옥산서원 주변 거닐기

옥산서원과 회재 선생의 종갓집인 독락당 주변은 계곡과 나무숲이 아름답다. 가을 단풍이 붉게 물든 풍경도 멋지지만 사계절 내내 색다른 멋으로 오는 발걸음을 반갑게 맞아 준다.

위 문화해설사의 설명을 들으면 양동마을에 대한 더 많은 이야기를 알 수 있다.
아래 양동마을 주변에 있는 옥산서원에는 오래된 책이 많이 소장되어 있다.

3월
019

아름다운 섬에서 옥포대첩의 영웅을 만나다
거제 전쟁유적지구

영화나 TV를 통해서만 전쟁을 보아 온 아이들에게 거제의 전쟁유적지를 둘러봄으로써 몸소 전쟁에 대해 깨닫게 만든다. 전쟁의 비극을 이해하고 전쟁이 일어나지 않도록 우리가 해야 할 일을 생각해 볼 수 있는 시간을 만들어 준다. 책이 아닌 직접 걸으며 만나는 전쟁의 역사 속에서 남다른 역사애가 생겨날 것이다.

연계 교과
5-1 사회

체험 포인트
1. 거제포로수용소 유적공원 둘러보기
2. 옥포대첩 기념공원 둘러보기

●**주소** 경상남도 거제시 옥포동 1번지 ●**가는 길 | 자가용** 대전-통영 고속도로 통영 IC → 14번 국도 → 거제 시내 → 거제포로수용소 **| 대중교통** 고현(거제) 버스터미널 → 시내버스 이용(20분 거리) ●**문의** 거제시 문화관광과 055-639-3000, 거제 관광안내소 055-639-3399, 포로수용소 관광안내소 055-639-3551, 거제 자연휴양림 055-639-8115, 옥포대첩 기념공원 055-639-8129 ●**먹을거리** 예이제게장백반(게장백반) 055-681-5501, 원조해물나라(해물탕) 055-682-4255, 차반(죽순요리) 055-636-8492, 옥바우(굴요리) 055-632-7255 ●**잠자리** 티파니리조텔(학동) 055-363-8806, 아라마루펜션(장승포) 055-681-6969, 오션뷰펜션(장승포) 055-682-4400, 솔향기은빛바다(거제대교) 055-642-7603 ●**이색 체험과 축제** 대금산 진달래축제 4월 초, 양지암 튤립축제 5월 초, 옥포대첩기념대전 6월 중순, 바다로 세계로 축제 7~8월 ●**주변 여행지** 거제 해금강, 외도, 통영, 진주

추천 코스
거제포로수용소 → 옥포대첩 기념공원 → 이수도 어촌체험마을 → 거제 박물관

가족여행 팁
여행 가기 전에 6·25 전쟁과 이순신 장군에 대해 미리 자료를 조사해 가면 이해하기 더욱 쉬울 것이다.

유려하게 뻗어 있는 거제대교의 야경은 거제의 밤을 더욱 아름답게 만든다.

◦● 한려수도의 장엄한 아름다움을 품은 곳

거제도는 제주도를 제외하면 단연 우리나라에서 제일 큰 섬이다. 그러니 이 섬을 단 하루 만에 후딱 보고 지나는 것은 겉모습만 핥는 것과 다르지 않다. 천천히, 그리고 꼼꼼히 살펴봐야 거제도의 진면목을 알 수 있다. 대전-통영 고속도로가 놓이기 전에는 마산에서 통영을 거쳐 들어가거나 진주에서 고성을 거치는 길이 주를 이루었고, 여름철에 밀려드는 피서객들은 통영에서 거제대교를 건너는 데만 몇 시간을 허비하며 북새통을 이루었다. 하지만 지금은 통영까지 고속도로가 놓이고, 부산 가덕도를 거쳐 저도를 지나 거제시까지 이어지는 거가대교까지 생겨서 거제 여행이 한결 수월해졌다.

남국의 정취가 물씬 느껴지는 야자수에서 마치 외국에 온 것 같은 착각이 든다. 흔히 동해는 갯벌이 없어서 맛이 없고, 서해는 탁한 물이 상쾌함을 만들어 내지 못한다고 하지만, 동해와 서해의 장점만을 모아 놓은 이곳 거제의 한려수도는 바다 여행의 참 맛을 전해 준다. 그것도 가족과 함께하는 여행이라면 더 즐겁고 행복해진다. 거제도는 주변에 무려 60여 개의 크고 작은 섬을 거느리고 있으므로 그냥 하루에 왔다가 가는 싱거운 여행보다 이틀 정도 묵으면서 즐기는 여유로운 여행을 해야

옥포대첩
임진왜란 때인 1592년(선조 25) 5월에 지금의 경상남도 거제시 옥포동 앞바다에서 발발했다. 이순신 장군이 지휘하는 조선 수군이 왜군의 함대를 무찔렀다. 현재 거제시에 옥포대첩 기념공원이 건립되어 당시의 역사를 알 수 있으며 매해 6월 16일을 전후하여 옥포대첩을 기념하고 충무공의 우국충정을 기리기 위해 축제를 연다.

옥포대첩 기념공원 안에는 충무공의 사당이 있다.

1. 거제포로수용소 유적공원의 내부에는 아이들이 직접 체험해 볼 수 있는 것이 많다.
2. 거제도를 여행하다 보면 곳곳에서 굴 양식장을 만난다.
3. 옥포만의 방파제는 일출 명소로도 유명하다.

조금이나마 이 섬을 이해할 수 있을 것이다.

여차 해변을 빼면 거제의 제일 끄트머리에 위치한 포구이기도 한 다대다포항은 고성에서 시작된 14번 국도가 끝나는 종점이기도 하다. 2개의 방파제와 예쁜 등대가 있는 평화로운 다대다포항은 일출이 아름답기로 유명해 거제도에서도 손에 꼽히는 명소이다. 아침에 조금 부지런을 떨어 일출을 보는 것은 남들보다 하루를 더 길게 사용할 수 있는 방법을 일깨워 준다.

●● 전쟁의 역사와 슬픔을 만나는 길

거제도는 아름다운 자연경관도 즐비하지만 6·25 전쟁의 아픔이 담긴 유적과 충무공의 혼이 담긴 기념관이 곳곳에 있다. 1950년 6·25 전쟁 당시 인민군 포로 15만 명과 중공군 포로 2만 명 등 무려 17만 명이 넘는 포로가 수용되어 있던 '거제포로수용소'는 치열했던 동족상잔의 비극이 끝나고 1953년 휴전협정이 조인되면서 폐쇄되었다. 당시 수용소가 위치했던 거제시청 인근 자리에는 옛 흔적을 모아 2만여 평의 대지 위에 상황을 재현해 놓았다.

거제포로수용소 유적공원은 여름방학 같이 성수기 때는 하루 최대 2만 명의 관광객이 찾는다. 크게 만남의 존, 프리쇼 존, 6·25 전쟁 존, 포로수용소 존으로 구분된다. 그중에서도 특히 프리쇼 존에 위치한 디오라마관은 당시의 모습들을 재현해서 파노라마로 펼쳐 보여 웅장함과 현장감이 잘 느껴지는데 포로수용소 유적공원에 들렀다면 빼놓지 말고 보자.

임진왜란 때 이순신 장군은 옥포만에서 그들과 싸워 무려 절반이 넘는 26척의 배를 격침시키는 대승을 거두었는데, 임진왜란이 일어난 이후 첫 승첩을 기록한 해전이기도 하여 나중에 조선이 전쟁에서 승리할 수 있는 밑거름이 되었다. 이 옥포대첩을 기념하기 위해 건립된 옥포대첩 기념공원은 거제 시내를 빠져나와 불과 10분이면 닿는다.

주차장에서부터 옥포루와 기념탑이 있는 정상까지는 산책을 하듯 걸으면 된다. 옥포루에 오르면 한려수도가 한눈에 내려다보이고, 옥포항 방파제 안쪽으로 대우 옥포조선소가 자리 잡고 있는데, 기네스북에 오른 세계 최고의 백만 톤급 도크와 초대형 크레인인 골리앗이 시선을 사로잡는다. 거제시 신현읍에 자리 잡은 삼성중공업 조선소와 더불어 한 해 40여 척의 대형 선박을 만들어 내며 조선업계 세계 1위 자리를 고수하고 있다. 반만년의 역사를 가진 우리나라의 아픈 역사와 자랑스러운 역사를 한눈에 볼 수 있는 아름다운 섬, 거제도로 가족여행을 떠나보자.

거제포로수용소 유적공원 둘러보기

6·25 전쟁에 의한 포로를 수용하기 위해 만들어진 곳으로 지금은 건물 일부만 곳곳에 남아 있다. 당시 포로들의 생활상, 막사, 사진, 의복 등 생생한 자료와 기록물을 바탕으로 포로수용소 유적공원으로 재탄생했다.

시간: 09:00~18:00(3~10월), 09:00~17:00(11~2월), 설날&추석 당일 휴관
요금: 성인 3,000원, 중고등학생 2,000원, 초등학생 1,000원

옥포대첩 기념공원 둘러보기

옥포대첩을 기념하여 조성되었으며 높이 30m의 기념탑과 참배단, 옥포루, 팔각정, 전시관 등을 건립하여 1996년에 개원했다. 이순신 장군의 위업과 임진왜란 당시의 역사를 생생하게 살펴볼 수 있다.

시간: 09:00~18:00
요금: 성인 1,000원, 중고등학생 600원, 초등학생 400원
문의: 055-639-8129

위 거제포로수용소 유적공원의 내부에는 당시 상황이 생생하게 재현되어 있다.
아래 옥포대첩 기념공원에 있는 이충무공 사당에서 옥포대첩의 위업을 떠올리자.

3월
020

차향 가득한 길에서 정약용을 만나다
강진 다산 유배길

다산 정약용은 뛰어난 인재였고 정조의 총애를 받았지만, 그를 미워하던 정적들의 음모로 17년이나 영암과 강진에서 유배 생활을 했다. 그는 다산초당에 머물면서 수많은 책을 쓰며 자신과의 싸움을 하였다. 어렵고 힘든 시기에 그의 곁에서 친구가 되어 준 혜장 스님을 만나러 밤길을 마다 않고 달려간 그 길을 따라 걸어 보자.

체험 여행

연계 교과
5-2 사회

체험 포인트
다산초당에서 백련사에 이르는 산길 걷기

● **주소** 전라남도 강진군 도암면 만덕리 380 ● **가는 길 | 자가용** 호남고속도로 산월IC → 무안-광주 고속도로 나주IC → 영암 → 강진군청 → 다산초당 ● **문의** 강진 백련사 061-432-0837, 다산유물전시관 061-430-3780, 강진개인택시조합 061-434-6161, 강진 신진택시 061-433-9100 ● **먹을거리** 수인관(불고기백반) 061-432-1027, 설성식당(돼지숯불갈비) 061-433-1282, 우리식당(한정식) 061-432-0027, 청자골한정식(한정식) 061-433-1100 ● **잠자리** 다산수련원 061-432-0360, 들꽃민박 061-432-9080 다향소축 061-432-0360, 다산촌민박 061-433-5252 ● **이색 체험과 축제** 영랑문학제 4월, 다산제 11월 ● **주변 여행지** 강진, 영암, 청산도

다산초당은 정약용이 유배 생활 동안 지내던 곳으로 수많은 저서가 이곳에서 집필되었다.

추천 코스

다산유물전시관 → 귤동마을 → 다산초당 → 백련사 → 다산유물전시관

가족여행 팁

짧은 거리이지만, 유배길을 걷는 동안 먹을 간식거리를 준비하는 것이 좋다.

○● 정약용의 학문에 대한 열정이 담긴 다산초당

강진군은 가운데에 만(灣)을 품고 있어 만 양쪽 지역의 교통이 참 불편하다. 마량에서 건너편 신전면이나 도암면에 가려면 무려 이백 리에 가까운 길을 돌아가야 하니 차라리 배를 타는 편이 빠르다. 강진만의 평화로운 갯골 속에 둥둥 떠 있는 섬은 딱 2개다. 하나는 칠량면 앞에 있는 작은 무인도이고, 다른 하나는 대구면 저두리 앞에 있는 섬으로 현재 13가구가 살고 있는 가우도(駕牛島)인데, 소의 멍에처럼 생겼다고 해서 붙여진 이름이다. 가우도 사람들은 예전에는 뭍으로 나가려면 배를 타야 했지만 지금은 대구면 저두리에서 가우도까지 보행자 전용의 출렁다리가 생겨서 이제는 필요할 때 언제라도 뭍으로 나갈 수 있게 되었다. 또한 가우도에서 반대편 도암면 신기리까지도 다리가 놓여 편리해졌다. 특히 도암면은 정약용의 흔적이 고스란히 남아 있는 다산초당이 있어서 관광객들이 색다른 경험을 할 수 있으니 일석이조다.

강진은 정약용이 신유박해로 인해 유배 생활을 한 곳으로, 그의 실학사상이 오롯이 배어 있다. 문신들을 대상으로 한 시험에서 다섯 차례나 수석을 차지할 만큼 당대 최고의 학자로 꼽혔던 그는 정조의 총애를 받아 측근으로 활동하였다. 독창적인 설계를 통해 수원화성을 지으면서

이것만은 알고 가요!

정약용(丁若鏞, 1762~1836)

조선조 18세기 실학사상의 집대성자. 호는 다산(茶山). 28세에 관리가 되자 이용후생사업에 자신의 과학지식과 재능을 발휘하였으며 한강교 가설 설계, 거중기 제작 등의 성과를 거두었다. 1801년부터 17년간의 유배 생활 중 《주역서언》, 《논어고금주》 등 유교경전을 실학의 입장에서 합리적으로 해석하고 사회제도 개혁안을 매우 정력적으로 집필하였다. 57세에 귀양에서 풀린 후 실학의 연구와 저술에 몰두하여 철학, 천문, 지리, 역사, 법률, 정치, 경제, 문학, 군사 등 광범위한 영역에 걸친 500여 권의 방대한 저작을 집필했다. 대표 저서로 1표 2서인 《경세유표》, 《목민심서》, 《흠흠신서》가 있다.

도암면과 대구면을 잇는 출렁다리는 가우도를 중심으로 놓여 있다.

1. 다산유배길 중간에 있는 천일각에서는 강진만 일대가 내려다보인다.
2. 다산유물전시관에는 정약용 선생에 관한 다양한 자료들이 전시되어 있다.
3. 백련사는 정약용이 혜장 스님을 만나러 오던 곳이다.

거중기를 이용하기도 하였으며 강제동원을 통한 노역이 아닌 임금을 지불해 가며 성을 건설할 만큼 사려 깊고 백성을 지극히 생각하는 관료였다. 그래서 경기도지역의 암행어사까지 지내기도 했지만 벼슬이 높아가는 만큼 그를 시기하는 사람도 늘어났다. 결국 정조가 세상을 떠나면서 순조가 왕위에 오르자 정약용을 몰아낼 궁리를 하던 정적들에 의해 서학을 접했다는 이유로 집안이 풍비박산이 나고 만다.

이를 계기로 셋째형 정약종은 순교하고 그는 둘째형인 정약전과 함께 강진 땅으로 유배를 떠나게 되었다. 만덕산 기슭 숲 속에 초가집(초당)을 짓고 사는 동안 그는 부정에 굴하지 않고 《목민심서》를 비롯한 500여 권의 책을 만드는 등 학문에 전념했다. 초당 주변으로 차밭이 무척이나 많았다고 하는데, 정약용이 자신의 호까지 다산이라 지은 걸 보면 얼마나 차를 좋아했는지를 알 수 있다. 훗날 강진을 제2의 고향이라 말할 정도로 정약용은 강진을 사랑했는데, 그의 마음이 강진에서 포근함을 느낀 데는 만덕산 너머의 백련사에 있던 혜장 스님의 존재가 큰 영향을 미쳤을 것이다. 혜장 스님은 정약용보다 무려 열 살이나 아래였지만 총명하고 학식이 뛰어나 서로에게 부족한 지식과 학문을 알려 주는 사이였다고 한다.

●● 백련사의 동백향과 차향에 취해 다산 떠올리기

다산유물전시관에서 영랑 생가, 달마지마을, 천황사를 거쳐 월출산을 끼고 영암도기박물관에 이르는 길을 남도 유배길이라 하여 걷기 코스로 개발하였다. 그중에서도 다산유물전시관에서 다산초당을 거쳐 백련사에 이르는 2km의 길은 무척 아름답고 서정적이다. 다산의 숨결이 느껴지는 유물들을 훑어본 후 뒤쪽의 두충나무 숲길을 따라 들어가면 본격적으로 시작된다. 널찍한 황톳길의 고개를 넘으면 귤동마을이 나오고, 이내 좁은 오르막길로 들어선다. 주변은 삼나무와 산죽나무, 소나무 등이 이룬 녹음이 시원하다. 이리저리 땅을 뚫고 올라온 나무뿌리들을 계단 삼아 만덕산을 오르다 보면 중턱쯤에 다산초당이 아늑하게 자리 잡고 있다. 이른 봄이면 이 길은 붉은 동백꽃이 떨어져서 오르는 길이 힘들지 않다.

만덕산 고개를 넘어 백련사에 이르는 숲길은 오랫동안 나무들이 벗어내린 낙엽이 층층이 쌓여 걸음을 옮길 때마다 기분 좋은 폭신함을 느낄 수 있다. 등줄기에 막 땀이 맺히려고 할 즈음, 길은 오르막에서 벗어나 편백나무숲 사이로 난 내리막을 향한다. 숲길을 벗어나자 초록의 야생 차밭이 드넓게 펼쳐지는데 자그마한 규모지만 백련사의 차분한 분위기와 잘 어울린다. 혜장 스님과 정약용이 밤새 이야기를 나눌 때 여기서 딴 찻잎을 우려 마셨을 것이다. 차밭 너머로는 300년이나 이 자리를 지켜온 천연기념물 제151호 동백나무 1,500여 그루가 발걸음을 붙잡는다. 천년 고찰 백련사 입구의 만경루 창문 너머로 강진만을 보고 있으면 문득 따뜻한 차 한 잔을 마시며 한껏 여유로움에 빠져들고 싶어진다.

백련사의 동백숲과 차밭 걷기

백련사에서 다산초당으로 가는 길목에 위치한 수령 300년의 천연기념물 제151호 동백나무 1,500여 그루와 어우러진 초록의 차밭은 멀리 강진만의 풍요로운 모습과 어울려 마음을 차분하게 한다. 윤기가 자르르한 진초록의 동백잎 사이로 붉은 꽃송이가 빠끔히 얼굴을 내민 숲 속을 걸어보자.

위 동백나무 군락지를 걷다 보면 어느새 동백향에 취해 마음이 여유로워진다.
아래 다산유배길은 동백 숲길과 함께 차밭도 걸을 수 있어 재미있다.

3월
021

무왕이 사랑한 도시를 걸어서 둘러보다
익산 무왕길

익산 둘레길 중에서도 특히 아름다운 무왕길을 둘러보며 자연과 역사의 조화를 온몸으로 느낀다. 서동공원에서 백제 무왕과 서동설화에 대해 배우고 대나무숲을 거닐며 호연지기를 누린다. 숲에서 쉬면서 아이들과 많은 대화를 나눌 수 있어 좋다.

연계 교과
5-1 사회

체험 포인트
1. 구룡마을 대나무숲 걷기
2. 미륵사지 유물전시관에서 시청각자료 보기

●**주소** 전라북도 익산시 ●**가는 길 | 자가용** 경부고속도로 → 천안-논산 고속도로 → 호남고속도로 익산IC → 금마 서동공원 **대중교통** 고현(거제) 서울역 → KTX → 익산역 → 금마 서동공원 ●**문의** 익산시 문화관광과 1577-0072, 금마 서동공원 063-859-3818, 미륵사지 유물전시관 063-290-6799, 익산보석박물관 063-859-4641 ●**먹을거리** 본향(퓨전 한정식) 063-858-1588, 뚜부카페(두부요리) 063-833-1088, 미륵산순두부(순두부) 063-836-8919, 함박집(해장국) 063-857-6200 ●**잠자리** 왕궁온천모텔 063-291-5000, 미륵산 자연학교 063-858-2580, 뉴백제미륵모텔 063-835-2755, 임페리얼모텔 063-836-7797 ●**이색 체험과 축제** 익산 주얼리엑스포 4월, 익산 서동축제 9월 ●**주변 여행지** 부여, 전주 한옥마을

익산 서동공원은 무왕길의 중간 코스로, 느긋하게 걸으며 다양한 조형물을 만날 수 있다.

추천 코스

무왕길: 서동공원 → 구룡마을 대나무숲 → 뜬바위 → 미륵사지 구간

가족여행 팁

구룡마을 대나무숲은 그냥 지나치지 말고 편하게 앉아 잠시 쉬면서 가족간에 이야기를 나눈다.

○● 백제의 역사와 문화를 따라가는 익산 둘레길

무왕이 사랑한 도시 익산은 근래에 들어 보석과 관련된 행사를 벌이고 보석박물관의 입지에 힘입어 보석의 도시로도 불리지만 경주, 부여, 공주와 더불어 역사적 가치를 인정받는 도시이기도 하다. 역사에 따르면 백제는 나당연합군에 의해 멸망할 때까지 수도를 모두 세 번 옮긴 기록이 있다. 위례성(하남)에서 웅진성(공주)으로 그리고 마지막으로 사비성(부여)으로 천도하였다고 전해지고 있으니 익산이 백제의 수도였다고 보기는 어렵다. 하지만 지금 남아 있는 역사적 유물들은 익산이 백제의 수도였을 수도 있음을 반증하고 있고, 특히 무왕과는 깊은 인연이 있다.

의자왕의 아버지인 무왕은 선화공주와의 로맨틱한 사랑 이야기, 서동 설화와 관계가 있다. 무왕의 어릴 적 이름은 서동으로, 그는 아버지 법왕과 연못가에 홀로 살던 시녀 사이에서 태어났고, 마를 캐다가 팔았다고 한다. 탄생지와 생가 터가 있는 것으로 보아 아마도 무왕이 태어난 곳은 익산이었을 것으로 추측된다. 그래서 무왕과 선화공주의 무덤 역시도 익산의 쌍릉에 나란히 모셔진 게 아닐까. 물론 이런 설화가 실제 이야기에 바탕을 두고 만들어진 것이 아닐지라도 어쨌거나 익산은 무

서동 설화

백제의 제30대 왕인 무왕(580~641)은 탁월한 정치 역량을 통해 군사력을 신장시키고 백제의 위상을 드높인 왕으로 평가받는다. 무왕은 어릴 적에 궁 밖에서 홀어머니를 모시고 마를 캐는 서동 생활을 했다. 그러던 중 신라 진평왕의 셋째 딸인 선화공주가 예쁘다는 소문을 듣고 서라벌의 아이들에게 마를 주면서 선화공주와 서동이 사귄다는 '서동요'를 부르게 했다. 이 노래로 선화공주는 신라 왕실에서 쫓겨났고, 서동과 만나 백제의 왕비가 되었다고 한다.

서동공원 안에는 마한 전문 전시관이 있어 역사 자료를 살펴볼 수 있다.

1. 무왕길을 걷다 보면 익산향교 주변을 지난다.
2. 2015년에 유네스코 문화유산으로 등재된 왕궁리 유적지는 지금도 발굴 작업이 계속되고 있다.
3. 무왕길 중간 중간에 여행자들이 길을 잃지 않도록 리본이 묶여 있다.

왕이 남다른 애정을 가지고 왕궁을 건설했던 곳이다.
그래서 지금 남아 있는 백제의 숨결들을 모두 이어 '익산 둘레길'을 선보였다. 모두 6개 코스로 이뤄졌는데 함라산길, 강변포구길, 성당포구길, 무왕길, 미륵산길 그리고 용화산길이 그것이다. 이 중 가장 아름답고 걷기 좋은 길은 단연 제3코스인 무왕길이다. 쌍릉을 출발해서 왕궁유적전시관, 고도리 석불입상, 서동공원을 지나 구룡마을 대나무숲, 뜬바위, 미륵사지, 익산토성을 넘어 다시 쌍릉으로 되돌아오는 총 거리 18.4km의 코스로 무왕의 흔적을 보며 백제의 역사를 되짚어 볼 수 있다. 그렇다고 겁먹을 필요는 없다. 서동공원에서 미륵사지까지 6.2km의 구간만 걸어도 충분히 자연의 아름다움을 느끼고 역사의 현장을 둘러볼 수 있다.

●● 서동공원에서 미륵사지를 잇는 무왕길

출발은 서동공원이다. 부여의 서동공원이 궁남지와 함께하는 연꽃생태공원이라 한다면 익산의 서동공원은 금마저수지를 끼고 있어 경치가 빼어난 데다가 유명 조각가의 조각품 68점이 전시되어 있고, 아기자기하게 꾸며 놓아 가족나들이에 추천할 만하다. 게다가 마한 전문 박물관인 마한관(무료 개방)은 청동기시대부터 삼한시대의 마한, 삼국시대의 백제에 이르기까지 익산의 역사와 문화를 살펴볼 수 있으므로 빼놓지 말자.

금마저수지를 끼고 이어지는 도로를 따라 무왕길이 시작된다. 저수지가 끝나면서 잘 포장된 아스팔트 도로가 농로로 바뀌고 이정표가 나타나며 멀리 미륵산의 모습이 눈에 들어온다. 도천교회를 끼고 마을 속으로 들어가면 황토를 바른 돌담이 정감 있는 골목길이 펼쳐진다. 모양이 제각각인 호박돌을 황토 속에 끼워 넣은 돌담의 거친 마무리가 오히려 마음을 편안하게 한다. 15분쯤 지나면 길은 구룡마을로 이어지는데, 한강 이남 최대의 자생 대나무 군락지이다. 흔히 대나무의 고장을 담양이라고 하는데 구룡마을의 대나무 군락지는 담양의 죽녹원보다 더 넓은 규모를 자랑한다. 드라마의 촬영지로도 알려져 있지만 관광객이 별로 없어 한적하게 걸을 수 있다.

송곡저수지를 지나면 아카시아와 참나무, 밤나무가 울창한 숲으로 길이 이어지는데, 지루하지 않아 걷는 재미를 느낄 수 있다. 화산서원 앞쪽에서 전북과학고등학교 뒤쪽으로 난 숲길로 다시 들어서면 이내 미륵사지에 닿는다. 삼국시대 때 동양 최대의 사찰이었다고 전해지는 미륵사는 당시 1탑 1금당의 불교사찰 양식에서 벗어나 새로운 양식을 선보였는데, 가운데에 커다란 목조탑을 만들고 양쪽에 석탑을 세운 뒤 그 뒤로 각각 부처를 모시는 금당을 하나씩 지어 놓은 3중 구조이다. 지금은 복원된 서쪽 석탑이 국보 제11호로 지정되어 있으며 입구의 유물전시관에서는 미륵사에 관한 동영상을 보면서 관련 역사와 정보를 배울 수 있다.

구룡마을 대나무숲 걷기

왕대가 주를 이루는 대나무숲 속에 들어가면 대나무끼리 서로 비비며 일으키는 독특한 소리와 잎사귀가 바스락거리며 만들어 내는 소리가 청량감을 안겨 준다. 인공적이지 않은 바닥에는 오래된 댓잎들이 쌓여 푹신거린다. 곳곳에 마련된 벤치에 앉아 가만히 바람소리를 들어보라.

미륵사지 유물전시관 관람하기

미륵사지 유물전시관은 1980년에 백제의 문화를 정립하기 위해 자료를 얻고 유적을 보존하고자 미륵사지 각 유구의 순차적 발굴 조사와 함께 시작되었다. 미륵사의 역사와 토속신앙, 생활문화 등을 둘러보고 미륵사지의 발굴 유물을 절터 발굴 현장 바로 앞에서 볼 수 있다. 영상관에서 전시실, 기획전시실 순으로 관람한다.
시간: 09:00~18:00(1월1일, 매주 월요일 휴관)
문의: 063-290-6799

위 구룡마을 자생 대나무 군락지는 남한에 있는 것 중 규모가 가장 크다.
아래 미륵사지 유물전시관에서 미륵사와 백제에 관한 자료를 살펴본다.

서울 인사동 & 남산한옥마을

현대와 어우러진 한국의 전통 미술을 보다

인사동은 한국의 전통적인 멋을 만날 수 있는 곳으로, 외국인은 물론 내국인에게도 인기가 있다. 갤러리를 비롯한 다양한 전통문화를 만날 수 있으며 휴일에는 차가 다니지 않아 데이트코스로도 인기 있다. 남산한옥마을에서는 서울에서 가까운 곳에서 한국 전통가옥의 아름다움을 엿볼 수 있다.

연계 교과
3-1 사회, 3-2 사회,
5-1 사회, 5-2 사회

체험 포인트
1. 인사동 골동품 거리와 갤러리에서 미술품과 공예품 보기
2. 남산한옥마을에서 전통가옥 엿보기

● **주소** 서울특별시 종로구 ● **가는 길 | 대중교통** 지하철 3호선 안국역 6번 출구 ● **문의** 종로구청 문화공보과 02-731-1161, 목인박물관 & 갤러리 02-722-5066, 경인미술관 02-733-4448, 남산한옥마을 02-2264-4412 ● **먹을거리** 양반댁(한정식) 02-733-5507, 파머스반(수제햄버거) 02-743-9233, 초정(시래기밥) 02-730-5657, 별다방미쓰리(퓨전) 02-747-0939 ● **잠자리** Ciara920 게스트하우스 02-735-1018, 우리집게스트하우스 02-744-0536, 예하게스트하우스 02-722-3619, 풀하우스 02-719-2677 ● **이색 체험과 축제** 인사동 전통문화축제 11월 ● **주변 여행지** 길상사, 창덕궁, 북촌 한옥마을

인사동의 골목 안으로 들어가면 색다른 길과 볼거리를 만난다.

추천 코스

인사동 → 낙원악기상가 → 남산 한옥마을

가족여행 팁

자가용보다 대중교통을 이용하는 것이 편리하고 주차비 걱정도 덜 수 있다.

● 조선의 역사와 함께해 온 인사동

경복궁과 창덕궁을 지척에 두고 있는 인사동은 조선시대의 한성부 관인방이 있던 곳이다. 하지만 1894년 갑오개혁 행정개혁 때 대사동으로 그 이름이 바뀌게 되었고 다시 일제 강점기 때인 1914년에 행정 구역을 개편하면서 관인방의 인(仁), 대사동의 사(寺)를 따서 인사동으로 부르게 되었다.

현재는 갤러리가 운집한 문화의 거리로 명성을 떨치고 있는데 원래 조선시대에는 이곳에 도화서가 있었다. 도화서는 궁궐에서 일어나는 크고 작은 일들을 그림으로 남기는 화원 격인데, 그 명맥을 이어온 것이 지금의 인사동을 만들었다. 양반보다 중인이 더 많이 살았으나 이율곡과 이완, 조광조 같은 사람도 살았다고 한다. 1930년대에 들어서면서 서적을 다루는 가게와 골동품 가게가 속속 들어섰고, 6·25 전쟁이 끝난 이후에는 낙원시장이 들어서서 사람들의 발길이 더욱 잦아졌다.

당시 실향민에 의해 만들어진 떡집은 낙원시장을 서울에서 제법 유명한 시장의 반열에 올려놓았고 이와 함께 낙원악기상가는 한국 최고의 악기상가로 알려졌다. 사실 이 무렵 인사동에서는 귀중한 유물들이 밀거래되기도 했다. 인사동은 독립운동의 시발점이기도 한데, 지금의 태

이것만은 알고 가요!

인사동 거리

현재 인사동 거리는 종로2가에서 인사동을 지나 관훈동 북쪽의 안국동 사거리까지를 일컫는다. 인사동이라는 명칭은 조선시대 한성부의 관인방(寬仁坊)에서 인을, 대사동(大寺洞)에서 사를 따서 부른 것이다. 예전에는 유명 가구점과 병원, 규모가 큰 한옥이 많았으나 근래에 와서 화랑과 필방이 많아졌고 고서적, 민속공예품, 전통찻집, 주점들을 만날 수 있다. 외국 관광객이 꼭 들르는 필수 코스이다.

인사동 골목 곳곳에서 다양한 공예품과 미술품을 전시·판매하고 있다.

1. 주말에 남산한옥마을을 찾으면 떡메치기, 널뛰기, 그네타기 등 다양한 전통문화를 체험할 수 있다.
2. 인사동 거리에서는 다양한 국적의 사람이 수시로 거리 공연을 펼쳐 새로운 문화를 접할 수도 있다.
3. 좌판에 놓인 전통 공예품들을 살펴보며 옛 문화에 대해 배울 수 있다.

화빌딩 자리에서 민족대표 33인이 모여 독립선언서에 서명하고 한용운 선생이 선언서를 낭독했다.

인사동은 이제 한국의 문화를 가장 잘 알 수 있는 문화관광 일번지가 되었고, 지금의 종로구 인사동에서 관훈동에 이르는 0.7km의 거리를 '인사동 전통문화의 거리'라 부른다. 한곳에 화랑, 필방, 골동품점, 전통찻집, 한복집, 떡집은 물론 갤러리와 다양한 식당까지 모여 있어 종합선물세트를 받는 느낌이다. 토요일 오후부터 일요일까지는 자동차의 통행이 제한되어 거리를 구경하기에 더욱 좋다.

●● 한국 전통의 문화를 느끼는 인사동과 남산한옥마을

인사동은 한마디로 다양한 한국의 문화를 좀 더 직접 느낄 수 있는 곳이다. 단지 전통적인 것에만 그치는 것이 아니라 현대적인 편리함이 함께 어우러져서 거부감 없이 보고 즐길 수 있다. 홍콩 최대의 골동품 거리로 알려져 있는 성완의 '할리우드 로드'를 가 본 사람이라면 서울의 인사동에 대해 훨씬 더 후한 점수를 줄 것이다. 길가에 늘어선 상점들은 독특하면서도 한국을 대표할 만한 소품을 바깥에 진열해 지나는 손님의 흥미를 끈다. 인사동을 찾는 외국인들은 이런 것에 더욱 관심을 기울인다. 한복을 입은 인형, 하회탈 또는 태극문양이 들어간 작은 액세서리는 그중에서도 단연 인기 있는 물건이다. 꼭 물건을 구입하지 않고 눈으로 보기만 해도 재미있다.

골목 안으로 들어가면 건물들은 더욱 소박해지고 한국적인 감성을 담고 있다. 골목 이곳저곳에 한옥을 개조한 식당과 게스트하우스가 보이며 저마다 개성 넘치는 인테리어로 발길을 붙잡는다. 인사동 최대의 랜드마크는 역시 공예 전문 쇼핑몰인 쌈지길이다. 독특한 마감 형식을 한 이 건물은 나선형의 길을 따라 꼭대기층까지 이어져 있는 상점을 살펴보며 올라가도록 만들어졌는데, 옥상에는 하늘정원이라는 테라스가 마련되어 있어 쉴 수 있다.

무엇보다 인사동을 찾았다면 갤러리 한두 곳 정도는 꼭 둘러봐야 한다. 한 집 건너 한 곳은 갤러리라고 해도 될 만큼 인사동은 갤러리 천국이다. 입장료를 받은 곳도 있지만 무료인 곳이 더 많으니 발품을 팔면 꽤 괜찮은 작품을 공짜로 볼 수 있다. 전통 한지공예나 규방공예 전시관 같은 곳은 아이들에게 한국적인 아름다움을 알려 줄 수도 있고 발상의 전환을 통한 창의력 개발에도 좋다.

토요일 오후라면 차 없는 거리에서 현장극《포도대장과 수라꾼들》을 무료로 볼 수 있다. 거리의 사람들과 함께 즐기며 웃다 보면 도시여행의 즐거움은 배가된다. 이런 체험형 풍자극을 보게 되면 판소리나 전통 창극은 이해하기 어렵다고 생각하는 신세대들도 인식을 달리하게 된다. 인사동 구경을 마치고 시간이 남는다면 남산한옥마을을 찾아보자. 새롭게 복원된 전통 한옥과 아름다운 전통 정원을 즐길 수 있으며 운이 좋으면 전통 혼례를 치르는 신혼부부를 볼 수도 있다.

인사동 갤러리 구경하기

1934년에 문을 연 우리나라에서 가장 오래된 책방인 통문관, 국내외 전통 목조각상을 만나는 목인박물관, 국내외 다양한 칼을 만나는 나이프갤러리를 비롯해 경인미술관 전통다원, 민가다헌 등의 전통 맛도 만날 수 있다. 요즘 아이들이 보기에는 신기한 것들이라서 걸을 때마다 설명해 주면 학습적인 면에서도 좋다.

길거리에서도 오래된 미술품을 만나며, 전시관에 들러 새로운 작품을 감상할 수도 있다.

3월
023

슬픈 전쟁의 역사 현장을 돌아보다
임진각 평화누리공원

지구상에 마지막 남은 분단국가인 우리나라와 북한의 슬픈 역사의 현장을 직접 걸어 본다. 역사책 속에서나 읽어 보았던 6·25 전쟁의 실제 현장을 거닐며 전쟁의 역사를 몸으로 이해한다. 평화누리공원은 가족 여행객이 많아 가족나들이 여행지로 적격이다.

체험
여행

연계 교과
6-1 도덕

체험 포인트
DMZ 체험 여행하기

●**주소** 경기도 파주시 문산읍 마정리 618-13 ●**가는 길 | 자가용** 자유로 마정 JC → 평화누리공원 **| 대중교통** 서울역 → 문산역 → 관광열차 환승 → 임진강역 하차 ●**문의** 경기관광공사 031-953-4854, 임진각관광안내소 031-953-4744 ●**먹을거리** 반구정나루터집(장어구이) 031-952-3472, 삼거리부대찌개(부대찌개) 031-952-3431, 한정식 임진각(한정식) 031-954-6552, 통일촌 장단콩마을(콩, 두부요리) 031-954-3443 ●**잠자리** 임진각 주변에는 숙박시설이 없으므로 파주, 문산, 일산지역을 이용한다. 문산호텔위즈 1577-0312, 일산황토마루한증막 031-943-0990, 그린스파 불가마사우나 031-919-2222 ●**이색 체험과 축제** 쌈지오가닉 사운드페스티벌 10월, 파주 장단콩축제 11월 ●**주변 여행지** 포천 아트밸리, 비둘기낭, 명성산

102

임진강의 남과 북을 잇는 곳에 놓인 자유의 다리(왼쪽)와 전쟁으로 폭파된 철교(오른쪽)가 바라다보인다.

추천 코스

경기평화센터 → 임진각 → 자유의 다리 → 평화누리공원

가족여행 팁

평화누리공원에서 연날리기와 같은 놀이를 함께하면 더 즐거운 여행이 된다.

◉● 전쟁의 슬픈 역사 마주하기

우리나라는 지구상에서 마지막 남은 분단국가라는 오명을 갖고 있다. 이는 1945년에 일본이 일으킨 제2차 세계대전이 종식되면서 카이로 협약에 따라 38도선을 경계로 소련과 미국이 각각 지배권을 행사했기 때문이다. 미국의 노력에도 불구하고 결국 1948년 8월 15일에 분단이 된 채 남쪽에는 대한민국 정부가 수립되고 북쪽은 같은 해 9월 조선민주주의인민공화국을 세웠다.

이렇게 2개의 나라로 분리되는가 싶었지만 1950년 6월 25일 새벽, 북한군이 소련제 탱크와 자주포를 앞세우고 38선을 밀고 내려왔다. 38선에서 불과 40km인 서울은 저항 한 번 제대로 해 보지 못하고 단 삼일 만에 적들의 손에 들어갔고, 그해 9월에는 낙동강을 넘어 부산까지 위협받았다. 하지만 유엔 연합군이 결성되고 초대 유엔군 사령관인 맥아더 장군이 9월 인천상륙작전에서 성공을 거두자 전세는 일순간 역전되었다. 다시 한 달 만에 38선을 회복했고 북진을 하기에 이르렀다. 이승만 대통령은 내친김에 북진통일을 원했지만 결국 이는 중국이 전쟁에 참여하는 계기를 마련하게 된다.

전쟁 발발 후 3년의 긴 시간 동안 이어지던 6·25 전쟁은 1953년에 대

비무장지대
(DMZ, Demilitarized Zone)

국제조약이나 협약에 의해서 무장이 금지된 지역 또는 지대로, 주로 적대국의 군대간에 생길 무력 충돌을 방지하거나 운하, 하천, 수로 등의 국제 교통로를 확보하기 위해 설치된다. 한국의 휴전협정으로 인해 휴전선으로부터 남북으로 각 2km의 지대가 비무장지대로 결정되었다. 휴전협정 이후 약 50년간 출입이 통제되었기 때문에 자연 상태 그대로 보존되어 있다.

폭파된 철교에서 6·25 전쟁 당시의 참혹함이 느껴진다.

1. 바람의 언덕은 이름처럼 바람이 많이 불어 연날리기가 좋다.
2. 평화누리공원에는 놀이공원도 있어 아이들이 즐길거리가 많다.
3. 평화누리공원은 조형물과 자연이 잘 어우러져 사진 찍기에 좋다.

한민국을 제외한 미국, 중국, 북한의 세 대표가 판문점에서 휴전협정에 서명을 함으로써 일단락되었다. 그로부터 60년이 지난 지금 대한민국은 그때의 힘없는 서러움에 맺힌 한을 풀고자 노력했고 놀라운 경제성장을 이룩했다. 전후 세대가 세 번이나 바뀌는 시간이 흘렀으니 당연한 이야기지만 전쟁의 충격이나 무서움을 기억하는 사람은 거의 없다.

임진각은 우리나라를 대표하는 휴식처이기도 하지만 전쟁의 슬픈 역사와 분단의 아픈 상처를 담은 역사의 현장이다. 평양을 오가던 증기기관차의 흉물스러운 모습에서는 이미 전쟁의 공포를 느낄 수 없고, 무너진 철교 너머의 비무장지대는 북한이 아닌 외국쯤으로 느껴진다. 반세기 넘게 분단국가로 살아오면서 지금의 세대에게 우리의 옛 역사는 너무 머나먼 이야기가 되어 버렸다.

그러니 아이들과 함께 임진각 평화누리공원을 찾을 때는 우선 마음가

짐을 달리해야 한다. 바이킹을 타고, 연을 날릴 수 있는 공원으로 여행을 가는 것이 아니라 우리의 옛 역사를 만나는 장소로 가는 것임을 상기시켜 주어야 한다. 임진각 건물은 고향을 잃은 실향민들을 위해 지어진 건물인데, 앞쪽에 흐르는 임진강 물줄기를 가로질러 자유의 다리가 놓여 있다. 6·25 전쟁이 끝나고 북한에 잡혀 있던 포로들이 풀려나 돌아오던 다리라고 해서 붙여진 이름이다. 건물 뒤쪽으로는 경기도 평화센터가 자리 잡고 있는데 경기도의 옛 땅인 개성에 관한 이야기를 비롯해서 역사적인 내용이 잘 설명되어 있다.

●● 평화누리공원에서 평화의 바람개비 돌리기

주차장의 동쪽은 평화누리공원으로 이루어져 있는데, 다양한 편의시설과 넓은 잔디광장에 마련된 조형물이 색다른 재미를 느끼게 해 준다. 바람이 많이 불어서 아이들의 연 날리는 모습을 많이 볼 수 있고, 바람의 언덕이라 이름 지어진 언덕에는 수백 개의 바람개비가 힘차게 돌아간다.

섬 아닌 섬나라가 되어 버린 대한민국, 중국과 접해 있지만 반드시 배나 비행기를 타고 외국으로 가야 하는 분단국이 되어 버린 지금 우리의 아이들에게 전해 주어야 할 메시지가 무엇인지 생각해 보아야 한다. 또 6·25 전쟁 당시 우리나라를 원조해 주었던 나라에 대한 인식이 어떻게 바뀌어 가는지에 대해서도 생각해 보자. 터키, 태국, 에티오피아를 비롯한 16개국에서 전투부대를 파병했고, 인도와 이탈리아를 비롯한 5개국에서 의료지원 부대를 보내왔으며, 칠레, 파나마, 페루, 우루과이 등 20개국에서 물자를 지원한 덕에 대한민국이 사라지지 않고 지금 이 시간에 존재할 수 있었음을 잊지 말아야 한다. 지금의 평화를 지키기 위해 앞으로 아이들이 어떤 역할을 해 나갈 수 있는지에 대해 진지하게 이야기해 보는 것도 좋을 것이다.

DMZ 체험하기

비무장지대를 체험할 때에는 꼭 미리 예약을 해야 하며 신분증 지참은 필수이다. 정해진 인원이 인솔자를 따라 실제 비무장지대를 둘러보며 우리의 슬픈 전쟁의 역사를 돌아보고 때묻지 않은 자연도 살펴본다.

일시: 화~일요일(매주 월요일 휴관)

요금: 성인 38,000원, 초중고등학생 35,000원(제3땅굴 레일 이용시 3,000원 추가)

위 평화누리공원의 호숫가 옆으로 캔들숍이 있으므로 들러 보자.
아래 봄부터 가을까지는 야외공연장에서 다양한 프로그램이 열린다.

전통이 살아 있는 마을의 돌담길을 걷다
창평 슬로시티

전통 가옥이 뿜어 내는 멋스러움과 선조의 지혜를 알아보고 전통에 대한 자부심을 가진다. 체험거리가 많은 달팽이시장은 옛 장터의 아련한 추억을 불러일으켜 아이들은 물론 부모에게도 좋은 구경거리이다. 무엇보다 돌담길이 아름다워 느긋하게 걸으며 도시에서 지친 몸과 마음에 여유를 줄 수 있다.

연계 교과
3-1 사회, 3-2 사회,
5-1 사회, 5-2 사회

체험 포인트
1. 토요 달팽이시장 구경하기
2. 삼지천마을 돌담길 걷기

●**주소** 전라남도 창평군 ●**가는 길 | 자가용** 경부고속도로 → 호남고속도로 창평 IC → 창평면사무소 **| 대중교통** 서울 → 담양고속버스터미널 → 창평 시내버스 이용 ●**문의** 창평면사무소 061-380-3792, 쌀엿 체험장 061-382-2100, 담양한과 061-383-8283, 창평 슬로시티 추진위원회 061-380-3807 ●**먹을거리** 갑을원(오리, 한정식) 061-382-3669, 창평원조시장국밥(돼지국밥) 061-383-4424, 창평안두부(손두부) 061-383-9288, 송죽회관(고등어쌈밥) 061-381-5389 ●**잠자리** 매화나무집 한옥민박 010-7130-3002, 한옥에서 061-382-3832, 삼지내 황토한옥민박 010-3628-0157, 한옥 슬로시티민박 016-602-8115 ●**이색 체험과 축제** 토요 달팽이시장과 두레박 공방의 천연 염색 체험 ●**주변 여행지** 담양, 정읍 내장산, 고창

컴퓨터 게임에만 몰두하던 도시의 아이들도 이곳에서는 한옥마루에 앉아 누리는 여유의 기쁨을 알게 된다.

추천 코스
토요 달팽이시장 → 삼지천마을

가족여행 팁
작은 마을이기 때문에 천천히 걸으며 돌아본다.

●● 느린 삶의 지혜가 담긴 삼지천마을

정갈하면서도 품위 가득한 한옥이 빛바랜 기와를 머리에 이고 그 매력을 한껏 뽐내고 있는 담양의 슬로시티 창평은 마을 앞으로 삼지천이 흐르고 있어 삼지천마을로도 불린다. 매달 둘째 주와 넷째 주 토요일이 되면 면사무소 주변으로 '토요 달팽이시장'이 들어선다. 달팽이는 거북이, 굼벵이와 함께 느림보의 대명사이다. 5·10일마다 열리는 창평 장날과는 비교도 되지 않을 만큼 작은 규모이지만 꼭 장을 보기 위해서가 아니라도 장날의 풍경은 소소한 즐거움을 안겨 준다. 근대문화유산으로 지정된 삼지천마을은 규모가 정말 작아서 마을을 둘러볼 때도 서두르지 말고 천천히 돌담길 사이를 거닐며 멋스러운 운치를 느껴 보자. 창평에서는 평소의 걸음보다 조금만 더 느리게 걷는다. 면사무소 뒤편으로 나가면 삼지천마을의 상징이자 등록문화재 제265호로 지정된 돌담길이 부드럽게 뻗어 있다. 독특한 양식의 2층 기와까지 더해져 누구라도 카메라를 꺼내지 않고는 못 배긴다. 뱀 허리처럼 부드럽게 S자를 그리며 이어지는 좁은 골목길을 따라 걷다 보면 한국적인 아름다움에 서서히 빠져든다. 창평 삼지천마을은 1510년경부터 살아온 '창평 고씨(昌平 高氏)' 집성촌인데, 콘크리트와 시멘트 문화 속에서도 고택과

슬로시티(Slowcity)
슬로시티는 사람 중심의 도시를 만들고자 하는 이탈리아의 작은 마을 '그레베 인 키안티'에서 1999년에 시작됐다. 지금까지 세계 17개국, 123개 도시가 가입했고 아시아에서는 우리나라의 창평을 비롯해 완도, 장흥, 하동, 예산이 슬로시티로 인정받았다. 전라남도 담양군 창평면은 지난 2007년 12월 1일 슬로시티로 인정받았다.

곳곳에 돌담과 한옥이 어우러져 있어 걷다 보면 마치 옛 조선시대로 돌아간 듯한 기분이다.

1. 한옥 뒷마당으로 기순도 명인의 된장과 고추장이 담긴 항아리들이 가지런히 놓여 있다.
2. 날씨가 더워지면 쌀엿이 녹아 버리므로 창평 전통 쌀엿은 겨울에만 수작업으로 만들어진다.
3. 한옥에서 하룻밤을 자며 고택의 고즈넉한 밤풍경에 빠져 보는 것도 좋다.

마을의 돌담이 용케 보존되어 그윽한 향토의 멋을 지키고 있다. 아주 오래전에 하천 복개 공사를 하면서 사라져 버리기는 했지만 근처의 월봉천, 운암천, 유천의 세 갈래 하천이 모인다고 해서 붙여진 이름이다.

●● 돌담길 따라 걸으며 소박한 아름다움 만나기

백제시대 때부터 형성된 이 마을은 상삼천과 하삼천 마을까지 총 연장 3.6km에 달하는 돌담길을 가지고 있다. 적당한 크기의 돌 사이로 논흙을 개어 넣고 쌓아 올린 담장 위에는 기와를 얹어 소박한 초가이엉 지붕의 토담보다 세련되고 기품이 있어 보인다. 햇살이 담장으로 비스듬히 들어오는 아침저녁으로는 돌담길이 유난히 따뜻한 느낌이 난다. 콘크리트 블록을 이용한 삭막하고 밋밋한 담장과 달리 저마다의 개성으로 지나는 사람들의 시선을 끌어당긴다. 간혹 그 흙 틈에서 자라난 강아지풀이나 나팔꽃은 살아 숨 쉬는 담장이라는 것을 증명이라도 하듯 싱싱하게 피어 있다.

담쟁이 넝쿨이 돌담과 기와를 와락 끌어안은 채 사랑을 키워 나가는 돌담길을 걷다 보면 '고재선 고가'라는 팻말이 눈에 들어온다. 오랜 시간 수많은 사람이 드나들었을 대문을 열고 안으로 들어서자 조그마한 텃밭을 가로질러 안채까지 길이 이어진다. 대문채, 사랑채와 더불어 헛간채까지 전통적인 상류층 주택의 모습을 고스란히 간직하고 있는 일자형 평면 건물들은 단정한 인상을 안겨 준다.

창평이 슬로시티로 지정된 데에는 이 지방 고유의 음식인 죽염장류, 한과, 쌀엿도 한몫을 했다. 쌀엿은 날이 더우면 물러지기 때문에 찬바람이 불면 만들기 시작한다. 옛날 이곳에 부임한 현감들이 궁중 대감들에게 이 엿을 선물했는데 바삭하면서도 입안에 들러붙지 않는 것이 특징이다. 그런데 이 쌀엿을 만드는 일이 보통이 아니다. 우선 고두밥을 지은 후 엿기름과 함께 9시간을 숙성시키고, 가마솥에서 식혜물로 거르고 이 물을 다시 9시간 동안 조려서 물엿을 만든다. 물엿이 만들어지면 불의 온도를 더욱 내려 은은하게 5시간을 조려야 갱엿이 탄생한다. 계속해서 쉬지 않고 나무 주걱으로 가마솥을 저어야 하는데, 잠시라도 팔을 멈추면 거품이 일어나면서 엿이 눌어붙어 버리니 잠깐 화장실 가는 일마저도 쉽지 않다. 주걱으로 엿을 떠 보고 바람에 날려 적당한 굳기 정도가 되면 늘리기 작업을 해야 한다. 무려 5시간 가까이 늘려야 비로소 우리가 먹는 고소한 쌀엿이 된다.

전통을 지키기 위해서는 이렇게 번거로움과 수고로움을 감내해야 하기 때문에 시간이 지날수록 전통을 지키려는 사람들이 줄어들고 있다. 그러나 이러한 노력이 있기에 전통의 소중함이 더욱 크게 다가오는 것이리라. 창평의 돌담길을 걷고 전통 쌀엿을 만드는 것을 보면 우리 전통을 지키는 것에 대한 자부심을 느낄 수 있을 것이다.

토요 달팽이시장 구경하기

매월 둘째 주와 넷째 주 토요일에 창평면사무소 앞 광장에서 달팽이시장이 개설된다. 주민들이 직접 재배한 농산물을 가지고 나와 판매해 어릴 적 장터의 모습을 엿볼 수 있다. 전통 먹을거리와 체험거리도 다양해 아이들이 더 즐거워한다.

삼지천마을 돌담길 걷기

대한민국 등록문화재 제265호로 지정된 삼지천마을 돌담길은 창평면사무소 부근에서 3,600m 정도 이어진다. 옛 담의 형태가 잘 보존되어 있어서 여유롭게 걷기에 좋다. 중간 중간 창평 전통 쌀엿을 팔기도 해 아이들과 이야기도 나누고 맛있는 엿도 먹으며 즐겁게 거닐어 보자. 창평면사무소에서 자전거를 무료로 대여해 주므로 자전거를 타는 것도 좋다.

위 토요일마다 창평면사무소 주변에서 달팽이시장이 열린다.
아래 삼지천 돌담길은 흙과 돌로 담을 쌓고 기와로 지붕을 올려 고풍스러운 멋을 더한다.

3월
025

은진미륵의 미간에서는 촛불처럼 빛이 난다
논산 관촉사

보물 제218호 석조미륵보살입상인 관촉사 은진미륵은 높이가 18m로, 우리나라 최대의 미륵불이며 석조 불상으로는 동양 최대이다. 인자한 미소를 띠고 은은하게 서 있는 미륵불을 보면 자기도 모르게 경건함이 우러난다. 중국의 명승 지안 스님이 "은진미륵의 미간에서 촛불처럼 빛이 난다."라고 해서 절 이름을 관촉사라 지었다고 한다.

연계 교과
5-2 사회

체험 포인트
은진미륵의 비율을 살펴보고 이해하기

●**주소** 충청남도 논산시 관촉로 1번길 25(관촉사) ●**가는 길 | 자가용** 논산–천안고속도로 서논산IC → 논산 오거리 → 관촉 사거리 → 관촉사 | **대중교통** 논산 고속버스터미널 → 801번 시내버스, 관촉사 앞 하차 → 관촉사 ●**문의** 논산 문화관광과 04-746-5114, 관촉사 041-736-5700, 개태사 041-734-8730, 시외버스터미널 041-735-2372 ●**먹을거리** 신풍매운탕 041-732-7754, 동금성 041-734-5528, 들풀한정식 041-736-0078, 황산항아리보쌈 041-735-8933 ●**잠자리** 레이크힐호텔 041-742-7744, 윤증 선생 고택 041-735-1215, 아이비펜션 04-724-3117, 탑정호가 041-742-9322 ●**이색 체험과 축제** 논산딸기축제 3월, 강경발효젓갈축제 10월 ●**주변 여행지** 완주 대둔산, 부여 부소산성, 대전 장태산

명제 윤증 선생 고택 마당에 늘어선 항아리들이 그림 같은 풍경을 만들어 낸다.

추천 코스

관촉사 → 미내다리 → 탑정호 일몰 → 윤증 고택 숙박 체험

가족여행 팁

고택 체험은 최소 한 달 전에 예약해야만 원하는 날짜를 잡을 수 있다.

● 동양 최대의 미륵석불을 품은 은진면 반야산의 관촉사

조선 시대에 강응정이란 사람이 살았다. 병으로 누워 있던 그의 어머니가 어느 날 갑자기 '을문이'라는 고기를 먹고 싶다고 하였다. 생전 처음 들어보는 고기라 구할 수가 없었는데, 정한수를 떠다 놓고 정성껏 빌었더니 갑자기 소나기와 함께 물고기 한 마리가 하늘에서 떨어졌다. 그 고기의 배를 갈라 알과 내장을 인천리 냇가에 버리고 국을 끓여 드리니 병이 씻은 듯 나았다고 한다. 그 후 지금까지 이 고기는 인천리 냇가와 논산 저수지 사이 5.6km에만 서식하고 있어 을문이 고기(일명 강효자 고기)라고 부른다.

신기한 전설만큼 논산은 특별한 도시다. 주변에는 계룡산과 대둔산이 우뚝 서서 호위하고 있고 노성천과 논산천이 흐르는 논강평야가 드넓게 펼쳐진 풍요의 고장이기도 하다. 그래서 역사적으로 이곳을 차지하려고 수많은 전쟁이 벌어지기도 했다. 백제와 신라가 맞붙은 황산벌 전투의 황산벌이 바로 논산이며, 후백제와 고려가 쟁탈전을 벌이기도 했다. 황산벌에서 신라에 끝까지 저항하며 싸웠던 계백 장군의 묘와 후백제를 세우고 다시 자기가 세운 나라를 멸망시킨 견훤의 묘도 논산에 있어 역사를 더듬어 볼 수 있다.

미륵불이란?

미래에 중생을 구하러 오는 부처를 뜻한다. 삼국 시대에 불교가 전래된 이래 많은 사람들이 믿게 되면서, 현세의 고통을 해결하기 위해 관세음보살을 의지하는 관음 신앙이나 극락세계를 바라는 아미타 신앙 등이 유행하기도 하였다. 한편으로는 미래의 부처를 기대하며 미륵 신앙이 일어나서, 미륵 부처의 불상을 조성하기 시작하였으며 우리나라 곳곳의 커다란 바위에 주로 미륵불상을 새겨 놓았다.

은진면 반야산의 미륵불은 비대칭의 모습 때문에 더욱 친근함이 느껴진다.

1. 탑정호의 일몰은 논산 여행의 백미로 꼽힌다.
2. 높이 18미터의 은진미륵은 동양 최대의 크기를 자랑한다.
3. 윤증 선생 고택은 문화 해설사의 상세한 설명을 들으면서 둘러보는 것이 좋다.

왕건에 의해 세워진 고려는 불교를 숭상하여 우리나라 불교의 최고 번성기를 맞이하였고 수많은 불교 유물들이 만들어졌다. 그중 논산을 대표할 만한 곳이라면 은진미륵으로 유명한 관촉사를 꼽을 수 있다. 해탈문이라 불리는 석문을 지나면 커다란 은진미륵이 여행객을 맞이하는데 인자한 미소를 띠고 은은하게 서 있는 미륵불을 보면 자기도 모르게 경건함이 우러난다. 보물 제218호 석조미륵보살입상인 은진미륵은 높이가 18m로, 우리나라 최대의 미륵불이며 석조 불상으로는 동양 최대라고 한다. 이 보살 입상의 발 부분은 직접 암반 위에 조각하였으며, 그 위에 허리 아래 부분과 상체 부분, 머리 부분을 각각 하나의 돌로 조각하여 연결하였다.

이 거대한 불상이 다른 불상에 비해 더 친근하게 느껴지는 것은 바로 전혀 비율이 맞지 않는 형태 때문일 것이다. 머리 부분을 유난히 크게 만든 데 대해서는 다양한 설이 있는데, 아래에서 올려다보았을 때 머리와 몸통의 비례를 맞추기 위해서라고도 하고, 고려 시대에는 불상의 크기로 권세를 과시했기 때문에 머리 부분을 최대한 크게 만들었다고도 한다. 어찌 되었건 미륵불이 위압적이지 않고 온화해 보이도록 하는 데는 성공한 셈이다.

●● 윤증 선생의 섬세함과 배려심이 깃든 고택에서 하룻밤을 묵다

조선 시대 후기의 양대 정파인 노론과 소론 중에서 소론의 거두였던 명재(明齋) 윤증 선생의 고택이 논산에 위치해 있다. 향촌 사대부 가문의 위엄을 갖추고 있어 중요민속자료 제190호로 지정되었다. 이곳에서 제일 먼저 눈에 띄는 것은 헤아릴 수 없이 많은 장독대이다. 지금 이 고택에는 윤증 선생의 후손이 직접 기거하고 있는데, 고택을 소유하고 있다는 것은 매년 수억 원씩 보수 비용을 지불해야 한다는 뜻이기도 하니 힘에 부치고 버거운 일이다. 그래서 전통장 판매를 통해 생계를 유지한다고 하는데 전통 비법으로 만들어진 장이니만큼 최고의 맛을 보장한다. 고택 입구의 문화해설사에게서 고택에 대한 세세한 설명을 듣다 보면 그 과학적인 설계와 사람을 위한 섬세한 배려에 깜짝 놀라게 된다. 윤증 고택에서는 전통 한옥의 숙박 체험도 할 수 있는데 인기가 높아서 미리 예약하지 않으면 기회를 얻기가 쉽지 않다.

논산평야의 젖줄인 탑정호는 논산시 한가운데에 위치하고 있어 농업용수를 공급하기에 최적의 장소이다. 주변에는 논산의 특산품인 딸기 농장들이 많고, 평화로운 호수에서 윈드서핑을 즐기는 사람들의 모습이 한 폭의 그림처럼 멋지다. 그래서 탑정호를 한 바퀴 둘러보는 드라이브 코스는 꽤나 근사하고, 햇살이 포근한 한낮에는 시원한 호수 바람을 맞으며 커피 한 잔 마시는 것도 즐겁다. 뉘엿뉘엿 해가 질 무렵이면 신풍리 쪽으로 가 보자. 호숫가에 정박한 소박한 낚싯배와 갈대숲 너머로 붉은 여운을 남기며 밤 속으로 빨려 들어가는 일몰 풍경은 논산 여행의 백미이다.

윤증 고택 또는 이삼 장군 고택에서 숙박 체험하기

전통 한옥은 불편하다고 생각할 수 있지만, 체험을 통해 옛 선조들의 지혜로움과 선비 정신을 배워볼 수 있다. 현대 문명과의 비교를 통해 장단점을 찾아본다.

위 전통이 깃든 고택을 보유한다는 것은 금전적으로도 체력적으로도 버겁고 힘든 일이다.
아래 이삼 장군 고택에서는 잘 보존된 무인 출신 양반의 전통 가옥 형태를 살펴볼 수 있다.

4월
026

벚꽃 흩날리는 청풍호를 누비다
제천 청풍문화재단지

충주댐이 생기면서 국내 최대의 소양강댐 저수 능력에 버금가는 인공호수가 탄생했다. 충주, 단양, 제천을 두루 걸치면서 생겨난 이 호수는 충주지방에서는 충주호, 제천지방에서는 청풍호라 부르는데, 호수 주변으로 기암괴석과 아름다운 봉우리가 즐비해 눈과 마음이 즐거워진다. 특히 벚꽃이 피는 4월은 최고의 계절이다.

연계 교과
1-1, 2-1 슬기로운 생활,
3-1, 3-2, 5-2 사회,
4-1, 4-2, 6-1 과학

체험 포인트
청풍호에서 유람선 타기

● **주소** 충청북도 제천시 청풍면 물태리 산6-20 ● **가는 길 | 자가용** 영동고속도로 → 중앙고속도로 남제천IC → 청풍문화재단지(2시간 소요) ● **문의** 제천시 문화관광과 043-640-5681, 청풍나루 043-647-4566, 장회나루 043-423-8615~6, 청풍문화재단지 043-640-5698 ● **먹을거리** 청풍떡갈비(떡갈비) 043-644-1600, 석미정(두부요리) 043-651-1660, 꿀참나무(묵요리 전문점) 043-644-3827, 두꺼비식당(매운 등갈비) 043-647-8847 ● **잠자리** 청풍리조트호텔 043-640-7000, 제천관광호텔 043-643-4111, 뉴월드모텔 043-652-3843, ES리조트콘도 043-648-0480 ● **이색 체험과 축제** 청풍호 벚꽃축제 4월, 박달가요제 10월 ● **주변 여행지** 영월, 문경새재, 영주 부석사, 청주

114

월악나루터 근처의 악어봉에서는 청풍호의 특별한 풍경을 볼 수 있다.

추천 코스

옥순봉 → 장회나루 → 청풍나루 → 청풍문화재단지 → 청풍면

가족여행 팁

장회나루와 청풍나루 사이를 운항하는 유람선의 운항 시간을 미리 확인해 둔다.

○● 푸르고 맑은 바람이 머무는 청풍호

충청북도 제천과 단양 주변은 온통 기세 좋은 산이고, 산자락 구비마다 맑은 물이 가득해 예부터 청풍명월이라 불렸다. 그 아름다움에 반한 수많은 묵객이 이것을 시와 그림으로 표현하기도 했다. 주변 풍경이 모두 좋지만 그중에서도 장회나루가 내려다보이는 구담봉과 청풍호의 길게 뻗은 물길을 볼 수 있는 옥순봉은 더욱 아름답다. 구담봉과 옥순봉을 오르는 등산로는 제천시 수산면에서 장회나루에 조금 못 미친 계란재에서 시작된다. 20분쯤 가면 갈림길이 나오는데 왼쪽으로 가면 옥순봉, 오른쪽으로 가면 구담봉이다. 옥순봉은 서쪽을 향하며 제천시에 속하고, 구담봉은 동쪽으로 향하며 단양군에 속한다. 또 옥순봉은 제법 번듯한 등산로를 따라 오르는 반면 구담봉은 암벽 등반 수준의 수직암벽을 와이어를 붙잡고 오르거나 수직의 철계단을 오르는 등 조금은 위험해서 아이들이 오르기에는 무리가 있다.

단양팔경의 하나인 구담봉은 물속에 비친 바위가 거북 무늬를 띠고 있어 붙여진 이름으로 명승 제46호로 지정되었으며, 오르는 길은 비록 힘들지만 그곳에서 청풍호를 바라보면 가슴속까지 시원해진다. 등산이 부담스럽다면 유람선을 이용한다. 미끄러지듯 호수 위를 달리며 바

청풍호=충주호

충청북도 충주에서 제천, 단양 일대에 두루 걸쳐 있는 인공호수로 1985년에 충주댐이 만들어지면서 조성되었다. 면적이 67.5km²에 이르며 주변의 골짜기가 깊은 호수 속에 잠겨서 그 위로 배가 오간다.

대부분의 면적은 충주가 아닌 제천에 있어서 제천지역에서는 청풍호라 부르지만 엄연히 같은 호수이다. 주변 경관이 뛰어나고 수량이 풍부하며 다양한 어종이 살고 있어 낚시꾼들이 즐겨 찾는다.

이른 아침에 충주호에서 물안개가 피어오르면 환상적인 풍경이 펼쳐진다.

1. 청풍문화재단지 안에는 옛 모습들을 재현해 놓아 아이들이 더욱 흥미롭게 볼 수 있다.
2. 4월 중순에는 벚꽃 축제가 열려 벚꽃이 어우러진 풍경과 함께 다양한 먹을거리도 즐길 수 있다.
3. 비봉산 정상에서는 패러글라이딩 체험을 할 수 있는데 사전 예약이 필수이다.

라보는 풍경은 산에서 보는 것과는 또 다른 느낌이다. 세세한 설명이 곁들여져 아이들과 함께하는 여행에 안성맞춤이다. 청풍호의 뱃길 구간은 총 52km이지만 그중 장회나루에서 청풍나루를 잇는 구간의 풍경이 단연 이채롭다. 조물주가 빚은 듯 기묘한 모양의 바위와 선장 아저씨의 재미있는 입담이 여행을 더욱 즐겁게 한다. 퇴계 이황은 구담봉의 장관을 보고 "중국의 소상팔경이 이보다 나을 수는 없을 것"이라고 극찬했다고 한다. 날씨가 좋다면 갑판 위로 올라가 보자.

●● 아이들의 전통마을 체험지, 청풍문화재단지

구담봉, 옥순봉과 금수산이 그려 내는 산수화를 보며 40분이면 배는 어느덧 청풍나루에 닿는다. 나루 바로 위쪽에는 청풍호가 생기면서 수몰된 마을과 문화재를 옮겨다가 재현해 놓은 청풍문화재단지가 있다.

입구에 수라 인형이 버티고 있는 팔영루로 들어서면 민속촌을 연상케 하는 풍경들이 주변을 둘러싸고 있는데, 연자방아 앞에 놓은 안내판의 글이 재미있다. 소에 관한 전설인데, 옥황상제가 소에게 "인간들은 삼 일에 한 번만 밥을 먹으라."라는 말을 전하라 시켰는데, 가는 길에 그만 들은 말은 잊어버리고 "인간들은 하루에 세 번 밥을 먹으라."라고 전했다는 것이다. 그래서 인간은 시도 때도 없이 밥을 먹어야만 하고, 소는 말을 제대로 전하지 못한 벌로 죽을 때까지 사람을 위해 일을 해야 하고, 또 죽어서도 고기와 가죽을 바쳐야만 한다는 이야기이다.

청풍문화재단지는 하회마을이나 양동마을과 달리 사람이 거주하지 않는 껍데기 마을이다. 단지 전시만을 위해 지어 놓아서 조금은 딱딱한 느낌을 주지만, 곳곳에 물건의 이름과 용도 등을 써 놓은 설명이 있어 호기심 많은 아이들에게는 교육 자료로 으뜸이다. 청풍대교와 문화재단지 주변의 풍경을 한눈에 조망할 수 있는 팔각정으로 오르다보면 독특한 소나무 두 그루를 만난다. 마치 하나의 나무처럼 생겼지만 각각의 뿌리가 다른 나무로 '연리지'라고 부른다. 청풍문화재단지에는 보물로 지정된 청풍한벽루(보물 제528호)와 청풍석조여래입상(보물 제546호)도 있으니 빼놓지 말고 보자. 댐을 만들면서 울릉도와 맞먹는 면적의 호수가 새로 생겨나고 또 수많은 골짜기와 마을이 물속으로 잠겨 버렸지만 그로 인해 홍수를 조절하고 안정적으로 물을 이용할 수 있게 되었으니 무엇이든 잃는 게 있으면 얻는 것도 있는 법이다.

호수가 생겨나면서 더욱 아름다운 풍경을 가지게 된 청풍은 일 년 중 4월을 최고로 친다. 흐드러지게 핀 벚꽃이 호반도로를 따라가다 청풍면 소재지에 이르러 마을 전체를 뒤덮기 때문이다. 파란 하늘과 어우러지는 은은한 연분홍의 꽃잎은 바람이 불면 비가 내리듯 흩날린다. 그림 같은 모습이 연출되는 청풍으로 봄나들이를 떠나 보자.

비봉산 전망대 오르기

비봉산 활공장 꼭대기까지는 등산을 하는 방법 말고도 모노레일과 케이블카를 이용하는 방법이 있어 아이들과 쉽게 청풍호반 풍경을 감상할 수 있다.

1. 청풍호 관광 모노레일 타기
탑승 장소 도곡리역 (충북 제천시 청풍면 청풍명월로 879-17)
문의 043-653-5120~3
왕복 요금 성인 12,000원, 소인 9,000원

2. 청풍호반 케이블카 타기
탑승 장소 물태리역 (충북 제천시 청풍면 문화재길 166)
문의 043-643-7301
왕복 요금 성인 15,000원, 소인 11,000원 (크리스탈 대인 20,000원, 소인 15,000원)
모노레일 및 케이블카 인터넷 예매
www.cheongpungcablecar.com

위 물태리에서 출발하는 케이블카는 비봉산 정상까지 2.3km를 운행한다.
아래 비봉산에는 모노레일이 놓여 있어 20분이면 힘들이지 않고 정상까지 닿을 수 있다.

4월 027

사람이 만든 아름다운 자연에서 쉬다
거제 해금강 & 외도

자연이 만든 최고의 경관을 보여 주는 해금강과 사람이 만든 천상의 아름다움을 간직한 외도 보타니아를 오가며 사람과 자연이 더불어 살아가는 지혜를 배울 수 있다. 자연 그대로의 아름다움과 함께 사람이 가꾼 자연의 묘미도 새롭게 발견한다.

연계 교과
2-2 슬기로운 생활,
3-2 과학, 5-2 과학,
6-1 과학

체험 포인트
1. 해금강 일출 보기
2. 공고지(공꽂이) 수목원에서 동백터널 걷기

● **주소** 경상남도 거제시 ● **가는 길 | 자가용** 통영IC → 제2 거제대교 → 14번 국도 → 사곡 삼거리 → 거제면, 거제자연예술랜드, 거제 자연휴양림 → 학동 해수욕장 → 함목 삼거리 → 해금강 | **대중교통** 고현(거제) 버스터미널 → 도장포행 시내버스 이용(약 50분 소요) ● **문의** 해금강 유람선 055-633-1352, 해금강 테마박물관 055-632-0670, 해금강해양공원(바람의 언덕) 055-632-2388, 외도 보타니아 070-7715-3330 ● **먹을거리** 백만석(멍게비빔밥) 055-637-6660, 항만식당(해물뚝배기) 055-682-4369, 혜원식당(해물찜) 055-681-5021, 명인바지락죽(바지락죽) 055-632-6377 ● **잠자리** 바람의 언덕(도장포) 055-633-1404, 에버그린펜션(해금강) 055-682-0119, 해금강펜션(해금강) 055-632-3539, 해금강호텔(해금강) 055-632-1100 ● **이색 체험과 축제** 신년맞이축제 매년 1월 1일, 국제펭귄수영축제 1월 중순(덕포 해수욕장), 거제 섬꽃 축제 10월 말 ● **주변 여행지** 거제 포로수용소, 옥포대첩 기념공원, 통영, 진주

거제 해금강을 제대로 보려면 유람선을 타는 게 좋다.

추천 코스

학동 몽돌 해수욕장 → 도장포 바람의 언덕 → 해금강 → 외도 보타니아 → 공곶이 수목원

가족여행 팁

배멀미를 한다면 해금강 유람선을 타기 전에 미리 약을 먹는 게 좋다.

○● 금강산의 해금강을 닮아 아름다운 강

거제도 하면 머릿속에 떠오르는 첫 번째 지명은 단연 해금강이다. 명승 제2호로 지정되어 있는 한려해상 국립공원의 해금강은 그 모습이 시시각각 다르고 아름다워 마치 금강산을 연상하게 한다는 데에서 유래하였다. 노자산의 봉우리가 함목을 거쳐 바다로 빠져드는가 싶더니 다시 솟아올라 기암괴석을 이루며 장관을 만들어 낸 해금강은 위태롭게 솟은 촛대바위, 사자머리를 닮은 사자바위, 병풍처럼 생긴 병풍바위, 신랑과 신부가 마주 서서 결혼식을 올리는 모습을 하고 있는 신랑신부바위, 내부로 들어가면 동서남북으로 십자모양의 수로가 나 있는 십자동굴 등 그림 같은 절경으로 가득하다. 봄철 해금강 사자바위 근처로 떠오르는 일출은 우리나라의 대표적인 일출 경관으로 손꼽힌다.

해금강을 제대로 둘러보려면 역시 배를 타야 한다. 유람선은 해금강 들머리의 도장포, 동백림과 팔색조의 번식지로 유명한 학동, 구조라 등의 포구에서도 출발하는데, 해금강에서 출발하는 유람선이 이용하기에 제일 편리하다. 외도를 포함해서 해금강의 절경을 안내원의 설명과 함께 듣는다면 그냥 보는 것과는 한 차원 다른 관광이 될 것이다.

흙 한 줌 없는 기암괴석의 절벽 위에 서 있는 천년송은 천년의 모진 세

외도 보타니아

외도는 2005년 Botanic(식물)과 Utopia(낙원)의 합성어인 Botania를 붙여 그 이름을 '외도 보타니아'라고 바꿔 부르기 시작했다. 1969년에 개인이 사들여 수십 년을 피와 땀으로 가꾸어 놓았다. 선인장, 코코수야자, 가자니아, 용설란 등 희귀한 740여 종의 나무와 아열대 식물들이 섬 전체를 뒤덮고 있는 외도는 코발트빛 하늘, 비취빛 바다가 어우러져 지중해의 한 도시를 그대로 옮겨놓은 듯하다.

이곳을 둘러보려면 반드시 유람선을 타야 하며 1시간 정도 시간이 주어진다.

1. 도장포 인근의 바람의 언덕에서 바라본 풍경도 일품이다.
2. 해금강 유람선을 타면 관광을 마치고 외도에 내려 준다.
3. 외도 보타니아를 걷다 보면 다른 나라에 온 듯한 느낌이 든다.

파에도 당당하게 살아온 해금강의 수호송이기도 하다. 꼬랑지를 이리 저리 흔들고 뱃머리가 파도에 오르락내리락 하기를 반복하며 20여 분을 둘러본 유람선은 이제 속도를 올려 곧장 남국의 파라다이스, 한국의 하와이라고 불리는 외도 보타니아로 내달린다.

●● 사람이 만든 아름다운 자연섬, 외도

선착장에 내리자마자 이어지는 가파른 오르막을 따라 걸어가면 큰 키의 야자수를 비롯하여 이국적인 느낌의 하얀색 건물들이 눈에 띈다. 화장실마저도 무척 예쁘고 주변과 잘 어울려 카메라 셔터를 연신 눌러대게 된다. 봄이면 튤립이 지천으로 피어나 울긋불긋 꽃 대궐을 이루는 외도는 그 아름다움에 눈이 부실 지경이다. '비너스 가든'과 '천국의 계단'을 둘러보면 조물주와 인간이 함께 빚어낸 기막힌 풍광에 그 누구라도 감탄사를 연발하지 않고는 못 배길 것이다.

외도의 가장 높은 곳에 자리한 커피숍에서 느긋하게 쉬면 좋겠지만, 외도 관광은 오로지 유람선에 의해서만 가능하기 때문에 시간을 아껴야 한다. 대개 1시간에서 1시간 30분 정도의 시간을 외도에서 보낼 수 있는데, 바쁘게 섬을 한 바퀴 돌고 내려오면 딱 맞는 시간이다. 아이들이 있다면 조금 서두르는 것이 좋다. 후박나무 뿌리로부터 솟아나는 후박약수는 외도가 자랑하는 보배 중 하나이니 잊지 말고 한 모금씩 마셔보자.

해금강을 빠져나오면 바로 도장포다. 도장포에는 해금강을 잇는 유람선 말고도 또 다른 볼거리가 있는데, 바로 바람의 언덕이다. 언덕으로 이어지는 나무계단을 따라 5분 정도 오르면 머릿결이 헝클어지도록 세차게 몰아치는 바닷바람을 만난다. 나지막한 풀들이 언덕을 가득 메우고 있는 이곳에서는 제주도의 분위기를 느낄 수 있다. 각종 드라마와 영화에도 자주 소개되었던 바람의 언덕은 마을 뒤편의 동백나무숲길과 더불어 연인들의 산책 코스로 안성맞춤이다.

거제의 유명 관광지를 찾다가 놓치기 쉬운 곳이 있으니 바로 공곶이(공고지) 수목원이다. 한 노부부가 평생을 호미와 삽으로만 일궈 낸 자연경관으로, 동백나무, 종려나무, 조팝나무, 수선화 등 50여 종의 수목이 4만 평의 농원에 가꾸어져 있어 생명의 숲으로도 불린다.

거제는 겨울이면 대구가 많이 잡히기로 유명하고, 봄철이면 우리나라에서 최고의 멸치를 잡아들이는 곳으로 흔치 않은 멸치회도 맛볼 수 있어 언제 찾아도 보고 즐길 것이 많은 관광 명소이다.

해금강 일출 보기

사자바위 사이로 떠오르는 일출이 특히 아름답다. 붉은 해가 고개를 내밀 때면 여기저기서 셔터 소리가 쏟아진다. 바위 사이로 보이는 일출의 특별한 경관이 출사족에게 인기가 있다.

공고지(공곶이) 수목원 동백터널 거닐기

거제도 예구마을에서 30분 정도 걸어 들어가야 만날 수 있다. 겨울이 끝나갈 무렵 동백꽃이 빨갛게 떨어진 동백터널을 살금살금 걷는 일은 참 기분 좋은 일이다. 아이들과 신나게 이야기하고 떠들며 함께 걸어 보자. 수목원에서 바라보는 예구마을 일몰 풍경도 아름답다.

문의: 055-681-1520

위 해금강 사자바위 사이로 뜨는 해는 거제 2경에 속한다.
아래 공고지 수목원의 동백터널을 걷고 다양한 꽃도 살펴본다.

028
4월

붉게 타오르는 진달래밭을 오르다
여수 영취산

김소월의 <진달래꽃>처럼 진달래는 순하고 서정적인 꽃이다. 강렬하고 붉은 철쭉보다 한국적이고 아름다운 꽃이지만 산 전체가 군락을 이뤄 피는 곳은 그리 많지 않다. 여수의 영취산은 바다와 어우러지는 멋진 풍경으로 진달래가 피는 시기에는 축제가 벌어진다. 흥국사의 보물들을 찾아보며 아이들에게 자연의 소중함을 일깨워 주자.

체험여행

연계 교과
1-1 슬기로운 생활,
4-1 과학, 5-1 사회

체험 포인트
1. 진달래 군락길 걷기
2. 흥국사 보물 살펴보기

●**주소** 전라남도 여수시 월내동 545 ●**가는 길 | 자가용** 경부고속도로 → 호남고속도로 → 완주-순천 고속도로 동순천 IC → 여수공항 → 영취산 ●**문의** 여수시 문화관광과 061-690-2036, 영취산 진달래축제 위원회 061-691-3104, 여수 콜택시 061-691-6900, 흥국사 061-685-5633 ●**먹을거리** 람바다횟집(활어회) 061-686-2401, 칠공주장어탕집(장어탕) 061-663-1500, 갯마을장어집(장어구이) 061-643-2477, 구백식당(금풍생이구이) 061-662-0900 ●**잠자리** 영취산펜션 061-691-8744, 해림민박 061-641-2335, 풍경민박 061-651-8909, 바다모텔 061-654-3333 ●**이색 체험과 축제** 여수세계박람회 2012년 5월 12일~8월 12일, 영취산 진달래축제 4월, 여자만 갯벌 노을축제 10월 ●**주변 여행지** 오동도, 순천만, 남해, 보성다원

추천 코스

GS 칼텍스 앞 예비군 훈련장 입구 → 진달래 군락 → 삼대바위 → 가마봉 → 흥국사

가족여행 팁

진달래의 개화 기간은 보통 15일 정도이니 미리 상태를 확인해 보는 것이 좋다.

영취산 정상에 오르면 아래로 상암마을이 어렴풋이 눈에 들어온다.

● 영취산 진달래의 붉은 빛 만끽하기

절에 가 본 사람이라면 누구나 대웅전 안 불상 양쪽 벽면에 탱화가 걸려 있는 것을 본 적이 있을 것이다. 17세기 이후부터 대승불교가 자리 잡으면서 석가여래가 마가다국(摩駕陀國) 왕사성 근처에 있는 산에서 제자들에게 법화경을 설법하는 장면을 그린 〈영산 회상도〉가 대부분인데, 여기서 말하는 영산은 영취산(靈鷲山)이다. 여수의 영취산(510m)과 똑같은 한자를 쓰는데, 봄철이면 그 이름에 걸맞은 황홀한 풍경이 펼쳐진다. 철쭉으로 뒤덮인 산은 지천인 데 반해 진달래가 온 산을 뒤덮는 산은 우리나라에 몇 안 된다. 90여 만m²의 산에 붉은 가루를 흩뿌린 듯 눈부신 진달래를 보고 있으면 가슴이 두근거린다.

영취산은 경상남도 창녕군 화왕산, 마산시 무학산과 더불어 전국 3대 진달래 군락지로 꼽힐 정도로 유명하며 산세가 험하지 않아 가족과 함께 오를 수 있다. 게다가 바다와 바짝 달라붙어 있어 주변 풍경이 다른 산에 비해 더욱 아름답다. GS 칼텍스 앞쪽의 예비군 훈련장으로 오르는 길은 등산로가 길지 않아 많은 사람이 찾는데 이른 아침이면 환하게 불을 밝힌 정유공장이 한낮의 모습과 상반된 화려함을 보여 준다. 하얀색 전등이 60만m²의 공장 전역을 밝히고 있어 마치 SF 영화의 한 장

진달래와 철쭉

1. **개화 시기**: 진달래는 4월, 철쭉은 5월.
2. **꽃 모양**: 철쭉은 연분홍색으로 꽃받침은 작은 꽃줄기와 함께 선모가 난다. 꽃은 위쪽에 적갈색의 반점이 있으며 열매는 타원형이다. 가지 끝에 작은 주걱모양의 매끈한 잎이 4~5장 나고, 꽃은 흰색에 가까운 연한 분홍빛이다. 그래서 일부 지방에서는 '연달래'라고도 한다. 진달래꽃의 화관은 깔때기 모양으로, 붉은 빛이 도는 자주색으로 겉에 털이 있다. 잎 표면에는 비늘이 있고, 뒤편은 털이 없다.
3. **잎 모양**: 철쭉은 잎이 진달래에 비해 둥글고, 진달래는 피침형이다.
4. **잎, 꽃**: 철쭉은 잎이 먼저 나오고 꽃이 피거나 꽃과 잎이 같이 핀다. 진달래는 꽃이 먼저 피고 꽃이 지면서 잎이 나온다.

1. 등산로마다 벚꽃이 하얗게 되어 여행자들의 발길을 붙잡는다.
2. 진례산까지 이어지는 완만한 능선 위로 등산로가 잘 정비되어 있다.
3. 흥국사 앞 작은 계곡에는 맑은 물이 흘러 곁에서 잠시 발을 쉬어 주는 것도 좋다.

먼처럼 느껴진다. 높이 솟은 여러 개의 증류탑에서는 연신 휘발유, 경유, LPG 등이 정제되어 나온다. 환하게 불을 밝히던 공장의 불이 하나 둘씩 꺼질 때면 동쪽 하늘은 금방이라도 터질 것 같은 성난 화산처럼 달아오른다.

진달래와 철쭉은 모습이 비슷해서 혼동하기 딱 좋다. 진달래는 꽃이 먼저 피고, 철쭉은 잎이 먼저 핀다는 것을 알고 있어도 둘 다 잎과 꽃이 함께 나 있는 상태라면 구분하기 참 힘들다. 진달래는 먹을 수 있는 참꽃, 철쭉은 독이 있는 개꽃이라 부르는데 진달래는 철쭉보다 훨씬 은은하고 차분한 꽃이다. 진달래 꽃잎에는 점이 없고 연분홍의 은은한 색깔을 하고 있는 반면, 철쭉은 꽃잎에 점이 있고 강렬한 색으로 눈길을 끈다. 게다가 진달래는 철쭉보다도 한 달가량 먼저 피어서 겨울 뒤에 맞는 아름다움이 훨씬 더 강하다.

●● 영취산 등산로 따라 걷기

해가 떠오르면서 사방으로 내리쬐는 햇살은 연분홍 진달래꽃의 옆구리로 스며든다. 마치 한꺼번에 켜지는 꼬마전구처럼 햇살을 받은 진달래꽃은 온 산을 환하게 밝히고 쭈뼛 솟아오른 바위와 어우러져 전국의 관광객들을 매혹시킨다. 가끔 불어오는 바람에 꽃이 하늘거릴 때는 마치 전구의 불빛이 반짝거리는 것 같다. 산을 계속 올라서 일대바위, 이대바위를 지나 삼대바위에 오르면 아래쪽 골망재 방면으로 붉게 물든 진달래 군락이 눈에 들어온다. 가마봉에 오르면 상암마을의 풍경이 발 아래로 시원스레 펼쳐지는데, 여기서부터는 거의 평지나 다름없어서 걷기에 편하다. 멀리 영취산 정상도 보이는데 등산로가 산 정상의 능선을 타고 이어지기 때문에 보기에도 시원스럽다.

영취산 정상에서 흥국사 방면으로 내려가는 코스가 일반적이다. 흥국사는 고려시대 보조국사 지눌에 의해 만들어져서 900년 정도가 된 고찰이다. 임진왜란을 거치며 모두 소실되었다가 1624년에 지금의 작고 조용한 사찰 모습을 갖추었는데, 대웅전 옆으로 쌓아 올린 돌담가에 하얗게 핀 벚꽃과 졸졸거리며 흐르는 맑은 계곡물을 보고 있으면 마음마저 정갈해지는 느낌이다.

화무십일홍이라는 말처럼 꽃이 피어 세상을 아름답게 만드는 시간은 너무 짧아 아쉽기만 하다. 하지만 그 여운은 기억에 남아 오랫동안 즐겁고 행복한 추억을 남긴다. 그래서 늘 같은 시기가 되면 그때의 추억 때문에 얼굴에 미소를 짓게 된다. 아이들과의 함께 지낼 수 있는 시간들 역시 마찬가지다. 유년시절은 생각보다 훨씬 빨리 지나가 버리기 때문에 우물쭈물하다가는 하고 싶었던, 해 주고 싶었던 일들을 다 놓쳐버리기 일쑤다. 늦기 전에 즐거운 추억을 하나하나 만들어 가는 것이 중요하다.

진달래 군락길 걷기
GS 칼텍스 앞쪽에서 시작하는 길은 힘들이지 않고 진달래 군락으로 바로 이어진다. 또 흥국사까지 가는 길도 완만하여 아이들과 함께 걷기에도 별 무리가 없다. 빨리 걷기보다 잠깐씩 쉬어 가며 걸어온 길을 되돌아 보는 여유를 가지자.

흥국사의 보물 살펴보기
흥국사에는 보물 제396호인 대웅전, 보물 제563호인 흥국사 홍교, 보물 제578호인 영산회상도, 보물 제1331호인 흥국사 노사나불괘불탱 등의 문화재가 있다. 여러 번 소실되고 중건되었지만 고찰의 고즈넉함은 그대로 남아 있다.

위 진례산까지 이어지는 등산로는 편안하고 위험하지 않다.
아래 흥국사의 대웅전은 진귀한 보물이 많이 보관되어 있다.

4월
029

춘향을 따라 봄의 광한루를 걷다
남원 광한루원

많은 사람이 남원 하면 춘향과 몽룡의 이야기를 떠올린다. 아름다운 사랑의 이야기와 우리 전통의 판소리를 비롯한 다양한 멋과 맛을 만날 수 있는 남원으로 가 보자. 오작교 위에서 영원한 사랑을 맹세해 보아도 좋을 것이다. 곳곳에 아름다운 이야기와 풍경이 있어 흥미롭다.

체험여행

연계 교과
1-2 즐거운 생활,
1-2 슬기로운 생활,
5-2 사회

체험 포인트
《춘향전》의 기원과 우리나라 판소리 다섯마당 알아보기

●**주소** 전라북도 남원시 천거동 78 ●**가는 길 | 자가용** 호남고속도로 → 순천-완주 고속도로 북남원IC → 광한루원 ●**문의** 남원시 문화관광과 063- 620-6165, 광한루 063-620-6752, 춘향테마파크 063-620-6792, 혼불문학관 063-620-6788 ●**먹을거리** 인산인해(삼계탕) 063-633-2022, 천년돌솥밥(돌솥밥) 063-626-3453, 하나가든(산채백반) 063-262-1812, 현식당(추어탕) 163-626-5163 ●**잠자리** 용궁가족휴양촌 063-636-8253, 들꽃향기펜션 010-3638-7641, 춘향가 063-636-4500, 남원호텔 063-626-3535 ●**이색 체험과 축제** 남원 춘향제 5월, 바래봉 철쭉제 5월, 삼동굿놀이 음력 7월 15일 ●**주변 여행지** 바래봉, 전주 한옥마을, 담양

추천 코스

광한루원 → 춘향테마파크 → 전망대

가족여행 팁

광한루에서 열리는 상설공연 시간을 미리 알아보고 관람하는 것이 좋다.

춘향테마파크의 전망대에 오르면 남원 시내가 한눈에 내려다보인다.

●● 춘향의 슬픈 사랑이야기를 만나는 곳

남원은 덕유산, 내장산, 지리산의 큰 산 틈바구니에 끼어 있으면서도 유독 너른 평야지대를 차지하고 있어 예부터 풍요로운 곳이었다. 그래서 남원의 첫인상은 살기 좋은 곳이라는 생각부터 드는 것인지 모른다. 〈흥보가〉, 〈심청가〉, 〈수궁가〉, 〈적벽가〉와 함께 판소리 5마당 중 〈춘향가〉, 〈흥보가〉는 물론 〈변강쇠 타령〉, 〈만복사저포기〉, 〈홍도전〉의 배경이기까지 한 남원은 거문고의 명인 옥보고(玉寶高, 신라 경덕왕 때의 거문고 대가)가 은거했던 곳이기도 하니 국악의 발상지라 할 수 있다. 국악의 본향이라 해도 과언이 아닐 것이다.

남원 하면 《춘향전》을 떠올리는데 사실 이것은 허구의 소설이다. 하지만 《해동염사》라는 고전에 보면 박색(薄色, 아주 못생김) 설화가 실려 있는데, 이를 바탕으로 지어진 작자 미상의 소설이니 완전 허구는 아니기도 하다. 월매의 딸 춘향은 원래 천하의 박색이었다. 나이 삼십이 넘도록 혼례를 치를 사람이 없었는데 하루는 요천에서 빨래를 하다가 우연히 이도령을 본 후 상사병에 걸리게 된다. 월매의 계책으로 이도령을 광한루로 유인하고 향단을 말쑥하게 꾸며 이도령에게 술을 권하여 취하게 한 뒤 집으로 데려와 춘향과 잠자리를 함께하게 하였다. 그런

판소리 다섯 마당

판소리에서는 작품 하나를 '한 마당'이라고 하는데, 조선시대의 정조·순조 때는 그 종류가 매우 많았다. 그중에서 12가지를 골라 '판소리 12마당'이라고 했다. 이것은 어느 한 사람에 의해 만들어진 것이 아니라 오랜 세월 동안 많은 소리꾼에 의해 완성되어 온 것이다. 현재 전창되고 있는 것은 5마당만 남아 있는데 〈춘향가〉, 〈수궁가〉, 〈심청가〉, 〈흥보가〉, 〈적벽가〉이다.

주말이면 광한루원에서 판소리 공연이 무료로 열린다.

1. 광한루원에는 옛날 춘향이가 탔던 그네가 있으므로 도전해 본다.
2. 광한루원의 연못 주변으로 능수버들이 늘어져 운치를 더한다.
3. 임실 오수의 가시연꽃 군락지는 환상적인 풍경으로 여행자들을 빠져들게 만든다.

데 이도령이 잠에서 깨어 보니 옆에는 박색 춘향이가 있었고 월매는 이도령으로부터 정표를 달라고 한다. 하지만 얼마 뒤 이도령이 부사인 아버지를 따라 서울로 올라가자 춘향은 광한루에서 목을 매 죽는다. 이에 마을 사람들이 그녀를 불쌍히 여겨 이도령이 떠난 고개에 춘향을 묻었고, 이것이 오늘날 '박석고개'가 되었다고 한다.

어쨌거나 남원은 춘향의 땅이다. 특히 5월 5일을 전후로 광한루원과 시내 일원에서는 춘향제가 열린다. 5일간 펼쳐지는 이 축제는 10대 문화관광 축제로 선정될 만큼 볼거리가 풍성해 관광객을 즐겁게 한다.

●● **남원 속 춘향의 전설을 만나는 문화공간**

우리나라의 대표 정원인 광한루원은 우주를 상징하여 세종 원년에 조성되었는데, 광한루를 중심으로 영주(한라산), 봉래(금강산), 방장(지리산)

등을 뜻하는 3개의 삼신산이 있는 호수와 이들을 이어 주는 다리가 있다. 길이가 1m는 됨직한 커다란 비단잉어들이 물 위로 커다란 입을 뻐끔거리며 몰려드는 연못을 가로질러 예쁜 돌다리 오작교가 놓여 있다. 칠월 칠석이면 까마귀와 까치들이 견우와 직녀가 만나도록 다리를 만들었다는 안타까운 사랑 이야기가 담겨 있는데, 현존하는 가장 긴 무지개다리로 알려져 있다. 이 밖에도 광한루원 곳곳에 각각의 호수를 이어 주는 5개의 다리가 더 있다. 광한루원 연못 주위의 능수버들 그늘 사이를 호젓하게 거닐면 마음마저 초록으로 물드는 기분이다.

남원 시내를 흐르는 묘천을 사이에 두고 광한루원과 마주보고 있는 남원 관광단지는 남원의 또 다른 볼거리로 가득 채워진 공간이다. 승선교는 광한루원의 오작교를 본떠 만든 다리로, 광한루원과 남원 관광단지를 이어 준다. 한여름이면 오색 불빛과 함께 좌우의 다리 난간에서 뿜어내는 물줄기가 시원함과 즐거움을 선사해 준다. 남원 관광단지에는 국악원, 놀이기구가 갖춰진 남원랜드, 각종 위락시설과 더불어 지난 2004년 5월에 완공하여 개방된 춘향테마파크가 새로운 명소로 떠오르고 있다. 입구에 설치된 야외 에스컬레이터를 타고 오르면 바닥조명분수가 입장객을 맞이한다. 리듬에 맞춰 불빛과 함께 춤을 추는 시원한 물줄기는 아이들의 호기심을 자극하기에 충분하다. 춘향의 지고지순한 사랑을 테마로 조선 중기의 고건물을 철저한 고증을 통해 재현해 놓은 춘향테마파크는 드라마와 영화의 무대가 되기도 했다.

관광단지 주차장에서 시작하는 산책로를 따라 20분 정도 산을 오르면 남원 시내와 남원 관광단지가 한눈에 내려다보이는 전망대가 있는데 시원스러운 풍광과 불어오는 바람이 가슴을 탁 트이게 한다. 판소리와 국악의 고장인 남원은 놀며 쉬며 즐기면서도 한국의 정서에 대해 깊이 이해할 수 있도록 도와준다. 억지로 배우려고 하지 않아도 저절로 느껴지는 그런 산교육을 할 수 있으니 가족과 함께하기에 부족함이 없다.

국악 축제 참여하기

광한루원에서는 5~10월까지 둘째, 넷째 목요일 오후 2시에 국악을 주제로 한 야외음악회가 열리고, 매주 토요일 오후 2시에는 시립국악단의 악가무가 상설 공연된다. 사물놀이, 기악중주, 판소리 입체창, 민속무용, 남도민요 등을 보고 들을 수 있다.

아름다운 광한루원의 풍경 속에서 듣는 판소리는 더욱 아름답다.

4월
030

환상적인 십리 벚꽃길을 따라 돌탑을 돌다
진안 마이산 탑사

말의 귀처럼 생겼다고 해서 이름 붙여진 마이산은 독특한 모양 때문에 아주 멀리 떨어진 산에서도 그 모습이 뚜렷하게 보인다. 늦은 봄이면 남부주차장에서 십리에 이르는 길을 따라 마이산 아래의 탑사까지 하얀 벚꽃이 띠를 이루는 장관을 볼 수 있다. 수수께끼 같은 풍경 속에 담긴 비밀을 푸는 재미가 쏠쏠한 여행이 될 것이다.

체험여행

연계 교과
1-1 슬기로운 생활, 2-1 슬기로운 생활, 4-1 과학, 4-2 과학, 5-1 사회

체험 포인트
신기한 탑사의 돌탑 살펴보기

● **주소** 전라북도 진안군 마령면 동촌리 8   ● **가는 길 | 자가용** 경부고속도로 → 호남고속도로 → 완주-장수 고속도로 진안IC → 마이산 남부 주차장   ● **문의** 진안군 문화관광과 063-430-2229, 마이산 관리사무소 063-433-3313, 진안 홍삼스파 1588-7597, 노채마을 머루와인 063-432-1189/nochae.farmstay.co.kr   ● **먹을거리** 초가정담(등갈비구이) 063-432-8840, 한국관(전주비빔밥) 063-433-0710, 아리랑회관(가정식백반) 063-432-2230, 용광가든(뽕나무오리요리) 063-353-0033   ● **잠자리** 마이산펜션 063-432-0361, 강내음산내음펜션 063-433-3879, 초원가든민박 063-432-5732, 마이산여관 063-432-4204   ● **이색 체험과 축제** 진안군 안천면 노채마을에서는 일제 강점기 때 금광으로 쓰였던 곳을 이용해 와인 숙성고인 '금굴'로 쓴다.   ● **주변 여행지** 전주 한옥마을, 무주 덕유산

마이산 정상에서 바라본 봄철 탑영제 주변은 벚꽃이 흐드러지게 피어 아름답다.

추천 코스

마이산 남부 주차장 → 금당사 → 탑영제 → 탑사 → 은수사

가족여행 팁

다른 곳보다 훨씬 나중에 피는 마이산 벚꽃은 개화 시기를 미리 알고 가는 것이 좋다.

● 마이산의 봄을 단장하는 벚꽃길

뻬죽 튀어나온 2개의 봉우리는 멀리서 보아도 한눈에 알아 볼 수 있을 만큼 독특하다. 말의 귀처럼 생겼다고 마이산이라 부르는데, 서봉(685m)을 암마이산, 동봉(678m)을 숫마이산이라 한다. 가까이에서 보면 거의 완전한 바위산인데 공룡이 뛰어놀던 백악기에 만들어진 것이다. 신라 때는 서다산(西多山), 고려시대에는 용출산(龍出山)이라고 부르다가 조선시대부터 마이산이라 이름 붙여졌다. 너무 가파르고 위험해서 동봉은 오를 수 없도록 막아 놓았다. 금강산은 계절마다 색다른 모습을 보여 주어 이름을 달리하는데, 마이산도 마찬가지다. 봄에는 안개 속에 우뚝 솟은 두 봉우리가 쌍돛배 같다 하여 돛대봉, 여름에는 수목 사이에서 드러난 봉우리가 용의 뿔 같아서 용각봉(龍角峰), 가을에는 단풍 든 모습이 말 귀처럼 보인다 해서 마이봉, 겨울에는 눈이 쌓이지 않아 먹물을 찍은 붓끝처럼 보인다 해서 문필봉(文筆峰)이라고 부른다.

어느 계절에 가도 멋스럽지만 봄이 한창 무르익은 4월에는 그 아름다움이 절정에 다다른다. 전국이 벚꽃 축제로 떠들썩할 때 마이산의 벚꽃은 마지막을 화려하게 장식한다. 남부 주차장에서부터 구불구불 S자를 만들며 탑사까지 이어지는 3km의 도로 양옆으로 수령 30년이 넘

탑사의 유래

마이산의 남쪽 사면에 있는 탑사는 1800년 후반에 이갑용 처사가 혼자서 80여 개의 돌탑을 쌓아 만든 절이다. 이갑용 처사는 낮에 돌을 모으고 밤에 탑을 쌓았다고 한다. 다양한 크기의 돌탑은 일자형과 원뿔형이 대부분인데, 대웅전 뒤의 천지탑 한 쌍이 가장 크다. 어른 키의 약 3배 정도인데 어떻게 이런 높은 탑을 쌓아 올렸는지는 그 원리가 아직도 정확히 밝혀지지 않았다고 한다. 이 탑들은 아무리 거센 강풍이 불어도 절대 무너지지 않아 견고함에서도 혀를 내두를 정도이다.

탑사 주변에는 80여 개의 탑이 세워져 있다.

1. 금당사에서는 저 멀리 마이산의 아름다운 자태가 바라다보인다.
2. 마이산 주변에 벚꽃이 피면 남부 주차장에서 탑사까지 벚꽃길이 이어진다.
3. 탑사의 뒤쪽으로 넘어가면 은수사가 있으므로 천천히 길을 따라 걸어가본다.

는 산벚나무 천여 그루가 화려한 장관을 펼쳐 낸다. 재래종이어서 빛깔이 투명하면서도 신비롭다. 고작 일주일 정도밖에 피지 않기 때문에 비라도 내리면 후두둑 모두 떨어져 버려 아쉽기만 하다.

그래서 제때를 맞추려고 벚꽃 철이 되면 도립공원의 전화가 불이 나는데, 벚꽃은 만개했을 때의 화려함만큼 떨어질 때 비처럼 쏟아지는 모습도 장관이다. 이른 아침 안개에 휩싸인 마이산의 모습도, 마이산에서 흘러내린 물이 고여 호수를 이룬 탑영제에 반영된 마이산과 벚꽃의 모습도 이맘때면 모두 한 폭의 그림이 된다.

●● 마이산의 특별한 풍경, 탑사

벚꽃길을 따라 오르면 식당이 모여 있는 상가골목의 초입에 금당사를 알리는 이정표가 있다. 마이산을 중심으로 모두 3개의 절이 있는데, 금당사, 은수사, 탑사이다. 온통 금으로 칠해 놓은 절이라는 금당사의 극락전에는 수령이 수천 년이 넘는 은행나무를 깎아서 만든 금당사목불좌상(지방유형문화재 제18호)과 커다란 괘불탱화(보물 제1266호)가 있다. 통도사, 무량사의 괘불탱화와 함께 뛰어난 작품으로 알려져 있으니 지나는 길에 둘러보는 것도 좋다. 벚꽃길을 따라 인공호수인 탑영제를 지나면 곧 탑사에 이른다. 입구에 들어서면 곰보투성이 석산 사이로 탑사의 모습이 드러나고 절 주변으로 아슬아슬하게 서 있는 돌탑이 시선을 사로잡는다. 처음 보는 사람들은 눈이 휘둥그레질 수밖에 없는 광경이다.

1800년대 후반에 이갑용 처사가 이곳에 쌓은 80여 개의 돌탑이다. 100년도 훨씬 전에, 그것도 아무런 장비 없이 오로지 혼자만의 힘으로 이 육중한 돌탑을 만들어 올린 것은 지금도 정확히 풀리지 않는 미스터리로 남아 있다. 돌탑의 형태는 일자형과 원뿔형이 대부분이고 크기는 다양하다. 대웅전 뒤의 천지탑 한 쌍이 가장 큰데, 높이가 어른 키의 약 3배 정도 된다. 아무리 거센 강풍이 불어도 절대 무너지지 않는다고 하니 그저 신기할 따름이다. 탑사 입구에서 북부 주차장 방면으로 난 산길을 10분 정도 오르면 은수사가 나온다. 고즈넉한 산길이 운치 있으므로 느긋한 마음으로 걸어 본다.

마이산은 특별한 지질과 모양새뿐만 아니라 봄철 짧은 시간 동안에 여는 벚꽃 축제가 충분히 찾고 싶은 마음을 불러일으킨다. 하지만 그보다도 더 마음을 끄는 것은 탑사의 돌탑이다. 대체 인간의 능력은 어디까지가 한계일까? 모든 사람이 절대로 할 수 없을 것이라고 말했던 일이라도 내가 아닌 다른 용기 있는 사람에 의해 지금 이 순간에도 지구상에서 속속 현실로 나타나고 있지 않은가. 아이들과 신기하기만 한 마이산의 돌탑을 보면서 미리 포기하는 어리석음에서 벗어나는 용기를 길러 주자.

탑사-은수사 걷기

탑사에서 10분 정도 더 가면 은수사가 있다. 태조 이성계가 개국의 꿈을 키우면서 절집의 샘물을 떠 마셨는데 물이 은처럼 맑다고 해서 붙인 이름이다. 섬진강의 발원지라고 적힌 비석이 놓여 있지만, 공식적인 자료는 이곳이 아니라 데미샘으로 되어 있다.

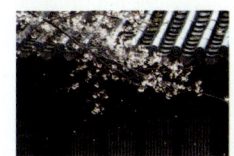

탑사에서 은수사까지는 산길을 걷는데 길가에 핀 벚꽃이 걸음을 즐겁게 한다.

4월
031

벚꽃길을 따라 천년차나무를 찾다
하동 화개

화개동천이란 말처럼 화개는 예부터 신선들이 사는 아름다운 고장으로 알려져 왔다. 봄이면 하얀 벚꽃이 화개장터에서 쌍계사까지 피어나 꽃대궐을 이루는데, 천년 고찰 쌍계사의 국보와 보물들을 살펴보고 한국에서 제일 오래된 천년차나무를 찾아보자. 변하지 않는 한결같은 노력이 왕의 녹차라는 명품을 만들어 낸다는 것을 잊지 말자.

체험 여행

연계 교과
1-1 슬기로운 생활,
2-1 슬기로운 생활,
4-1, 4-2, 6-1 과학,
3-2 사회

체험 포인트
1. 화개장터 구경하기
2. 도심다원 거닐기

●**주소** 경상남도 하동군 화개면 탑리 ●**가는 길 | 자가용** 88올림픽고속도로 남원 IC → 구례 → 19번 국도 → 화개장터 → 쌍계사 ●**안내** 하동군 문화관광과 055-880-2375, 화개 시외버스 공용터미널 055-883-2793, 하동역 055-882-7788, 화개 도심다원(천년차나무) 055-884-2261, 쌍계사 055-883-1901 ●**먹을거리** 단야식당(사찰국수) 055-883-1667, 동백식당(은어회, 참게탕) 055-883-2439, 옛날팥죽(팥죽) 055-884-5484, 태봉식당(참게장정식) 055-889-2466 ●**잠자리** 쉬어가는누각 055-884-0151, 화개펜션 055-884-6673, 아름다운산골 055-883-7601, 방갈로 민박 055-883-3278 ●**이색 체험과 축제** 하동야생차문화축제 5월 ●**주변 여행지** 하동 악양, 남해, 남원

추천 코스

화개장터 → 벚꽃길 → 쌍계사 → 천년차나무 → 화개장터

가족여행 팁

벚꽃축제가 열리는 시기에는 되도록 오전 시간을 이용하는 것이 덜 붐빈다. 이 기간에 숙소를 화개에 구하려면 미리 예약을 해야 한다.

화개장터에는 하동에서 나는 나물과 특산품이 많이 있다.

● 화개의 봄꽃을 따라가는 길, 벚꽃 십리길

섬진강 줄기의 끝자락을 보듬고 있는 하동은 예부터 악양동천과 화개동천으로 불렸다. '하늘과 맞닿아 신선이 살고 있을 만큼 아름다운 경치로 둘러싸인 곳'이란 그 말처럼 하동은 아름답고 살기 좋은 땅이다. 그중 한겨울에도 칡꽃이 만발한다고 해서 이름 붙여진 화개(花開)는 〈화개장터〉라는 노래로 더 잘 알려져 있다. 광양과 하동을 거친 섬진강 물길을 따라 경상도와 전라도 사람들이 한데 모여 산나물, 섬진강의 재첩과 민물고기, 남해의 해산물까지 활발히 교류해 왔다. 지금은 현대식으로 많이 바뀌긴 했지만 그래도 3일과 8일에 열리는 화개장은 예나 지금이나 정겨운 분위기다. 화개장터 입구에는 화개를 무대로 쓴 김동리의 소설 《역마》가 간략한 그림과 함께 설명된 테마공원이 있으므로 시간을 내어 둘러보는 것도 좋다.

동백이 붉은 꽃송이를 땅 바닥에 뿌리는 늦겨울이 지나면 봄은 맹렬한 기세로 겨울을 따돌리고 매화와 산수유를 꽃피우며 여름을 향해 치닫는다. 화개골의 봄꽃잔치는 산수유꽃이 피고난 후, 봄이 다 끝났는가 싶을 때 시작된다. 지리산에서 시작된 물줄기가 화개천을 이루고 그 양옆으로 줄지어 늘어선 벚나무는 이맘때가 되면 새하얀 꽃터널을 이루

차의 기원

우리나라 차는 초의선사(1786~1866)가 쓴 《동다송》에 "우리나라 고래로 장백산에서 백산차의 일종인 식물의 잎으로 차를 만들었다."라고 언급한 데에서 그 기원을 찾고 있다. '차' 전래에 관한 공식적인 최초의 문헌은 《삼국사기》 권10 〈흥덕왕조〉 기록에 전하는데, 우리나라에 차가 들어온 것은 선덕왕(632~647) 때이지만, 옛 문헌에서는 차 종자의 본격적 파종이 흥덕왕 3년(828)에 이르러서라고 전한다.

하동은 왕에게 진상하는 녹차를 재배하던 곳이다.

1. 화개천 주변으로 벚꽃을 비롯한 다양한 봄꽃이 피어난다.
2. 쌍계사의 대웅전은 화려하면서도 웅장한 아름다움을 보여 준다.
3. 화개 십리 벚꽃길은 잘 정비되어 있어 벚꽃을 제대로 만끽하며 걸을 수 있다.

어 장관을 만들어 내는데, 바로 십리 벚꽃길이다. 무려 5km에 달하는 거리의 양쪽에 수령 50년 이상의 벚꽃이 한꺼번에 피기 시작하면서 화개는 온통 꽃세상으로 변한다.

화개의 벚꽃길은 화개 시외버스 공용버스터미널에서부터다. 1km쯤 올라가면 화개초등학교 앞에서 가는 방향과 오는 방향의 두 갈래로 갈리는데 여기서부터 벚꽃터널이 본격적으로 시작된다. 이 무렵에는 차나무도 봄기운을 받는데, 옅은 초록의 새순이 예쁘고 탐스러운 색을 한껏 뿜낸다. 화개천에 독특한 약수터가 있다는 사실을 아는 사람은 그리 많지 않다. 일방통행로가 합쳐지는 삼신마을 앞에 있는 이 약수는 화개천의 한가운데에 있는 커다란 바위틈에서 솟아난다. 물맛이 약간 떫으면서도 새콤하고 유황 냄새를 풍겨 사람들에게 만병통치약으로 알려져 있다. 냇물 한가운데에서 솟는 약수를 보호하기 위해 콘크리트로 지붕을 만들어 놓았지만 비가 많이 올 때에는 냇물이 불어나서 약수터가 물속에 잠겨 버린다. 연인이 두 손을 꼭 잡고 걸으면 백년해로를 한다고 해서 '혼례길'이라고도 불리는 십리 벚꽃길은 쌍계사까지 이어진다.

●● 쌍계사에서 마음을 채우고 차향에 취하기

매표소를 지나 조금만 오르면 속세를 떠나 부처의 세계로 들어가는 첫 번째 관문인 '삼신산 일주문'이 쌍계사에 도착했음을 알린다. 일주문 바로 다음에 이어지는 금강문은 속세의 더러움을 씻어 내는 장소이다. 그리고 절로 들어가는 마지막 문은 선량한 사람을 돕는다는 지국천왕, 광목천왕, 증장천왕, 다문천왕의 네 수호신을 모신 천왕문이다. 3개의 문을 모두 지나면 쌍계사 9층 석탑 뒤로 팔영루가 눈에 들어오는데, 우리나라 불교음악인 범패(梵唄)의 창시자였던 진감선사가 섬진강에 사는 물고기들을 보고 팔음률로 어산(漁山)을 작곡했다고 해서 붙여진 이름이다. 국보 제500호인 쌍계사 대웅전의 모습을 바라보고 있으면 1,300년의 역사가 고스란히 전해지는 듯하다.

내려오는 길에는 도심다원의 '천년차나무'를 찾아보자. 《삼국사기》의 기록에 의하면 천년차나무는 실제 지리산 근처에 파종된 최초의 차나무로 알려져 있다. 높이 4.2m, 둘레 57cm로 주변의 차나무와는 키와 굵기부터 확연하게 다르다. 이 나무에서 딴 찻잎으로 만든 수제차 100g은 소형차 한 대 가격과 맞먹는다고 한다. 하동녹차를 왕의 녹차라 부를 수 있는 이유는 무려 1,200년이나 한결같은 마음으로 차나무를 가꾸고 지켜 왔기 때문이다. 옛 선인들의 꾸준한 노력으로 일궈 낸 차밭을 걷고 또 정성 가득한 차를 마시며 도시에서 지친 마음에 잠깐의 여유를 주자.

도심다원 둘러보기

도심다원은 7대째 차농사를 이어오고 있는 곳으로 350도 내외의 고열을 유지하는 가마솥에서 차를 덖어 내고 숯불에 달군 가마솥에서 가향 작업하는 전통방식을 고수하고 있다. 이곳에는 한국에서 제일 크고 수령이 천 년이 넘는 차나무가 있으므로 꼭 살펴본다. 차와 관련한 체험거리도 있어 아이들에게 좋다.

위 봄이 되면 차밭과 하얀 벚꽃이 어우러져 그림 같은 풍경을 만든다.
아래 곳곳에서 차를 재배하는 모습을 직접 보고 체험도 할 수 있다.

청주 대청호

청정환경이 만든 아침 풍경을 누리다

대청호의 맑은 자연이 만든 특별한 아침 풍경을 만나자. 물안개로 가득한 새벽 풍경 위로 내리쬐는 햇살이 마치 그림 같은 장면을 만들어 낸다. 느긋하게 호반길을 걷는 재미도 쏠쏠해 아이들의 손을 잡고 평소에 하지 못했던 이야기를 나누며 걸어도 좋다.

연계 교과
3-1 과학, 3-2 과학

체험 포인트
1. 대청호 물안개 보기
2. 대청댐 잔디광장에서 신탄진에 이르는 호반길 걷기

●**주소** 충청북도 청주시 상당구 문의면 문산리 산6-1(문의 문화재단지) ●**가는 길 | 자가용** 청주~상주 고속도로 문의 IC → 문의면 → 문의문화재단지 → 대청댐 | **대중교통** 청주시외버스터미널 → 충북도청 방면 시내버스 → 도청에서 문의 방면 시내버스 → 문의면 ●**안내** 청주시 문화관광과 043-201-2114, 문의문화재단지 043-251-3288, 청남대 043-220-6412, 대청댐 물문화관 042-930-7332, 한국수자원공사 대청댐관리단 042-930-7240 ●**먹을거리** 마중(퓨전 한정식) 043-288-1259, 부부농장(매운삼겹살) 043-298-0841, 수락관(올갱이국) 043-298-5552, 시골집(시골밥상) 043-297-7055 ●**잠자리** 화이트하우스 043-298-6661, 청남대모텔 043-297-6652, 세리빌모텔 043-295-1465, 청남대펜션 043-286-5589, 청남대민박집 043-298-1587 ●**이색 체험과 축제** 대청호 해맞이 축제 1월 1일(문의문화재단지), 청원생명축제 9월 말 ●**주변 여행지** 청남대, 벌랏한지마을, 청주, 속리산

추천 코스

방죽골 → 문의문화재단지 → 현암정 → 대청댐 물문화관 → 대청문화전시관 호반길

가족여행 팁

카메라를 준비하여 아이가 자연의 아름다운 풍경을 직접 찍어 보도록 한다.

대청호 오백리길은 데크와 숲길로 이어져 걷기에 좋은 코스이다.

○● 대청호 자연의 고요함 속 거닐기

우리나라에서 소양호, 충주호 다음으로 큰 호수인 대청호는 군산 앞바다로 흘러드는 금강의 중간 기착지이다. 옥천에서 흘러드는 실개천들이 지류를 타고 모여들어 호수를 만드는데, 1980년에 대청댐이 만들어지면서 일대에 큰 지각 변동이 일어났다. 하지만 뭐니 뭐니 해도 이곳이 아름답고 수려한 자연경관을 가진 곳이란 점은 이곳에 대통령의 별장이 지어졌다는 것에서도 알 수 있다. 청주-상주 고속도로 문의 IC를 빠져나오면 바로 대청호가 시작된다. 상수원 보호구역이라는 공간적 특성 때문인지 이리저리 계곡의 골 사이사이를 따라 들어간 물길이 만들어 내는 풍경은 사람이 만들어 낸 것과는 비교도 할 수 없을 만큼 아름답다.

사람의 손길을 극도로 제한하는 곳이 품고 있는 환경은 지극히 자연적이고 인공미가 거의 없기 때문이다. 그래서 대청호 주변에는 볼거리가 꽤 많다. 와자지껄하거나 재미있고 자극적인 것이 아니다. 그저 자연 그대로의 모습으로 보는 이의 심신을 감싸 주고 상처난 마음을 치유해 준다. 컴퓨터와 학원밖에 모르는 요즘 아이들에게 자연을 접할 수 있는 기회를 자주 주어야 몸도 마음도 건강하게 자랄 수 있다.

물안개

강이나 호수, 바다 등에서 피어오르는 안개로 주로 밤에 생긴다. 물 바로 위의 공기는 물로부터 공급되는 수증기 때문에 습도가 높다. 밤에는 육지에 비해 물의 온도가 높기 때문에 기온 또한 높다. 밤에 온도가 쉽게 떨어지는 육지와 만난 찬 공기가 물로 이동하면 물 위의 따뜻한 공기와 접촉하고 이로 인해 물 위 따뜻한 공기의 기온이 급격히 낮아진다. 이렇게 차가워진 공기는 수증기를 만들어 내고 이것이 응결되어 뭉쳐진 물방울이 모여 물안개를 만든다.

문의나루터는 일출을 볼 수 있는 장소이며, 봄, 가을에는 물안개가 장관을 이룬다.

1. 대청호 하부댐 근처에는 수상 레저 시설이 있어 가족과 함께 시간을 보내기에 좋다.
2. 대청댐이 수문을 열면 아름다운 경관 조명도 함께 들어온다.
3. 4, 5월이면 문의문화재단지에 철쭉이 피어 화사한 풍경을 만든다.
4. 대청호 추동습지공원은 산책하기에 좋다. 조금 위쪽으로 생태박물관이 있다.

문의 IC 근처의 남계2리는 작은 마을이지만 마을 입구의 커다란 느티나무가 인상적이다. 그 옆으로 자그마한 연못이 있어서 방죽골이라고도 불리는데 초겨울 물안개가 필 무렵이면 물속에서 자라난 왕버들 때문에 신비로운 느낌을 안겨 준다. 영화 〈봄, 여름, 가을, 겨울 그리고 봄〉의 배경이 되었던 청송 주산지의 크기에는 비할 바가 못 되지만 분위기만큼은 그에 못지않다. 그래서 사진을 좋아하는 사람들에게는 꽤 인기 있는 곳으로 알려져 있다.

대청호 북쪽의 초입은 문의면이다. 초겨울 이른 아침이면 으레 주변은 안개와 반지르르한 서리로 뒤덮는데, 문의나루에 들어서면 아지랑이처럼 피어오르는 수면 위의 물안개가 초겨울 호반의 정취를 더욱 그윽하게 만들어 준다. 이른 아침 아름다운 호수에서 낚시 그물을 거둬들이는 어부의 평화로운 모습을 사진에 담고 싶다면, 문의나루가 있는 바로 이곳이 제격이다. 사실 대청호는 고기잡이나 낚시 등 어로 행위 자체가 엄격히 금지되고 있다. 하지만 예전 대청호에 댐이 들어서면서 호수 주변의 낮은 지대에 있던 마을이 모두 수몰되고, 지대가 높은 곳으로 이주를 하게 되었다. 결국 삶의 터전을 잃게 된 그들에게 대청호에서 유일하게 고기잡이를 할 수 있는 어업권을 주면서 낚시 그물을 놓고, 거둬들일 수 있도록 자연스레 나루터가 만들어진 것이다.

●● 대청호 물안개의 신비로운 풍경

태양이 호수의 건너편 산 허리춤에서 솟아오르면 솔솔 피어오르던 물안개는 순식간에 사방을 뒤덮으며 한 치 앞도 알아보기 힘들 정도가 된다. 마치 가스불 위에 올려놓은 라면 물처럼 물결 위가 바글바글 끓어오른다. 물안개는 동쪽 하늘 허공 속에 올라앉은 태양의 모습마저도 집어삼켜 버리고 간간이 오리 떼와 황새들은 그 분위기에 걸맞은 우아한 자태를 한껏 뽐내며 물안개 속에서 날아오른다. 참으로 장관이다. 그렇게 온 세상을 그 속으로 빨아들일 듯한 요란한 물안개는 그 절정이 지나자 태양을 중천으로 내뱉어 버리고, 호수는 언제 그랬냐는 듯 고요함을 되찾는다. 하얀 솜털을 나부끼며 아침 햇살을 받는 갈대숲의 눈부심과 어부의 손길에 파문을 일으키는 잔잔한 호수의 풍경은 대청호의 아침을 더욱 생기 있고 아름답게 만든다.

문의면에 있는 문의문화재단지는 옛날 수몰지구의 모습을 다시 재현해 놓아 그 꾸밈새가 작은 민속촌을 연상시키는데, 그 안에 미술관을 무료로 개방해 작품 구경도 할 수 있다. 문의에서 신탄진에 이르는 호반도로는 대청호를 계속해서 끼고 달리기 때문에 드라이브 코스로 인기 있는데, 현암정 휴게소에서는 대청댐의 모습이 한눈에 내려다보인다. 한여름에 많은 비로 호수의 물이 불어나 대청댐의 수문을 방류할 때면 오색불빛이 예쁘게 반짝이는 야경이 일품이다.

호반길 걷기
대청댐을 지나 금강로하스대청공원에 이르면 신탄진까지 걷기 코스를 만들어 놓았다. 나무 데크를 깔아 놓아 가족들과 손잡고 걷기에 안성맞춤이다. 물 속에서 자라는 나무의 신기한 모습을 보며 느긋하게 대청호의 아름다움을 즐겨보자.

대청호 물안개 보기
해 뜨기 전 대청호에서 물안개가 솔솔 올라오는 모습은 무척 신비로운 풍경이다. 여기에 해가 뜨기 시작하면 햇살에 물안개가 요동을 치면서 대청호의 아침이 시작된다. 자연이 만든 놀랍고도 아름다운 풍경을 직접 보면서 자연의 경이로움을 다시금 깨닫게 될 것이다.

위 대청호 오백리길은 데크길과 산책길이 잘 정리되어 걷기여행을 즐기기에 좋다.
아래 일출과 함께 공기를 가르는 대청호의 물안개는 아름다운 풍경을 이룬다.

4월
033

태곳적 자연 속에서 자신을 돌아보다
창녕 우포늪

한반도의 땅덩어리가 막 그 모습을 갖추고, 공룡이 살던 때에 우포늪도 함께 태어났다. 서식하는 동식물의 종류만도 무려 1,500여 종이나 되는 이곳을 우리는 생태계의 보고라고 부르는데, 크기만도 여의도의 3배나 된다. 느긋하게 늪을 한 바퀴 걸으면서 우포늪의 옹골찬 속살을 만나 보자.

체험
여행

연계 교과
3-2 사회, 4-1 과학

체험 포인트
우포늪 생명길 걷기

●**주소** 경상남도 창녕군 유어면 세진리 232 ●**가는 길 | 자가용** 경부고속도로 → 청주~상주 고속도로 → 중부내륙고속도로 → 구마고속도로 창녕 IC → 우포늪 생태관 ●**문의** 우포늪 생태관 055-530-2690, 푸른우포사람들 055-532-8989, 창녕군 문화관광과 055-530-1533, 창녕박물관 055-530-1501 ●**먹을거리** 우포민박(어죽, 우렁 된장찌개) 055-532-9052, 우포랑따오기랑(논고동국) 055-532-4968, 시래기밥상(시래기밥상) 055-536-4555, 도리원(장아찌밥상) 055-521-6116 ●**잠자리** 우포민박 055-532-9052, 로얄관광호텔 055-536-7300, 남양온천 055-536-6227, 그랜드장 055-533-2720 ●**이색 체험과 축제** 낙동강 유채축제 4월, 화왕산 갈대제 10월 ●**주변 여행지** 화왕산, 해인사

우포의 일출은 언제 보아도 근사하다. 겨울철은 소목마을 근처가 좋고 여름철은 목포제방 근처가 좋다.

추천 코스

우포늪생태관 → 전망대 → 쪽지벌 → 목포제방 → 소목마을 → 사지포제방 → 배수장 → 대대제방 → 우포늪생태관

가족여행 팁

가벼운 옷차림과 운동화를 신어야 걷거나 자전거를 타기에 편하다.

○● 세계가 인정한 태초의 자연 늪지, 우포늪

환경 보호에 대한 인식이 높아지면서 우포는 보통 사람들도 다 알 수 있을 만큼 유명해졌다. 1971년, 이란의 휴양도시 람사르에서 체결된 '람사르 협약'에서 이곳은 국제적으로 보호를 해야 하는 곳이라고 지정하면서 우포의 지위가 한층 높아졌기 때문이다. 생물다양성보전을 위해 국제적으로 중요하거나 독특하고 희귀한 유형의 습지를 람사르습지로 지정하여 보호하는데, 우리나라에는 우포를 비롯하여 대암산 용늪, 신안 장도, 순천만, 물영아리, 두웅, 무제치늪, 무안 갯벌, 강화도 매화마름 군락지, 오대산 국립공원 습지, 제주도 물장오리습지, 고창 부안 갯벌과 신안 증도 갯벌이 지정되어 있다.

우포늪에는 서식하는 동식물의 종류만도 무려 1,500여 종이나 되니 생태계의 보고라고 할 수 있다. 크기만도 무려 여의도의 3배나 되는데 우포, 목포, 사지포, 쪽지벌의 네 곳 중 가장 큰 우포가 이들을 대표한다. 1년 12달, 하루 24시간 변화무쌍한 우포는 천의 얼굴을 가진 곳이라고 할 정도로 그 모습이 다양하다.

어둠을 넘어 새벽이 다가오면 우포가 하얀 물안개를 피우며 그 속살을 내비치는데, 부지런한 사람만이 이런 아름다움을 볼 수 있다. 물안개

우포늪

무려 1억 4천만 년 전에 생겨난 곳으로 우포, 목포, 사지포, 쪽지벌의 네 곳 중 가장 큰 우포가 이들을 대표한다. 아주 옛날에는 소를 닮았다고 소벌, 나무가 무성했다고 나무벌, 모래가 많았다고 모래벌이라는 친근한 한글 이름도 있었다.

늪가에는 물속에 잠긴 버드나무가 독특한 모습을 하고 있다.

1. 우포늪생태관 주변에도 다양한 볼거리가 있으므로 생태관을 살펴본 뒤에 여유롭게 둘러보면 좋다.
2. 자전거를 타고 우포를 한 바퀴 둘러보는 것도 즐거운 추억이 된다.
3. 우포늪은 수위가 허리 높이밖에 되지 않아 장대거룻배로 그물을 걷거나 우렁을 채취할 수 있다.

사이로 물새가 날아오르고 우포늪의 상징인 장대거룻배가 잔잔한 물 위에 선을 그으며 나아간다. 우포에서는 단 8명의 주민에게만 고기잡이를 허가해 주었기에 아무나 어로 행위를 해서는 안 된다. 람사르 습지 보호지구이기 때문이다.

우포에 둘레길(생명길)이 생기기 이전에는 남쪽 주차장 주변의 우포늪생태관을 둘러보거나 북쪽의 장재마을과 소목마을을 둘러보고 휙 되돌아갔는데, 이는 우포의 진짜 모습을 제대로 알지 못하고 겉만 보고 가는 꼴이다. 온 나라가 걷기 열풍에 휩싸인 덕분에 우포에도 이런 길이 생겨 제대로 된 생태탐방을 할 수 있게 되었다. 물론 이 길은 환경을 최대한 해치지 않도록 만들어졌고, 우포에 서식하는 동식물 역시 이 때문에 피해를 보는 일은 없다. 산을 오르내리는 힘든 코스도 아니어서 느긋하게 걸으며 우포늪의 매력에 빠져들 수 있다.

●● 우포늪 생명길에서 늪생태계 보기

우포늪 생명길의 시작점으로는 대형 주차장이 잘 구비된 우포늪생태관이 좋다. 입구로 들어서면 우거진 나무가 탐방로 주변으로 자라 있는데 이윽고 그 모습을 드러내는 습지는 일반적으로 보는 호수의 풍경과 사뭇 다르다. 하늘 위로 쭉쭉 뻗어 올라 파르르 잎사귀를 흔들어 대는 미루나무가 이국적인 풍경을 만든다. 자전거를 탄 연인들이 그 옆을 스쳐 지날 때면 누구라도 영화 속 주인공이 될 것 같다. 실제로 이곳은 CF나 드라마의 배경이 되기도 했다. 목포 쪽으로 길을 잡고 가다 보면 물속에서 자라난 나무가 태곳적 모습처럼 데칼코마니를 그리며 신비롭게 서 있다. 전망대에 오르면 우포의 모습이 한눈에 들어오는데 늪 건너 소목마을은 물론이고 대대제방에서부터 목포제방에 이르기까지의 모습이 그림 같다.

길은 어느새 쪽지벌을 지나 목포제방에 이른다. 4개의 늪 중 가장 작다고 해서 쪽지벌이라 부르는데, 한여름이면 보라색의 가시연꽃이 군락을 이뤄 피는 곳으로도 잘 알려져 있다. 왕버드나무가 한껏 아름다움을 뽐내는 목포를 거치면서 우포의 북쪽으로 넘어가면 우포자연학습원에 닿는다. 소목마을에는 거룻배가 여러 척 모여 있어 사진 찍는 사람들이 많이 찾는다. 이곳을 지나 우포에서 제일 큰 제방인 대대제방을 거쳐 다시 미루나무가 아름다운 우포늪 생태관 입구로 돌아오는 데는 모두 4시간이 걸린다.

우포늪은 가는 곳마다 특별한 아름다움이 숨어 있다. 걸음이 느려질수록 더욱 많은 것이 눈에 보이는 우포는 햇살 따뜻한 봄이라면 그 발걸음이 한결 즐겁다. 카메라까지 하나 어깨에 둘러메고 우포늪으로 가 보자.

우포늪 생명길 걷기

환경을 최대한 해치지 않도록 만들어진 8.4km의 우포늪 생명길은 산을 오르내리는 힘든 코스가 아니어서 온 가족이 손잡고 걸을 수 있다. 우선 대형 주차장이 잘 구비된 우포늪생태관에서 시작하는 것이 좋다. 전망대와 목포제방을 거쳐 소목마을을 돌아 대대둑을 건너면 우포의 속살을 제대로 볼 수 있다. 시간은 모두 4시간 정도 걸리는데 가는 곳마다 특별한 아름다움이 숨어 있어 발걸음이 가볍다.

위 소목마을 나루터에는 장대거룻배가 많이 정박되어 있어 이색적인 풍경을 만든다.
아래 우포늪전망대에 오르면 우포의 모습이 한눈에 들어온다.

완도 청산도

느린 걸음으로 봄 향기에 한껏 취하다

청산도는 봄의 섬이다. 노란 유채가 달리 언덕을 수놓는 봄은 하늘거리는 보리밭의 출렁임과 함께 절정에 다다른다. 빨리 서두르면 볼 수 없는 작은 아름다움이 느릿한 걸음에서는 실컷 느낄 수 있다. 빨리, 많이 보려고 하기보다는 적은 곳이라도 느리게 보면서 만족감을 높여 보자.

연계 교과
1-1 슬기로운 생활,
2-1 슬기로운 생활,
4-1, 4-2, 6-1 과학

체험 포인트
청산도 구석구석 걷기

●**주소** 전라남도 완도군 청산면 도청리 2　●**가는 길 | 자가용** 서해안고속도로 목포 IC → 해남 → 완도여객터미널 → 청산도　●**안내** 청산농협 061-552-9388~9, 완도 교통안내 061-552-0116, 청산고속훼리 061-552-9388, 청산개인택시 061-552-8747　●**먹을거리** 바다식당 061-552-1502, 자연식당 061-552-8863, 부두횟집 061-552-8547, 큰손갈비 061-554-6624, 실비식당 061-554-7775　●**잠자리** 등대모텔 061-552-8558, 청산민박 061-552-8800, 제일민박 061-552-8807, 읍리민박 061-552-8847, 우리민박 061-554-8251, 앞개민박 061-552-8703　●**이색 체험과 축제** 청산도 슬로우걷기축제 4월　●**주변 여행지** 해남, 강진, 영암

도청리 근처에 있는 구들장논에 아침 햇살이 비치면 이색적인 풍경이 펼쳐진다.

추천 코스

청산도 도청항 → 당리 언덕 → 보적산 범바위 전망대 → 상서마을 돌담길 → 신흥리 → 진산리 갯돌 해수욕장 → 지리 해수욕장

가족여행 팁

청산도의 걷기 코스 중간에는 매점이 거의 없기 때문에 미리 물과 음식을 준비하는 게 좋다. 또 미리 택시 전화번호를 알아 두는 것도 필요하다.

●● 청산도의 봄 속으로 떠나는 길

하늘도 푸르고 바다도 푸르다고 해서 붙여진 이름의 청산도(靑山島)를 텔레비전이나 인터넷을 통해서 한 번이라도 본 적 있다면 누구라도 꼭 가 보고 싶다는 생각이 들 것이다. 영화 〈서편제〉에서 〈진도아리랑〉을 부르며 걸어가는 주인공의 모습 뒤로 아름답게 펼쳐진 풍경이 바로 청산도다. 청산도는 사계절 모두 아름답지만 봄의 풍경이 단연 뛰어나다. 이곳에서의 시간은 뭍에서보다 훨씬 느리게 지나간다. 빠르게 지나가는 도시의 시간에 익숙해진 아이들에게 이곳의 여유는 당황스러울 만큼 느리게 느껴질 수도 있다. 그러나 자연이 선사하는 시간 속에 머물며 여유로운 마음을 가질 수 있는 장점도 있다.

완도에서 20km, 뱃길로 45분 거리에 있는 청산도는 인구 3,000명, 섬의 면적은 40km²로 다도해 해상국립공원에 속한다. 하얗고 빨간 2개의 등대가 배를 맞이하는 청산항의 투명한 바닷물은 풍덩하고 뛰어들고 싶을 만큼 깨끗하다. 부두의 매표소 안에 있는 여행안내소에서 지도와 책자를 받아들면 청산도를 걸어서 돌아볼 수 있는 6개의 걷기 코스가 잘 설명되어 있다. 도청항에서 시작되는 제1코스는 당리 언덕을 거쳐 새땅끝까지 이어지는데 아름다운 바다 풍경이 발아래로 펼쳐진

청산도 구들장논

청산도의 논과 밭은 대부분 산비탈을 따라 층층이 놓여 있다. 보통 다랑이논이라고 하지만 청산도의 그것은 조금 다르다. 청산도에는 땅의 특성상 유난히 돌이 많아 벼를 심기 위해 논에 물을 가두려고 해도 쉽지 않다. 그래서 생각해 낸 것이 60도 이상의 급경사 산자락에 집을 지을 때 불길의 통로를 위해 깔았던 구들장과 같은 넓적한 돌을 논바닥에 깔고 그 위에 흙을 덮어 만든 계단식 논이다. 물이 귀했던 만큼 위쪽 논의 물이 지하 수로를 따라 아래 논으로 내려가도록 한 선조의 지혜를 엿볼 수 있다. 구들장 논은 추수가 끝난 10월 말에 보리를 뿌려 이듬해 5월에 거둬들이고, 마늘과 양파를 심는 등 2모작이 기본이어서 한시도 놀리는 땅이 없다. 부흥리 일대에 많이 남아 있는데, 청산도 전체 논의 30% 정도가 구들장 논이다.

1. 해가 지면 청산항은 조용한 섬마을 포구로 변한다.
2. 읍리의 팽나무는 드라마에 나왔던 장소로, 그 아래에 앉아 아이와 함께 잠시 쉴 수 있다.
3. 청산도 범바위 전망대에 오르면 시원스럽게 펼쳐진 남해를 바라볼 수 있다.

다. 도청항이 내려다보이는 당리 언덕에 올라서면 노랗게 물든 유채의 향기가 바람을 타고 콧속으로 전해진다. 바람이 지날 때마다 보리밭은 잔잔한 물결을 만들어 내는데, 어디선가 나비 한 마리가 날아와 그 위를 날아다닌다. 야트막한 돌담이 밭과 길의 경계를 그려 내는 당리 언덕의 풍경 속으로 들어가면 나도 모르게 걸음이 느려진다.

청산도에서 제일 높은 산은 보적산이다. 멀리서 바라보면 호랑이 한 마리가 웅크리고 앉은 모습처럼 보인다고 해서 범바위라 부르는 커다란 바위가 산꼭대기에 놓여 있다. 이곳은 권덕리에서 등산로를 통해 오를 수도 있고, 청계리에서 임도를 따라 오를 수도 있는데 이국적인 모습의 범바위 전망대에서 바라보는 바다 풍경이 색다르다. 키 작은 풀들이 잔뜩 몸을 기울인 채 바람을 이기고 있는 산 정상에 서면 북으로는 완도의 모습이, 남으로는 거문도와 추자도의 모습이 어렴풋이 눈에 들어온다.

●● 청산도의 삶이 느껴지는 구들장논 풍경

청산도의 독특한 풍경에는 구들장논이 자리하고 있다. 남해에 있는 가천마을의 다랑이논과는 그 원리가 다른데, 어려운 환경 속에서도 자연과 조화를 이루며 농사를 지은 조상의 지혜가 엿보인다. 봄에 가면 푸른 청보리가 일렁이는 구들장논을 볼 수 있다. 드라마나 각종 CF 등에 나오면서 전국적인 명성을 얻게 되었는데, 유채와 함께 청산도의 봄을 싱그럽게 만들어 준다. 바닷바람에 흔들려 사그락거리는 청보리 소리를 들으며 걷는 것은 도시에서는 결코 알 수 없는 호연지기를 느끼게 만든다.

대봉산 중턱에 자리한 백련사 앞마당에서 바라보는 상서마을의 구들장논의 풍경은 마치 그림을 그려 놓은 듯 곡선이 유려하다. 벼이삭이 노랗게 물든 가을에는 풍경이 더욱 풍성하다. 부흥리 고개를 지나면 멀리 신흥리 바닷가가 눈에 들어온다. 소나무가 병풍처럼 둘러쳐져 여름 바닷가에 그늘을 만들어 주고, 경사가 완만한 백사장은 물 빠질 때 그 길이가 2km에 달하는 아름다운 해수욕장이다. 봄햇살에 반짝이며 푸른 파도를 만들어 내는 신흥리 해수욕장은 청산도에서 가장 매력적인 곳이다. 신흥리에서 상산포 해안 전망대를 지나면 해 뜨는 마을이라고도 불리는 진산리 갯돌 해수욕장이 나온다. 청산도의 7군데 갯돌 중에서도 최고로 꼽는다. 수박만 한 몽돌에서부터 콩알처럼 작은 몽돌까지 한데 어울려 파도가 밀려올 때마다 자그락거리며 소리를 낸다.

북적임 속에서 여기저기를 기웃거려야 하는 박물관이나 체험장 따위가 없어 더욱 좋은 청산도. 아침에 왔다 저녁에 훌쩍 떠나 버리는 바쁜 여행길이 아닌, 한껏 여유를 부려 보는 느림의 산책을 청산도에서 느껴 보자.

상서마을 돌담길 걷기
2006년에 등록문화재 제279호로 지정되었을 만큼 아름다운 돌담길이 마을을 휘감는 곳으로 유난히 돌이 많았다는 청산도여서 그런지 돌담이 친근하게 느껴진다. 느긋하게 걸으며 섬마을의 정취를 느껴보자.

도청항부터 당리를 거쳐 새땅끝까지 걷기
청산도 슬로길 제1코스로 유채와 푸른 바다가 아름답게 어우러져, 걷는 것이 지루하거나 힘들지 않다. 오르막이 없이 평탄하기 때문에 아이들과 걷기에도 무리가 없는데 전체 길이가 5km나 되어서 완주하기는 힘들므로 도락리 해변까지만 걷는 것이 좋다.

위 상서마을 돌담길은 걷고 싶은 아름다울 길중 하나이다.
아래 아름다운 돌담길과 유채가 어우러져 그림 같은 풍경을 만든다.

5월
035

커피향에 취해 바다를 바라보다
강릉 경포 & 정동진

정동진에서 일출을 보는 것으로 시작해 경포대와 오죽헌에 이르는 강릉 여행은 일상에 지친 가족에게 새로운 활력소를 불어넣어 준다. 일출을 보며 소원도 빌고 바닷가를 바라보며 따뜻한 차 한 잔 마신다면 도심에서 느꼈던 일상의 답답함을 벗어 버릴 수 있을 것이다.

연계 교과
2-2 슬기로운 생활, 3-1, 3-2, 5-1, 5-2, 6-1, 6-2 과학, 5-1 사회

체험 포인트
1. 안목항에서 커피 마시기
2. 경포호에서 자전거 타기

●**주소** 강원도 강릉시 안현동 산1 ●**가는 길 | 자가용** 영동고속도로 남강릉 IC → 7번 국도 → 정동진 모래시계공원 | **대중교통** 동서울터미널 → 강릉시외버스터미널 → 정동진행 버스 또는 청량리역 기차 이용 → 정동진역 ●**문의** 강릉종합관광안내소 033-640-4414/4531, 정동진역 033-644-5062, 오죽헌 033-640-4457, 강릉 선교장 033-646-3270 ●**먹을거리** 금학칼국수(칼국수) 033-646-0175, 차연희 청국장&순두부(순두부) 033-653-0811, 바우하우스(삼겹살스테이크) 033-641-0322, 마림마초회집(꽁치요리) 033-661-8477 ●**잠자리** 강릉펜션 033-652-1591, 경포우성펜션 033-644-2261, 르호텔경포비치 033-643-6699, 정동진 선크루즈 033-610-7000 ●**이색 체험과 축제** 강릉 망월제 2월, 강릉 단오제 5월, 소금강 청학제 10월 ●**주변 여행지** 대관령 삼양목장, 대관련 양떼목장, 오대산

경포대에 오르면 시원한 풍경을 즐길 수 있다.

추천 코스

정동진 일출 → 안목항(강릉항) → 경포대 해수욕장 → 경포호 → 오죽헌/선교장

가족여행 팁

경포호 주변을 둘러볼 때는 자동차보다 자전거를 타는 것이 더 좋다.

○● 관동팔경 중 제일, 강릉의 경포대

관동팔경(關東八景)은 대관령의 동쪽에 있는 8개의 아름다운 경치를 말한다. 바로 간성의 청간정, 고성의 삼일포, 삼척의 죽서루, 양양의 낙산사, 울진의 망양정, 통천의 총석정, 평해의 월송정이다. 그중에서 제일은 강릉의 경포대다. 그래서 누구나 강릉 하면 경포대를 제일 먼저 떠올린다. 하지만 강릉은 단지 아름다운 바다가 인접한 관광지만은 아니다. 오죽헌과 선교장, 허균, 허난설헌, 김시습 기념관 등에서도 알 수 있듯이 역사적인 인물이 많이 배출되었으며, 근래에 들어 새로 생긴 커피거리는 커피마니아 사이에서는 성지순례처럼 여겨지는 곳이다.

영동고속도로를 타고 대관령지역의 터널을 몇 개 지나면 본격적으로 강릉에 들어선다. 널찍한 왕복 4차선 고속도로가 개통되기 전에는 대관령지역을 통과하려면 계속되는 오르막과 내리막길은 둘째 치더라도 정신없이 구불거리는 왕복 2차선 도로 때문에 크고 작은 교통사고가 끊이지 않았다. 하지만 기술의 발달로 다리와 터널을 쉽게 만들 수 있게 되었고 요즘에는 서울에서 강릉을 가는 데 2시간 20분 정도면 충분하게 되었으니 얼마나 편리해졌는가.

영동고속도로 강릉 IC를 빠져나와 15분 정도만 가면 오죽헌에 닿는

오죽헌과 선교장

오죽헌은 신사임당과 율곡 이이의 생가로 강릉시립박물관과 함께 이것저것 둘러볼 것이 많다. 너른 터에 지어진 덕분에 공원 같은 느낌마저 든다. 인근에 있는 선교장은 이내번이 처음 살기 시작해 대대로 후손이 거처하며 사대부 집안의 대표적인 양반 가옥을 볼 수 있는 곳이다. 한옥민박과 같은 전통 체험도 할 수 있어 가족과 함께하는 체험 활동으로 제격이다.

위 오죽헌 곳곳에 안내판이 놓여 있어 더욱 이해하기 쉽다.
아래 강릉 선교장은 체험 교육의 장으로도 활용된다.

1. 강릉박물관에 들러 강릉의 역사 유물을 살펴본다.
2. 해돋이 기차를 타면 정동진에 해 뜰 무렵 도착한다.
3. 정동진의 일출은 전국적으로 유명해 많은 사람이 찾는다.

다. 까마귀처럼 검은 대나무가 자란다고 해서 붙여진 이름인데, 현모양처의 표본으로 여겨지는 신사임당과 그의 셋째 아들 율곡 이이의 생가로 잘 알려져 있다. 연꽃이 필 무렵 선교장 입구의 활래정은 한 폭의 그림을 연상시킨다.

선교장을 지나 5분 정도만 가면 시원스러운 호수가 나오는데, 바로 경포호이다. 그 입구의 자그마한 언덕에 지어진 경포대는 원래 더 안쪽으로 있었지만 조선 중종 3년에 현재 위치로 옮겨졌다고 한다. 아름드리 소나무에 둘러싸인 경포대에서 경포호와 그 너머의 동해바다를 보고 있으면 그 누구라도 느긋해지기 마련이다. 경포호 주변으로 청량정, 석란정, 방해정 등 무려 10개나 되는 누정을 돌아보는 것도 괜찮은 도보 여행 코스이다. 모래알이 희고 고운 경포대 해수욕장은 한여름 피서 철이 아니더라도 늘 사람들로 붐빈다. 문득 한밤중에 전화해서 "우리 바다나 보러 갈까?" 하고 물어 본다면 열에 아홉은 무조건 "OK"를 외치듯 누구나 바다를 동경하는 마음을 가슴속에 품고 있다. 꽉 짜인 도시 생활은 사람들로 하여금 언제나 '일탈'을 꿈꾸게 하기 때문이다. 그래서 한 템포 쉬어 가자는 '슬로시티 운동'이나 걷기 여행이 그토록 인기를 끄는지도 모르겠다.

●● 경포호를 걷다가 정동진의 일출 보기

경포호에서 소나무숲이 우거진 해안도로를 따라 달리다 보면 안목항(강릉항)에 닿는다. 이곳은 매년 10월에 열리는 커피축제의 중심지로도 잘 알려져 있다. 강릉과 커피가 잘 연결되지 않는다고 생각하는 사람도 있을 것이다. 그러나 커피는 생산하는 것도 중요하지만 그 맛을 결정하는 데는 로스팅이라고 하는 2차 가공도 한몫을 차지한다. 강릉의 자연환경은 로스팅을 하기에 알맞아 무려 30여 개의 업체가 로스팅을 하고 있고, 커피의 명인이라 불리는 사람들이 여는 커피아카데미까지 더해져 커피 열풍을 일으키고 있다. 머리카락이 휘날리는 바닷바람을 맞으며 음미하는 커피향은 생각만 해도 운치 있는 일이다.

밤새 어둠을 뚫고 달려온 기차는 금방이라도 붉은 빛을 토해 낼 듯 달아오른 동쪽 바닷가의 하늘을 바라보며 멈춰 선다. 서울 광화문에서 동쪽으로 가면 그 끝에 있는 나루터마을이라는 뜻의 정동진은 오래전 드라마 <모래시계>를 통해 알려지면서 지금은 일출 명소 1번지 자리를 꿰차고 앉았다. 가슴이 답답할 때, 혹은 일탈을 꿈꾸고자 할 때만 찾는 곳이 아니다. 새로운 결심으로 새출발을 해야겠다고 맹세할 때도 우리는 바다를 찾고 떠오르는 태양을 보고 싶어 한다. 그렇게 불끈 주먹을 쥐고 나면 바다는 우리에게 다시금 활력을 불어넣어 줄 것이다.

놓치면 안 될 체험거리

안목항에서 커피 마시기
근래에 들어서 강릉을 대표하기 시작한 커피를 마셔 본다. 아이들과 함께 분위기 좋은 카페에 앉아서 바다를 바라보며 느긋하게 쉬는 것도 좋다. 여행지에 가서 꼭 무언가를 해야 한다는 압박감에서 벗어나 여유 있게 담소를 나누며 쉬어 가자.

경포호에서 자전거 타기
봄이 되면 특히 경포호 주변으로 벚꽃이 흐드러지게 피어 인산인해를 이룬다. 꼭 이때가 아니더라도 날 좋을 때 경포호 주위를 느긋하게 걷거나 시원한 바닷바람을 맞으며 자전거를 타면 좋다.

위 안목항 주변의 커피거리에서 바다를 보며 차 한 잔의 여유를 갖는다.
아래 경포호 주변을 가족과 함께 자전거로 한 바퀴 돌아보자.

붉은 철쭉으로 물든 산상정원을 거닐다
남원 바래봉

스님들의 밥그릇인 바리때를 엎어 놓은 듯하다고 하여 이름 붙여진 바래봉의 임도를 따라 정상까지 이어지는 길 곳곳마다 철쭉이 화려하게 피어나고, 발아래 운봉읍은 운해로 뒤덮여 아름다운 자연 풍경을 감상할 수 있다. 자동차가 다닐 수 있는 넓은 길이 정상까지 이어져 아이들도 위험하지 않게 정상까지 오를 수 있다.

연계 교과
1-1 슬기로운 생활, 2-1 슬기로운 생활, 4-1, 4-2, 6-1 과학, 5-1 사회

체험 포인트
철쭉을 감상하며 바래봉 정상 오르기

●**주소** 전라북도 남원시 운봉읍 용산리 393-3　●**가는 길 | 자가용** 경부고속도로 → 대전–통영 고속도로 → 88고속도로 지리산 IC → 인월 사거리(우회전) → 운봉읍 → 용산마을 → 철쭉공원 주차장　●**문의** 국립공원관리공단 지리산 관리사무소 북부지소 063-625-8911, 남원시 종합관광안내센터 063-632-1330, 남원시 운봉읍사무소 063-620-3802, 춘향허브마을 chunhyang.go2vil.org　●**먹을거리** 동원식당(짜장면) 063-634-0142, 운봉흑돼지전문점(오겹살) 063-634-1588, 에덴식당(산채비빔밥) 063-626-1633, 유미네집(묵은지흑돼지찜) 063-634-1220　●**잠자리** 들꽃향기펜션 063-626-1633, 송학여관 063-626-1233, 운봉둘레길 민박 063-634-0369, 솔밭펜션민박 010-8530-5674　●**이색 체험과 축제** 동편제마을 국악체험 011-9643-0180, 바래봉 철쭉제 5월, 남원 춘향제 5월　●**주변 여행지** 남원 광한루원, 전주 한옥마을

운봉 주차장에서 바래봉으로 오르는 길은 잘 정비되어 있어 걷기에 편하다.

추천 코스

운봉읍 → 운지사 → 바래봉 → 팔랑치

가족여행 팁

평탄한 길이라도 오래 걷다 보면 지칠 수 있으므로 자기의 체력에 맞게 속도를 유지한다.

○● 바래봉을 더욱 아름답게 빛내는 철쭉

지천으로 봄꽃이 만발하고 벚꽃이 세상을 하얗게 수놓으며 한바탕 난리 법석을 피우던 봄은 그 기세가 한풀 꺾이고 여름을 향해 전력질주한다. 봄의 향연이 시들해질 즈음이면 온산을 붉게 불태우며 가는 봄을 아쉬워하는 꽃이 철쭉이다. 진달래(아젤리아)과에 속하는 철쭉은 '로열 아젤리아'라고 불릴 만큼 진달래와 흡사하다. 진달래보다 늦게 피기도 하지만 꽃이 필 무렵 나뭇잎이 하나도 없는 진달래와 달리 잎이 피고 나서 꽃이 피기 때문에 그 싱그러움이 진달래보다 훨씬 더하다. 그렇지만 진달래는 참꽃이라고 해서 화전도 부쳐 먹는 데 반해 개꽃인 철쭉은 꽃 속에 독이 있어 먹으면 안 된다.

바래봉은 지리산 성삼재에서 북쪽으로 이어진 산맥을 따라 정령치, 세걸산에 이어 지리산의 말봉으로 자리 잡고 있다. 그 봉우리 형상이 스님들의 밥그릇인 바리때를 엎어 놓은 듯 하다 하여 이름 붙여진 바래봉은 그 독특한 모양 때문에 삿갓봉이라고도 불린다. 바래봉 철쭉은 독특한 사연 때문인지 다른 지방보다 유독 붉은 빛이 곱고 예뻐서 5월 한철 세상을 떠들썩하게 만들 만큼 상춘객을 열광시킨다.

바래봉 철쭉의 유래

지리산 세석평전의 철쭉 군락보다 그 아름다움이 몇 배 더하다고 알려진 바래봉 철쭉 군락은 1970년, 남원시 운봉면에 시범적으로 지어진 면양목장의 양을 이곳에 방목하면서 만들어졌다. 철쭉은 독성이 있어서 동물이 먹지 않는데, 이러한 이유로 철쭉을 뺀 나머지 풀을 모두 뜯어 먹어 버려서 결국 바래봉은 철쭉천지가 되어 버렸다고 한다.

바래봉과 팔랑치 고개의 곳곳에 철쭉이 환하게 피어난다.

1. 바래봉 주변으로 운해가 일렁이는 모습이 이색적이어서 사진가들의 출사지로 인기 있다.
2. 바래봉에서 바라본 일출은 철쭉과 어우러져 평생 잊지 못할 감동을 전해 준다.
3. 철쭉 동산 중간으로 탐방로가 나 있다.

●● 철쭉을 따라 걷는 바래봉 산행

바래봉 산행은 운봉면 가축유전자원시험장에서 시작한다. 콘크리트 도로를 따라 10여 분을 오르면 만나는 운지사는 바래봉 근처에 유일하게 자리 잡고 있는 절이다. 절의 왼쪽을 돌아 이어지는 임도는 바래봉까지 약 3.5km로 팔랑치까지 계속된다. 5월의 새벽 찬바람은 아직 한기를 느끼게 하지만 열심히 걷다 보면 어느새 땀이 흐르면서 겉옷을 벗게 된다. 길가에 드문드문 보이는 철쭉이 마음을 급하게 하지만 산을 오를 때는 자기 속도를 유지하는 것이 중요하다. 자기의 체력을 감안해서 꾸준히 올라야지 무리해서 오르다 보면 쉬이 지쳐 버린다. 잠시 걸음을 멈추고 오르막 중간에 주저앉아 물 한 모금으로 거친 숨을 가라앉히며 아래를 내려다본다. 하얗게 밀려오는 운해는 이미 군데군데 보이는 높은 봉우리를 제외하고는 세상을 모두 집어삼켜 버려 고요하기만

하다.

바래봉 정상이 보이기 시작하면서 주변으로 철쭉 무리가 몰라보게 늘어나 현란한 꽃대궐을 방불케 한다. 이정표를 따라 바래봉으로 갈 수도 있고 팔랑치로도 갈 수 있는데, 바래봉 정상에는 사실 철쭉이 거의 없고 실제 철쭉 정원은 팔랑치에 있다. 그러니 철쭉을 보기 위한 길은 팔랑치까지 이어져야만 한다. 길은 부운치를 지나 정령치까지 이어진다. 보통 산철쭉은 나무 사이에서 제멋대로 자라고 주변으로 듬성하게 자란 다른 꽃들, 연분홍 빛바랜 꽃잎으로 인해 아름다움이 덜하지만 바래봉 철쭉은 군락을 이루어 빽빽하고 나지막한 키에 잘 다듬어진 진홍빛을 머금어 마치 철쭉으로 잘 가꾸어진 정원처럼 느껴진다. 더구나 바래봉부터는 특별한 언덕이 없고 평평한 길이 계속 이어져 산책을 하듯 가볍게 걸으며 꽃 감상을 할 수 있다. 이른 아침이라면 느긋하게 걷는 길 아래로 폭신한 솜처럼 깔린 운해의 신비스러운 모습도 감상할 수 있어 더욱 좋다. 불어오는 산들바람을 맞으며 배낭 속에 담아 온 커피 한 잔으로 여유롭게 지리산을 느껴 보자.

팔랑치 고개에 다다르면 다시 한 번 엄청난 규모의 철쭉 군락에 감탄사를 내지르게 된다. 시뻘겋게 불붙은 철쭉동산 속을 가로질러 만들어 놓은 나무계단을 지나 잰걸음으로 10분 정도면 1123봉에 닿는다. 간간이 보이는 주목 사이로 펼쳐지는 모습이 봄의 기운을 가득 품어서 보는 것만으로도 온몸이 상쾌해지는 기분이다. 내려오는 길은 다시 왔던 길로 되돌아오기보다 계곡을 따라 운지사로 바로 내려가는 지름길을 택하는 것도 좋다. 올라가던 길과는 달리 빽빽한 나무 사이로 시원한 그늘을 즐기며 하산할 수 있다. 하지만 경사가 급하고 길이 좁기 때문에 서두르면 자칫 부상을 당할 수도 있으니 조심해야 한다. 30분 정도 이어지는 좁은 산길은 운지사 절 마당으로 이어진다.

팔랑치 철쭉 감상하기

바래봉의 철쭉이 유명하지만 실제 철쭉은 팔랑치 부근에서 군락을 이루고 있다. 그래서 바래봉까지 올랐다고 되돌아 내려가지 말고 20분 정도 더 걸어서 팔랑치까지 가는 것이 좋다. 길은 평탄하고 오르막이 거의 없어 편안하다.

위 해가 뜨면서 운해가 걷히고 철쭉은 더욱 환하게 빛을 발한다.
아래 바래봉에서 팔랑치로 가면서 철쭉이 점점 더 많이 보인다.

5월 037

초록의 차밭에서 맑은 마음을 키우다
보성 차밭

찻잎을 하나하나 정성스럽게 따서 뜨거운 가마솥에 덖고, 비비는 유념 과정을 수차례 반복해서 만드는 녹차 한 잔을 마셔 보자. 보성의 초록 풍경 속에서 여유롭게 차를 마시며 하루 종일 지내다 보면 어른은 물론 아이들의 마음도 느긋해진다.

연계 교과
2-1 슬기로운 생활, 2-2 슬기로운 생활, 4-1, 4-2, 6-1 과학

체험 포인트
녹차의 생김새를 살펴보며 차밭 산책하기

● **주소** 전라남도 보성군 보성읍 봉산리 1288-1 ● **가는 길 | 자가용** 경부고속도로 → 호남고속도로 동광주IC → 화순 → 보성읍 → 대한다원 ● **문의** 대한다원 061-853-2595, 보성군 문화관광과 061-852-2181, 보성다비치콘도 061-850-1100, 보성 녹차해수탕 061-853-4566 ● **먹을거리** 수복식당(꼬막정식) 061-853-3032, 특미관(꼬막비빔밥) 061-852-4545, 보성녹차떡갈비(떡갈비)061-853-0300, 보성차목원(바지락회무침) 061-853-5558 ● **잠자리** 그린티하우스 061-853-7221, 봇재다원 061-853-1117, 꽃뜰펜션 061-8532-9633, 다누리펜션 010-4709-7968 ● **이색 체험과 축제** 보성 다향제 5월, 보성차밭 빛축제 12~1월 ● **주변 여행지** 천관산, 순천만, 여수

추천 코스

대한다원 제1농장 → 봇재다원 → 대한다원 제2농장 → 율포 해수욕장 → 녹차 해수탕

가족여행 팁

곡우 때에 차밭을 찾으면 한 해 중 가장 아름다운 풍경을 볼 수 있다.

보성의 차밭은 가족이 함께 나들이 하기에 좋은 장소이다.

○● 우리나라 차문화의 역사

많은 사람이 녹차밭이라고 하는데, 사실은 차밭이 올바른 표현이다. 《삼국사기》에 따르면 차는 신라 흥덕왕 3년(828)에 당나라 사신으로 갔던 김대렴에게 명하여 차 종자를 가져와 지리산 부근에 심게 했다는 기록이 있지만, 우리나라의 기후 조건으로 봤을 때 그 이전부터 자생하였을 것으로 추측한다. 신라의 화랑들을 중심으로 차 문화가 발전해갔고, 차를 통해 예를 배우고 결속을 강화했다.

고려시대에 들어서면서 불교가 융성해지자 차는 사찰을 중심으로 급격히 발전했고 차를 마시는 풍습이 유행했다. 고려시대에는 차만 재배·제조하는 다소(茶所), 차에 관한 일만 전담하는 기관인 다방(茶房)이 있었고, 고려 문인들의 문집에는 수백 수의 차시(茶詩)가 실려 있었던 사실에서 당시 차문화가 최고조로 달했음을 보여 준다. 일상다반사(日常茶飯事)라는 말이 나온 것도 이 무렵인데, 차를 마시는 것처럼 평범한 일상이라고 했으니 얼마나 차를 즐겨했는지 알 수 있다. 하지만 조선시대에 들어서면서 급격히 쇠퇴기를 맞이하고 차밭은 거의 야생으로 버려지게 되었다. 이렇게 거의 사라질 국면에 처한 차문화를 다시 되살린 것은 다산 정약용과 초의선사의 열정이었다.

24절기 중 곡우 알기

농경 사회에서는 계절의 변화가 중요한 정보였기 때문에 태양의 움직임에 따라 농사를 위한 씨앗 뿌리기나 추수를 할 수 있었다. 24절기는 태양이 춘분점을 통과할 때를 시작으로 황도를 따라 동쪽으로 24등분하여 15도 간격으로 나누어 각 점을 지나는 시기를 말한다. 2월 4일 입춘으로부터 1월 20일 대한까지 24개로 구분한다.
보성의 차밭은 곡우 때가 가장 아름다운데 곡우는 24절기 중 여섯 번째 절기로 음력 3월, 양력 4월 20일경이다. 봄의 마지막 절기로 봄의 아름다움이 절정을 이룰 때이다.

대한다원 제1농장에서는 환상적인 일출을 볼 수 있다.

1. 대한다원으로 들어가는 입구의 삼나무길은 가족, 연인과 손잡고 걸으면 더욱 낭만적이다.
2. 곡우 때의 차맛이 더욱 좋아 이맘 때면 차를 따는 아주머니의 손놀림이 바쁘다.
3. 차밭에서 조금만 더 가면 율포 해수욕장이 나오므로 함께 들러 보자.

정약용은 그의 호에서도 알 수 있듯 차에 대한 사랑에 평생을 바치다시피 했다. 그가 강진의 다산초당에서 유배 생활을 할 때 백련사의 혜장 스님을 만나 차에 대한 재배법과 제조법을 논하며 차를 마신 일화는 너무나 잘 알려진 이야기다.

찻잎을 통해 만들어지는 차의 종류는 생각보다 많다. 우선 가장 많이 알려진 녹차는 발효를 시키지 않은 불발효다. 차의 색이 녹색을 띠기 때문에 그렇게 부른다. 백차는 어린 잎이나 싹을 따서 가장 약하게 발효시킨 차를 말하며, 황차는 열을 가해서 발효시킨 차로 황색이다. 우롱차로 알려진 청차는 반발효차이고, 80~90% 정도 발효시킨 차를 홍차라 부른다. 그리고 완전히 발효시킨 차를 흑차라고 하는데 보이차가 여기에 속한다. 이런 차나무를 질리도록 볼 수 있는 곳이 바로 보성이다.

●● 아름답게 꾸며진 대한다원의 차밭

누구라도 보성 하면 녹차를 말할 정도로 보성은 차의 본고장으로 알려져 있다. 일제 강점기 때 유난히 차를 좋아하던 일본 사람들도 보성의 녹차를 최고로 여겼다. 그래서 대규모의 차밭을 만들기 시작했고 전량을 율포 바닷가에서 배를 통해 일본으로 보냈다. 차나무가 잘 자라려면 다량의 수분, 영양가 높으면서도 물 빠짐이 좋은 흙, 기온이 따뜻해야 하고 바람이 적어야 한다. 이른 아침 주변을 온통 뒤덮는 짙은 안개도 수분 공급에 한몫을 한다. 지금은 봇재 고개를 중심으로 대한다업과 같은 꽤 규모가 큰 제다 업체가 주변에 들어섰고, 다향제를 하는 봄철에는 전국에서 수만 명의 사람이 이곳을 찾는다.

입장료를 받는 대한다원은 잘 다듬어 놓은 공원 같은 분위기다. 바람을 막기 위해 입구에 심어 놓은 삼나무는 하늘을 찌를 듯 높이 자라서 깊은 숲 속에 온 듯한 기분이 든다. 차나무에 연초록 새순이 돋아나서 최고로 아름다운 차밭 풍경을 만들어 내는 곡우 무렵은 전국의 사진사들이 보성으로 몰려든다. 곡우를 전후해서 딴 잎으로 만든 차를 '작설차'라 하는데 참새의 혀를 닮았다고 해서 붙은 이름이다. 곡우 전의 것이 우전, 입하 무렵의 것은 세작으로 분류하며, 그 양이 적고 귀한 만큼 녹차 중에서는 맛도 최고, 값도 최고다. 나머지는 크기에 따라 중작과 대작으로 나뉘어 일반 음료로 판매된다.

봇재 고개 정상의 다향각에서 내려다보는 차밭의 풍경은 굽이굽이 물이 흐르듯 능선을 타고 골이 이어져 미술 작품을 보는 기분이다. 봇재 고개를 넘으면 대한다원 제2농장이 있는데 드넓은 평원에 조성되어 그 느낌이 또 다르다. 제1 농장과 다향제처럼 찾는 사람은 많지 않아 여유로운 분위기를 찾는다면 이곳이 제격이다. 멀리 율포 해수욕장까지 한눈에 들어오는 풍경은 CF 장면처럼 멋지다. 찻잎을 하나하나 따서 뜨거운 가마솥에 덖고, 비비는 유념 과정을 수차례 반복해서 만드는 수제차는 정말 어지간한 정성이 아니면 만들기 힘들다. 그래서 마실 때도 느긋한 마음이 드는가 보다. 보성의 초록 풍경 속에서 하루 종일 뒤섞이다 보면 아이들의 마음도 느긋해진다.

대한다원 산책하기

대한다원은 제1농장과 제2농장이 있다. 흔히 말하는 보성의 차밭은 대한다원 제1농장을 이른다. 대부분의 관광객 역시 관광지처럼 잘 가꿔진 제1농장이 전부인 것으로 알지만 다향각이 있는 봇재다원은 물론이고 봇재 고개를 넘어 평야지대에 있는 대한다원 제2농장도 꽤 근사하다. 산의 능선에 가꾸어진 제1농장과 전혀 다른 광활한 느낌의 제2농장은 이국적인 풍경을 보여 준다.

보성다향제 참여하기

매해 5월에 보성에서 열리는 차문화축제로 다신제, 전국학생 차예절경연대회, 다향백일장&사생대회, 보성녹차 전시 판매, 철쭉제례를 비롯한 다양한 공연을 펼친다. 특히 차 도구 만들기, 녹차 뷰티 미용 체험, 천연염색 체험, 민속놀이, 녹차밭 자전거 하이킹, 녹차 해수탕 등이 상설 체험으로 마련되어 있어 아이들이 즐길 것이 많다.

위 차밭 사이로 난 길을 따라 여유롭게 거닐며 차향을 음미한다.
아래 다향제 때는 차밭 사이의 산책이 어려울 만큼 많은 사람으로 붐빈다.

038 5월

은하수를 따라 흐르던 별빛은 황매산 철쭉 위로 쏟아진다
합천 황매산

마치 활짝 핀 매화꽃의 한가운데에 서 있는 것과 같다고 해서 황매산이라 부른다고 한다. 연분홍 융단을 펼쳐 놓은 듯 산의 능선을 따라 빼곡하게 펼쳐진 철쭉 바다는 감동스럽기까지 하다. 길게 늘어진 아침 햇살 속 철쭉은 그 빛이 더욱 화려하고 뚜렷하게 보인다.

체험여행

연계 교과
4-2 과학

체험 포인트
1. 철쭉 군락지의 일출 감상하기
2. 황매산 정상에 오르기

● **주소** 경상남도 합천군 가회면 둔내리 산95-4 ● **가는 길 | 자가용** 88고속도로 거창IC → 24번 국도 → 12.0km → 봉산대교 입구에서 우회전, 다리 통과→ 59번 지방도 → 율원초등학교에서 좌회전 → 수원리에서 우회전 → 1089번 지방도 → 대병면 유전리 → 하금리 → 황매산 군립공원 | **대중교통** 합천 시외버스터미널 → 농어촌버스(삼가선) → 덕만 정류장 하차 → 황매산 철쭉제 ● **문의** 황매산 군립공원 055-970-6421, 황매산 오토캠핑장 055-932-5580, 합천군 문화관광과 055-930-4666, 합천 영상테마파크 055-930-3751 ● **먹을거리** 신촌식당 011-550-8669, 모산재식당 055-933-1101, 돌담펜션식당 055-933-9996 ● **잠자리** 황매산우성펜션 055-973-6511, 황매산황토찜질방 055-972-3644, 황매산영화산장 010-8540-1385, 돌담펜션 055-933-9996 ● **이색 체험과 축제** 황매산철쭉제 매년 5월 첫째 주말 ● **주변 여행지** 해인사, 합천호

황매산성 근처는 별을 관측하는 최적의 장소로 꼽힌다.

추천 코스

오토캠핑장 주차장 → 일출 포인트 → 천제단 → 황매산성 → 헬기장 → 데크길 → 정상

가족여행 팁

화암사까지는 산길을 걸어야 하므로 운동화나 등산화를 신는 것이 좋다.

●● 별이 하나둘 사라지고 나면 철쭉 평원에 새로운 아침이 시작된다

산청과 합천의 경계를 이루고 있는 황매산 군립공원은 높이 1,108m로 꽤 높은 산이지만 가족과 함께 즐기기에 부담스럽지 않다. 왜냐하면 해발 850m 지점까지 차량이 오를 수 있고, 합천 방면에서 오르면 오토캠핑장이 마련되어 있기 때문이다. 황매산은 수려한 경관과 산 정상의 평원이 만들어 내는 특별한 분위기 때문에 영화나 드라마 촬영지로도 많이 사용된다. 그래서 산정 평원 이곳저곳에는 영화 세트로 사용되었던 흔적들이 남아 있다.

한낮이면 반팔 차림의 모습도 어렵지 않게 찾아볼 수 있는 봄의 막바지가 되면, 이곳 황매산은 연분홍 철쭉이 산 정상의 평원을 온통 수놓아 수많은 사람들이 찾는 명소 중의 명소가 된다. 느긋하게 둘러보고 싶다면 가급적 이른 아침에 서둘러 출발하는 게 좋고, 아예 오토캠핑장을 이용해서 가족들과 자연 속에서 하룻밤을 지내는 것도 좋은 방법이다.

황매산에 어둠이 드리우면 하늘과 가까운 곳인 만큼 별빛도 환상적이다. 오토캠핑장에서 조금 더 정상 쪽으로 올라가면 주변에 불빛이 거의 없는 곳들이 많다. 헬기장 정도면 충분히 좋은 장소가 될 것이다. 하

황매산에서 별 사진 찍는 방법

삼각대와 릴리즈는 필수다.
점상 촬영: ISO 3200, F2.8~4.0, 24mm 렌즈의 경우 노출 시간 20초
궤적 촬영: ISO 400, F4.0~5.6, 20분 이내 촬영(주변에 불빛이 거의 없을 때 가능하다.)

황매산은 아름다운 풍경 때문에 영화 촬영 장소로도 알려져 있다.

1. 헬기장부터 황매산 등산로 입구까지는 데크길이 이어져 걷기에 편안하다.
2. 황매산은 매화꽃이 활짝 핀 형상을 하고 있다고 해서 붙여진 이름이다.
3. 황매평원 정상의 데크길은 가족과 함께 산책하기에 좋다.

늘을 가득 메운 크고 작은 별들은 반짝거리며 은하수를 따라 흐르다가 황매산 철쭉 위로 쏟아진다.

쏟아질 듯 반짝이던 별들이 하나둘 여명 너머로 사라지고 나면 철쭉평원의 새로운 아침이 시작된다. 오토캠핑장 주차장에서 개울을 건너 왼쪽 경사로로 15분쯤 올라가면 어른 키보다 훨씬 큰 철쭉들이 주변을 온통 뒤덮고 있는 장관을 볼 수 있다. 8만여 평에 이르는 황매평원 너머로 켜켜이 이어지는 산그리메의 풍경은 생각만 해도 설레지 않는가. 해 뜨기 전 동쪽 하늘은 세상에서 가장 아름다운 색으로 달아오른다. 그러다가 하늘이 환하게 밝아지며 잠시 후 꺽다리 철쭉밭 위로 둥그런 태양이 강렬한 붉은빛을 내뿜으며 산정 평원을 활활 불태우기 시작하면 여기저기서 환호가 터지며 박수 소리가 들린다. 마치 연분홍 융단을 펼쳐 놓은 듯 산의 능선에 빼곡하게 펼쳐진 철쭉 평원의 풍경은 감동스럽기까지 하다. 길게 늘어진 아침 햇살 속 철쭉은 그 빛이 더욱 화려하고 뚜렷하게 보인다.

●● 활짝 핀 매화꽃을 닮은 황매산 정상에 서다

다시 주차장으로 내려와 간단히 아침 식사를 마치고 임도를 따라 황매산 정상을 향해 보자. 콘크리트로 잘 포장된 가파른 도로를 따라 10분쯤 걸으면 천제단으로 향하는 등산로가 나타난다.

황매산은 조선 건국에 많은 공헌을 한 무학대사가 수련을 한 곳이기도 하다. 무학대사의 어머니는 아들을 뒷바라지하기 위해 산을 오르내리면서, 칡덩굴에 넘어지고 땅가시에 발등이 긁혀 피가 나고 뱀이 나와서 놀라는 일이 많았다고 한다. 그래서 무학대사가 산신령에게 지극정성으로 백일기도를 드렸는데, 그 후부터 지금까지 칡, 땅가시, 그리고 뱀을 볼 수가 없다는 전설이 전해진다.

천제단을 지나면 곧 나무 데크길이 나오고 황매산성의 성문이 보인다. 성문을 지나 계속해서 곧게 뻗은 데크길은 황매산 정상을 향하는 등산로까지 이어진다. 데크가 끝나면서 길은 가파른 경사면을 따라 이어진다. 가쁜 숨을 내뱉으며 걸음을 옮기다 보면 이마와 등줄기에 땀이 송글송글 맺힌다. 대략 10분쯤이면 황매산 1,108m를 알리는 정상 표지석이 눈에 들어온다. 정상에 올라서면 주변 풍광은 거침이 없다. 마치 활짝 핀 매화꽃의 한가운데에 서 있는 것과 같다고 해서 황매산이라 부른다고 하는데 그 말이 딱 맞는다. 북으로는 덕유산이 눈에 들어오고 남으로는 지리산의 능선이 바닷물 일렁이듯 물결친다. 정상을 지나 삼봉을 넘으면서 합천호가 발 아래로 펼쳐지고 황매산의 오토캠핑장과 철쭉 평원이 시원스럽게 보인다.

등산이 목적이 아니라면 삼봉 전망대를 돌아 하산하는 것이 좋다. 길은 곧바로 오토캠핑장으로 내려오는데 이렇게 황매산을 한 바퀴 돌아보는 데는 3시간 정도면 충분하다. 아침부터 부지런을 떤다면 조금 여유롭게 철쭉을 감상할 수 있지만, 조금만 게으름을 피우면 인산인해를 이루는 상춘객들 틈에서 사람 구경만 하게 될 수도 있다.

**철쭉 평원 위로
솟아오르는 아침 해 보기**

오토캠핑장에서 개울을 건너 왼쪽 등산로를 타고 10분쯤 오르면 일출 전망대가 나오며 그 앞쪽으로 철쭉 평원이 펼쳐진다. 5시 20분쯤 해가 뜨니 조금 서두르는 것이 좋다.

철쭉 위로 아침 햇살이 드리우면 붉은 꽃은 더욱 찬란하게 피어난다.

5월
039

드넓은 초록의 목초지를 마음껏 걷다
대관령 삼양목장

알프스의 푸른 초원을 연상시키는 넓은 구릉과 목초지를 우리나라에서도 볼 수 있다면 누구라도 달려가 보고 싶을 것이다. 넓은 목초지의 시원스러운 풍경이 가득한 대관령 삼양목장에서는 누구나 몸과 마음을 자유롭게 열고 자연을 마음껏 누릴 수 있다.

연계 교과
2-1 슬기로운 생활, 3-1 과학, 3-2 과학, 6-1 과학, 4-2 사회

체험 포인트
동해 전망대에서 주차장까지 이어지는 목책로 따라 걷기

●**주소** 강원도 평창군 대관령면 횡계리 산1-107 ●**가는 길 | 자가용** 영동고속도로 횡계IC → 대관령 삼양목장 ●**문의** 대관령 삼양목장 033-335-5044, 평창군 관광안내소 033-330-2771, 평창시외버스터미널 033-332-2407, 봉평허브나라 033-335-2902 ●**먹을거리** 황태회관(황태전골) 033-335-5795, 진태원(탕수육) 033-335-5567, 납작식당(오삼불고기) 033-335-5477, 고향이야기(곤드레돌솥밥) 033-335-5430 ●**잠자리** 횡계닷컴 033-336-4203, 구름위의테라스 010-7178-6311, 하얀나무펜션 033-335-3552, 퀸스가든 033-335-8595 ●**이색 체험과 축제** 대관령 눈꽃축제 1월 ●**주변 여행지** 양떼목장, 강릉, 장전계곡

추천 코스

동해 전망대 → 바람의 언덕 → 숲속의 여유 → 사랑의 기억 → 초원의 산책 → 마음의 휴식 → 주차장

가족여행 팁

4.5km 목책로 중간에 셔틀버스 정류장이 있으므로 걷다가 다리가 아프면 이용한다.

드라마의 배경으로 소개되었던 나무가 있는 곳은 기념사진을 찍는 사람이 많이 찾는다.

○● 우리나라를 대표하는 삼양목장의 역사

우리나라 사람들에게 라면은 그 의미가 남다르다. 6·25 전쟁을 치르고 나서 나라는 온통 폐허 더미가 되어 버렸고 그 속에 새로운 기반을 만들어 가려니 얼마나 힘들었을까. 생각해 보면 6·25 전쟁이 끝난 것은 고작 60년밖에 되지 않았고, 그 짧은 시간 동안 이렇게 눈부신 성장을 했다는 건 주린 배를 움켜쥔 채 악착같이 경제 활동을 했다는 말이기도 한데, 그런 힘든 시간 동안 라면은 우리에게 밥을 대신할 요긴한 음식이었다. 삼양이란 기업의 브랜드는 그 라면의 역사와 함께했다고 할 수 있다. 특히 삼양목장은 더욱 그렇다.

관동지방과 관서지방을 나누는 대관령에 조성된 이 목장은 동양 최대 크기로 무려 600만 평이나 된다. 이는 인천국제공항이 있는 영종도의 절반에 가까운 크기이다. 초록이 온 산을 뒤덮은 여름도, 하얀 눈이 내려 구릉지가 온통 썰매장이 되는 겨울도, 목장의 풍경은 언제나 아름답고 시원하다.

목장 탐방은 광장에서 출발하는 셔틀버스를 이용해야 한다. 버스는 비포장의 흙길을 구불거리며 20분이나 올라 선자령 인근의 동해 전망대 (1,140m)에 관광객들을 내려놓는다. 셔틀버스를 운행하는 데에는 그

이것만은 알고 가요!

삼양목장의 유래

동양 최대 크기로 무려 600만 평이나 되는 삼양목장은 라면의 역사와 함께했다. 창업주는 서민들이 즐겨 먹는 라면이지만 그 속에 충분한 영양을 담아야겠다고 생각했다. 그래서 쇠고기가 들어간 수프를 만들기로 결심하고, 품질 좋은 일등급 소를 직접 길러서 재료로 사용하려고 삼양목장을 일구기 시작했다. '리드 카나리그라스', '티모시' 등의 농약을 뿌리지 않아도 잘 자라는 질 좋은 목초를 목장 전역에 심어 소들을 방목한 결과, 수십 년이 지난 지금에는 무공해 청정자연의 대표 아이콘으로 자리 잡게 되었다.

목장의 맑고 푸른 잔디밭에서 양들이 편안한 한때를 보내고 있다.

1. 동해 전망대에서부터 주차장까지 목책길을 따라 걷기 코스가 이어진다.
2. 목장의 풍경이 아름다워 곳곳에서 사진을 찍거나 그림을 그리는 모습을 볼 수 있다.
3. 삼양목장 주변은 바람이 많이 불어 풍력발전기가 많이 설치되어 있다.

만한 이유가 있다. 목장이 유명세를 타면서 찾는 사람이 늘자, 소들의 관리를 위해 만들어진 도로는 온통 승용차와 관광버스가 차지해 버리고 그들이 오가며 일으키는 흙먼지와 매연이 신선하고 깨끗한 목초를 오염시킨 것이다. 결국 목장지대의 환경오염을 줄이기 위해서 시작하게 된 것이니 이의를 제기할 필요는 없다. 다만 눈이 내려 흙먼지를 일으키지 않는 겨울철에는 승용차를 가지고 정상으로 오를 수 있다.

●● 푸른 초원을 따라 거닐며 키우는 호연지기

삼양목장을 둘러보면서 제일 먼저 눈에 들어오는 것은 거대한 풍력발전기다. 국내 최대의 풍력발전단지이기도 한 이곳은 부드러운 언덕의 목초지와 어울려 이국적인 풍경을 만들어 낸다. 맑은 날에 동해 전망대에 서면 강릉 시내는 물론이고 설악산까지도 볼 수 있다.

대관령 삼양목장을 즐기는 가장 멋진 방법은 이렇게 전망대만 보고 곧바로 버스를 타고 되돌아 내려오는 게 아니다. 동해 전망대에서부터 버스를 타는 광장까지 만들어진 목책로를 따라 걸어 보자. 구간 중간 중간에 연애소설 나무, 양 방목지, 소 방목지, 타조 사육지, 산양 방목지 등이 있어서 쉬며 구경하며 걸을 수 있다. 걷는 것에 자신이 없거나 너무 어린 아이들 때문이라면 걱정할 필요가 없다. 코스 중간 중간에 다시 셔틀버스를 탈 수 있도록 정류장을 만들어 놓았기 때문이다. 내리막길인 데다가 대부분이 경사가 거의 없이 완만해서 걷기에 편안하다.

주변을 둘러보아도 온통 푸른 초원이 가득 차 있어 눈이 시원해지는 이런 목가적 풍경은 도시에서 살아가는 사람들에게는 한 번쯤 살아 보고 싶은 이상향이기도 하다. 초록색은 색깔 중에서 가장 눈을 편안하게 하고 마음을 안정시키는 색이다. 심리학적으로는 심신의 균형을 원하거나 휴식을 취하고 싶을 때 찾는 색이기에 우울증을 극복할 때도 이 색을 찾게 된다. 초록을 좋아하는 사람은 도덕적이고, 민주적 견해를 가지고 있으며 성실한 사람이 대부분이라는데, 아이들에게 회색빛 도시 속에서 자주 보여 줄 수 없는 초록색을 한껏 느낄 수 있도록 해 준다면 훨씬 감성적이고 남을 배려할 줄 아는 사람으로 자랄 수 있을 것이다.

아름다운 자연을 그냥 보고만 가기는 아쉬우므로 카메라를 이용해 멋진 사진으로 남기거나 스케치북을 꺼내 목장의 풍경을 그림으로 남겨도 좋다. 맑고 깨끗한 자연 속에 머물다 보면 일상에 지친 가족의 몸과 마음도 맑아질 것이다. 자연에서 꼭 무언가를 해야 한다는 부담감을 버리고 그저 가족이 둘러 앉아 편하게 쉬어 가자.

목책로 따라 걷기

셔틀버스를 타고 선자령 인근의 동해 전망대에 오르면 멀리 강릉 시내와 동해바다가 눈에 들어온다. 내려갈 때는 목장의 광활하고 시원스러운 풍경을 보며 걷는 것도 좋다. 광장까지 만들어진 목책로를 따라 걸어 보자. 제1구간 바람의 언덕(550m), 제2구간 숲속의 여유(930m), 제3구간 사랑의 기억(650m), 제4구간 초원의 산책(1,470m)을 거쳐 제5구간 마음의 휴식(900m)에 이르는 총 연장 4.5km의 아기자기한 코스를 한 시간 반 동안 걷다 보면 기분이 한결 좋아진다.

내리막길로 이뤄진 목책길은 걷기에 편안하다.

5월
040

조선시대 선비들이 걷던 과거길을 따라가다
문경새재 과거길

새들도 쉬어 간다는 고갯길 새재는 옛날부터 영남과 한양을 잇는 주요 도로였다. 그래서 영남지방에서 한양으로 과거를 보러가던 길이기도 했는데, 추풍령은 추풍낙엽처럼 떨어진다고 해서 꺼리고, 죽령은 쭉쭉 떨어진다고 가지 않았다는 이야기도 있다. 조선시대 영남대로라고 불리기도 했던 넓고 편안한 흙길을 따라 온 가족이 손을 잡고 두 시간을 걸어 보자.

연계 교과
3-1, 5-2 사회

체험 포인트
옛날 선비들이 다니던 흙길 걷기

● **주소** 충청북도 괴산군 연풍면 원풍리 산1-1(조령산 자연휴양림), 경상북도 문경시 문경읍 상초리 산21-1(조령관) ● **가는 길 | 자가용** 경부고속도로 → 영동고속도로 → 중부내륙고속도로 연풍 IC → 문경새재 주흘관(2시간 10분 소요) ● **문의** 문경새재 도립공원 054-571-0709, 조령산 자연휴양림 043-833-7994, 문경개인택시 054-552-1012, 문경시외버스터미널 054-553-7741 ● **먹을거리** 문경식당(고추장석쇠구이) 054-571-3044, 민지송어장(송어회) 054-571-3106, 무교동낙지(낙지볶음) 054-552-8588, 소문난식당(청포묵조밥) 054-572-2255 ● **잠자리** 스머프마을 054-572-3762, 문경관광호텔 054-571-8001, 문경새재유스호스텔 054-571-5533, 스카이모텔 054-571-5055 ● **이색 체험과 축제** 문경전통찻사발축제 4월, 문경사과축제 10월 ● **주변 여행지** 청풍, 영월, 영주 부석사, 안동 하회마을

영남 제1관문인 주흘관은 옛 모습을 가장 잘 보존하고 있다.

추천 코스

이화여대 수련관 → 조령산 자연휴양림 → 조령관 → 조곡관 → 주흘관

가족여행 팁

주흘관에서 다시 조령관으로 되돌아갈 때는 택시를 이용해야 한다.

● 문경새재 과거길의 역사 따라가기

문경새재는 문경을 넘어 괴산에 이르는 길인데, 새도 힘들어서 쉬었다가 넘는다는 고개를 뜻한다. 그래서 한자로 조령(鳥嶺)이라고도 쓴다. 옛날에는 이 길을 지나 한양으로 과거를 보러 가기도 했는데, 문경이라는 명칭도 경사스러운 소식을 가장 먼저 듣는다는 '문희경서(聞喜慶瑞)'에서 유래한 말이다. 과거를 보고 고향으로 돌아오는 이 길이 기쁘고 경사스러운 길이었다는 뜻이다.

문경새재는 조선 태종 이후로 500여 년 동안 한양과 영남을 잇는 가장 번듯한 길이었다. 당시 한양에서 부산을 잇는 길의 고개는 추풍령, 죽령 그리고 문경새재가 있었으나 문경새재가 열나흘 길로 가장 빨랐다. 게다가 선비들 사이에서 추풍령은 추풍낙엽처럼 떨어지고, 죽령은 쭉쭉 미끄러진다는 미신 때문에 유독 문경새재를 선택했다는 이야기도 있다. 이 길은 군사적으로도 중요한 길목이어서 남쪽 끝에는 1708년(숙종 34)에 석성과 함께 주흘관(主屹關)을 지어 남쪽으로부터 쳐들어오는 적을 막았는데 지금까지 남아 있는 죽령 고개의 성문 중에서 옛 모습을 가장 잘 보존하고 있다. 그리고 북쪽 끝에는 영남 제3관문인 조령관을 지어 북으로부터 공격해 오는 적을 막았다. 그리고 그 중간에 영

교귀정

조선시대에 감사(監司), 수군통제사, 병마절도사가 바뀔 때에 거북이처럼 생긴 부신(符信)을 서로 주고받으며 인수인계하던 것을 교귀라 한다. 도의 경계 지점에서 실시하였으며 이곳을 교인처(交印處)라 하고, 문경새재 중간 지점에 있는 곳을 교귀정이라 한다.

병마절도사가 바뀔 때 업무의 인수인계를 받던 곳을 교귀정이라 한다.

1. 문경새재 제3관문인 조령관이 위풍당당하게 서 있다.
2. 문경새재 옛길 박물관에서 다양한 역사 자료를 통해 과거길의 변천사를 알 수 있다.
3. 주흘관 안쪽의 드라마 세트장에는 옛 모습의 거리와 가옥이 있다.
4. 문경새재 입구의 야외 공연장에는 주말마다 공연이 열린다.

남 제2관문인 조곡관이 있는데, 이 길은 이제 '문경새재 과거길'로 이름 지어져 '한국에서 가장 아름다운 길 100선'에 선정되었다. 총 길이 6.5km의 이 길은 자동차도 다닐 만큼 넓고 잘 다져진 흙길로, 걷기에 편하고 주변이 아름다워 한 해에 100만 명 이상이 찾는다.

●● 자연과 벗이 되어 걷는 문경새재 과거길

제1관문에서 제3관문에 이르는 길은 대체로 오르막길이기 때문에 어린아이가 있다면 제3관문에서 제1관문에 이르는 반대 코스가 편하다. 조령관 입구 주차장에서 조령산 자연휴양림을 거쳐 조령관까지의 길은 구불구불한 오르막이지만 20분 정도만 걸으면 되는 짧은 거리인 데다가 휴양림 안에 운동 기구와 휴식 공간이 잘 갖춰져 있어서 힘든 줄을 모른다. 조령관을 지나면 길은 갑자기 운동장처럼 넓어진다. 영남대로라 부르기에 충분하다. 여기서 제2관문인 조곡관까지는 약 3.5km로, 평탄하면서도 부드러운 흙길을 따라 쉬엄쉬엄 가더라도 채 1시간이 걸리지 않는다. 완만한 내리막길을 여유롭게 걷다 보면 길가의 수로에 졸졸 흐르는 물소리와 새의 지저귐이 들려온다. 아이들은 좁은 수로에 물병을 떠내려 보내면서 신나게 뛰어다닌다. 원래 제2관문은 조동문(鳥東門)이라 했지만 1907년에 불타 버리고 복원을 하면서 조곡관(鳥谷關)으로 바꾸어 불렀다.

제3관문에서 제2관문까지는 제법 호젓한 데 반해 제2관문을 지나면서 탐방객의 숫자가 늘어난다. 보통 제1관문에서 시작한 걷기 코스를 제2관문까지만 걷고 되돌아가기 때문이다. 다시 돌아갈 엄두가 나지 않는다면 미리 되돌아올 교통수단을 마련해 놓거나 대중교통을 이용하는 것이 좋다.

조곡관을 지나면 초곡천을 따라 길이 이어지는데, 10분 정도를 걸으면 교귀정이라 쓰인 정자가 눈에 들어온다. 이곳은 경상감사가 인수인계를 하던 곳으로 이러한 교귀는 도 경계 지점에서 실시했다고 한다. 이곳이 충청도와 경상도의 경계 지점이었기에 교인처를 두었던 것 같다. 당시 세워진 건물은 모두 화재로 소실되었고 지금의 건물은 1999년에 새로 복원한 것이지만 전국에 남아 있는 교인처는 이곳이 유일하다. 10분 정도를 더 걸으면 조령원터이다. 조선시대에 출장 중인 관리들에게 숙식을 제공했던 공공시설이다. 드라마 촬영을 위해 고려시대의 건물들을 재현해 놓은 세트장에 들어서면 사람들의 숫자는 유명 놀이공원을 방불케 할 정도로 많아지는데, 이곳만 구경하려고 오는 사람들도 많다. 드라마 세트장이라고는 하지만 제법 잘 만들어져 민속촌과 같은 분위기이다.

영남 제1관문인 주흘관 앞에는 2시간 동안 걸었던 발을 씻어 주고 피로를 풀기 위한 족욕탕이 마련되어 있다. 양말을 벗고 차가운 물에 발을 담그면 뭉쳐 있던 온몸의 근육이 한꺼번에 풀리는 느낌이다. 주흘관을 나오면 커다란 잔디광장이 펼쳐진다. 뒤를 돌아보면 높고 웅장한 성벽과 주흘관의 모습 뒤로 조령산이 아름다운 자태로 서 있다.

문경새재 과거길 걷기

문경과 괴산 사이에 놓인 조령산을 넘는 옛길인 영남대로를 따라 걷는 6.5km의 길로 완만한 경사로를 따라 자연의 소리를 들으며 걸을 수 있다. 게다가 콘크리트길이 아닌 흙길이라 발은 더욱 편안하고 숲이 우거져서 햇살의 따가움도 피할 수 있다. 온 가족이 함께 걷기에 편하므로 꼭 한번 걸어본다.

문경새재 과거길의 한 곳인 초곡천을 따라 영남대로가 이어진다.

5월
041

신령스러운 고장에서 도선국사를 느끼다
영암 도갑사

월출산을 본 사람이라면 누구나 그 풍광에 반해 엄지손가락을 치켜 올린다. 산 정상에 보석처럼 흩뿌려 놓은 기암괴석이 만들어 내는 기세는 신령스럽기까지 하다. 산자락 곳곳마다 자연을 품은 아름다움이 가득한데, 도선국사가 태어난 구림마을, 그가 창건했다는 도갑사와 주변의 차밭까지 자연의 아름다움을 제대로 볼 수 있는 곳이 바로 영암이다.

체험여행

연계 교과
1-1, 2-1 슬기로운 생활,
3-1, 5-1 사회, 4-1, 4-2,
5-1 과학

체험 포인트
도갑사 이모저모 살펴보기

●**주소** 전라남도 영암군 군서면 도갑리 8 ●**가는 길** | 서해안고속도로 목포 IC → 삼호 → 독천 → 도갑사(4시간 30분 소요) ●**문의** 영암군청 061-470-2114, 도갑사 061-471-5122, 월출산 국립공원 061-473-5210, 영암구림마을 061-470-2656 ●**먹을거리** 중원회관(낙지연포탕) 061-473-6700, 독천식당(세발낙지) 061-472-7222, 영명식당(낙지구이) 061-472-4027, 선일식육식당(돼지불고기) 061-472-4107 ●**잠자리** 월출산온천관광호텔 061-473-6311, 안용당민박 010-3114-1313, 기찬랜드펜션 061-473-2727, 월출산펜션 011-642-5877 ●**이색 체험과 축제** 영암왕인문화제 4월 ●**주변 여행지** 강진, 다산유배길, 해남, 장흥 천관산

월출산 구정봉 정상에는 아홉 개의 특별한 우물이 있다.

추천 코스

강진다원 → 도갑사 → 구림마을

가족여행 팁

월출산은 산세가 험하기 때문에 준비 없이 섣불리 오르는 것은 위험하다.

● 호남을 대표하는 월출산 오르기

13번 국도를 따라 달리다 영암에 이르면 눈앞으로 커다란 산이 나타난다. 등산을 좋아하는 사람이라면 꼭 한 번 올라 보고 싶어한다는 호남의 금강산, 혹은 작은 설악산이라 부르는 월출산이다. 너른 들판 한가운데에 우뚝 솟은 산을 독특하고 기묘한 바위가 둘러싸고 있다.

월출산의 정상인 천황봉은 그 높이가 고작 809m에 불과하지만 전라남도기념물 제3호이면서 전국 100대 명산에 이름을 올렸다. 삼국시대에는 달이 난다 하여 월라산(月奈山)이라 하고 고려시대에는 월생산(月生山)이라 부르다가 조선시대부터 월출산이라 불렀다. 생육신의 한 사람으로서 전국을 떠돌며 유랑을 했던 매월당 김시습은 "남도에 그림 같은 산이 있다더니, 달이 하늘 아닌 돌 사이에서 솟더라." 하며 그 아름다움을 노래했고, 강진으로 유배를 가던 정약용은 형인 정약전과 함께 영암에 묵으면서 월출산을 바라보며 고향을 그리워했다고 한다.

그러나 야트막한 산이라고 해서 무심코 올랐다가는 큰코다친다. 산세가 험해 신라시대에는 월라악(月奈岳)이라 부를 정도였다. '岳(악)'자가 붙은 산치고 만만한 산이 없으니 말이다. 정상 부근의 구름다리는 2개의 바위 능선 사이의 계곡을 건넌다. 높이가 120m, 길이는 54m로 국

주심포와 다포 양식

주심포 양식은 기둥 위에만 공포를 짜 올리는 방식인 데 반해, 다포 양식은 기둥 위뿐만 아니라 기둥 사이에도 공포를 짜 올리는 방식이다. 따라서 주심포집은 지붕의 무게가 공포를 통해 기둥에만 전달되기 때문에 기둥이 굵고 배흘림이 많지만 간소하고 명쾌하다. 반면, 다포집은 지붕의 무게가 기둥과 그 사이사이의 공포를 통해 벽체에 분산되므로 배흘림이 약하며 중후하고 장엄한 모습을 띠게 된다.

도갑사해탈문은 주심포 양식의 건물에다 포 양식의 지붕을 얹은 양식을 사용했다.

1. 월출산의 명물 구름다리는 쳐다보기만 해도 아찔하다.
2. 도갑사 계곡은 물이 깨끗하고 풍경이 아름다워 여름에 많은 사람이 찾는다.
3. 도갑사의 문화재는 아이들의 현장 체험을 위한 좋은 자료이다.

내에서 가장 긴 구름다리로 바람이 많이 불 때는 횡단을 금지하기도 한다. 아이들과 함께 오르기에는 위험하지만 굳이 산에 오르지 않아도 산의 영험함은 주변에서 충분히 느낄 수 있다.

●● 도갑사에서 도를 찾고 녹차 한 잔 마시기

월출산의 서쪽 기슭에는 도갑사가 울창한 숲 속에 숨은 듯 자리하고 있다. 도갑 저수지를 지나 주차장에 차를 세우고 식당가를 지나면 커다란 일주문이 탐방객을 맞는다. 정확한 기록이 남아 있지는 않지만 도갑사는 신라 말기에 도선국사에 의해 창건되었다고 전해진다.

영암의 어느 마을에서 처녀가 냇가에서 빨래를 하고 있는데 튼실한 오이 하나가 떠내려와 한입 베어 먹었다. 그랬더니 얼마 후 처녀는 임신을 하게 되었고, 부모는 아비 없는 자식이라 동네에서 손가락질 받을 것을 두려워해서 아이를 산에 갖다 버렸다. 아이가 너무 걱정이 되고 슬펐던 처녀는 며칠 뒤 그곳을 다시 찾았는데, 비둘기들이 모여 아이를 감싸고 있었다. 너무 놀라서 아이를 다시 데려다가 키웠는데 영특함이 말할 수 없었다고 한다. 구림마을의 어원도 여기서 유래했다고 한다.

이러한 탄생 설화를 가진 도선국사는 여섯 살에 출가를 하였고 땅 기운의 성쇠에 따라 왕조의 흥망이 결정되지만 땅의 결함을 사람의 힘으로 보충하여 기운을 왕성하고 순하게 돌릴 수 있다는 비보설(裨補說)을 정립시켰다. 비보설에 따라 세운 탑의 숫자만도 무려 3,800개나 된다고 한다. 일주문을 지나면 해탈문(국보 제50호)에 닿는데, 맞배지붕의 해탈문은 부석사의 조사당(국보 제19호) 건물과 같은 구조이지만 주심포 양식의 건물에 다포 양식의 지붕을 섞어 지은 것이 특이하다.

해탈문 안쪽에서 천장의 대들보, 마루보, 포대공 등만 자세히 봐도 정교하고 과학적인 제작 기법에 감탄하게 된다. 조선시대에 들어서며 숭유억불정책으로 많은 절이 축소되고 없어지던 시기에도 중창을 계속해 나가 한때는 도갑사가 966칸이나 되었다고 한다. 주변에 나무가 많아 따가운 햇살의 기운보다 초록의 촉촉함을 더 많이 느낄 수 있는데, 졸졸 흐르는 냇가에서 양말을 벗고 물속에 발을 담그고 쉬어 가자.

월출산 주변으로는 유난히 차밭이 많다. 설록차밭으로 더 잘 알려진 강진다원은 월출산의 남쪽 자락에 붙어 있어 영암이나 다름없으며 보성과 달리 광활한 풍경을 자랑한다. 비스듬한 구릉에 열과 오를 맞춘 27만여 평의 차밭이 뿜어 내는 위용이 환상적이다. 월출산 자락에서 생산되는 차 또한 풍경 못지않게 특별하다. 차밭에는 일정한 간격으로 방상팬(防霜fan, 서리 방지용 팬)이 세워져 있는데 다른 곳에서는 볼 수 없는 이색적 풍경이다. 땅의 온도가 영하로 내려가면 지상 6~10m 높이에 있는 영상의 공기를 불어넣어 어린 찻잎이 얼어 죽는 것을 막는 역할을 한다.

덕진차밭도 사진 찍는 사람들 사이에서는 꽤 유명하다. 차밭 너머로 우뚝 솟은 월출산이 근사한 배경을 만드는 사진을 보았다면 "아하, 여기가 바로 이곳이구나." 하고 무릎을 탁 치게 된다. 신령스러운 바위의 고장 영암은 발길 닿는 곳 어디라도 자연의 장엄함이 느껴진다.

강진다원 거닐기

설록차밭으로 알려진 강진다원은 월출산의 남쪽에 붙어 있다. 27만 평의 드넓은 차밭에는 특별한 시음장이나 편의시설이 전혀 없다. 하지만 이런 것들이 오히려 자연을 제대로 느끼게 만든다. 방상팬이 설치된 독특한 느낌의 차밭 사이를 조용히 걸어 보자.

위 풍경이 아름답고 나무가 많아 아이들의 체험에 좋다.
아래 월출산 차밭은 설록차를 만드는 곳으로 알려져 있다.

5월
042

두물머리에서 아침을 맞고 다산을 따라가다
양평 두물머리

두물머리는 남한강과 북한강이 한강으로 흘러가기 위해 합쳐지는 곳으로, 봄이나 가을의 아침 풍경이 그림 같아서 사진을 찍는 사람이나 그림을 그리는 사람들이 즐겨 찾는다. 강 건너 조안면은 다산 정약용의 생가가 있으므로 천천히 걸으며 둘러보면 좋다.

연계 교과
5-1 사회, 5-2 사회

체험 포인트
1. 두물머리에서 아침 풍경 감상하기
2. 다산 유적지 둘러보기

●**주소** 경기도 양평군 양서면 양수리   ●**가는 길 | 자가용** 중부고속도로 하남 IC → 팔당 유원지 → 다산 유적지   ●**문의** 조안면사무소 031-590-2609, 능내리 연꽃마을 031-577-9991, 수종사 031-576-8411, 운길산역 031-577-7196   ●**먹을거리** 기와집순두부(순두부백반) 031-576-9009, 북한강장어로구이(셀프장어) 031-577-5012, 개성집(냉면) 031-576-6497, 저녁바람이 부드럽게(굴림만두) 031-576-0815   ●**잠자리** 올리브펜션 031-576-8800, 소피아모텔 031-576-9872, 초록향기 031-576-8702, 강가에서 커피향기 031-576-5501   ●**이색 체험과 축제** 두물머리 도당제 음력 9월 2일   ●**주변 여행지** 남이섬, 아침고요수목원

두물머리 앞 족자섬은 왜가리와 가마우지 등의 서식지이다.

추천 코스

두물머리 → 수종사 → 다산 유적지

가족여행 팁

다산 유적지는 전철을 타고 찾는 것도 좋다.

●● 두 강이 만나 아름다운 물안개를 선사하는 두물머리

아주 오래전 두물머리는 꽤 유명한 나루터였다. 남한강과 북한강이 한강으로 흘러가기 위해 이곳에서 합쳐지기에 양수리(兩水里), 혹은 두머리나루터라고 불렀는데, 정선과 단양에서 출발해 서울로 가던 나룻배가 하룻밤을 쉬어 가기도 했다. 사방에서 사람들이 모이니 항상 북적거리고 활기가 넘쳤다. 그러다가 팔당댐 건설로 육로가 생기면서 배보다는 자동차가 편하고 빨라 나루터 역시 점점 쇠퇴해져 갔다. 그래서 한때 사람들의 기억에서 잊혀져 버렸지만 드라마에서 아름답게 비춰지면서 이제는 제법 유명한 관광지가 되었다. 서울에서는 전철을 타면 될 만큼 가깝지만 상수원 보호구역이어서 자연환경이 잘 보존되어 왔다. 두물머리는 특히 아침 풍경이 환상적인데, 봄이나 가을이면 물안개가 피어오른다. 동쪽 하늘로 해가 올라오기 시작하면 강물로 삐죽 튀어나온 나루터 주변은 온통 물안개로 휩싸인다. 그래서 사진 찍는 사람들에게는 인기 있는 장소로도 알려져 있다. 추운 새벽에도 사진사들은 부지런히 이곳으로 달려와 사진을 찍는다. 별이 총총 떠 있는 새벽부터 벌벌 떨며 해를 기다리는 모습에서 뜨거운 열정이 엿보인다.

두물머리 나루터에 들어서면 유리 위에 올려놓은 듯 잔잔한 강물 위의

수종사의 유래

단종을 죽음으로 내몰고 시름시름 앓던 세조가 신병 치료를 위해 금강산에 머물다가 돌아오는 길에 양수리에서 하룻밤을 묵었다. 조용하게 밤 풍경을 감상하던 중 어디선가 은은한 종소리가 계속 들려와서 신기하게 생각했다. 그래서 다음날 그 종소리를 찾아 운길산을 헤매다가 폐허가 된 절터를 발견하였는데, 18나한이 줄지어 앉아 있는 바위틈에서 물방울이 떨어지며 종소리를 내는 모습을 보고 감탄하여 절을 다시 복원하도록 명하였다. 그러고는 이름을 수종사라 불렀다.

세조에 의해 복원된 수종사 뒤로는 운길산이, 앞으로는 두물머리가 있다.

1. 수종사 마당에서 내려다보면 두물머리 풍경이 한눈에 들어온다.
2. 조안면에는 다산 정약용의 생가와 묘가 있으므로 아이와 함께하는 여행이라면 꼭 들른다.
3. 실학 박물관에서 실학의 대가인 정약용의 발자취를 볼 수 있다.

황포돛배가 시선을 붙든다. 그 뒤로 둥근 석축 안쪽에 커다란 느티나무가 보이는데, 수령 600년의 거목으로 '도당할매'로 불리며 마을을 지켜주는 수호신의 역할을 한다. 원래는 '도당할배'로 불리는 느티나무가 한 그루가 더 있었는데 팔당댐이 만들어지고 난 후 1970년대에 수몰되어 잘려 나갔다고 한다. 그때 나무를 자르거나 중개했던 사람들은 1년을 못 넘기고 모두 사망했다고 전해질 만큼 신령스러운 나무였다고 한다. 매년 음력 9월이면 이 나무 아래에서 도당제가 열려 마을의 무사태평을 기원하는데 이런 풍습은 400년이나 이어지고 있다.

●● 수종사에서 두물머리 내려다보기

양수대교 건너편의 경기도 남양주시 조안면 운길산 자락에는 두물머리의 풍경이 한눈에 내려다보이는 수종사가 있다. 수종사 앞마당에서 한강의 물줄기를 내려다보며 심호흡 한 번 크게 하면 가지고 있던 모든 시름이 날아가 버린다.

두물머리와 마주보고 있는 조안면 일대는 슬로시티로 지정된 곳인데, 다산 정약용의 생가와 묘지가 있어 다산 유적지로 잘 알려져 있다. 운길산역에서 강변을 따라 4km쯤 내려가면 '다산문화의 거리'에 닿는다. 깔끔하고 단정한 거리에는 정약용 선생이 저술한 《경세유표》, 《목민심서》를 비롯한 500여 권의 책을 횃불로 형상화한 조각이 서 있다. 학교 다닐 때 읽었던 교과서를 뺀다면 평생을 살면서 500권의 책도 채 읽지 않는 사람이 더 많을지도 모르는데, 500권의 책을 지었다니 대단하지 않은가. 실학 박물관 앞에는 그가 발명한 거중기가 옛 모습 그대로 복원되어 놓여 있다. 여러 개의 도르래가 달린 거중기는 수원화성을 단 28개월 만에 만들 수 있도록 한 장본인이기도 하다.

그는 '공자 왈, 맹자 왈' 하며 입으로만 떠들어 대는 사람들에게 실학을 말할 수 있었던 용기 있는 사람이었다. 그래서 정조의 총애를 한몸에 받았지만 정조가 죽고 나서는 무려 17년 동안 강진과 영암에서 유배 생활을 해야만 했다. 유배를 마친 후에는 고향인 이곳으로 돌아와 여생을 마칠 때까지 오직 실학의 집대성에만 몰두했다. 실학 박물관을 둘러보면 그의 놀라운 행적들을 살펴볼 수 있다.

남양주시에서는 총 13개의 다산길 걷기 코스가 있는데, 그중에서도 7.5km의 '새소리 명당길'이 최고로 꼽힌다. 북한강변의 한적한 길과 숲 속 오솔길을 두루두루 걸으며 사색할 수 있기 때문이다. 한 번쯤 자동차를 두고 대중교통을 이용해서 다녀오는 두물머리와 다산 유적지는 뜻깊은 여행이 될 것이다.

새소리 명당길 걷기

걷기 여행의 열풍 속에 남양주시 조안면은 슬로시티로 지정되어, 다산길 13개 코스를 개발하였다. 그중에서도 가장 아름다운 길을 꼽으라면 단연 '새소리 명당길'이다. 다산 유적지를 시작으로 지금은 기차가 다니지 않는 옛 철길을 따라 운길산역까지 이어지는 7.5km의 길로 조용한 강변 풍경을 느낄 수 있다.

위 조안면의 새소리 명당길은 가장 아름다운 코스로 이름나 있다.
아래 다산 문화의 거리에는 다산 생가, 기념관, 실학박물관 등이 있다.

옥정호 일출의 장관 속에 서다
임실 옥정호

등산, 특히 일출을 보기 위해 새벽에 산에 오르는 것은 누구에게나 쉽지 않은 일이다. 그러나 등산을 통해서 인내를 배우고 자연의 소중함을 깨달을 수 있다. 무엇보다 등산 후에 만난 아름다운 일출은 결코 잊지 못할 소중한 추억이 될 것이다.

연계 교과
2-2 슬기로운 생활, 3-1, 3-2, 5-1, 5-2, 6-1, 6-2 과학

체험 포인트
오봉산에 올라 일출 보기

●**주소** 전라북도 임실군 운암면 입석리 458　●**가는 길 | 자가용** 호남고속도로 전주 IC → 남원 방면 17번 국도 → 사선대 관광지 → 옥정호 **| 대중교통** 동서울종합터미널에서 임실행 버스 → 임실에서 강진행 직행버스 → 강진터미널에서 운암대교행 군내버스 → 운암대교 하차 → 옥정호　●**문의** 임실군 문화관광과 063-640-2344, 전주 한옥마을 063-282-1330　●**먹을거리** 설리(국사봉 전망대 아침식사) 063-642-6700, 옥정호산장(새우매운탕) 063-222-6170, 전주식당(민물매운탕) 063-643-0101, 수어촌(매운탕) 063-643-1295, 일송정가든 063-643-8986　●**잠자리** 국사봉모텔 063-643-0440, 국사봉산장 063-643-4912, 백제가든장 063-643-443, 보금장 063-642-7297, 리버사이드 063-221-7968　●**이색 체험과 축제** 임실치즈마을 치즈 만들기 체험, 산머루 축제(http://bs.invil.org/sight/festival/bs_fest) 9월 말　●**주변 여행지** 전주 한옥마을, 군산

추천 코스

용담골 → 오봉산 → 국사봉 → 국사봉 전망대 → 용담골

가족여행 팁

이른 새벽에 산을 올라야 하므로 준비 운동을 하고, 옷은 얇은 옷을 여러 겹으로 입는다. 헤드 랜턴과 같은 조명을 준비하는 것이 좋다.

오봉산 정상에서는 운해가 어우러진 독특한 일출 풍경을 감상할 수 있다.

○● 섬진강 줄기의 시작, 옥정호

물안개가 장관을 이루는 곳은 많지만 임실의 옥정호만큼 대단한 풍경을 만드는 곳도 참 드물다. 가끔 이런 아름다운 자연의 파노라마를 보면 아이에게 꼭 보여 주고 싶다는 생각이 든다. 자연은 사람을 가장 인간답게 만들어 내는 스승이자 본보기가 되기 때문이다. 이른 아침에 일어나는 것, 또 힘들게 산을 올라야만 볼 수 있는 풍경이기에 쉽지 않은 일이지만 꼭 한 번은 함께 보고 싶은 마음이 든다.

옥정호는 섬진강 줄기가 시작하는 곳이기도 하다. 전라북도 진안의 선각산 오계치와 팔공산 서구이재 사이의 계곡에 있는 데미샘은 섬진강의 발원지다. 그 주위가 돌무더기 또는 돌 더미로 되어 있는데, 이곳 방언에 무더기를 무데기, 더미를 데미로 부르는 데에서 데미샘이 비롯했다고 한다. 원래는 사수강 혹은 두치강으로 불렸다. 하지만 지금은 특별한 전설이 숨어 있는 섬진강(蟾津江)으로 불리고 있다.

왜구들의 노략질이 극에 달한 고려 말, 왜구들이 하동 쪽에서 광양으로 넘어가려 하는데 갑자기 건너편 다압면 섬진마을 나루터로 수만 마리의 두꺼비가 몰려들면서 울어 대기 시작했고 이에 놀란 왜구들은 혼비백산하여 도망가고 말았다. 그 덕분에 하동과 광양이 무사할 수 있었다

옥정호의 역사

섬진강은 실개천보다 작은 물줄기가 졸졸 흘러 임실군 관촌면에 이르러 운암호라는 이름보다 옥정호라는 이름으로 더 잘 알려진 커다란 호수에서 속도를 늦추며 몸집을 불린다. 1925년에 섬진강의 물을 끌어다 농업용수로 가두기 위해 만든 작은 규모의 갈담 저수지는 경제개발 5개년 계획의 첫 번째 사업인 섬진강댐 건설로 몸집을 키우면서 이름도 옥정호로 불리기 시작했다. 그 때문에 정읍시와 임실군의 많은 마을이 수몰되고 이주민이 생기게 되었지만, 옥정호의 한가운데에 둥둥 뜬 섬마을은 덕분에 명물로 부상하게 되었다.

운해가 사라지면 외앗날이라 부르는 옥정호의 명물인 붕어섬이 보인다.

1. 오봉산에서 국사봉으로 가는 길목에서 바라본 옥정호의 모습은 이색적이다.
2. 옥정호 주변 도로는 한국에서 가장 아름다운 도로로 알려져 있다.
3. 옥정호는 유난히 운해가 잘 생기는 곳인데, 해가 떠오르면서 운해가 서서히 걷히는 모습이 환상적이다.

는 전설이 전해지면서 이름이 바뀐 것이다. 한강, 금강, 낙동강, 영산강과 더불어 우리나라 5대 강 중 하나이지만 다른 강에 비해 강폭이 좁고 수심이 얕은 데다 암반이 강바닥에 산재해서 개발이 힘들고, 배들이 다니기에도 불리한 조건을 갖추고 있다. 하지만 그게 바로 섬진강이 오랫동안 제 모습을 그대로 유지할 수 있었던 비결인지도 모르겠다.

우리나라의 아름다운 도로 100선에서도 으뜸으로 꼽힐 만큼 운치 있는 옥정호 도로는 구불구불 산 허리를 부여잡고 호수의 가장자리를 그려낸다. 특히 일교차가 심한 봄가을은 자욱한 안개 속에 사로잡힌 황홀경 속의 옥정호를 보기에 안성맞춤이다.

●● 오봉산 정상에서 붕어섬 바라보기

외앗날이라 불리는 붕어섬을 제대로 보려면 근처 산으로 올라야 한다.

나무계단이 놓여 있는 데다 15분만 오르면 시원스러운 경치를 볼 수 있어서인지 국사봉 전망대에는 늘 사람들이 넘쳐난다. 그러나 해 뜨는 장관을 보기에는 오봉산(513m) 정상이 최고다. 이른 새벽 산에 오른다는 것은 게으른 사람에게는 엄청난 결심을 필요로 하는 일이지만, 무엇이든 시작이 어려울 뿐 막상 시작하면 생각보다 훨씬 수월하다. 용담골에서 시작하는 등산로의 길이는 고작 1km 정도이지만 처음부터 시작되는 가파른 경사에 이내 숨을 급하게 몰아쉬게 된다. 조금 더 빨리 오르려고 욕심을 부렸다가는 헉헉거리는 숨을 가라앉히기 위해 한참을 쉬어 가며 올라야만 한다. 천천히 조금씩 발을 옮겨야만 꾸준히 오를 수 있다.

출발 후 50분 정도 오르면 조망이 시원스러운 꼭대기에 닿는데 거기에서 옥정호를 내려다보면 순간 넋을 잃고 할 말을 잊어버리게 된다. 세상의 어떤 그림보다 더 아름다운 자연의 모습에서 경이로움이 느껴진다. 스멀스멀 피어오르던 구름이 발아래로 소복하게 깔려 있다가 슬며시 불어오는 바람에 산의 능선을 타고 넘기도 하고 다시 바닥으로 가라앉았다가 밀려오기를 반복한다. 그 모습이 흡사 바다의 파도를 보는 것만 같다. 동쪽 하늘 멀리 여명이 밝아 오면 구름의 파도는 더욱 격렬하게 출렁이다가 하늘로 날아오르기 시작한다.

해가 중천에 오르자 옥정호를 가득 메운 안개는 서서히 물러나고 드디어 가려졌던 붕어섬이 모습을 드러낸다. 강물이 불어나면 섬은 그 크기를 줄였다가 가뭄으로 물이 빠지면 몸집을 불려 강바닥을 드러내기도 하지만 호수 속에 둥둥 떠 있는 작은 섬마을은 매력적인 풍경임에 분명하다. 꼭 사진을 목적으로 하지 않아도 좋다. 자연이 만드는 아름다움을 있는 그대로 보고 깨닫는 것만으로도 소중한 시간이 될 것이다.

오봉산 일출 감상

일출 시간을 맞추기 위해 일찍 일어나야 하므로 아이들과 함께 미리 몸과 마음의 준비를 한 뒤에 길을 나선다. 가는 길이 조금 힘들지라도 오봉산 정상에서 일출을 보면 그간의 노력과 고생이 헛되지 않았음을 느끼게 된다.

옥정호의 일출을 제대로 보려면 오봉산 정상에 올라야 한다.

비색청자의 혼이 머무는 곳으로 가다
강진 청자박물관

강진군 대구면 일대는 통일신라 후반기부터 고려 말까지 600년간 우리나라 청자문화를 주도했던 곳으로 그 흔적을 곳곳에서 볼 수 있다. 특히 청자박물관에서는 우리나라를 대표하는 청자유물을 살펴보고 마량항에 들러 바닷바람을 즐겨도 좋다.

연계 교과
5-1 사회

체험 포인트
청자박물관에서 청자의 유래와 제작 기법 살펴보기

● **주소** 전라남도 강진군 대구면 사당리 117(강진 청자박물관) ● **가는 길 | 자가용** 경부고속도로 → 호남고속도로 광주 IC → 나주 → 영암 → 강진(4시간 50분 소요) ● **문의** 강진개인택시조합 061-434-6161, 마량면사무소 061-430-5581, 서중어촌체험마을 010-5220-8525, 강진 청자박물관 061-430-3710 ● **먹을거리** 동해회관(짱뚱어탕) 061-433-1180, 저두맛집(바지락회) 061-433-7114, 목리장어센터(장어구이) 061-432-9292, 둥지식당(남도한정식) 061-433-2030 ● **잠자리** 향토향민박 061-433-4919, 도예민박 061-432-7583, 허클베리핀펜션 010-3636-3866, 뜨란에 061-432-9981 ● **이색 체험과 축제** 강진청자축제 7월, 마량미항축제 10월 ● **주변 여행지** 다산 유배지, 천관산, 보성다원, 영암

대구면에서 연륙교를 따라 가우도로 건너가면 산꼭대기에 청자 전망대가 있다.

추천 코스

강진 청자박물관 → 마량항

가족여행 팁

청자박물관 안에서는 청자 파편을 이용해 모자이크 체험을 할 수 있다.

○● 철새와 청자로 대표되는 강진

장흥을 훑어 내린 탐진강은 곧바로 강진만으로 스며든다. 산으로 치자면 깊은 골을 연상시키는 강진만은 땅으로부터 흘러드는 각종 토양이 퇴적되어 바다생물에게는 충분한 영양분을 공급받을 수 있는 곳이기도 하다. 그래서 마량의 망둑어 낚시는 전국적으로 알아 준다. 또 칠량면 구로마을은 겨울 철새가 둥지를 트는 곳으로도 유명한데, 그중에서도 겨울의 진객으로 알려진 천연기념물 제201호 고니가 무리를 지어 강진만을 가득 메우는 진풍경을 볼 수 있다. 목을 길게 빼고 우아하게 날갯짓하는 고니는 캄차카 반도와 시베리아 툰드라지대에서 여름을 보내고 겨울철이 되면 우리나라로 날아오는데, 강진만의 청정 갯벌이 고니 떼를 다시 찾게 만들고 있다.

강진만을 끼고 마량항까지 이어지는 23번 도로는 경관이 특히 아름답다. 만의 건너편으로 삐죽삐죽 튀어나온 바위와 날카로운 산세가 마치 공룡의 등줄기를 닮은 듯 보이는 만덕산의 능선이 바라보이고, 바닷가의 시원한 풍경과 더불어 개펄의 질퍽하고 풍만한 아름다움까지 더해진다. 드라이브 코스로 이만한 곳이 있을까 싶어지는 풍경이다.

강진에는 우리나라를 대표할 만한 자랑스러운 문화유산이 있는데, 바

청자의 기원

옛날 중국 사람들은 옥(玉)을 가지고 있으면 부귀를 누릴 수 있고 사후에 내세를 보장받을 수 있다고 믿었다. 하지만 옥은 일반인이 가지기에 너무 비싸고 귀한 물건이었다. 그래서 중국 사람들은 흙으로 옥을 만드는 방법을 생각해 냈는데 그것이 바로 청자의 시작이다. 청자는 유약 가운데에 미량의 철분이 있어, 환원염(還元焰)에 의해 구워지는 과정에서 신비로운 청록색의 빛을 띠게 된다.

청자박물관을 비롯해 강진의 곳곳에서 청자 관련 자료를 볼 수 있다.

1. 마량항 방파제 쪽에는 북카페 전망대가 새롭게 생겨 잠시 여유를 즐길 수 있다.
2. 마량항 공연장에는 주말마다 즐거운 음악회가 열린다.
3. 마량항 등대에 올라 시원한 바람을 맞으며 항구 풍경을 감상한다.

로 청자다. 강진군 대구면 일대는 9~14세기 통일신라 후반기부터 고려 말까지 600년간 우리나라 청자문화를 주도했던 곳인데, 전국적으로 발견된 400여 기의 가마터 중 대부분이 이곳에 분포되어 있는 것만 보아도 그 대단함을 알 수 있다. 그중 사당리는 제작 기술이 최절정을 이룬 시기에 청자를 생산하였던 지역이고, 우리나라의 국보나 보물로 지정된 청자 80% 이상이 이곳에서 생산되었다고 하니 놀랍기까지 하다.

한국으로 전래된 청자 제작 기술은 고려 초기(10~11세기), 강진요와 부안요라 불리는 가마에서 독특한 청자를 만들어 냈고, 이후 급속도로 성장하여 12세기 무렵에는 중국의 청자를 능가하는 뛰어난 청자를 구워 냈는데 바로 비색청자(翡色靑瓷)다. 지금은 그 일대를 복원하여 청자박물관을 건립하였고, 그 안에 청자연구소를 세워 고려인들이 만들어 냈던 신비로운 청자의 재현에 힘쓰고 있다. 아이들과 함께 여러 가지 체험 활동까지 곁들일 수 있어 일석이조이다. 청자 파면을 이용한 모자이크 체험, 물레 체험 등 여러 가지 재미있는 행사를 곁들인다면 체험 학습으로도 그만이다.

●● 마량항 앞 까막섬으로 지는 일몰 바라보기

청자박물관에서 남쪽으로 10여 분을 달리면 마량포구에 닿는다. 하늘만큼 시리고 파란 바닷물이 마을을 감싸 안은 마량항은 조그만 어촌마을이지만 고금도와 약산도 등 다도해와 제주를 연결하는 관문이자 천혜의 관광지다. 또 바로 앞에는 천연기념물 제172호인 까막섬이 있는데 숲이 푸르다 못해 검게 보인다고 하여 이름 붙여졌다. 후박나무를 주축으로 100여 종에 달하는 상록수가 자라고 있으며 썰물 때가 되면 걸어서 갈 수 있다. 그러나 천연기념물로 지정된 이후부터는 출입이 금지되어 아쉽다.

충청남도 서천에도 같은 이름의 포구가 있지만, 강진의 마량포구는 북적임이 없고 평화로워서 더욱 마음을 사로잡는다. 한때 주변에서 꽤 큰 항구였던 마량항이었기에, 관광객들로 넘쳐나 북적이던 시절도 있었다. 하지만 자만에 빠져 바가지 요금과 불친절함으로 인해 퇴락의 길을 걷고 말았다. 근래에는 고금도를 잇는 연육교가 개통되면서 섬으로의 여행이 한결 수월해졌고, 드라이브 코스로도 각광 받으면서 다시금 사람들이 찾는 곳이 되었다. 마량은 이제 바가지 요금 없는 친절한 항구로 거듭나고 있다. 또 마량항에서는 청자를 운반하던 보물선을 재현해서 주말이면 선상 체험을 해 볼 수 있다. 등대 주변의 공연장에서는 주말마다 공연과 노래자랑이 펼쳐진다. 밤이면 예쁜 조명이 바다와 어우러져 더 없이 아름다운 마량항에서 하루쯤 묵어 보는 것도 즐거운 일이다.

마량항 토요 음악회
마량항 등대 주변의 공연장에서는 매주 토요일마다 음악회가 열린다. 저녁식사를 마치고 시원한 바람이 불어올 때 시작되는 이 공연은 온 가족이 둘러앉아 볼 수 있는데, 동요와 국악에서부터 성인을 위한 트로트 가요까지 다양한 공연이 열려 여행객을 즐겁게 한다.

위 마량항은 공원처럼 꾸며져 있어 아이들이 좋아한다.
아래 토요 음악회에서는 시원한 바닷바람을 맞으며 음악을 들을 수 있다.

6월
045

조선시대의 마을 속에서 머물다
순천 낙안읍성

고만고만한 키에다 봉긋한 초가지붕의 집들이 올망졸망 모인 마을은 미로처럼 얽힌 골목길을 따라 이어진다. 사람이 많아서 제대로 된 여행을 하기 힘들다면 폭 3~4m에 이르는 성곽길을 걸어 보는 게 좋다. 한가로우면서도 낙안읍성 최고의 풍경을 볼 수 있기 때문이다. 늦은 오후가 되면서 사람들의 숫자가 줄어들면 느긋하게 마을을 둘러보고 밤이면 하늘을 쳐다보며 별을 세어 보자.

연계 교과
3-1 사회, 3-2 사회, 5-1 사회

체험 포인트
낙안읍성 성곽길 따라 걷기

● **주소** 전라남도 순천시 낙안면 남내리 ● **가는 길 | 자가용** 경부고속도로 → 호남고속도로 → 완주–순천 고속도로 승주 IC → 낙안읍성 ● **문의** 낙안읍성 민속마을 061-749-3837, 순천시 문화관광과 061-749-3328, 선암사 061-754-9117, 고인돌 공원 061-755-8363 ● **먹을거리** 낙향정(정식백반) 061-754-3021, 향토음식점 난전 2호점(팥칼국수) 061-754-6912, 벌교꼬막식당(꼬막정식) 061-754-4098, 벽오동(보리밥정식) 061-743-5569 ● **잠자리** 시골집민박 061-754-3474, 초가집민박 061-754-2766, 앵두나무집민박 010-4140-2996, 황토방민박 061-754-3395 ● **이색 체험과 축제** 순천낙안민속문화축제 5월, 남도음식문화큰잔치 10월 ● **주변 여행지** 순천만, 여수, 보성다원

추천 코스

낙안읍성 성곽길 → 민속놀이 체험 → 전통 가옥 체험 → 선암사

가족여행 팁

사람이 가장 많은 시간대에는 성곽길을 돌아보고, 늦은 오후에 마을을 둘러보면 좀 더 여유롭다.

낙안읍성은 대부분이 평민들이 살던 초가집이 주를 이루며 지금도 사람들이 살고 있다.

●● 조선의 역사와 건축, 생활상까지 볼 수 있는 낙안읍성

전라남도 순천시 낙안면 동내리, 서내리, 남내리 일원의 마을과 이를 둘러싼 성곽을 우리는 사적 제302호인 낙안읍성이라 부른다. 읍성이라 하면 궁궐이 있는 도성과는 구별되는 성인데, 마을을 이루고 있는 집단 거주 지역을 에워싸는 성을 이른다. 부, 목, 군, 현 등 행정구역 단위의 등급에 따라 크기의 차이가 있었다. 꽤 많은 지역에 분포하고 있었지만 1910년 일본의 읍성 철거령 때문에 대부분 철거되어 현재는 그 숫자가 많지 않다. 남아 있는 대표적인 읍성으로는 수원읍성, 비인읍성, 해미읍성, 남포읍성, 동래읍성, 보령읍성, 낙안읍성, 진도읍성, 경주읍성, 거제읍성, 홍주읍성, 언양읍성 등이 있는데, 그중 낙안읍성은 우리나라의 대표적인 조선시대 지방계획도시로서 그 원형이 가장 잘 보존되어 있다. 그래서 현재 세계문화유산 잠정목록 등재를 신청한 상태다.

고만고만한 키에다 봉긋한 초가지붕의 집이 올망졸망 모인 마을은 미로처럼 얽힌 골목길을 따라 이어지는데, 뭐니 뭐니 해도 낙안읍성 최고의 풍경은 성곽길을 걸어야 발견할 수 있다. 폭이 넓은 곳은 3~4m에 이르기도 하는데, 높은 곳에 오르면 읍성 전체의 풍경이 한눈에 들어온

낙안읍성의 유래

고려 태조 23년(940)부터 낙안군으로 개칭되면서 '낙안'이라는 말이 등장했다. 조선시대의 계획도시로서 전통적인 서민들의 가옥인 초가집으로 구성되어 있다. 조선 태조 6년(1397)에 왜구의 침입을 막기 위해 김빈길 장군이 흙으로 축조한 것을 인조 4~6년(1626~28)에 군수로 부임한 임경업 장군이 돌로 쌓아 만들었다. 높이가 3m에 이르는 성곽이 약 1,400m에 달한다. 성 안에는 동헌·낙안루·낙안객사·돌샘과 주민이 거주하는 크고 작은 초가집 140여 채가 있는데, 6·25 전쟁 기간 동안 많이 파괴되었지만 1983년에 사적 제302호로 등록되면서 복원되었다.

옛 모습이 그대로 남아 있어 조선시대의 마을에 들어온 듯하다.

1. 낙안읍성에는 옛 동헌이 남아 있으므로 아이들과 둘러보자.
2. 낙안읍성에 있는 민속놀이를 아이들과 즐겨보는 것도 좋다.
3. 선암사로 오르는 길에 만나는 둥근 아치 모양의 승선교는 그 아름다움이 특별하다.
4. 선암사 3층 석탑은 보물 제395호로 소박한 절 풍경이 마음을 편안하게 한다.

다. 성곽을 따라 동서남북 4개의 성문이 있었으나 북문은 폐쇄되었고 동문인 낙풍루(樂豊樓), 쌍청루(雙淸樓) 혹은 진남루(鎭南樓)라고 부르는 남문과 낙추문(樂秋門)으로 불리는 서문이 남아 있다.

성문 정면으로 ㄷ자형 옹성이 성문을 감싸고 있다. 성곽을 따라서 걷다 보면 중간 중간 凸형으로 돌출된 성곽이 있는데 이는 치성(雉城)이라고 한다. 초소(망루) 역할을 했던 곳으로 좌우로 침입하는 적의 동태를 살피기도 하고 성벽을 타고 오르는 적을 측면에서 공격할 수 있도록 만들어졌다.

오후 늦은 시간이 되면 읍성을 찾았던 관광객의 숫자가 현저히 줄어든다. 그러면서 초가집 굴뚝마다 밥을 짓기 위한 연기가 모락모락 피어나고 마을은 정말로 조선시대로 접어든 것처럼 조용해진다. 시간이 여유롭다면 초가집에서 하루쯤 묵어 보고, 아침 밥상을 받아 보는 것도 좋다. 살고 있는 사람들 대부분이 장사를 하거나 민박집을 운영하고 있기 때문에 방을 구하는 일은 어렵지 않다.

●● 순천을 대표하는 송광사와 선암사

조계산에는 순천을 대표하는 천년 고찰 두 곳이 있는데, 바로 송광사와 선암사이다. 송광사는 고려 때 보조국사가 창건한 사찰로 대웅전과 목조삼존불감, 국사전, 비사리구시 등 볼거리가 많은 우리나라 삼보사찰 가운데 하나이다.

반대편에는 신라 말기 도선국사가 중창한 태고종의 본산 선암사가 있다. 입구에 들어서면 바위틈을 비집고 흐르는 계곡물 위에 놓인 승선교(보물 제400호)가 눈길을 사로잡는다. 둥근 아치를 그리며 뒤로 보이는 강선루의 모습이 신비롭기만 하다. 임권택 감독의 영화 〈아제아제 바라아제〉도 여기서 촬영되었을 만큼 선암사의 곳곳은 잘 가꿔 놓은 수목원 같은 느낌이다. 특히 모든 근심을 없애 준다는 무우전 돌담길 옆은 산책하고 싶은 마음이 절로 드는 길이다. 우리나라 '가 보고 싶은 숲길' 가운데 하나인 진입 도로는 푸른 계곡물과 각종 나무숲이 조화를 이루어 그림 같다. 온통 초록이 뒤덮은 산사의 풍경은 언제라도 방문객의 마음을 편안하게 이끈다.

선암사에는 특별한 곳이 있는데 바로 '뒤간'이라 쓰인 화장실이다. 칸막이 하나 제대로 없이 약간의 경계만 만들어 놓은 화장실에 앉으면 '공수래 공수거'의 깊은 의미가 가슴에 와 닿는다. 일본은 물론 유럽까지 명성이 나 있다는 조계산 작설차 한 모금을 마시면서 고즈넉함에 취해 보는 것도 좋다.

놓치면 안 될 체험거리

전통 가옥에서 잠자기

낙안읍성이 다른 읍성과 구별되는 특별한 점은 크게 2가지가 있다. 그 첫 번째는 108세대(성안 78, 성밖 30)의 279명이 현재도 살고 있는 실제 마을이라는 점이고, 두 번째는 조선시대의 계획도시로서 전통적인 서민들의 가옥인 초가집으로 구성되어 있다는 것이다. 숙박이 가능한 곳이므로 초가집에서 하룻밤을 묵는 것도 색다른 경험이 될 것이다.

수문장 교대식 보기

동헌과 동문 입구에서는 순라 교대 및 수위 의식이 진행된다. 또 같은 시간에 읍성 일원에서 군악놀이와 가야금 병창을 들을 수 있으니 주말 공연 시간표를 확인하는 것이 좋다.
시간: 매주 주말 14:00∼16:00

위 한옥에서 직접 머물며 곳곳의 색다른 모습도 살펴볼 수 있다.
아래 정해진 시간이 되면 수문장 교대식을 볼 수 있다.

6월
046

초록의 세상에서 마음을 정화하다
평창 장전계곡

한여름이라면 누구라도 뜨거운 태양을 피해 시원한 바람이 불어오는 곳을 찾는다. 그래서 여름이면 산이 많아 계곡이 즐비한 강원도로 너도나도 떠나지 않는가. 오대천으로 흘러드는 여러 골짜기 중에서도 최고로 아름다운 장전계곡에서 시원한 여름을 나 보자.

연계 교과
5-1 과학

체험 포인트
원시의 풍경처럼 이끼가 가득한 계곡 구경하기

●**주소** 강원도 평창군 진부면 장전리 장전계곡 ●**가는 길 | 자가용** 영동고속도로 진부 IC → 59번 도로 → 오대천 → 장전교 → 장전계곡 ●**문의** 평창군 문화관광과 033-330-2399, 평창터미널 033-332-2407, 월정사 033-339-6800, 이효석 문학관 033-330-2700 ●**먹을거리** 장전계곡 우미정 033-334-0739, 김가네손만두(손만두) 033-332-0932, 현대막국수(막국수) 033-335-0314, 평창한우마을(한우) 033-334-8200, 가벼슬(곤드레밥) 033-336-0609 ●**잠자리** 장전계곡 털보민박 033-333-3131 ●**이색 체험과 축제** 평창 곤드레축제 5월, 평창 송어축제 12월 ●**주변 여행지** 오대산, 삼양목장, 양떼목장, 봉평허브나라

안개가 내려앉은 감자밭 풍경이 아름답다.

추천 코스

장전계곡 → 숙암계곡 → 오대천

가족여행 팁

이끼계곡은 5월에서 6월까지가 가장 색이 아름답고 계곡의 수량도 적당하므로 시기를 놓치지 말자.

○● 이끼계곡의 서늘함을 찾아 떠나는 평창 계곡 드라이브

온난화 현상 때문인지 이제는 6월이면 한낮의 기온이 30도를 오르내릴 정도로 완연한 여름이 된다. 따가운 햇살 아래에서 숨이 탁탁 막힐 정도로 더위를 느낄 때면 깊은 산, 이끼계곡의 서늘함이 간절해진다. 사람들의 눈을 시원하게 만들기도 하지만, 마음을 편안하고 차분하게 만들어 주기도 하는 초록의 싱그러움을 찾아 강원도로 떠나 보자.

진부IC를 빠져나와 정선으로 이어지는 59번 도로는 오대산에서 발원하여 북평면 나전리에서 조양강과 만나는 오대천을 끼고 있어 기분 좋은 드라이브 코스이다. 안개가 자욱하게 산허리를 감싸고 돌아 나가는 감자밭의 하얀 감자꽃을 보면 강원도의 매력에 더 깊이 빠져든다.

하류로 내려가면서 특히 가리왕산과 그 일대 장전계곡, 단임골, 숙암계곡 등 가지 계곡이 합류하는 지점에 이르면 청정수를 받아 물이 더욱 맑아지며, 간간이 산에서 흘러내리는 폭포가 계곡과 어우러져 절경을 만든다. 수항계곡과 막동계곡을 지나면서 장전계곡 입구를 만나게 되며 이 계곡을 기점으로 평창군이 끝나고 정선군이 시작된다.

동이 트면서 햇살은 한여름처럼 따가워진다. 하지만 뜨거운 6월의 햇살도 강원도의 청정수와 푸르름 앞에서는 그 기세가 여지없이 무너지

카메라의 셔터스피드와 조리개

사진은 카메라의 셔터와 조리개의 조합으로 만들어진다. 셔터스피드는 CCD(Charged Coupled Device)에 얼마만큼 오랫동안 빛을 쬐어 주느냐를 결정하는 것이고, 조리개는 CCD에 얼마만큼 많은 양의 빛을 쬐도록 해 줄 것인지를 결정하는 것인데 같은 밝기의 사진이라면 서로 반비례하여 움직인다. 예를 들면, 셔터스피드가 짧아지면 조리개는 더 넓어져야 하고, 셔터스피드가 길어지면 조리개는 더 좁아져야 한다.

카메라의 조절을 통해 더욱 훌륭한 사진을 완성할 수 있다.

1. 강원도의 풍경은 산이 많아 다양한 모습을 볼 수 있다.
2. 오대천은 물이 맑고 경치도 좋아 래프팅을 즐기는 사람이 많다.
3. 백석폭포는 116m의 인공폭포로 자연과 어우러진 모습이 시선을 사로잡는다.

고 만다. 오대천으로 흘러드는 여러 골짜기 중 가장 길고 경관이 아름다운 곳, 장전계곡을 알리는 큼지막한 푯말을 보며 우회전을 하면 이끼계곡으로 오르는 길이다. 2개의 골짜기 물길이 합쳐지는 털보산장까지의 2.2km 구간은 비췻빛 계곡물과 널찍널찍한 바위들이 있어 파라솔을 펴고 낮잠이라도 늘어지게 자고 싶어진다. 작은 폭포와 물웅덩이가 끝없이 이어지며 바위계곡 사이로 흐르는 투명한 계곡물을 보면 탄성이 절로 터져 나온다. 그래서 그런지 한여름 피서철이면 좋은 자리를 잡기 위해 이른 아침부터 계곡에 사람들이 몰려든다.

●● 시원한 물살 속에서 쉬는 장전계곡의 여유

평창군에 속해 있는 장전계곡은 평창군과 정선군에 걸쳐 있는 가리왕산(1,561m)이 가진 2개의 큰 계곡 중 하나로, 남쪽의 가리왕산 휴양림이 있는 회동계곡과 함께 일대에 유명세를 떨치고 있다. 계곡을 따라 위로 오르면 띄엄띄엄 민가가 보이기도 한다. 예전에는 화전민이 살던 오지마을이었지만 아름다운 경치 때문에 몇 해 사이에 서구적인 전원주택이 여기저기 들어섰다. 대궐터로 불리는 골짜기를 지나 더 오르면 작은 다리가 나오고 왼쪽 어두컴컴한 작은 골짜기에서 서늘한 기운이 뿜어져 나온다. 무엇보다 바위골을 뒤덮은 짙푸른 초록 이끼는 바라만 봐도 서늘하고 마음이 한결 푹신해지는 느낌이다. 가슴으로 한껏 들이키는 맑은 공기가 기분 좋은 곳이다.

계곡의 물살을 우윳빛처럼 뽀얗게 표현한 사진은 그 부드러움과 섬세함에 마치 그림을 보는 듯한 착각이 들게 한다. 이러한 사진 기술은 단순히 셔터의 개방 시간을 늘려 촬영함으로써 움직이는 물체가 궤적을 만들도록 하는 것으로, 계곡의 물살뿐만 아니라 야경에서 자동차의 불빛이 지나가는 궤적, 바닷가 바위틈에 밀려오는 파도를 촬영할 때도 똑같이 사용된다. 이러한 사진의 장 노출(Long Shutter) 기법을 이해하면 특별한 사진을 만들 수 있다. 이런 경우, 반드시 삼각대를 설치하고 릴리즈를 사용해야만 선명한 사진을 얻을 수 있다는 점도 기억해야 한다. 장전계곡에서 풍성하고 싱싱한 이끼계곡의 모습을 담으려면 6~7월 장마 전까지와 9~10월이 최적의 시기이다. 꼭 사진을 찍지 않아도 좋다. 신발을 벗고 가만히 계곡 물에 발을 담가 보자. 얼마나 차가운지 1분도 채 견디지 못하겠지만 상쾌한 기분은 말할 수 없을 정도이다.

59번 도로를 타고 장전계곡과 숙암계곡을 지나 계속 이어지는 오대천은 래프팅을 즐기는 사람들로 가끔씩 물소리와 함께 주변이 시끄러워진다. 빨간색 고무보트에 몸을 싣고 여러 사람이 각자 처해진 상황에 적극적으로 대처하고 노력해야만 정해진 목적지까지 안전하게 닿을 수 있는 래프팅은 매력적인 여름 스포츠임에 분명하다. 이렇게 맑고 깨끗한 물에서라면 그 즐거움이 몇 배 더하지 않을까?

계곡 사진 찍기

그림 같은 멋진 계곡 사진을 보면 마치 합성 사진처럼 보이는데, 셔터타임을 길게 줌으로써 쉽게 만들 수 있다. 셔터타임을 길게 하려면 조리개 숫자를 최대한 올리거나 이른 아침과 같이 어두울 때 찍으면 되는데, 삼각대를 반드시 설치해야 한다. 셔터스피드는 대략 2~10초 정도가 적당한데, 카메라의 흔들림을 막기 위해서 릴리즈를 사용하는 것이 좋다. 그리고 이끼계곡은 아름다운 청정 자연의 표본이다. 일부러 훼손하는 경우는 있어서도 안 되겠지만, 실수로라도 손상되지 않도록 조심해야만 한다는 점을 기억하자.

이끼의 푸른색과 흐르는 물이 만든 흰색 궤적이 아름다운 풍경을 만든다.

047
6월

양 떼와 함께 푸른 초원 위를 누비다
대관령 양떼목장

대관령 휴게소 뒤쪽에 위치한 국내 유일의 면양 목장인 양떼목장은 이국적인 풍경 때문에 늘 여행객의 발길이 끊이지 않는다. 삼양목장과 비교해서 턱없이 작은 규모이지만 그렇기 때문에 소소한 풍경들을 더 세심하게 보게 되는 이점도 있다. 작은 들꽃에게까지 눈길을 주다 보면 작은 아름다움에 대해 생각하는 시간도 갖게 된다.

연계 교과
2-1 슬기로운 생활, 3-1 과학, 3-2 과학, 6-1 과학, 4-2 사회

체험 포인트
양떼목장을 둘러보고 대관령 성황사 찾아가기

● **주소** 강원도 평창군 대관령면 횡계리 14-104 ● **가는 길 | 자가용** 영동고속도로 횡계IC → 대관령 양떼목장 ● **문의** 대관령박물관 033-640-4482, 평창군 관광안내소 033-330-2771, 평창시외버스터미널 033-332-2407, 봉평허브나라 033-335-2902 ● **먹을거리** 아우네(오삼불고기) 033-335-9884, 대관령 감자옹심이 033-335-0053, 바우골(빵작장) 033-335-2777, 남경식당(꿩만두) 033-335-5891 ● **잠자리** 대관령아름다운펜션 033-335-4178, 호수를 낚는어부 033-335-6269, 대관령들꽃향기펜션 033-335-6873, 대관령 800마을 033-332-1010 ● **이색 체험과 축제** 강릉 단오제 5월 ● **주변 여행지** 대관령 삼양목장, 장전계곡, 강릉

양떼목장 정상에 오르면 횡계 시내가 시원스럽게 내려다보인다.

추천 코스
대관령 양떼목장 → 대관령 옛길 → 성황사/산신각

가족여행 팁
규모가 작은 양떼목장은 잰걸음으로 둘러보기보다 느긋하게 다니는 게 좋다.

○● 국내 유일의 면양 목장, 대관령 양떼목장

6월이면 제법 여름 티를 내는 한낮의 기온 때문에 더위를 느낄 만도 하지만 대관령 주변은 높은 해발고도 덕분에 도시보다 한결 시원하다. 대관령은 강원도 평창과 강릉을 가르는 태백산맥의 줄기로, 해발고도 832m에 고개의 길이만 해도 13km에 이르는 험한 길이다. 충청남도 금산에 있는 대둔산의 높이가 878m인 걸 생각한다면 얼마나 높은 고개인지 짐작이 간다. 지금에야 시원스러운 4차선 고속도로와 터널이 산을 관통하니 수월하게 오갈 수 있지만, 오래전 서울과 강릉을 오가는 영동고속도로는 편도 1차선의 고갯길 투성이였다.

특히 대관령을 한 번 넘을라치면 구불구불 수도 없이 도는 고갯길로 멀미가 났고, 행여 앞에 짐 실은 트럭이라도 가는 날이면 기어가듯 고개를 넘어야만 했다. 그래서 옛날 사람들은 이 험한 고개를 오르내릴 때 넘어지기라도 하면 '대굴대굴 크게 구르는 고개'라고 해서 대굴령이라고 부르기도 했다.

백두산에서 지리산까지 이어지는 가장 큰 산줄기를 백두대간이라 부르는데 그 허리에 해당하는 대관령은 관서지방과 관동지방을 가르는 경계이기도 하다. 또 이곳을 분수령으로 동쪽으로 흐르는 하천은 오십천

강릉 단오제
마을의 무사태평을 기원하는 3명의 신에게 제사를 지내는 행사로. 역사는 1,000년을 거슬러 올라간다. 그 3명의 신은 강릉의 정씨 처녀를 호랑이로 하여금 데려오게 하여 아내로 삼았다는 대관령국사여서낭신, 대관령산신인 신라 명장 김유신, 굴산문을 창건한 범일국사인 대관령국사서낭신이며 음력 4월 5일 '신주 빚기'를 시작으로 음력 5월 7일까지 한 달 동안 열린다.

강릉 단오제라는 독특한 전통 축제에 참여하기 위해 많은 사람이 찾는다.

1. 양떼목장 정상의 나무집은 사진 찍기에 좋아 가족은 물론 연인들을 많이 볼 수 있다.
2. 양떼목장 곳곳에는 다양한 소품들이 놓여 있어 아기자기하다.
3. 양떼목장의 그네를 타면 신이 나서 절로 미소가 지어진다.

으로 강릉을 지나 동해로 빠지고, 서쪽에 흐르는 하천은 송천이 되어 남한강으로 흘러든다. 대관령을 지나는 지금의 고속도로가 생기기 이전의 옛 도로에는 작고 아기자기한 이국적 풍경의 명소가 있는데, 국내 유일의 면양 목장인 대관령 양떼목장도 그중 하나이다.

해발 850~900m의 대관령 구릉 위로 펼쳐진 이곳은 풍전목장이라는 이름으로 시작하여 2000년 겨울부터 대관령 양떼목장으로 이름을 바꾸었다. 옛 대관령 휴게소 부근에 주차를 하고 우거진 숲길을 10분 정도 올라가면 목장의 입구가 나온다. 양은 우리가 흔히 말하는 면양과 염소라 불리는 산양으로 분류되는데 면양이 우리나라에 들어온 유래는 꽤 오래전부터이다. 고려시대부터 기른 기록이 있는데 한때 우리나라에서 모두 없어졌다가 1960년대에 들어와 다시 기르기 시작했다.

●● 동심으로 돌아가 양과 꽃을 만나는 산책길

선한 눈동자에 수북하게 자란 털만 봐도 순한 천성을 알 수 있는 양들이 푸른 초원에서 한가로이 풀을 뜯는 이국적인 풍경은 왜 이곳을 한국의 알프스라 부르는지 쉽게 알 수 있게 한다. 나무에 아무렇게나 매달린 그네는 아이들뿐만 아니라 어른들도 동심으로 돌아갈 수 있는 즐거운 놀이기구이다. 그 누구라도 굳은 표정으로 그네에 매달려서 흔들거릴 사람은 없기 때문이다.

완만한 구릉을 따라 목장의 둘레를 한 바퀴 걷는 것이 전부이지만 낮은 언덕이 만들어 내는 편안함은 생각보다 썩 괜찮다. 목장의 정상 부근에는 나무로 만들어진 움막집이 있는데 영화에 나왔던 곳이라 사람들의 눈에 익숙하다. 그 너머로 황병산, 선자령, 발왕산 등의 모습이 아련하게 눈에 들어오는데 탁 트인 시야와 아기자기한 목장의 풍경은 어디서 사진을 찍더라도 멋진 분위기를 만들어 낸다. 단지 구릉의 초원지대에 풀어 놓은 양과 목책이 전부이지만 마음이 한없이 편안해진다.

조금 천천히 걸으며 길가에 핀 야생화에게도 눈길을 주자. 꽃들의 이름을 몰라도 상관없다. 생판 처음 보는 꽃이라도 좋다. 세상에 어떤 꽃이라도 예쁘지 않은 것은 없기 때문이다. 예쁜 꽃을 보면 마음도 예뻐지는 건 누구라도 마찬가지이다. 시간이 허락한다면 옛 대관령 휴게소 옆쪽에서 시작하는 대관령 옛길을 따라 대관령 성황사와 산신각이 있는 곳까지 잠깐 걷는 것도 좋다. 옛길에 대한 추억은 시간이 많이 흘러 잊혀질 듯한 순간에 더욱 빛을 발한다. 대관령 옛길은 관동지방의 선비들이 과거시험을 보러 갈 때 지나던 길이다. 율곡 이이는 대관령 고개를 하나 넘을 때마다 곶감 하나를 먹었다고 하는데 고개를 다 넘고 나니 100개의 곶감 중 하나만 남았다고 해서 아흔아홉 고개라 불렀다.

20여 분을 오르면 대관령의 산신을 모신 성황사와 산신각이 있다. 옛날 강릉 정씨 가문의 딸을 아내로 맞고자 산신이 호랑이를 시켜 데려왔다는 전설이 있는데, 이 딸이 산신에게 잡혀간 음력 4월 15일에 제사를 지내고 단오제가 시작된다. 양떼목장과 대관령 옛길을 걸으며 관동지방과 관서지방의 경계를 이루는 백두대간의 의미를 되새겨 보자.

양에게 건초 주기
양떼목장 입장료를 내면 양들의 먹이인 건초를 받을 수 있는 교환권을 준다. 별 것 아닌 것 같지만 양들이 잘 받아 먹는 걸 보면 꽤 재미있고, 어른들도 동심으로 돌아갈 수 있다. 동물과의 교감은 정서를 순화시키기 때문에 아이들의 교육에 도움이 된다.

성황사 및 산신각 둘러보기
강릉 단오제의 시작점인 대관령 성황사와 산신각은 옛 대관령 휴게소 옆쪽의 대관령 옛길을 따라 올라가면 된다. 20분 정도 올라가면 되는데, 전설과 함께 단오제의 기원도 알아 본다.

위 양을 직접 만지고 건초도 주면서 동물을 사랑하는 마음을 키울 수 있다.
아래 성황사와 산신각까지는 그리 멀지 않으므로 천천히 걸어 올라간다.

6월
048

푸른 바람이 부는 대나무숲에서 쉬다
담양 대나무 숲길

대나무로 대표되는 담양에서 사시사철 푸른 자연의 아름다움을 느껴 보자. 바람에 흔들리는 대나무 소리를 들으며 숲길을 걷다 보면 어느새 마음까지 시원해진다. 꼭 무언가를 체험하는 것이 아니라 자연 속을 걷는 것만으로도 소중한 기억을 남길 수 있다.

체험 여행

연계 교과
4-2 과학, 5-1 과학

체험 포인트
대나무 숲길에서 죽림욕 즐기기

●**주소** 전라남도 담양군 담양읍 학동리　●**가는 길 | 자가용** 경부고속도로 → 호남고속도로 → 88올림픽고속도로 담양 IC → 담양읍 **| 대중교통** 서울-광주 고속버스 이용, 광주-담양 시외버스 이용　●**문의** 죽녹원 061-380-3244, 한국가사문학관 061-380-2703, 한국대나무박물관 061-380-2907, 담양버스터미널 061-381-3233, 담양군 관광레저과 061-380-3150~2　●**먹을거리** 승일식당(돼지갈비) 061-382-9011, 목화식당(백반) 061-383-7505, 전통식당(한정식) 061-382-3111, 원조유명 떡갈비(떡갈비) 061-383-8321　●**잠자리** 명가혜 한옥펜션 061-381-6015, 죽산도림 010-2603-7895, 황토흙집 061-381-5885, 담양온천리조트 061-380-5000　●**이색 체험과 축제** 담양대나무 축제 5월, 담양 메타세쿼이아 가로수축제 11월　●**주변 여행지** 창평 슬로시티, 정읍 내장산

관방제림은 자전거를 타고 다니기에도 좋다.

추천 코스

학동 메타세쿼이아 가로수길
→ 관방제림 → 죽녹원

가족여행 팁

많이 걸어야 하므로 발이 편한 신발을 신는 게 좋다.

○● 자연이 만든 가로수길과 관방제림

담양 하면 초등학교 교과서에서 나오듯 죽세공품이 유명한 대나무의 고장이다. 하지만 지금은 그보다 더 유명한 가로수길이 먼저 떠오른다. 담양의 학동 교차로 주변에 있는 키다리 메타세쿼이아 나무가 만들어 내는 이국적인 풍경 때문이다. 담양군에서는 1972년에 3~4년생의 어린 묘목을 순창으로 이어진 국도변에 가로수로 심어 지금의 아름다운 가로수길을 탄생시켰다. 봄부터 여름까지 짙은 녹음으로 시원한 그늘을 만들어 내고, 가을에는 짙은 주황의 단풍으로 화려함을 뽐낸다. 특히 겨울에는 가지 위에 내린 하얀 눈 때문에 동화의 나라를 연상하게 해서 사계절 모두 아름다운 곳이다.

한때 국도확장공사가 이뤄질 무렵, 지금의 가로수길은 존폐의 기로에 서기도 했지만 담양 사람들은 '메타세쿼이아 살리기 군민연대'를 결성해 숲을 지켜냈다. 만약에 그때 정치인들의 논리에 밀려 메타세쿼이아 나무들이 사라졌다면 어땠을까? 담양이 지금처럼 멋진 도시가 되기는 조금 어려웠을지도 모른다. 눈앞에 보이는 것만 이익으로 생각하고 장래에 생겨날 이익과 손실에 대해서는 그 중요성을 잘 모르는 사람이 많다. 자연과 연관되는 것들은 더욱 그렇다. 자연은 있는 그대로 놔두는

메타세쿼이아 나무

체로키 인디언 추장의 이름에서 따왔다고 하는데 흔히 레드우드와 빅트리 두 종류를 일컬어 세쿼이아나무라고 한다. 세상에서 가장 키가 큰 레드우드는 112m에 나이가 무려 600살이 넘는 것도 있다고 한다.

학동 교차로의 메타세쿼이아길은 사계절 다른 매력을 뽐낸다.

1. 메타프로방스는 유럽풍의 상점들과 숙박 시설로 이국적인 풍경을 뽐낸다.
2. 담양천의 수변공원에는 징검다리를 비롯해 다양한 볼거리가 있다.
3. 죽항문화체험마을에서는 전통적인 방법으로 새끼를 꼬는 모습도 볼 수 있다.

것이 가장 잘 보살피는 것이다.

가로수길에서 담양천을 따라 죽녹원까지 관방제림이 이어진다. 담양천을 금성면에서는 금성천이라고도 부르지만, 광주와 나주를 지나는 동안 그 세를 불려 영산강이라 부르고 목포 앞바다로 흘러든다. 담양천 양쪽의 땅을 돋워 올려 세운 관방제는 조선 인조 때인 1648년에 담양부사 성이성이 수해를 막기 위해 처음 만들었다. 200년 뒤인 철종 때에 이르러 3만 명의 인력을 동원해 제대로 된 둑을 쌓고 둑이 허물어지는 것을 막기 위해 나무를 심어서 지금의 관방제림을 이루었다. 1.5km의 관방제에 700여 그루의 나무를 심었지만 현재 400여 그루만 남아 있다. 느티나무, 팽나무, 벚나무 등 다양한 나무가 어우러져 있지만 그중에서도 푸조나무가 가장 많은 수량을 차지한다. 이는 푸조나무가 뿌리를 깊게 뻗어 흙을 단단히 부여잡아서 제방이 무너지는 것을 막기 때문이다.

●● 죽녹원의 푸른 대나무숲 거닐기

아름드리나무가 늘어선 관방제림이 끝나면 길은 담양 웰빙 여행의 1번지로 손꼽히는 죽녹원으로 이어진다. 17만km²의 공원 가득 대나무가 숲을 이루는 곳으로 어른 팔뚝만 한 굵기의 대나무가 초록의 신비로움을 뿜어낸다.

흔히 숲 속을 거닐며 피톤치드를 흡입하고 몸의 면역력을 증가시키는 일을 삼림욕이라 하는데, 이와 더불어 음이온 가득한 죽림욕(竹林浴)의 효과가 널리 알려지면서 죽녹원뿐만이 아니라 '삼다리 대나무숲'이나 '죽산도림', '담양 대나무숲'처럼 작은 숲을 찾는 관광객이 점점 늘고 있다. 부러질 듯 휘어지며 부러지지 않는 대나무는 바람이 불 때 더욱 독특한 느낌을 만들어 낸다. 대나무 잎사귀가 만들어 내는 '쇄아~ 쇄아~' 소리나 대나무끼리 부딪혀 만드는 소리는 숲이 들려주는 이야기 같다.

대나무 숲길을 벗어나면 '죽향문화 체험마을'에 닿는다. 담양은 가사문학의 산실이기도 하다. 그래서 이곳에서는 고전시가(시조와 가사), 특히 가사문학과 관련된 다양한 자료를 전시하는 것은 물론 그에 걸맞은 담양의 이름난 정자들을 그대로 재현해 놓았다. 송강 정철이 기거했던 송강정, 그가 〈성산별곡〉을 지었던 식영정 등 죽향문화체험마을에 새로 지어진 정자들 사이를 거닐면 그 옛날 대쪽같이 올곧은 사림(士林)의 정기가 느껴진다.

인기가요 1위부터 10위까지는 줄줄 꿰면서 정작 우리의 판소리 5마당은 무엇인지 잘 모르는 게 요즘 세대이다. 〈춘향가〉, 〈심청가〉, 〈흥보가〉, 〈적벽가〉, 〈수궁가〉의 판소리 5마당은 우리보다 세계가 먼저 알아보고 있다. 2003년에 유네스코에서 세계무형유산 걸작으로까지 지정된 자랑스러운 우리 문화이니 말이다. 죽녹원과 죽향문화 체험마을을 찾을 때에는 그냥 스쳐 가는 관광지의 하나가 아니라 우리의 전통을 다시 보고 사색을 겸할 수 있는 곳으로 기억하면 좋겠다.

대나무 숲길 걷기
죽녹원의 대나무 숲길을 거닐며 피톤치드를 온몸으로 받아들인다. 대나무의 서걱거리는 소리를 들으며 느긋하게 걷다 보면 머리와 피가 맑아지고 심신이 안정되면서 저항력이 높아질 것이다.

위 시가문화촌에는 담양의 정자들을 그대로 재현해 놓아 전통 한옥 양식을 제대로 엿볼 수 있다.
아래 죽녹원 대나무숲에는 음이온이 많이 발산된다.

049

자연이 만든 놀라운 지형을 감상하다
옥천 둔주봉

대청댐이 만들어지면서 산과 계곡이 많은 옥천은 일대 지각 변동이 일어난다. 덕분에 아름답고 독특한 풍경들도 생겨나게 되었는데 옥천군 안남면의 둔주봉에 올라서면 거짓말처럼 한반도 지형을 돌려놓은 모습의 물돌이 형상을 보게 된다. 등산로라 하기에는 너무 편하고 널찍한 길이라 산책을 하듯 편안하게 가족과 함께 걷는다.

연계 교과
4-1 과학

체험 포인트
둔주봉 둘레길 걷기

●**주소** 충청북도 옥천군 안남면　●**가는 길 | 자가용** 경부고속도로 옥천IC → 옥천읍 → 장계국민광지 → 안남초등학교　●**문의** 옥천군 문화관광과 043-730-3412, 장계국민관광지 043-733-7833, 안남면사무소 043-730-4544, 금강유원지 043-731-2233　●**먹을거리** 메기구이전문점(메기구이) 043-733-7879, 경상식당(쏘가리매운탕) 043-732-3485, 구읍할매묵집(묵밥) 043-732-1853, 금강올갱이(올갱이해장국) 043-731-4880　●**잠자리** 대청호전망좋은펜션 043-732-1142, 장자마을 043-733-7472, 고야토방 070-4138-6955, 고려민박 043-733-5911　●**이색 체험과 축제** 이원묘목축제 3월, 지용제 5월, 포도축제 7월　●**주변 여행지** 옥천 용암사, 청주, 장태산 자연휴양림

추천 코스

안남초등학교→둔주봉 등산로 입구→팔각정(한반도 지형 관람)→둔주봉→피실→안남초등학교

가족여행 팁

둔주봉에서 피실로 내려오는 길은 여름철 물이 불어날 때 일부가 잠기므로 미리 확인한다.

선착장에 있는 배를 타고 한반도 지형 주변을 유람할 수 있다.

○● 우암 송시열이 예찬한 옥천의 비경

정지용 시인의 〈향수〉에서 소개되는 마을은 너무나 평화롭고 행복해 보인다. 그곳은 대체 어디를 배경으로 하는 곳일까? 바로 정지용 시인의 생가가 있는 충청북도 옥천이다. 문학적 배경이 되는 곳은 누구나 한 번쯤 가 보고 싶은 마음이 드는 게 당연하다. '대체 얼마나 좋길래.' 하는 생각으로 말이다.

아주 오래전 옥천은 내륙의 오지라고도 불릴 만큼 주변에 산이 많고 교통이 불편했다. 경부고속도로가 건설될 당시만 해도 옥천-영동 구간은 난코스 중의 난코스였고, 4차선 확장공사가 시행될 때에도 가장 늦게까지 공사를 했던 곳이니 말이다. 하지만 이 때문에 오히려 자연환경이 덜 파괴되고 공업화의 손길이 미치지 못해 자연이 더 잘 보존될 수 있었다.

옥천이 지금의 모습을 갖춘 건 그리 오래되지 않았다. 1980년 대청댐이 완공되고 담수가 시작되면서 일대 지각 변동이 시작된 것인데, 실개천은 큰 강이 되었고, 작은 소는 커다란 호수를 이루게 되었다. 그야말로 물의 고장이 된 것이다. 금강 줄기는 전라북도 장수에서 시작하여 스무 개의 작은 지류를 모아 충청도 땅에 이르러 대청호에 합류했다가

정지용(鄭芝溶, 902~1950)

옥천이 고향인 시인. 서울 휘문고등보통학교를 거쳐, 일본 도시샤대학교 영문과를 졸업했다. 광복 후 좌익 문학단체에 관계하다가 전향하여 보도연맹에 가입하였으며, 6·25 전쟁 때 북한 공산군에 끌려간 후 사망했다. 1933년 〈가톨릭 청년〉의 편집 고문으로 있을 때 이상의 시를 실어 그를 시단에 등장시켰으며, 1939년 《문장(文章)》을 통해 조지훈·박두진·박목월의 청록파를 등장시켰다. 섬세하고 독특한 언어를 구사하여 대상을 선명히 묘사, 한국 현대시의 신경지를 열었다. 작품으로 시 〈향수〉, 〈유리창1〉, 〈비〉, 〈압천(鴨川)〉, 〈이른 봄 아침〉, 〈바다〉 등과 《정지용 시집》이 있다.

비석에 새겨진 〈향수〉가 정지용 시인의 생가임을 말해 준다.

1. 독락정은 조선 선조 40년에 지어진 정자로 단정한 아름다움을 뽐낸다.
2. 리기다 소나무가 울창한 숲을 이루는 등산로는 마치 산책길 같다.
3. 안남면사무소 근처에는 조선시대에 지어진 덕양서당이 있다.
4. 정지용문학관에는 그의 다양한 자취가 남아 있으며 시 낭송도 들을 수 있다.

백마강이라는 이름으로 탈바꿈하며 다시 전라북도 군산 앞바다로 흘러간다. 그러면서 무주 구천동, 영동의 양산팔경, 부여의 낙화암 등 무수한 비경을 만들어 내는데, 그중 하나가 옥천이다.

일찍이 우암 송시열 선생은 이를 두고 '소금강'이라 예찬할 정도였다고 하는데 심심산중의 계곡들이 만들어 낸 골 사이로 금강 줄기가 요리조리 빠져나가며 아름다운 비경을 이룬다. 특히 가장 많은 변화를 겪게 된 곳이 군북면과 안남면 일대인데 옛 추억이 가득한 마을이 통째로 물속에 잠겨 버려, 한때 산이었던 곳들이 가라앉고 봉우리들만 섬처럼 비쭉이 모습을 드러내고 있다. 불어난 금강의 물줄기는 이 지역에 독특한 모양의 물돌이 형상을 만들어 내기도 했는데 옥천군 안남면 연주리에 위치한 둔주봉(270m) 정상에 오르면 거짓말처럼 거꾸로 된 한반도 지형이 한눈에 들어온다.

●● 안남초등학교에서 둔주봉에 이르는 등산로

안남읍 안남초등학교에서부터 시작되는 등산로는 말이 등산로이지 사실 산책길에 가까운 코스이다. 두 살배기 아이를 등에 업고도 갈 수 있는 곳이니까 말이다. 안남초등학교에서 둔주봉으로 가는 길이라는 푯말을 쫓아 800m를 가면 점촌 고개에 다다른다. 여기서부터 산길이 시작되는데 널찍한 길은 걷기에 참 좋다.

길쭉길쭉한 리기다소나무가 빽빽이 들어찬 숲 길 위로 소나무 잎이 쌓여 발이 편안하다. 따가운 햇살은 울창한 나무의 잎사귀에 가려져 듬성듬성 숲 속으로 스며들지만, 숲의 청량함 때문에 거슬리지 않는다. 가끔 길 옆으로 피어난 꽃들이며 계곡의 나무를 보면서 아이들과 이야기를 나눠 보자. 호기심을 자극할 만한 것과 활동적인 일들이 합쳐지면 막혔던 대화가 술술 풀어지게 마련이다. 아이들의 마음을 이해하기 위해서는 많은 대화를 나누는 것이 최선의 방법이다.

20분 정도를 오르면 팔각정이 모습을 드러낸다. 여기서 숨을 고르며 금강의 물줄기를 내려다보면 거짓말처럼 한반도 지도를 뒤집어 놓은 지형을 볼 수 있다. 둔주봉 등산로가 유명세를 얻게 된 이유도 바로 이 때문이다. 특별한 풍경과 어우러진 편안한 산행은 즐거움을 더욱 늘려 준다. 여기서 300m를 더 가면 둔주봉 정상이 나오는데, 서쪽으로 금강의 물줄기가 아름답게 펼쳐진다. 내려가는 길은 피실, 금정골, 고성으로 향하는 3가지 코스가 있으며 어디로 가더라도 결국은 비포장의 강변길에 닿는다. 흙먼지 풀풀 날리는 도로를 걸으면 이름 모를 들꽃과 시원한 강바람이 흐른 땀을 식혀 준다. 시인의 고장이자 물의 고장인 옥천 여행, 그중에서도 걷기에 편안한 둔주봉 둘레길은 가족간의 대화를 이끌어 낼 아름다운 장소가 된다.

한반도 지형 감상하기

둔주봉 둘레길을 따라 한껏 솔향에 취해 20여 분 걷다 보면 번듯하게 지어진 정자가 보이는데 이곳에 서면 뒤집어 놓은 한반도 지형을 볼 수 있다. 굳이 기이한 형태의 물돌이를 구경하는 게 목적이 아닐지라도 편안한 등산 코스는 기분을 즐겁게 만든다.

둔주봉 전망대에 서면 한반도 지형을 거꾸로 놓은 모습을 볼 수 있다.

우리나라 5대 적멸보궁 중 한 곳을 가다
평창 오대산

우리나라에서 가장 높은 곳에 위치한 상원사는 1,400년의 역사를 가지고 있는 절이다. 여기서 중대암으로 오르면 자장율사가 당나라에서 가져온 부처님의 진신사리가 보관된 적멸보궁을 만날 수 있다. 오대산의 짙은 녹음이 만들어 내는 숲과 월정사의 고즈넉한 풍경은 자연스럽게 마음을 정화시킨다.

연계 교과
1-1, 2-1 슬기로운생활, 5-1 사회

체험 포인트
월정사에서 중대암 적멸보궁까지 올라 보기

●**주소** 강원도 평창군 진부면 동산리 63　●**가는 길 | 자가용** 영동고속도로 진부 IC → 오대산 방향 6번 국도 → 월정 삼거리 → 월정사 → 상원사　●**문의** 오대산국립공원 033-332-6417, 월정사 033-339-6800, 평창 동강민물고기 생태관 033-330-2137, 방아다리약수 033-335-1966　●**먹을거리** 메밀꽃향기(메밀음식) 033-336-9909, 부림식당(산채백반) 033-335-7576, 송어의집(송어회) 033-332-0505, 부일식당(산채백반) 033-336-7232　●**잠자리** 소금강펜션 033-661-3810, 송이네펜션 033-661-6225, 고향촌민박 033-662-5920, 꽃피는마을펜션 033-662-2218　●**이색 체험과 축제** 오대산불교문화 축전(월정사) 10월, 소금강 청학제 10월　●**주변 여행지** 장전계곡, 양떼목장, 삼양목장

상원사는 가장 높은 곳에 있는 절로 아침 운무에 휩싸인 절 풍경이 인상적이다.

추천 코스

월정사 → 상원사 → 중대암 적멸보궁 → 한국자생식물원 → 소금강

가족여행 팁

소금강 트레킹을 떠나기 전에 간식과 물을 충분히 준비한다.

◦● 오대산의 정기를 받은 상원사와 적멸보궁

새벽녘의 맑고 차가운 강원도의 산 공기는 오아시스와 같이 시원함에 대한 갈증을 해소시켜 준다. 더욱이 간밤에 비라도 내리면 한층 더 싱그럽고 상큼하기만 하다. 진부 톨게이트를 빠져나와 월정사 방면으로 가다 보면 길 옆으로 보이는 감자밭과 산허리를 깎아 여러 가지 채소를 재배하는 고랭지밭이 힐끔힐끔 모습을 드러내는데, 그 풍경이 생소하면서도 이국적으로 느껴진다.

오대산 국립공원임을 알리는 탐방센터를 지나면서 주변의 나무와 숲은 더욱 울창해진다. 커다란 아름드리 전나무가 짙은 녹음을 뿜내며 사방을 빼곡히 둘러싸고 있는 도로를 미끄러지듯 빠져나가다 보면 숲이 내뿜는 공기에 취해 느긋하게 걷고 싶은 마음이 퐁퐁 샘솟는다. 월정사를 지나면 포장도로가 끝나고 흙길이 시작된다. 시냇물 소리만 졸졸졸 들려오는 고요한 아침, 지저귀는 새소리가 마치 음악처럼 들려오는 이 길은 동피골 야영장을 지나는 길이고, 오대산 호령봉에서 동대봉까지 이르는 등산로로 들어서는 초입이기도 한데, 월정사의 말사인 상원사까지 이어진다.

무려 해발 1,200m의 높은 곳에 지어진 상원사는 우리나라에서 가

우리나라 5대 적멸보궁

적멸보궁은 신라의 승려 자장(慈藏)이 당나라에서 돌아올 때 가져온 부처님의 진신사리와 정골(頂骨)을 나누어 봉안한 곳을 이르는 암자이다. 현재 양산 통도사, 오대산 중대암, 설악산 봉정암, 태백산 정암사, 사자산 법흥사가 바로 우리나라의 5대 적멸보궁으로 알려져 있다. 적멸보궁에는 불상이 없는 것이 특징이다.

적멸보궁에서 기도를 하면 소원이 이루어진다고 한다.

1. 월정사 금강문 천장에 있는 화려한 그림이 인상적이어서 아이들은 물론 외국인도 눈이 휘둥그레진다.
2. 월정사의 전나무 숲길은 걷기 좋은 길 중 하나이다.
3. 한국자생식물원은 멸종되어 가는 자생식물을 모아 놓은 곳으로 마음에 여유를 갖고 둘러본다.

장 높은 곳에 위치한 절로도 유명하다. 신라 문무왕 때 지어진 절이니 1,400년이나 되는 역사를 간직하고 있지만, 사실 6·25 전쟁 때 모두 불타 버리고 1968년에 다시 지어졌다. 지금은 일반인들이 가까이 접근할 수 없도록 고이 보관된 상원사 동종 또한 빼놓지 말고 꼭 보아야 할 것 중 하나이다. 성덕대왕 신종과 더불어 우리나라에서 가장 오래된 종이다. 구름 위에서 무릎을 꿇고 하늘을 날며 악기를 연주하는 비천상(飛天像)을 보고 있으면 마치 신선이 된 듯한 착각이 일기도 한다. 상원사에서 등산로로 접어들면 푸른 이끼가 크고 작은 바위를 두껍게 감싼 계곡 풍경이 눈길을 잡는다. 30분가량을 오르면 기와가 층층이 계단을 이루고 있는 중대 사자암에 닿는다. 다시 이곳에서 15분을 오르면 작은 암자가 나타난다.

그런데 특이하게 이 암자에는 불상이 없다. 바로 부처님의 진신사리를 모신 우리나라 5대 적멸보궁 중 한 곳이기 때문이다. 월정사를 찾았다면 상원사를 꼭 둘러봐야 하고, 상원사를 찾았다면 적멸보궁까지 보아야 후회하지 않는다. 오대산은 유난히 다람쥐가 많기도 하지만 해코지하는 사람들이 없어서인지 사람들에게 경계심을 풀고 친근하게 다가온다.

●● 자생식물원도 보고 진고개 등산로 걷기

월정사 들머리에 자리 잡은 한국자생식물원도 한 번쯤 찾아볼 만하다. 예전에는 산과 들에서 흔히 볼 수 있었던 식물이지만, 마구잡이로 파헤쳐지고 뽑혀져 지금은 점차 사라져 가는 식물들을 한자리에 모아 놓았다. 특히 1.2km의 신갈나무 숲길과 생태식물원은 마치 숲 속에 들어와 있는 것 같은 착각을 일으키게 만든다. 간혹 식물원을 찾는 이들 중에서 실망을 하고 돌아가는 경우도 있는데, 이는 화원을 상상하고 찾는 경우일 것이다. 하지만 자연 속에서 철마다 피고 지는 멸종 위기의 희귀한 꽃과 식물들을 한곳에서 볼 수 있다는 사실에 매력을 느낀다면 입장료와 시간이 아깝지 않다.

한국자생식물원을 빠져나와 주문진 방면으로 난 6번 국도를 타고 소금강으로 차를 몰아 해발 960m의 진고개 정상에 다다르니, 불과 10m 앞도 제대로 확인할 수 없을 만큼 짙은 안개가 사방을 뒤덮는다. 진고개 정상에서 시작되는 등산로는 해발 1,338m의 노인봉에 이르는 가장 쉬운 등산 코스인데, 노인봉을 거쳐 하산하면서 오대산의 비경인 소금강을 감상할 수 있어 많은 사람이 찾는다. 등산이 목적이 아니라면 오대산 국립공원의 소금강 분소에서 시작하는 소금강 탐방 코스를 선택하는 것도 좋다. 외국 유명 관광지의 트레킹 코스에 전혀 뒤지지 않는 멋지고 아름다운 코스이다. 꼭 트레킹을 하고 힘들게 산을 오르지 않아도 좋다. 그냥 가만히 앉아 자연과 함께 호흡하는 것만으로도 기분이 좋아진다. 자연 속에서 마음을 비우는 여유를 찾는 것은 내 마음을 살찌우는 보약과도 같은 일이다. 바다보다 더 시원하고 활력이 넘치는 오대산에서 쌓인 스트레스를 확 날려 버리자.

적멸보궁에서 기도하기
적멸보궁에서 기도를 하면 소원이 이루어진다고 하는데, 그런 이유보다도 우리나라 5대 적멸보궁 중에 한 곳을 직접 가 보는 것은 남다른 경험이 된다. 상원사에서 40분 정도 산길을 걸으면 만날 수 있다.

소금강 트레킹하기
오대산국립공원 소금강 분소에서 시작하는 소금강 탐방 코스는 외국 유명 관광지의 트레킹 코스에 전혀 뒤지지 않는 멋지고 아름다운 길이다. 완만한 계곡길을 따라 이어지는 멋진 풍경들은 감탄사를 내뱉게 한다. 꼭 트레킹을 하고 힘들게 산을 오르지 않아도 좋다. 그냥 가만히 앉아 자연과 함께 호흡하는 것만으로도 기분이 좋아진다.

위 상원사에서 적멸보궁까지는 40분 정도 걸리므로 천천히 걸어간다.
아래 오대산 소금강지역은 바위와 물이 어우러져 뛰어난 경치를 보여 준다.

7월
051

동화의 나라에서 꿈에 대해 이야기하다
춘천 남이섬

하루 종일 걷고 뛰어다녀도 지루하지 않은 곳, 남이섬에서 창의력과 꿈에 대해 아이들과 더 많은 이야기를 나누어 보자. 자연 속을 걷는 편한 걸음 속에서 자연스럽게 서로의 마음속 이야기를 전할 수 있을 것이다. 컴퓨터와 게임에 지친 아이에게 자연의 휴식을 선사한다.

체험 여행

연계 교과
6-1 사회, 4-1 과학

체험 포인트
남이섬의 자연 생태 탐방하기

●**주소** 강원도 춘천시 남산면 방하리 198 ●**가는 길 |** 서울 → 춘천고속도로 화도 IC → 금남 IC → 남이섬
●**문의** 가평군 문화관광과 031-580-2114, 남이섬 관광안내소 031-580-8153~4, 아침고요수목원 1544-6703, 쁘띠프랑스 031-584-8200 ●**먹을거리** 동기간(토종닭) 031-581-5570, 꼬꼬닭갈비 031-581-2127, 동이(돈족탕) 031-582-3432, 우렁쌈밥마당(우렁쌈밥) 031-582-4045 ●**잠자리** 남이섬 정관루 호텔 031-580-8000, 피카소 031-581-0058, 눈깔사탕펜션 010-2390-5797, 포시즌펜션 031-581-2261 ●**이색 체험과 축제** 짚와이어 타기(남이섬 선착장 → 남이섬 → 자라섬) ●**주변 여행지** 자라섬, 아침고요수목원

남이섬에는 북한강이 보이는 운치 있는 장소가 많다.

추천 코스

남이섬에서 숙박 → 아침 산책 → 자전거 타기

가족여행 팁

남이섬에서 숙박을 하려면 조금 서둘러 예약하는 것이 좋다.

○● 드라마 〈겨울연가〉의 여운을 만나는 곳

춘천시의 작은 반달섬인 나미나라 공화국(남이섬)은 서울에서 당일치기로 다녀올 수 있어 좋다. 입장권 대신 입국비자를 받아야 들어갈 수 있는 이곳은 원래 홍수 때만 섬처럼 고립되던 곳이었으나 청평댐이 생기면서 완전히 섬으로 바뀌어 버렸다. 배를 타야만 들어갈 수 있다는 것은 나오고 싶어도 아무 때나 나올 수 없다는 의미이기도 하니, 배 시간이 고작 5분밖에 걸리지 않는다고 해도 섬은 섬일 수밖에 없다. 2001년에 방송되었던 드라마 〈겨울연가〉의 흥행에 힘입어 배경이 되었던 남이섬은 한류 바람을 타고 지금은 한 해 40만 명이 넘는 외국인이 찾는 유명 관광지로 변신했다.

남이섬으로 들어가는 나루터는 가평에 있다. 북한강을 사이에 두고 남이섬은 강원도 춘천 소재지만, 나루터는 경기도 가평 소재여서 한꺼번에 두 곳의 경계를 넘나드는 셈이다. 이른 아침, 강가에 피어오르는 물안개를 보며 섬으로 들어가는 배를 기다리다 보면 분위기는 한층 더 아늑하고 색다르게 느껴진다. 입국비자를 받고서 배에 오르면 곧바로 남이섬 선착장을 향해 보트가 물살을 가르기 시작한다. 어디선가 '쉐~엑' 하며 전투기 지나는 소리가 들려 하늘을 보면 주차장에서 남이섬을

남이섬의 탄생

1960년대에 개인이 하중도라는 섬을 사들여 나무를 심고 섬을 가꾸어 휴양지로 개발하기 시작했는데, 2000년에 들어오면서 이름을 남이섬으로 바꾸었다. 조선 세조 때 병조판서를 지내다 역적으로 몰려 28살 젊은 나이로 요절한 남이 장군의 묘가 이곳에 있었기 때문이다. 선착장 근처 언덕에 남이장군묘라고 전해오는 돌무더기가 있는데, 이 돌을 옮기거나 집으로 가져가면 액운이 낀다는 전설이 있다.

남이섬과 선착장을 오가는 배에는 연일 관광객으로 가득하다.

1. 남이섬의 호텔 정관루는 옛 전통 가옥의 형태를 하고 있어 외국인 관광객들에게 이채로운 풍경을 선사한다.
2. 남이섬 안을 둘러볼 수 있는 미니 기차가 다닌다.
3. 곳곳에서 기발한 아이디어의 작품들이 눈에 띈다.

연결하는 짚와이어가 지나간다. 높이 80m의 타워에서 남이섬을 향해 시속 50km의 속도로 날아가는 모습은 보기만 해도 짜릿하다.

남이섬은 섬 둘레가 6km에 지나지 않아서 자전거를 타고 느긋하게 한 바퀴 돌아도 채 1시간이 걸리지 않는다. 하지만 한 해 천만 명의 관광객이 찾는 곳인 만큼 곳곳에 아름다운 볼거리가 가득하다. 아니 볼거리가 많지 않아도 남이섬 곳곳을 걷다 보면 어느새 몸이 깨끗해지고 마음이 평화로워지는 놀라운 경험을 하게 될 것이다.

●● 숲과 하나 되어 걷는 산책길

남이섬에 들어서면 제일 먼저 눈에 띄는 것이 길이 400m로 곧게 뻗은 잣나무 숲길이다. 맛있는 잣이 열리는 가을이 되면 청설모와 다람쥐가 잣을 주워 가느라 정신이 없다. 그 외의 계절이라고 해도 녀석들은 언제나 이 주변을 기웃거린다. 사람들이 던져 주는 먹이 때문인데 사람들을 보면 도망가기는커녕 빤히 마주서서 음식을 내놓으라고 애절한 눈빛을 보낸다. 잣나무 숲길 옆, 우거진 숲 속 곳곳에는 벤치와 탁자가 놓여 있어 느긋하게 시간을 보내거나 간식을 먹을 수 있다.

7월의 태양은 이른 아침부터 강렬하게 내리비치지만 숲을 연상케 하는 남이섬에서는 그저 기분 좋은 햇살에 불과하다. 여기저기 다니는 곳마다 다양한 조각품과 아이디어가 충만한 건물들이 놓여 있어 딱 어디를 꼽지 않아도 이리저리 산책하듯 다니면 된다. 메타세쿼이아 나무들이 곧게 자란 길에서 다정한 연인이 사진을 찍으며 즐거워하고, 중년의 부부도 함께 자전거를 타며 함박웃음을 짓는다. 은행나무가 줄지어 선 은행나무 길에는 노년의 부부가 천천히 발걸음을 옮기며 사색을 즐기기도 하는 이곳은 섬 전체가 공원이며 숲이다. '따르르륵, 따르르륵' 딱따구리의 나무 쪼는 소리가 들려오는 남이섬은 이른 아침의 한가로움이 더욱 마음을 즐겁게 하므로 가능하면 이곳에서 하룻밤을 묵어 보는 것이 좋다.

중앙공원에는 유니세프 광장과 안데르센홀이 있는데, 남이섬은 유니세프 친화공원으로 지정되어 후원을 하고 있고, 안데르센상 공식후원 업체로서 세계 책나라 축제를 개최하기도 하는 등 많은 공익사업을 하고 있다. 예전에 사진을 찍으러 이른 아침에 남이섬을 찾았다가 우연히 남이섬㈜의 강우현 대표를 만난 적이 있다. 수십 권의 책을 쓰고, 남이섬을 운영하는 대표이지만 소탈하면서도 다정한 사람이라는 것을 알 수 있었는데, 이야기를 나누면서 느낀 그의 자유로우면서도 창의적인 사고가 눈부셨다.

남이섬이 그냥 유원지로 남지 않고 일 년에 40만 명이 넘는 외국인을 포함하여 천만 명 이상의 관광객이 찾는 이유는 바로 끊임없는 창의력 계발에 있다고 해도 과언이 아니다. 문화예술 청정자연 생태공원으로 가꾸어 아름답고 낭만적인 이야기를 만들어 가겠다는 강 대표의 포부처럼 남이섬의 자연을 즐기는 아이들도 소중한 꿈에 대한 자기만의 생각을 만들어 가면 좋겠다.

자전거 타기

남이섬 안에서 자전거 타는 사람들을 만나는 것은 어렵지 않다. 연인이나 부부가 타는 2인용 자전거는 물론이고 온 가족이 함께 타는 4인용 자전거까지 모두 함박웃음을 지으며 자전거를 탄다. 다른 곳에서 이렇게 다니면 꼴불견이라고 할지 모르지만 이곳에서 만큼은 동심에 빠져도 상관없다. 특히 아이들과 함께 자전거를 타고 남이섬을 한 바퀴 돌아보면 즐거움이 몇 배로 늘어난다.

자전거를 타다가 쉬면서 느긋하게 남이섬을 둘러본다.

7월
052

넉넉한 바다의 품에서 마음이 쉬다
부안 변산반도

요즘의 부모들은 깨끗한 것만 먹이고 입히느라 정작 아이들이 꼭 체험해야 할 것을 놓치곤 한다. 갯벌에서 조개도 잡고 염전에 직접 발을 담가 소금이 만들어지는 과정을 살펴보는 것은 온몸으로 자연을 보고 느끼고 배우는 것이다. 컴퓨터 앞에만 있던 아이들에게 자연 속으로 직접 뛰어들 수 있는 기회를 만들어 주자.

연계 교과
4-1 사회, 4-2 사회, 6-1 사회, 6-2 사회, 3-2 과학

체험 포인트
1. 곰소염전의 소금 맛보기
2. 갯벌에서 조개 잡기
3. 해식동굴 살펴보기

●**주소** 전라북도 부안군 변산면 ●**가는 길 | 자가용** 서해안고속도로 줄포 IC → 곰소항 & 곰소염전 → 내소사 → 모항 → 전북학생해양수련원 → 드라마 촬영장 → 격포항 → 채석강 → 적벽강 → 고사포 해수욕장 → 변산 해수욕장 → 새만금전시관 ●**문의** 변산반도 국립공원 063-582-7808/www.byeonsan.knps.or.kr, 내소사 063-583-7281~2, 부안군청 063-580-4191, 부안영상테마파크 063-583-0975, 부안 관광안내소 063-580-4434 ●**먹을거리** 격포 군산식당 063-583-3234, 곰소궁 3대젓갈 063-584-1588, 진서면 황실모밀 063-581-0772, 부안 IC 부근 계화회관 063-584-3075 ●**잠자리** 대명리조트변산 1588-4888, 썬리치랜드 063-584-8030, 행운장 063-581-3737, 반도장 여관 063-583-9912, 동남장 063-581-3175 ●**이색 체험과 축제** 모항갯벌체험장 www.mohangmud.com, 대보름 당산제(음력 정월대보름/격포 수성당) ●**주변 여행지** 새만금방조제와 고군산군도, 선운산 도립공원, 고창 학원농장

추천 코스

곰소항 & 곰소염전 → 내소사 → 채석강 & 해식동굴 → 직소폭포 트레킹 → 솔섬 일몰

가족여행 팁

염전과 갯벌에서 마음껏 뛰어놀 수 있게 여벌의 옷을 준비한다.

내소사는 화려한 단청 없이도 단아한 전통의 멋을 그대로 보여 준다.

○● 전나무 숲길을 걸어 만나는 내소사

변산반도는 군산반도 아래쪽으로 강아지의 머리처럼 툭 불거져 나와 있다. 변산지역은 바다와 산을 한꺼번에 품고 있어 볼거리가 많은 국립공원으로, 해안선의 길이만도 98km에 이른다. 부안읍에서 23번 국도를 따라 시계 방향으로 변산반도에 들어서면 곰소항이 나온다. 일제 강점기에 연동마을-곰소-작도마을을 잇는 제방을 축조하고 큰 배가 닿을 수 있도록 항구를 만든 것인데, 그 뒤쪽 간척지에 곰소염전도 함께 생겨났다.

푸른 하늘과 산이 그대로 비치는 염판 속에서 하얗고 네모난 소금 결정들이 보인다. 책에서만 보았던 소금이 만들어지는 과정을 직접 눈으로 보게 되니 아이들의 눈이 동그랗게 커진다. 아이들은 손을 내밀어 사각거리는 소금을 만져 보더니 살며시 혀끝에 대어 본다. "아휴 짜!" 찡그린 얼굴이지만 재미있어 죽겠다는 표정이다. 이렇게 염부들의 땀으로 만들어지는 곰소의 천일염은 주변 지역에서 잡히는 싱싱한 해산물과 만나 전국적으로 유명한 젓갈단지가 형성되었다.

곰소항을 지나면 곧 내소사를 알리는 이정표를 만난다. 내소사는 다양한 문양의 보상화를 정교하게 조각한 꽃문살의 대웅보전(보물 제291호)

해식동굴

해안선 가까이에서 파도나 조류 등의 침식 작용에 의해 암석의 약한 부분이 패어 들어가면서 생긴 동굴이다. 격포항 주변에서 해식동굴을 볼 수 있으므로 아이들과 함께 살펴본다.

채석강에는 독특한 형태의 암반과 해식동굴이 많으므로 꼼꼼하게 살펴본다.

1. 내소사 입구의 전나무 숲길은 길지 않지만 운치 있다.
2. 내변산의 직소보와 주변의 나무에 취해 산책길을 걸어가면 높이 30m의 직소폭포에 닿는다.
3. 모항 해수욕장은 작은 규모이지만 아늑하고 파도가 적다.

으로 유명하기도 하지만 입구에서부터 시작되는 600여 m의 전나무 숲길은 내소사를 더욱 분위기 있게 만든다. 쭉쭉 하늘로 뻗어 오른 전나무는 수령이 무려 150년이나 된다. 초록의 침엽수 500여 그루가 내소사 일주문까지 이어지는데, 맨발로 걷고 싶을 만큼 평탄한 흙길은 걷는 내내 마음을 편안하게 만든다. 일주문을 지나 경내로 들어서면 아름드리 느티나무 한 그루가 우아하게 가지를 늘어뜨리고 있다. 회색빛 도시 속에서 생활하는 아이들에게는 초록의 침엽수가 뿜어내는 피톤치드 속을 잠시 걷는 것만으로도 마음을 정화시키고 정서를 차분하게 할 수 있다.

●● 변산 마실길을 걸어 직소폭포까지

변산반도에서 가장 화려하고 번화한 격포항 주변으로는 채석강과 격포 해수욕장을 비롯하여 절경이 즐비한데 여기서부터는 차를 두고 걸어 보는 것이 좋다. 왜냐하면 이곳은 줄포에서 새만금전시관에 이르는 '변산 마실길' 중에서도 가장 아름답고 볼 것 많은 구간이기 때문이다.
채석강은 중국 당나라 시인 이태백이 배를 타고 술을 마시다가 강물에 뜬 달을 잡으려다 빠져 죽었다는 강 이름으로, 부안 격포의 바닷가 절벽이 마치 중국의 채석강을 떠올리게 한다 하여 붙여진 이름이다. 공룡이 살던 백악기에 생겨난 지층이 장관을 이루고 있는데, 아이들은 해식동굴 속을 들락거리며 암반층의 독특함에 연신 호기심을 내비친다.
변산면사무소에서 시작되는 736번 지방도는 내변산으로 드는 길이다. 중계 터널을 지나 10분이면 국립공원 입구에 도착하는데, 직소폭포까지 이어지는 봉래계곡은 내변산 중에서도 코스와 풍경이 으뜸으로 꼽힌다. 게다가 잘 닦여진 트레킹 코스는 산책을 하듯 여유를 부리며 걸을 수 있어 더욱 좋다. 실상사에서 30분 정도를 더 걸으면 직소보에 닿는다. 내변산에서 시작된 맑은 물이 직소폭포를 거쳐 이곳에 모이게 되는데 어른 손바닥만 한 물고기들이 떼를 지어 다니는 모습에 아이들이 환호성을 내지른다. 사람의 손을 타지 않은 덕분에 물고기들의 숫자는 생각했던 것보다 훨씬 많다. 분옥담과 선녀탕을 지나 가파른 계단을 잠깐 오르면 이내 직소폭포에 이르는데, 수량이 적은 봄가을에는 졸졸거리는 물만 흐르기도 하지만, 비가 내린 후에 이곳은 30m의 낙차를 가지는 제법 멋지고 시원스러운 폭포의 모습을 보인다.
푸른 전나무가 도열해 있는 내소사 전나무 숲길과 변산 마실길 그리고 시원한 물줄기에 발을 담그고 싶어지는 직소폭포까지. 이곳에서는 자연이 주는 즐거움과 아늑함에 마음이 절로 편안해진다. 더구나 그런 코스들은 온 가족이 함께할 수 있어 더욱 행복하다.

곰소염전 체험하기
우리의 밥상에서만 맛보았던 소금을 만드는 염전을 직접 보고 소금이 어떻게 만들어지는 지를 배운다. 책에서 보던 것과 달리 실제 소금이 만들어지기까지 얼마나 많은 시간이 필요하고 또 염부들의 노력도 필요한지를 깨닫게 된다.

갯벌에서 조개 잡기
모항 주변의 갯벌은 아이들의 체험 장소로 가장 인기 있는 곳이다. 주차를 하자마자 마음 급한 아이들은 한달음에 체험장 입구로 뛰어간다. 미끌미끌한 갯벌에 발은 집어넣자 발목까지 쑥 빨려 들어가지만 한 손에 호미를, 다른 한 손에 바구니를 들고 뒤뚱거리며 갯벌을 뛰어다니는 아이들은 조개를 캐는 즐거움에 흠뻑 취해 밖으로 나올 생각을 하지 않는다.

위 곰소염전에서 아이들이 직접 소금이 만들어지는 과정에 참여한다.
아래 모항에서는 온 가족이 갯벌 체험을 할 수 있다.

7월
053

신록이 우거진 숲에서 무더위를 이겨 내다
청송 주왕산 & 주산지

주왕의 전설이 담겨 있는 주왕산 국립공원은 높지 않은 산이지만 기암괴석이 어우러져 풍경이 아름답다. 특히 계곡을 따라 3개의 폭포를 차례로 볼 수 있는데 웅장한 협곡들 사이로 탐방로가 잘 마련되어 온 가족이 함께 걷기에 불편하지 않다. 가을에는 주산지의 단풍이 물안개와 어울려 환상적인 모습을 보여 주므로 내 아이와 함께 꼭 가 본다.

연계 교과
5-1 사회

체험 포인트
주왕산의 아름다운 폭포 둘러보기

● **주소** 경상북도 청송군 부동면 상의리 406 ● **가는 길 | 자가용** 중앙고속도로 서안동 IC → 안동 → 진보 → 청송읍 → 주왕산 ● **문의** 청송군 문화관광과 054-873-0101, 주왕산 국립공원 054-873-0018, 청송야송미술관 054-870-6536, 달기약수터 & 신촌약수터 054-870-6240 ● **먹을거리** 서울여관식당(토종불백) 054-873-2177, 동대구식당(토종닭,떡갈비) 054-873-2563, 신동양식당(능이버섯백숙) 054-873-2172, 영천식당(달기약수백숙) 054-873-2387 ● **잠자리** 송소고택 054-874-6556, 주왕산온천관광호텔 054-874-7000, 황토구들방 010-9435-3304, 수애당 054-822-6661 ● **이색 체험과 축제** 주왕산 수달래축제 5월, 청송 사과축제 10월 ● **주변 여행지** 안동 하회마을, 영주 부석사

주왕산 제3폭포의 윗부분은 움푹 패인 모양새가 신비롭다.

추천 코스

주산지 → 대전사 → 제1폭포 → 제2폭포 → 제3폭포 → 달기약수터

가족여행 팁

주산지는 농업용수로 사용하기 때문에 농번기에는 물이 없는 경우가 많다.

○● 주왕산의 숨은 비경을 자랑하는 폭포와 달기약수터

예부터 청송은 오지로 알려져 있었지만 때 묻지 않은 자연과 잘 보존된 전통 가옥, 그리고 백자를 생산하던 장인 정신 때문에 2017년에 슬로시티로 지정되었다. 영화 <봄, 여름, 가을, 겨울, 그리고 봄>을 통해 세상에 알려지기 시작한 주산지는 주왕산 국립공원의 남쪽에 자리 잡은 작은 저수지다. 1720년(조선 숙종 46)에 만들어진 이 인공저수지는 지금도 여전히 부동면 사람들의 농업용수로 요긴하게 쓰이고 있는데, 봄가을이면 잔잔한 저수지 위에 깔리는 물안개가 아름다워 전국의 사진가들이 몰려든다. 수많은 사진가가 열광하는 까닭은 바로 거울처럼 맑은 호수에서 피어나는 물안개와 함께 물속에서 자라는 150년 된 왕버들 때문이다.

모진 세파를 이기고 물속에 묵묵히 잠겨 있는 커다란 나무 밑동과 이리저리 제멋대로 가지를 펴고 마치 세상의 자유인처럼 두 팔을 벌리고 자연에 순응하는 모습은 그저 경이롭기만 하다. 5월 말부터 시작되는 농번기에는 논에 물을 대기 위해 저수지의 수위가 줄어들고, 또 7~8월이면 장마 때문에 수위 조절을 위해 물을 빼 놓기도 하기 때문에 물속에 잠겨 있는 환상적인 주산지의 왕버들을 만나지 못할 수도 있지만,

주왕산의 전설

중국 당나라의 주도(周鍍)라는 사람이 스스로 후주천왕(後周天王)이라 칭하고 군사를 일으켰다가 크게 패하고 신라로 건너와 주왕산에 숨어 살았다. 이후 당나라의 부탁을 받은 신라의 마일성 장군 오형제에 의해 죽임을 당했다. 주왕이 숨었던 산을 주왕산이라 하고, 그 입구의 절은 주왕의 아들 대전도군(大典道君)의 이름을 따서 대전사라 하였다고 한다.

봄철 주왕산의 계곡마다 붉은 수단화(수달래)가 핀다. 마장군이 쏜 화살에 주왕이 맞아 피를 흘리며 죽었는데, 그 피가 흘러내린 계곡에 이듬해부터 붉은 빛의 수단화가 피어났다고 한다.

주왕산은 산세가 아름다워 등산객이 많이 찾는다.

1. 송소고택이 있는 덕천마을은 2017년에 슬로시티로 지정되었다.
2. 대전사 뒤로 주왕산의 바위가 우뚝 솟아 있다.
3. 주왕산은 등산하는 사람도 많지만 걷기 여행을 즐기는 사람도 꽤 많다.

물이 차 있으면 찬 대로, 빠져 있으면 빠진 대로 주산지만의 독특한 아름다움이 뿜어져 나온다.

주왕산 트레킹은 시선을 압도하는 기암절벽 사이로 난 계곡을 따라 이어지기 때문에 눈이 즐겁다. 높이 721m로 높지 않은 주왕산은 석병산(石屛山), 주방산(周房山)이라고도 불린다. 봄철 주왕산의 등산로를 따라 이어지는 계곡마다 붉게 피어나는 수단화(수달래)는 다른 지방에서는 좀처럼 보기 드문 꽃으로 이곳 주왕산에만 피어난다. 주왕의 전설이 서려 있어 주왕산은 더욱 신비로운 기운과 풍경을 보여 준다.

●● **주왕산의 숨은 비경을 자랑하는 폭포와 달기약수터**

대전사를 지나 신록이 우거진 초록의 터널을 걷다 보면 졸졸거리는 계곡의 물소리가 정겹게 느껴진다. 대부분의 구간이 평지와 같아서 누구나 쉽게 걸을 수 있는데, 그 편안함 때문에 주변의 아름다운 경관들을 찬찬히 눈여겨볼 수도, 또 그것을 즐길 만큼의 여유도 부릴 수 있다. 급수대, 시루봉을 거쳐 학소대를 지나면 웅장하게 생긴 바위틈 사이로 등산로가 이어지는데 바로 주왕산 제1폭포로 가는 길이다. 잔잔하게 재잘거리던 물소리는 갑자기 거칠게 콸콸거리며 바위를 때리는 소리로 바뀐다. 나무 데크를 깔아 놓은 길을 따라 폭포를 지나면 놀라움과 아름다움에 절로 탄성을 내지르게 된다. 제2폭포는 제1폭포와 달리 아기자기한 맛이 느껴지므로 잠시 신발을 벗고 쉬는 것도 좋다.

폭포 입구의 갈림길에서 좌측으로 가면 제3폭포이다. 물보라를 일으키며 쏟아져 내리는 폭포수의 찬바람만으로도 폭포의 크기가 짐작된다. 2단 폭포인 제3폭포는 아래쪽의 전망대와 위쪽의 전망대 두 곳이 있는데, 아래쪽 전망대에서 바라보는 폭포의 느낌은 웅장하고 크며, 위쪽에서 바라보는 폭포의 느낌은 중간에 움푹 패인 소에 담긴 시퍼런 물 때문에 조금은 무서워 보이기까지 한다. 투명하게 맑은 물속에는 천연기념물로 지정된 어름치가 헤엄치는 모습이 보일 정도로 청정하다.

그래서 이곳에서는 약수도 퐁퐁 솟아난다. 바로 달기약수터다. 청송 읍내를 가로질러 5분 정도 가면 달기약수터가 나오는데, 마을 전체가 약수터나 마찬가지다. 제일 아래가 원탕이라고 불리는 하탕, 그 다음이 중탕, 제일 위쪽이 상탕으로 10개의 약수터가 있는데 아무리 가물어도 사계절 내내 나오는 양이 일정하고 겨울에도 얼지 않으며 색깔과 냄새가 없다. 탄산과 철분이 많아 예부터 위장병, 신경통, 빈혈 등에 효과가 있다고 전해진다. 약수가 솟아나는 소리가 '고고고' 하는 닭의 소리와 같다 하여 달기약수라 불렀다고 하는데, 그래서인지 이 물로 닭백숙을 만들면 육질이 연하고 담백해서 여름철 입맛을 돋우고 원기를 보충해 준다. 주산지와 주왕산을 보고 나서 먹는 달기약수 약백숙의 맛이 기막히다. 여름의 한가운데를 향해 내달리는 7월의 주왕산을 통해 이열치열의 피서법을 즐겨 보자.

청송 달기약수 마시기

청송 달기약수터는 탄산, 철 성분 등이 함유되어 위장병, 피부병에 효능이 있다고 알려져 있다. 조선 철종 때 수로 공사를 하던 중에 바위틈에서 꼬로꼬록 소리 내며 솟아나는 물을 발견하였는데, 사람들이 그 물을 마셨더니 트림이 나고 속이 편안하게 되었다고 한다. 옛 지명이었던 달기에서 유래하여 달기약수라 부르는데, 청송에 들렀다면 꼭 한번 마셔보자.

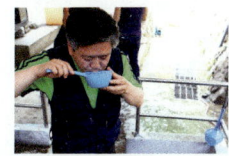

청송의 달기약수는 독특한 맛이 나지만 몸에 좋으니 꼭 마셔 보자.

054

대통령의 별장을 거닐며 꿈을 키우다
청원 청남대

대통령과 그 가족들의 별장으로만 특별하게 할애되었던 청남대가 일반인에게 공개되면서 과연 대통령은 어떻게 생활했을까 하는 궁금증이 풀리게 되었다. 대통령 역사문화관에 마련된 대통령 집무실의 의자에 앉아 마치 대통령이 된 듯한 포즈로 사진을 찍는 아이들은 자신의 미래에 대해 더 큰 그림을 그리는 계기가 될 것이다.

연계 교과
5-2 사회, 6-2 사회

체험 포인트
대통령의 별장을 둘러보기

● **주소** 충청북도 청원군 문의면 신대리 산26-1 ● **가는 길 | 자가용** 경부고속도로 → 청원-상주 고속도로 문의 IC → 문의면사무소 → 청남대 매표소 ● **문의** 청원군 문화공보과 043-251-3282, 벌랏한지마을 010-3643-2460, 청남대 관리소 043-220-6412, 문의문화재단지 043-251-3288 ● **먹을거리** 부부농장(고추장 삼겹살, 단호박밥) 043-298-0841, 아리랑식당(우렁쌈밥정식) 043-287-3016, 성남집(참숯왕소금구이) 043-297-8322, 마중(퓨전한정식) 043-288-1259 ● **잠자리** 세리빌모텔 043-296-7078, 청남대모텔 043-297-6652 ● **이색 체험과 축제** 청남대 영춘제 4월 ● **주변 여행지** 청주, 벌랏한지마을, 대청호

대통령 광장에는 역대 대통령의 모습이 동상으로 만들어져 있다.

추천 코스

대통령 역사문화관 → 양어장 → 본관 → 초가정 → 김대중 대통령길 → 전망대

가족여행 팁

자가용을 가지고 직접 청남대로 들어가려면 인터넷을 통해 예약을 해야 한다.

● 초록의 터널을 지나 만나는 옛 대통령의 쉼터

한낮의 기온이 30도를 넘나드는 여름이지만 대청호의 시원한 풍경과 아름드리 백합나무 가로수길이 만들어 내는 녹음은 눈과 마음을 시원하게 한다. 대통령의 위치가 왕권만큼이나 대단해서 언제나 대중 위에 군림하던 시절에는 그의 말 한마디가 절대적이었다. 술자리에서라도 정치가 어떻다느니 하는 허튼소리를 내뱉었다가 쥐도 새도 모르게 잡혀가던 무시무시한 때도 있었다.

청남대가 지어질 당시만 해도 대청호 건너편 구룡산 8부 능선에 있는 현암사는 청남대가 정면으로 내려다보인다는 이유로 대통령이 별장을 사용할 때에는 사복경찰이 입구를 막아서기도 했다. 하지만 충청북도에 반환되고 나서는 드라마의 배경이 되기도 하는 등 전국적으로 유명한 관광지로 이름을 알리게 되었다.

청남대를 입장하는 방법은 크게 2가지다. 우선 문의면사무소 부근에서 청남대 입장권을 끊고 셔틀버스를 타고 들어가는 방법이 있고, 또하나는 개인 차량으로 들어가는 방법인데, 주차장이 한정되어 있어서 오전에 250대, 오후에 250대만 입장할 수 있다. 그러니 사전에 인터넷을 통해 예약을 해야만 가능하다.

청남대의 탄생

1980년 대청댐 준공식 행사에 참석한 전두환 대통령은 아름다운 주변 경관에 반했고, 그의 말 한마디에 1983년 남쪽의 청와대라는 별칭으로 청남대가 탄생하게 되었다. 55만 평 규모이며, 20여 년간 다섯 명의 대통령이 88회 이용하였다. 2003년 문민정부가 들어서면서 충청북도에 반환되어 온 국민이 즐길 수 있는 관광명소로 바뀌었다.

대통령 역사문화관의 옥상에는 전망대와 휴게실이 있다.

1. 청남대 본관은 안과 밖 모두 고급 스러운 분위기를 풍긴다.
2. 메타세쿼이아 나무들이 있는 작은 숲길을 걸으면 마음까지 시원하고 푸르게 변한다.
3. 한여름 양어장에는 연꽃이 가득하다.

문의면에서 청남대로 가는 길은 다양한 풍경 때문에 눈이 즐겁다. 대청호 주변으로 하늘거리는 갈대밭이 차창 밖으로 스쳐 지나고, 괴곡리를 지나면 휘어지는 도로가에 은행나무 가로수길이 도열해 있다. 가을이 되면 이런 풍경은 더욱 화려하고 인상적인 모습으로 변한다.

그중 최고의 풍경은 청남대 입구이다. 아름드리 백합나무 430그루가 호수 주변 도로를 따라 일정한 간격으로 심겨 있어 한여름에도 어둑한 초록터널을 만든다. 가을이면 커다란 잎사귀가 노랗게 변해서 떨어지는데, 길 위에 수북하게 쌓이면 이국적인 분위기를 만든다. 예전에 청남대가 개방되기 전에는 웨딩촬영을 하는 장면도 심심치 않게 볼 수 있었을 정도로 이곳의 아름다움은 주변 사람들에게 익히 알려져 있었다.

●● 대통령의 발자취를 따라 걷는 청남대 둘레길

청남대에 들어서면 제일 먼저 대통령 역사문화관에서 역대 대통령의 발자취를 볼 수 있다. 옥상의 하늘정원에 마련된 망원경으로 대청호의 풍경도 살펴보자. 청남대에서는 총 5개의 둘레길 걷기 코스를 소개하고 있는데, 길마다 역대 대통령의 이름을 붙인 것이 재미있다. 호숫가 풍경과 어우러진 산책을 원한다면 노태우·전두환 대통령길이, 산을 좋아하고 높은 곳에서의 전망을 보고 싶다면 김대중·노무현 대통령길이 제격이다. 그리고 본관에서 청남대의 제일 끝자락인 초가정까지 이어진 김영삼 대통령길은 시원한 잔디밭은 물론 대통령 동상과 조각품 그리고 대통령 전용 요트와 같은 볼거리가 많다.

무계획적으로 왔다 갔다 하기보다는 몇 개의 코스를 선택해서 둘러보는 것이 좋다. 대통령 역사문화관에서 나오면 바로 노태우 대통령길로 이어진다. 호수 언저리를 따라 40분이면 연꽃이 한가득 핀 양어장에 도착한다. 그 뒤로 메타세쿼이아 나무가 군락을 이룬 작은 숲이 아기자기하다. 양어장에서부터 전두환 대통령길이 시작되는데, 오각정과 약수터를 거쳐 본관에 닿는다.

본관은 청남대에서 유일하게 안내원의 안내를 통해서만 관람을 할 수 있는 곳이다. 이곳에는 집무실과 영접실, 침실 등이 있고 입장하려면 실내화로 갈아 신어야 한다. 시간이 촉박한 관광객들은 대부분 이곳만 구경하고 되돌아가는 경우도 있지만 청남대 여행의 별미는 둘레길 걷기에 있기 때문에 시간을 넉넉히 할애하는 것이 좋다. 본관에서 초가정까지는 20분 정도가 걸린다. 초가정에서는 청남대 둘레길 중 가장 긴 코스인 김대중 대통령길(2.5km)이 시작된다. 간단한 등산이 될 수도 있을 만큼 완만한 경사의 산을 올라야 하는데, 정상에는 2층짜리 목조 전망대가 설치되어 있어 시원하게 대청호와 청남대를 감상할 수 있다. 어릴 때 커서 어떤 사람이 될 것인지를 물어 보면 첫째로 꼽는 것이 대통령이다. 청남대를 천천히 둘러보면서 아이들은 그런 생각을 더욱 굳건하게 다질지도 모른다.

대통령길 걷기

전두환 대통령길, 노태우 대통령길, 김대중 대통령길, 김영삼 대통령길, 노무현 대통령길의 5개 코스마다 독특한 느낌이 있다. 가장 긴 김대중 대통령길은 청남대와 대청호의 풍경을 한눈에 내려다볼 수 있는 전망대로 이어지기 때문에 청남대를 찾았다면 빼놓지 말고 꼭 봐야 한다. 초가정에서부터 시작되는 코스가 부담된다면 역사문화관에서 계단을 이용해 올라가면 된다.

위 전두환 대통령길은 1.5km로 30분이 소요된다.
아래 전망대로 오르는 제일 빠른 길은 배밭을 지나 행복의 계단을 이용하는 것이다.

7월
055

고결한 선비의 노블레스 오블리제를 느끼다
고성 학동마을

도심에서 자란 아이들에게 한옥과 돌담은 텔레비전에서만 보았던 것이다. 전통과 지조를 지켜온 학동마을을 걸으며 돌담에 담긴 옛 조상의 지혜를 배우고 고택에서 선비정신을 느껴 보자. 자연과 가까이에서 살아가는 삶의 행복과 아름다움을 깨닫게 될 것이다.

연계 교과
공룡테마파크 | 3-1 사회, 4-2 과학

체험 포인트
학동마을 돌담길 걷기

●**주소** 경상남도 고성군 하일면 학림리 ●**가는 길 | 자가용** 경부고속도로 → 대전-통영 고속도로 고성IC → 14번 국도 → 하일면 학림리 학동마을 | **대중교통** 서울-고성 시외버스 이용, 고성-하일면 학림리 버스 이용 ●**문의** 고성군 문화관광과 055-670-2200, 학동마을회관 055-672-0205, 고성공룡박물관 055-832-9021, 상족암 군립공원 055-670-2202 ●**먹을거리** 대진한정식(한정식) 055-672-4844, 25시식당(삼겹살,백반) 055-673-1025, 허브드라마인(와인삼겹살, 퓨전한식) 055-673-8580, 흙시루가든(갯장어회, 한정식) 055-832-8837 ●**잠자리** 가족여행펜션 010-7433-8000, 구름위의산책 055-673-9113, 흙시루 055-832-8822, 상족펜션 055-834-5778 ●**이색 체험과 축제** 2012년 공룡세계엑스포 3~6월 ●**주변 여행지** 진주, 남해

육영재는 옛날 학동마을에서 후학을 가르쳤던 곳이다.

추천 코스

학동마을 → 무이산 문수암 → 상족암 → 공룡테마파크

가족여행 팁

문수암은 차량으로 정상까지 올라갈 수 있는 곳으로 남해의 절경이 한눈에 보인다.

●● 전통이 새로운 문화를 만들어가는 곳

경상남도 고성의 학동마을은 1670년에 전주 최씨의 후손이 학이 하늘에서 내려와 이곳에서 알을 품고 있는 꿈을 꾼 후 정착하여 살면서 일군 마을이다. 300년 종갓집과 아름다운 돌담길, 선현들의 고고한 정신이 담겨 있는 곳이다. 처음에는 황무지나 다름없었던 이곳을 직접 하나하나 가꾸고 다듬어 일군 만큼 사람들의 자부심이 지금도 대단하다. 마을로 들어서면 길게 뻗은 골목길 양옆으로 독특한 모양의 돌담이 가지런하게 쌓여 한층 운치 있는 분위기를 낸다. 누구라도 걷고 싶은 마음이 생겨나는 길이다. 그래서 2006년 6월에 문화재청은 이곳을 등록문화재 제258호로 지정하였는데 전국의 14개 돌담길 중 가장 아름다운 곳이 바로 여기 학동마을의 돌담길이다. 원래 이 마을은 유난히 돌이 많아 논과 밭을 일구기가 어려웠다. 일일이 땅을 평탄하게 일구고 그 속의 돌들을 골라 내야만 했는데 이렇게 나온 돌들은 한데 모아져 다양한 건축 구조물에 사용되었다. 그중 가장 대표적인 것이 바로 돌담길이다. 변성암 계통의 점판암은 편편하고 널찍널찍해서 쌓아 올리기에 딱 알맞은 돌이다.

돌담길을 따라 걷다 보면 300년간 종사를 받들고 있는 종갓집이 나오

학동마을 돌담

학동마을의 돌담 쌓기 순서를 살펴보면, 우선 땅을 파고 초석을 놓은 뒤 그 위로 허리 높이까지 넓적하고 평평한 돌들을 쌓아 올린다. 이를 '강담'이라고 한다. 다시 그 위로 황토를 돌 사이에 섞어 어른 키 높이까지 토담을 쌓는다. 근교에서 출토되는 황토는 골재 성분이 많아서 굳게 되면 단단해지고 오랜 세월이 흘러도 잘 변하지 않는 특성이 있다. 마지막으로 담장 위에 개석이라 불리는 넓은 돌을 얹어 마무리하여 돌담을 눈, 비로부터 보호한다. 높이와 폭이 균일하지 않은 돌들을 끝없이 고르게 마무리 한 기술이 예술에 가깝다.

학동마을의 돌담은 한국에서 가장 아름다운 돌담으로 선정되었다.

1. 학동마을 앞 바닷가의 아침 풍경이 아름답다.
2. 하일면 송천리 솔섬 주변은 야영을 할 수 있으며 길이 잘 정비되어 있어 산책하기에도 좋다.
3. 문수암에서는 저 아래로 보현암의 약사여래불과 학동마을 앞바다 풍경이 시원스럽게 내려다보인다.

는데, 그 구조는 보면 볼수록 놀랍다. 우선 대문으로 들어서면 널찍한 마당이 자리 잡고 있고 그 위쪽으로 기단석축을 쌓아 어린아이 키 높이만큼 높은 곳에 집을 지었다. 널찍한 돌판을 마치 대리석마냥 깔아 놨는데 일정하지 않은 크기의 돌들을 어찌 그리 정교하게 짜 맞추었는지 모르겠다. 또 석축 앞에 돌로 지은 직사각형 모양의 것이 눈길을 끄는데 바로 닭장이다. 정교하면서도 알차게 지어진 닭장은 10마리는 충분히 들어가 살 수 있을 만큼 넉넉하다.

대지가 무려 2,000평이나 된다는 종갓집에는 총 9채의 건물이 있었지만 사랑채와 창고 등 4채는 보수가 힘들어 허물어 버렸고 대문마저도 현대식으로 개량하여 아쉬움이 많이 남는다. 하긴 현대식 집들보다 예전의 전통 가옥을 보수하는 일은 손도 많이 가지만 돈도 만만치 않게 들어가기 때문에 개인이 손상되지 않도록 보존하고 가꾸는 일은 결코 쉬운 일이 아니다.

한때 토지 개혁과 새마을 운동이 한창이던 시절에는 현대식 시설의 편리한 것들이 최고인 줄 알았는데 이제 시간이 지나 좀 먹고 살 만하니 전통과 문화의 계승이라는 것이 얼마나 중요한지 다시금 깨닫게 된 것이다. 조금 늦은 감이 있지만 그래도 더 늦지 않아서 참 다행이다. 우리의 것이 없어지지 않도록 지키는 것은 반만년 역사를 가진 우리 민족의 자존심을 지키는 일이자 더 나아가 우리나라의 역사성과 우월성을 내세울 수 있는 일이니 말이다.

●● 우국충정의 마음으로 베푸는 삶을 살아온 곳

마을 뒤쪽에는 서비 최우순공의 사당인 서비정(西扉亭)이 있다. 조선 후기의 지고한 유학자였던 그는 일제로부터 은사금을 강제로 받으라는 강요에 저항하다 끝내 80세의 고령에 순절했다. 은사금은 임금이나 상전이 내리는 돈을 뜻하는데, 일왕에게 은사금을 받으면 친일파로 활동하며 일제의 앞잡이 노릇을 해야만 했다. 학동마을은 아주 작은 마을이었음에도 불구하고 예부터 유명하고 덕망 높은 정치인이 많이 배출되었으며, 마을 사람들은 이것이 모두 배산임수의 터로부터 기를 받는 것이라고 한다.

그들은 진정한 '노블레스 오블리제'를 실천한 사람들이었다고 알려져 있는데, 실제로 심한 기근이 들어 마을 사람들이 끼니를 걱정할 때면 자신의 곳간에 있는 쌀을 풀어 어려운 이웃의 고통을 덜어 주기도 했다. 여기에 옛날 학동마을의 유지들은 후학을 양성하고자 십시일반 돈을 모아 교육 기관인 육영제(育英齊)를 지었다. 멀리 하이리, 사곡, 상리 등지에서까지 수학을 위해 찾았다고 하니 당시에는 대단한 교육 기관이었음이 분명하다. 작은 마을의 이곳저곳을 둘러보며 우리 아이들이 전통과 도덕에 대한 가치관을 바로 세울 수 있는 계기가 되기를 바란다.

학동마을 돌담길 걷기
전통 가옥과 마을 주변의 대숲이 어우러져 고풍스러운 아름다움을 뽐낸다. 걷는 데 약 1시간 정도 소요되기 때문에 아이들도 부담 없이 걸을 수 있다. 독특한 돌담도 만지고 중간 중간 고택도 들러서 학동마을을 자세히 살펴본다.

공룡테마파크 관람하기
경상남도 고성군 고성읍에 위치하며 공룡 발자국 화석 등을 상세히 살펴볼 수 있다. 특히 상족암 군립공원은 남해안의 한려수도를 한눈에 바라볼 수도 있다. 2012년 경남고성공룡세계엑스포가 3월부터 6월까지 열릴 예정이다.

위 학동마을 주변을 한 바퀴 돌아보는 둘레길을 따라 걷는다.
아래 고성의 상족암 주변은 공룡 발자국 화석으로 유명하다.

소금과 태양이 있는 자연의 섬으로 가다
신안 증도

증도가 슬로시티로 지정된 데에는 아름다운 자연환경과 더불어 천일염의 본고장이라는 점이 크게 작용했다. 천일염을 생산하는 청정한 곳인 만큼 태양광발전소와 같은 친환경 설비가 눈에 띈다. 담배 없는 섬, 자동차 없는 섬을 만들기 위해 노력하는 자연 친화적 마을이다. 곳곳에 마련된 무료 자전거를 타고 섬을 둘러보며 자연 아끼기에 동참해 보자.

연계 교과
1-1, 2-1, 2-2 슬기로운 생활, 3-2, 5-2, 6-2 과학

체험 포인트
염전을 둘러보며 소금 만드는 과정 살펴보기

●**주소** 전라남도 신안군 증도면 대초리 1648 ●**가는 길 | 자가용** 서해안고속도로 북무안 IC → 현경 → 해제 → 지도 → 증도 ●**문의** 증도 문화관광해설사 이종화 011-644-8882, 증도개인택시 061-271-2060, 소금박물관 061-275-0829, 증도면사무소 061-271-7619 ●**먹을거리** 솔트레스토랑(퓨전한식) 061-261-2277, 보물섬(짱뚱어탕) 061-271-0631, 이학식당(백합탕) 061-271-7800, 안성갤러리식당(낙지볶음) 061-271-7998 ●**잠자리** 엘도라도리조트 061-260-3300, 갯풍민박 061-271-0248, 해우촌 061-271-4466, 에벤에셀펜션 061-261-5569 ●**이색 체험과 축제** 갯벌 체험과 염전 체험 ●**주변 여행지** 무안 회산 백련지, 고창 선운사

염생식물원에는 다양한 종류의 식물이 자란다.

추천 코스

소금박물관 → 염생식물원 → 우전 해수욕장 → 짱뚱어다리 → 갯벌생태관 → 화도

가족여행 팁

증도는 담배를 피울 수 없는 청정 섬이므로 주의한다.

●● 소금과 함께해 온 지난한 역사의 태평염전

증도는 신안 앞바다에서 조선시대에 침몰한 목선이 발견되면서 보물섬이라는 애칭을 얻게 되었다. 다양한 생태박물관을 갖춘 매력적인 섬으로 국내 천일염 생산량의 6%를 차지하는 최대의 소금 생산지이기도 하다. 태평염전에서 생산되는 소금은 품질이 좋기로 소문나 있다. 게다가 아시아 최초의 슬로시티이기도 하니 전통적으로나 자연적으로나 꼭 한 번 찾아봄직한 곳이다.

증도에 들어서면 제일 먼저 눈에 들어오는 것이 자전거다. 노란색 페인트를 곱게 칠한 자전거는 증도를 제대로 즐길 수 있게 섬에서 무료로 마련해 놓은 것이다. 섬의 북서쪽에 자리 잡은 해저유물기념비 쪽을 제외하면 섬 전체가 평지나 마찬가지여서 자전거를 타기에 제격이다.

증도를 대표하는 태평염전 옆으로 넓은 칠면초 군락과 바닷물이 질펀한 갯벌에서 자라는 염생식물이 넘실거리는 염생식물원이 있고, 그 바로 옆으로는 소금박물관이 자리하고 있다. 돌로 벽을 만들어 올린 건물은 얼핏 보면 최근에 현대식으로 지어진 것처럼 보이지만 사실 이 박물관은 예전 양식 그대로 보존된 근대문화유산 중의 하나다. 6·25 전쟁 직후 태평염전이 만들어질 무렵에 주변 산에서 가져온 돌을 이용해 벽

천일염

천일염은 바닷물을 염전으로 끌어들이고 바람과 햇빛을 이용하여 수분을 증발시켜 얻어낸 소금이다. 보통 2~3단계의 증발지를 거치면서 3.5% 정도였던 염도를 25%까지 높인 후, 결정지로 옮겨서 마지막 증발을 시켜 결정을 만들어 낸다. 비가 오거나 날씨가 좋지 않을 때에는 바닷물을 '해주'라는 곳에 모아 두었다가 날씨가 맑아지면 다시 염전에 옮겨 소금을 만든다. 쓴맛을 내는 간수 제거를 위해 소금창고에서 6개월 정도 보관한 후 판매한다.

많은 노력이 드는 소금 만들기를 직접 체험해 보면 마음이 숙연해진다.

1. 소금박물관에 들어가면 소금에 관한 다양한 자료가 전시되어 있다.
2. 우전 해수욕장 안쪽에 해수풀장이 있어 아이들이 안전하게 즐길 수 있다.
3. 짱뚱어 다리에 오르면 갯벌 위로 뛰어다니는 짱뚱어를 볼 수 있다.

체를 짓고 내부에는 나무기둥을 세워 지은 유일한 석조 소금창고였는데 지금은 내부를 약간 리모델링해서 국내에 단 하나밖에 없는 소금박물관으로 탈바꿈하였다. 소금이 만들어지기까지의 수많은 과정과 사용되는 기구를 아름다운 조명과 세련된 디자인으로 전시하고 있어 아이들의 교육에 좋다.

태평염전은 단일 규모로는 국내에서 단연 으뜸인데 염전은 전증도와 후증도 사이의 갯벌에 놓여 있다. 무려 140만 평에 이르는 광활한 염전에서는 검게 그을린 염부들이 4월에서 10월까지 소금을 만들어 내느라 분주하다. 소금은 그냥 바닷물만 염전에 담가 둔다고 만들어지는 게 아니다. 제일 처음 끌어들인 바닷물은 1차 증발지에서 염도를 높이고 다시 2차 증발지로 옮겨 염도를 한껏 높인 다음 비로소 염전에서 소금으로 태어나게 된다. 이 과정이 짧게는 15일에서 길게는 25일까지 걸리는데 중간에 비라도 내리면 그동안의 고생이 헛일이 되기 때문에 염부들은 시시각각 변하는 날씨에 민감하다. 비가 내린다는 예보가 떨어지기라도 하면 한밤중이라도 간수와 빗물이 섞이지 않도록 다시 간수통으로 되담아야 하기 때문이다.

하늘농사라고도 불리는 소금농사를 위해 강렬한 태양 아래에서 땀 흘리는 그들의 모습을 보면 누구나 숙연해진다. 소금은 맛을 내는 데 없어서는 안 되는 물질이고 또 썩지 않도록 하는 중요한 역할을 하지만 가끔 너무 싼 가격과 풍족한 물량 때문에 과소평가를 당하기도 한다. 증도는 소금처럼 우리에게 삶의 활력을 불어넣어 주는 섬이다.

●● 우전 해수욕장을 지나 짱뚱어다리 건너기

염전과 소금창고가 길가로 늘어선 비포장도로를 따라 15분 정도 걸으면 어느덧 바닷가에 닿는다. 무려 4km에 달하는 고운 백사장을 가진 우전 해수욕장은 그 초입에 도열한 야자나무와 파릇한 잔디 때문에 이국적인 느낌마저 든다. 해안 뒤쪽으로는 50여 년 전에 방풍림으로 조성한 울창한 소나무숲이 있어 운치를 더한다. 증도면사무소 뒤쪽의 산정봉에 오르면 이 솔숲의 독특한 모양새를 볼 수 있다. 바로 우리나라 지도의 모습을 하고 있다. 한반도 해송숲이라 부르는 이 숲 속에는 거미줄처럼 얽힌 산책로가 무려 6km나 이어져 파도 소리를 들으며 은빛 모래밭의 저녁노을을 감상할 수도 있다.

우전 해수욕장과 증동리 사이에는 나무로 만들어진 470m 길이의 짱뚱어다리가 놓여 있는데 다리 위에 서면 갯벌 위를 뛰어다니는 짱뚱어를 잘 볼 수 있다고 해서 붙여진 이름이다. 물이 들면 바다 위를 걷는 기분을 느낄 수 있고, 물이 빠지면 게르마늄이 풍부한 세계 5대 갯벌의 진면목을 체험할 수도 있다. 슬로시티 증도에서는 조금 느리게 움직여보자. 걸음도 마음도 한 박자 늦추다 보면 자연과 함께 살아가야 하는 것이 어떤 것인지 제대로 알 수 있다.

염전 체험
증도에는 섬들채(주)에서 운영하는 염전 체험장이 있다. 체험을 통해 아이들은 소금이 어떤 과정을 통해 만들어지는지 알 수 있고, 또 소금을 만드는 데 얼마나 많은 노력이 들어가는지 알 수 있어 흔한 소금이지만 감사한 마음을 가지게 된다.

산정봉에서 해송숲 보기
증도면사무소 뒤쪽으로 10분 정도 올라가면 산정봉 정상에 닿는다. 여기서 우전 해수욕장을 바라다보면 마치 한반도 모양을 한 해송숲을 볼 수 있다. 이 숲 속에는 이리저리 얽힌 산책로가 길게 이어져 파도 소리를 들으며 해안가 저녁 노을을 감상할 수 있다.

위 수차를 이용해 바닷물을 염전으로 끌어들이는 방법에 대한 설명을 듣는다.
아래 산정봉에 올라 바라본 한반도 모양의 해송숲 풍경이 아름답다.

7월
057

연꽃 사이를 거닐며 청아한 사람을 꿈꾸다
무안 회산 백련지

우리나라 최대의 백련 군락지로 알려져 있는 무안 회산의 백련지는 부여 궁남지의 10배나 되는 규모에 온통 하얀 연꽃이 피어 장관을 연출한다. 연꽃은 수분을 머금은 아침에 피어나 해를 받으면 수분이 증발하면서 오후부터는 꽃이 오므라든다. 그래서 가능하면 이른 아침에 보는 것이 좋은데, 은은한 연꽃의 향기를 맡으며 걸으면 마음마저 차분해진다.

연계 교과
1-1 슬기로운 생활, 2-1 슬기로운 생활, 4-1, 4-2, 6-1 과학

체험 포인트
연꽃밭을 둘러보며 연꽃의 특성 살펴보기

● **주소** 전라남도 무안군 일로읍 복룡리 ● **가는 길 | 자가용** 서해안고속도로 일로 IC → 회산 백련지 ● **문의** 무안터미널 061-453-2518, 무안군 관광안내소 061-454-5224, 회산 백련지 061-285-1323, 무안 낙지골목(주차장) 061-454-5434 ● **먹을거리** 두암식당(짚불구이) 061-452-3775, 독천골(뻘낙지초무침) 061-283-9991, 지산식당(백반) 061-281-9928, 곰솔가든(세발낙지) 061-452-1073 ● **잠자리** 무안비치호텔 061-454-4900, 톱관광펜션 061-454-7878, 자연속으로 펜션 061-262-1000, 꿈여울관광농원 061-453-9190 ● **이색 체험과 축제** 무안 백련문화마당 7월 ● **주변 여행지** 증도, 영암

무안 학동마을 부근에 있는 용월리 왜가리 서식지는 학마을이라고도 부른다.

추천 코스

회산 백련지 → 무안 학마을 → 무안 낙지골목

가족여행 팁

조금 서두르면 신비로운 분위기를 품은 이른 아침의 연꽃밭을 볼 수 있다.

연꽃

진흙 속에서 자라면서도 청결하고 고귀한 꽃을 피우는 식물로 불교를 상징한다. 뿌리와 줄기는 굵고 옆으로 뻗으며 마디가 많고 가을에 특히 끝부분이 굵어진다. 잎은 뿌리줄기에서 나와서 높이 1~2m로 자란 잎자루 끝에 달리고 둥글며 지름 40cm 내외로, 물에 젖지 않는다. 또한 잎맥이 방사상으로 퍼지고 가장자리가 밋밋하다. 꽃은 7~8월에 피고 홍색 또는 백색이며 꽃줄기 끝에 1개씩 달린다. 잎은 수렴제, 지혈제로 사용하거나 민간에서 오줌싸개 치료에 이용한다. 땅속줄기는 연근(蓮根)이라고 하며, 비타민과 미네랄의 함량이 비교적 높아 생채나 그 밖의 요리에 많이 이용한다.

○● 주민들의 노력이 만들어 낸 아시아 최대의 백련 군락지

무안의 갯벌은 람사르 협약에 따라 우리나라 갯벌습지 보호구역 제1호로 등록되었다. 그만큼 무안은 싱싱함을 그대로 간직한 청정자연이라는 뜻이다. 게르마늄이 풍부한 세계 5대 갯벌에서 잡히는 무안 세발낙지는 그래서 더 유명하다. 이런 무안의 여름은 은은한 연꽃 향으로 휩싸인다. 뜨거운 태양이 작열하는 계절이 되면 10만여 평에 이르는 회산의 방죽이 온통 새하얀 연꽃으로 뒤덮이는데, 그 모습이 장관이다. 부여의 궁남지가 연꽃의 천국이라 말하지만 1만여 평의 궁남지보다 무려 10배나 넓은 황토골 무안의 회산 백련지를 본다면 누구라도 감탄사를 내뱉지 않을 수 없다.

온 세상의 기운이 다시 모인다는 뜻의 회산(回山)마을의 연꽃 유래는 일제 강점기로 거슬러 올라간다. 처음에는 쌀 수탈을 위해 지어진 주변 농장에 물을 대기 위해 만든 저수지였지만 나중에 영산강 하구둑이 생기면서 농업용수가 풍부해지자 그 필요성이 없어져 버렸다. 결국 저수지에서 연못으로 전락해 버린 이곳에 회산마을 주민이 백련 12그루를 심었고 시간이 지나면서 연꽃이 번식하여 이제는 아시아 최대의 백련 군락지로 손꼽히게 되었다.

무안의 회산 백련지에는 백련뿐만 아니라 다양한 수련을 볼 수 있다.

1. 무안의 청정 갯벌 너머로 지는 해를 바라보면 어느새 마음이 여유로워진다.
2. 몽탄의 영산강변에는 식영정이 있으므로 아이들과 함께 들러보자.
3. 무안의 황토에서 자라는 양파는 전국적으로 유명하다.

무안의 백련은 한 그루당 꽃대가 3개씩 나오는데, 한 송이가 피어나 사그라질 때면 또 한 송이가 나오고, 이 꽃이 질 때면 다른 송이가 피어 모두 백일 동안 피어 있다고 해서 백련이라고도 한다. 커다란 연잎 사이로 여름 내내 피고 지고를 반복하는 연꽃봉우리는 수분을 한껏 머금은 아침나절에 활짝 피었다가 수분이 증발하면서 오므라들어 동그랗게 말린다.

꽃과 열매가 동시에 자리를 잡기 때문에 화과동시(花果同時)라 불리는 연꽃은 씨주머니 속에 많은 씨앗을 담고 있어 풍요와 다산을 상징하기도 한다. 또 뿌리는 더러운 진흙탕 속에 있지만 맑고 깨끗한 꽃을 피워 불교를 상징하는 꽃으로도 알려져 있다. 간절한 사랑, 애절한 사랑이라는 꽃말을 가진 백련 꽃과 잎은 독이 없어서 차로도 마시고, 연근은 과자와 반찬으로도 쓰이니 버릴 것 없는 영양만점 식재료이다. 연자는 천년 이상의 수명을 지녀 아무리 오래되어도 꽃을 피운다고 하니 대단한 꽃이 분명하다.

●● 연꽃방죽을 따라 걸으며 연꽃향에 취하기

이른 아침이면 연꽃방죽을 뒤덮은 안개가 몽환적인 풍경을 만들어 내는데 3km나 되는 방죽의 주변을 따라 걷다 보면 마음마저 차분해진다. 은은하게 퍼지는 연꽃의 향기를 맡아 본 적이 있는 사람은 많지 않을 텐데 이른 아침에 회산 백련지를 걷게 되면 연꽃의 향기가 어떤 것인지 알 수 있다. 과하지 않으면서도 감미로운 향기, 맡고 있으면 머리가 맑아지는 듯한 향기는 아침 안개를 타고 사방으로 퍼져 나간다. 커다란 연잎 위에 구슬처럼 방울 맺힌 이슬들이 또르르 굴러 떨어지는 모습이나 그 속에 숨어 사는 개구리가 풍덩거리며 물속으로 뛰어 들어가는 모습을 보는 것만으로도 아이들에게 자연의 감성을 심어 주기에 충분하다.

백련지의 가운데에는 둥근 모양의 유리로 된 건물이 있는데 독특한 모습 때문에 멀리서도 눈에 띈다. 연꽃의 형상을 본떠 만든 이 건물의 내부는 다양한 식물을 모아 놓은 온실이다. 아이들과 함께 연꽃 이외의 다른 식물을 둘러보아도 좋다.

방죽 주변으로는 백련 말고도 다양한 색깔의 수련이나 가시연꽃, 노랑어리연과 홍련들이 피어 있어 사진을 찍으려고 모여든 사람들도 심심치 않게 볼 수 있다. 송나라 학자 주돈이는 연꽃에 대해 입이 마르도록 칭찬을 아끼지 않았다고 한다. 그래서 사람들은 연꽃을 보며 삶에 대한 교훈을 말하기도 하는데, 이렇게 마음먹고 살 수 있다면 늘 행복한 일들만 가득할 것이다.

연꽃길 탐사보트 타기

수로를 따라 노를 저어 가면 연꽃을 바로 옆에서 직접 관찰할 수 있다. 물닭과 오리가 헤엄치는 백련지를 가까이서 볼 수 있어 시간이 허락한다면 한 번쯤 타 보는 것도 좋다. 아이들과의 여행에서는 엄마와 아빠가 고생스럽더라도 아이들이 즐거워할 만한 일을 찾는 것이 무엇보다 중요하다.

위 탐사보트를 이용하면 백련이 가득한 연못 속으로 직접 들어가 볼 수 있다.
아래 연꽃 모양의 온실에는 다양한 식물을 전시해 놓았다.

7월
058

땅끝, 삼천리 금수강산의 시작점을 가다
해남 땅끝마을

땅끝에서 서울까지 천리, 서울에서 함경북도 온성까지 2천리를 합쳐서 우리나라를 삼천리 금수강산으로 부른다고 하니 땅끝은 마지막이 아니라 우리나라의 시작과도 같은 곳이다. 땅끝마을이라는 이정표적인 의미를 지니는 해남에서 차밭도 거닐고 케이블카도 타며 아이에게 새로운 경험을 하게 해 준다.

체험 여행

연계 교과
4-2 사회, 6-1 사회

체험 포인트
우리나라 땅끝의 의미 되새기기

● **주소** 전라남도 해남군 송지면 송호리 ● **가는 길 | 자가용** 호남고속도로 산월 IC → 나주 → 월출산 → 해남읍 → 땅끝마을 ● **문의** 해남군 문화공보실 061-530-5114, 땅끝마을안내소 061-530-5544, 두륜산케이블카 061-534-8992, 두륜산 대흥사 061-534-5502 ● **먹을거리** 천일식당(떡갈비) 061-535-1001, 용궁해물탕(해물탕) 061-535-5161, 한성정(남도한정식) 061-536-1060, 우리집왕만두(바지락칼국수) 061-535-0187 ● **잠자리** 땅끝모텔 061-535-5001, 해남땅끝호텔 061-530-8000, 땅끝마을하얀집 061-532-7338, 땅끝풍경펜션 061-532-6331 ● **이색 체험과 축제** 땅끝 해넘이 & 해맞이 축제 12월 31일~1월 1일 ● **주변 여행지** 영암, 다산 유배길

두륜산 전망대에 오르면 강진만이 시원스레 보인다.

추천 코스

월출산 녹차밭 → 두륜산 케이블카 → 해남 땅끝마을

가족여행 팁

땅끝마을까지는 먼 거리이므로 경유지를 정해서 들렀다가 간다.

○● 두륜산 정상에 올라 다도해 풍경 바라보기

땅끝마을, 토말(土末)이라고도 불리는 해남은 한반도 땅의 시작이자 마지막 지점이기도 하여 우리 모두에게 꽤나 의미 있는 곳이다. 가족과 함께하는 여행이라면 아이들에게 더없이 소중한 나라사랑의 기회도 심어 줄 수 있다. 서울에서 가자면 땅끝마을까지 400km가 넘는 먼 거리이다. 게다가 광주나 목포에서부터는 국도로 100km를 넘게 달려야 하니 가고자 마음먹기까지 꽤 망설여지는 곳이다. 하지만 한 번 남도 땅에 발을 들여놓으면 구석구석 아름답고 볼거리가 많아 걸음을 옮길 때마다 이곳에 오길 잘했다는 생각을 하게 된다.

영암과 강진을 거쳐 주작산, 두륜산의 멋진 풍경을 감상하며 해남으로 이르는 길은 가장 추천할 만한 코스이다. 영암의 월출산은 그 수려함이야 말할 것도 없지만 월출산 남쪽 기슭 성전면 월남리 일대 10만여 평의 월출산 차밭 또한 그 아름다움이 남다르다. 단일 다원으로는 제주도를 제외하고 전국에서 제일 크다. 흔히 차밭이라고 하면 보성만 떠올리지만, 실제로 호남지방에는 아름다운 차밭이 꽤 많다. 월출산 차밭은 골 사이에 줄지어 늘어선 서리 방지용 바람개비까지 더해져 분위기가 이국적이다. 유명세를 덜 탄 덕분인지 찾는 사람이 거의 없는 한가롭고

고산 윤선도

윤선도(尹善道, 1587~1671)는 조선 중기의 문신이자 시인이다. 치열한 당쟁 때문에 일생 동안 모두 5번의 유배를 당했다. 봉림대군과 인평대군의 스승으로도 지낼 만큼 경사에 해박하고 의약·복서·음양·지리에도 능통하였다. 특히 시조에 뛰어나 정철의 가사와 더불어 조선 시가에서 쌍벽을 이루었는데, 보길도의 부용동에서 정치와 담을 쌓고 지내는 10년 동안 〈어부사시사〉를 비롯하여 많은 글을 지었다.

윤선도의 고향인 해남에서 보길도를 뱃길로 다녀와 보자.

1. 바닷가에 우뚝 세워져 있는 땅끝 기념탑 앞에서 사진을 찍어 보자.
2. 송호리 주변에서는 갯벌 체험을 할 수 있으며 곳곳에서 갯벌에서 일하는 주민들도 만난다.
3. 땅끝 전망대에는 지압로가 있으므로 편하게 맨발로 걸어도 좋다.

싱그러운 초록의 차밭을 거닐다 보면 마음이 편안해진다.
해남반도 한가운데에 우뚝 솟아 있는 두륜산은 한반도 육지의 마지막 군립공원으로 그 끝이 둥글다는 뜻의 두륜처럼 두륜봉 정상(705m)이 타원형으로 이어져 있다. 그 능선을 달마산이 이어받으며 땅끝마을까지 연결된다. 봄철에는 동백으로 아름다움을 뽐내고, 가을이면 정상에 억새밭이 장관을 이루는 두륜산은 사계절 언제 찾아도 좋다.
두륜산은 국내에서 가장 긴 케이블카가 있기로도 유명하다. 정원이 50명인 케이블카는 단숨에 하부 역사를 날아올라 상부 역사까지 8분 만에 도착하는데, 오르는 동안 발아래로 펼쳐지는 강진만의 풍경이 가슴을 시원하게 한다. 상부 역사에 도착하면 다도해의 완도와 고금도가 눈에 들어온다. 나무로 만들어진 계단을 따라 10분 정도 올라가면 해발 685m의 고계봉 정상에 만들어진 전망대가 보인다. 산 아래는 맑은 날씨지만, 산 정상은 한 치 앞도 보이지 않는 구름으로 분위기가 완전히 달라진다. 그 구름 사이로 잠깐씩 다도해가 보일 때마다 관광객들은 환호성을 지른다.

●● 송호 해수욕장을 지나 사자봉 전망대 오르기

해남반도를 한 바퀴 휘돌아 나오는 77번 국도의 서쪽을 따라 땅끝마을로 달리다 보면 송지면 사거리가 나온다. 여기서부터 '전망 좋은 길 시작'이라는 간판과 함께 해안도로가 펼쳐진다. 조개잡이 체험장과 2km가 넘는 넓은 백사장을 자랑하는 송호 해수욕장을 지나면 고갯길이 나오는데, 이 고개 정상에 잠시 차를 세우고 풍경을 감상해 보자. 두 팔을 벌려 바다를 끌어안고 있는 송호 해수욕장의 아름다운 해변과 멀리 진도의 풍광이 시원스럽다. 고갯길을 내려가면 바로 땅끝마을인데, 고산 윤선도의 발자취가 서려 있는 천연기념물 제40호의 보길도로 향하는 뱃길이 여기서 시작한다.

이곳에는 독특하게 모노레일이 설치되어 있어 힘들이지 않고도 전망대까지 오를 수 있다. 깨끗하게 잘 지어진 전망대에 설치된 초고속 엘리베이터를 타면 전망대 꼭대기까지 순식간에 오를 수 있고, 남해바다의 전망이 한눈에 들어오는 전망대에서는 날씨가 맑고 쾌청한 날이면 멀리 제주의 한라산까지 보인다고 한다.

땅끝은 북위 34°17′38″로 최남선의 《조선상식문답》에 따르면, 서울까지 1,000리, 서울에서 함경북도 온성까지 2,000리라고 하였으니 '3,000리 금수강산'이라는 말의 유래는 이곳이 분명하다. 땅끝, 아니 한반도 땅의 시작점인 이곳은 남과 북이 다시 하나가 되면 3,000리를 헤아려 볼 수 있는 의미 있는 시작점이다. 대한민국의 국토를 사랑하는 마음으로 땅끝탑을 꼭 한 번 찾아보자.

모노레일 타고 땅끝 전망대 오르기

땅끝마을 관광지의 중심인 사자봉 정상에는 9층 높이의 전망대가 있다. 그곳까지 약 400m를 오가는 모노레일이 놓여 있어 15분이면 전망대 입구까지 올라갈 수 있다.

땅끝 전망대는 모노레일을 이용할 수도 있고 걸어서 오를 수도 있다.

059

서해 갯벌이 만든 축제의 현장으로 가다
보령 머드축제

보령의 머드축제는 이제 내국인보다 외국인이 더 알아주는 축제가 되었다. 세계 5대 갯벌로 알려진 우리나라 서해안의 갯벌 흙을 원료로 한다. 패각 해수욕장인 대천 해수욕장과 모세의 기적으로 알려진 무창포 해수욕장은 물론 편백나무숲이 아름다운 성주산 자연휴양림까지 더해진 보령은 자연의 혜택을 입은 천혜의 관광지이다.

체험여행

연계 교과
3-2, 4-1, 4-2, 6-1 사회, 4-1 과학

체험 포인트
외국인들과 스스럼없이 보령머드축제 즐기기

● **주소** 충청남도 보령시 신흑동 1029-3 ● **가는 길 | 자가용** 서해안고속도로 대천 IC → 대천 해수욕장 ● **문의** 무창포 해수욕장 041-936-3561, 석탄박물관 041-934-1902, 성주산 자연휴양림 041-930-3529, 보령시 문화관광과 041-932-2023 ● **먹을거리** 하니쌈밥(키조개두루치기) 041-933-9333, 별난감자탕(감자탕) 041-931-9200, 갯마을(자연산굴밥) 041-614-7681, 수정식당(뱅댕이조림) 041-936-2341 ● **잠자리** 비체펠리스 041-939-5757, 한화리조트 대천 041-931-5500, 환상의바다 리조트 041-931-1111, 오션뷰리조텔 041-930-8817 ● **이색 체험과 축제** 보령 머드축제 7월, 무창포 바닷길 축제 ● **주변 여행지** 서천, 군산, 서산, 태안

대천 해수욕장은 서해안 최대의 해수욕장으로 피서철이면 인산인해를 이룬다.

추천 코스

머드축제 → 대천 해수욕장 → 성주산 자연휴양림

가족여행 팁

머드축제에 참가하려면 여벌의 옷을 준비해야 한다.

● 서해안 갯벌을 마음껏 즐기는 축제

태안반도 아래쪽에 자리 잡은 보령시는 한때 보령과 대천으로 분리된 독립적인 도시였지만 1985년에 대천시와 보령군이 통합되면서 보령시라 부르게 되었다. 보령시에는 동양에서는 유일하게 패각분으로 형성된 해수욕장인 대천 해수욕장이 있다. 패각분은 조개껍데기가 오랜 세월 동안 풍화 작용을 거치면서 잘게 부서진 형태를 말하는데, 모래나 갯벌이 아니기 때문에 바닷물이 더 파랗고 깨끗해 보인다. 제주도 우도의 서빈백사가 백색의 홍조단괴로 해안을 이루었는데, 대천 해수욕장의 패각해안도 그에 뒤지지 않는다.

하지만 근래 들어 보령을 대표하는 보조 수식어는 대천 해수욕장의 패각해안이 아니라 바로 '머드'이다. 136km에 이르는 보령시의 해안선을 따라 이어지는 갯벌은 피부미용에 좋은 성분을 많이 함유하고 있으며 이를 홍보하기 위해 시작된 머드축제는 대천 해수욕장 바로 앞에서 열린다. 이 축제는 매년 7월에 개최되며, 세계적으로도 유명해졌다. 그래서 이맘때가 되면 보령시에는 내국인보다 외국인이 더 많아서 외국에 온 것이 아닌가 하는 착각이 들 정도이다. 머드축제에 참가했다가 바로 대천 해수욕장의 바닷물로 들어가서 해수욕을 즐기면 되니 더 즐

머드(Mud)

머드는 '물기가 있어 질척한 흙'이란 뜻으로 보통 진흙을 함유한 물질과 동식물의 분해 산물과 미생물의 분해 작용을 받아 형성된다. 또 피부 노화를 방지하는 천연 미네랄 등 각종 유효성분이 다량 함유되어 있고, 피부에 활력과 탄력을 주는 광물질이 풍부해 젊고 싱싱한 피부를 가꿔 준다. 게다가 항균 작용이 있어 외상 치료에도 뛰어난 효과가 있다.

몸에 좋은 머드를 마음껏 즐길 수 있는 머드축제에는 외국인도 많이 찾는다.

1. 석대도까지 바닷길이 열리는 무창포의 해넘이가 환상적이다.
2. 보령 석탄박물관은 세세하게 설명되어 있어 아이들이 탄광에 대해 쉽게 이해할 수 있다.
3. 성주산 자연휴양림의 4km에 이르는 숲길은 삼림욕을 하기에 그만이다.

겁다. 하지만 사람이 많이 모이는 축제 때면 주차를 할 수 없을 정도로 대천 해수욕장 인근은 몰려드는 인파 때문에 몸살을 앓는다. 그럴 때는 조금 더 남쪽으로 내려가도 된다.

●● 대천의 바다와 성주산의 품에 안기다

서해안 모세의 기적으로 잘 알려진 바닷길이 열리는 곳이 바로 무창포 해수욕장이다. 웅천 해수욕장이라고도 하는데, 조수간만의 차로 인해서 하루 한 번 석대도까지 1.5km 길이의 S자 코스 바닷길이 열린다. 물이 완전히 빠졌을 때는 왕복 4차로만큼 넓은 길이 생기며, 아이들뿐만 아니라 어른에게도 놀라운 풍경이 펼쳐진다. 열린 바닷길 사이로 다양한 종류의 조개는 물론이고 해삼이나 게까지 잡을 수 있는데, 아예 복장이며 장비까지 갖춰 작정을 하고 몰려든 사람까지 있다. 그만큼 수산 자원이 풍부하다는 말이기도 하다.

대학 시절에 이곳을 찾아 바닷가에 텐트를 치고 며칠을 묵은 적이 있다. 그때는 번듯한 건물 하나도 제대로 없는 자연 그대로의 풍경이었다. 물론 당시에도 석대도까지 바닷길이 열리는 건 마찬가지였다. 25년의 세월이 흐른 뒤 이곳에는 비체팰리스와 같은 으리으리한 리조트가 들어섰고, 해안선에 딱 달라붙은 상점과 숙박 시설이 예전의 모습을 전혀 찾을 수 없게 한다. 해안을 개발하면서 파도와 바닷물을 막기 위해 설치하는 옹벽들은 결국 해안선을 침식시켜 아름다운 해변을 황폐히 만들어 버리기 때문에 근래에 들어 많은 문제점이 제기되고 있다. 억지로 자연의 작용을 막으려 들면 오히려 더 큰 화를 불러일으킬 것이다.

하지만 무창포에서는 '독살'을 이용한 바다 숲 조성 사업을 통해 높은 파도와 조석류를 막고 해안의 모래 유실을 방지하도록 힘쓰고 있다. 물이 들고 나는 조석차를 이용해 바다생물을 잡는 전통 어로방식인 독살을 제주도에서는 '원담'이라 부르기도 한다. 여기서 자라는 바다식물 '잘피'는 바닷속에 숲을 만들어 갯벌의 정화 작용을 돕고 물고기가 살 수 있는 환경을 만들고 있다. 자연은 자연을 이용해서 치유해야만 제대로 복구된다는 것을 입증한 셈이다.

보령의 자연은 성주산 자연휴양림의 숲 체험장에서도 느낄 수 있다. 여름에는 계곡물을 가두어 수영장을 운영하기도 하지만 이곳 최고의 체험은 숲길 걷기이다. 자드락길, 너랑 나랑 걷는 길 등 재미있는 숲길이 있지만, 그중에서도 피톤치드가 가장 많이 배출된다는 편백나무 숲길이 인상적이다. 쭉쭉 하늘로 뻗은 편백나무 사이를 걷다 보면 마음마저도 치유가 되는 느낌이다. 보령 여행은 자연이 주는 혜택에 대해 다시 한 번 생각할 수 있는 시간을 준다.

머드축제 체험하기

보령의 갯벌 흙은 원적외선이 다량 방출되고 미네랄·게르마늄·벤토나이트를 함유하고 있어 피부 미용에 효과가 뛰어나다. 이스라엘 사해의 진흙보다 품질이 더 뛰어난 것으로 알려져 머드를 이용한 화장품과 비누 등을 제품화했다. 이를 홍보하기 위해서 1998년에 시작된 머드축제는 이제 세계적인 축제가 되어 매년 7월에 개최된다. 직접 진흙을 온몸에 바르고 미끄럼틀이나 각종 놀이를 하는 체험형 축제라서 직접 참가하면 훨씬 더 재미있는 경험이 된다.

보령 머드축제는 세계적인 축제가 되었다.

8월
060

버려진 것에서 새로움을 발견하다
포천 아트밸리 & 비둘기낭

오래전에 포천은 군사지역으로 인식되어 개발이 더디게 진행되었으나 근래에 들어서는 다양한 관광 명소가 개발되어 수도권에서 가까운 가족나들이 휴양지로 각광 받고 있다. 특히 포천 아트밸리는 폐채석장을 재활용해서 만들어진 복합 예술 공간으로 다양한 문화 체험을 할 수 있어 아이들에게 발상 전환의 계기를 마련해 줄 수 있다.

체험 여행

연계 교과
4-1, 4-2 과학

체험 포인트
아트밸리의 천주호에서 열리는 공연 관람하기

●**주소** 경기도 포천시 신북면 기지리 282 ●**가는 길 | 자가용** 동부간선도로 → 의정부 → 포천시청 → 포천 아트밸리 → 비둘기낭 ●**문의** 포천시 문화관광과 031-538-2114, 포천 아트밸리 031-538-3483, 일동온천지구 031-536-6000, 포천 국립수목원 031-540-2000 ●**먹을거리** 아트밸리 내 만버칼(만두버섯칼국수) 031-535-0587, 갈비생각(이동갈비) 031-541-6100, 정마루 호박꽃(단호박 소갈비찜) 031-536-8892, 망향비빔국수(비빔국수) 031-534-3392 ●**잠자리** 하늘향기펜션 011-338-8595, 예그리나펜션 010-6291-1669, 새벽종 031-533-9090, 금주산방까사 031-531-1122 ●**이색 체험과 축제** 아트밸리에서는 4월에서 10월까지 주말에 공연 프로그램이 계획되어 있다. ●**주변 여행지** 명성산 억새, 산정호수

추천 코스

아트밸리 → 비둘기낭

가족여행 팁

4~10월에는 매주 공연 행사가 열리므로 미리 알아 두는 것이 좋다.

아트밸리 곳곳에 다양한 조형물이 있어 천천히 걸으며 보기에 좋다.

○● 버려진 폐채석장의 놀라운 변신, 포천 아트밸리

포천은 서울에서 고작 1시간이면 도착할 수 있는 곳이지만 느낌은 완연히 다르다. 높은 빌딩숲을 벗어나 한적한 외곽으로 나들이를 나온다는 건 스트레스 해소에 확실히 도움이 된다. 포천시청을 지나 43번 국도를 따라 북쪽으로 올라가다 보면 천주산 자락 끝에 '포천 아트밸리'가 자리 잡고 있다. 다양한 예술 작품과 참여형 문화 공간이 어우러진 공원인데 이곳의 탄생 배경이 특별하다.

원래 이 지역은 도봉산과 북한산처럼 백악기시대에 만들어진 화강암 지역으로 땅속에서 솟아오르던 마그마가 식으면서 거대한 산을 이루었다. 각종 건물의 재료나 무덤의 비석, 석축 등의 소재로 쓰이는 요긴한 재료이기에 결국 천주산은 사정없이 파헤쳐지기 시작했다. 양질의 화강암이 다량으로 채굴되면서 산은 점점 흉측한 모습으로 바뀌게 되었다. 그러다가 1990년대 중반에 이용할 만한 가치가 떨어져 버리자 아름답던 천주산은 안타깝게 폐채석산으로 버려지게 되었다.

포천 아트밸리는 이렇게 못 쓰게 되어 버려지고 방치된 폐채석장을 문화·예술 공간으로 재탄생시킨 곳으로 우리나라에서는 최초로 시도된 것이다. 포천시는 2005년부터 4년 간의 노력을 기울인 끝에 포천 아

화강암

화강암은 지하의 마그마가 챔버 내에서 천천히 굳어서 생성된 심성암에 속한다. 마그마가 굳을 때 암석 내의 규산염 광물의 함량 정도에 따라 산성암, 중성암, 염기성암, 초염기성암으로 분류된다. 축대, 비석, 건축 재료로 사용된다.

퇴적암: 퇴적에 의해 생성(셰일, 사암 등)
화성암: 마그마의 고결에 의해 생성(화강암, 섬록암, 현무암 등)
변성암: 퇴적암이나 화성암이 고온 또는 고압의 변성 작용에 의해 생성(편마암, 편암 등)

화강암으로 이루어진 암벽 곳곳에 다양한 산책로가 만들어져 있다.

1. 올라갈 때는 모노레일을 이용하고 내려갈 때는 걸어가는 것도 좋다.
2. 아트밸리 입구에 있는 전시관에서는 아트밸리에 대해 설명을 해 준다.
3. 아트밸리의 계곡에서 아이들이 물장난을 칠 수 있다.

트밸리에 새 생명을 불어넣었다. 화강암 직벽을 활용한 영화 상영, 전시관을 통한 미술품의 상설 전시, 호수를 배경으로 한 수상 퍼포먼스 등 독특한 문화 예술 콘텐츠가 연중 운영되고, 다양한 프로그램의 체험 교실을 통해 가족들의 소통을 추구하는 공간으로 재탄생시켰다.

모노레일을 타면 400여 m의 가파른 길을 따라 조각공원을 지나 야외 공연장 앞에 도착한다. 노약자나 걷기 힘든 사람을 위한 배려인데 느릿느릿 오르지만 생각보다 재미있다. 이름과 걸맞게 곳곳에는 예술적 감각이 두드러진 다양한 조각상과 화단이 있다. 전시관 건물은 3층으로 되어 있는데, 1층에는 카페가 있고 2층에는 여러 예술가의 작품이 전시되어 다양한 장르의 미술품을 볼 수 있다. 3층에서는 체험창작교실이 매일 열리는데, 클레이 아트나 흙 조형, 돌비누 만들기 등의 교실이 열리기 때문에 아이들에게 꽤 인기가 있다.

야외로 나가 산책로를 따라 전망대에 오르면 아트밸리의 명물 천주호가 눈에 들어온다. 화강암을 채석하며 파 들어갔던 웅덩이에 샘물과 우수가 유입되어 만들어졌는데, 깊이가 무려 20m나 된다. 가재, 도롱뇽 등이 사는 1급수의 호수로 에메랄드 같은 신비로운 물빛이 무척 아름답다. 산책로를 따라 화강암을 소재로 정교하게 조각된 작품과 야생화를 보는 것은 산책하는 재미를 한껏 돋우는 일이다. 저녁 무렵 아름다운 조명을 받고 있는 천주호의 소공연장에서 벌어지는 음악회를 들으며 산책하는 것도 꽤 근사한 분위기를 만든다.

●● 비둘기들의 안식처가 된 폭포

포천에는 드라마에서 소개된 적이 있는 특별한 폭포가 있다. 대회산리라 불리는 비둘기낭마을에 있는 폭포로 그냥 '비둘기낭폭포'로 불린다. 은장산 계곡을 따라 한탄강으로 흘러내리는 물줄기가 만들어 내는 폭포인데, 장마 때면 엄청난 수량으로 장관을 이룬다. 겨울이면 비둘기가 많이 모여 둥지를 틀던 낭떠러지라 비둘기낭으로 불린다는데 졸졸 논고랑 옆으로 흐르던 냇물만 봤을 때는 이런 거대한 폭포가 있으리라고는 생각도 할 수 없을 만큼 규모가 대단하다. 평지를 이루는 지형에서 갑자기 꺼져 버린 땅 주변으로 생겨났다. 한탄강 댐이 완공되면 홍수 시 수위 조절로 물이 불어날 때는 폭포가 잠겨 버리는 때도 있을 수 있다고 하지만 완전히 수몰되지는 않는다고 하니 참 다행이다.

포천시를 통과하는 30km의 한탄강은 국내 유일의 현무암 협곡지대로, 화산 폭발로 형성된 추가령구조곡의 골짜기를 흐르면서 언저리에 주상절리와 계곡이 어우러진 비경을 만들어 낸다. 자연의 창조물에는 가끔 인간이 상상도 하지 못할 만큼 위대한 것이 많다. 그런데도 무책임하게 훼손하고 또 아무렇지 않게 버리는 행위는 훗날 대가를 치러야 할지도 모른다. 자연을 지키고 보존하는 일은 의무이자 책임이다.

비둘기낭폭포 둘러보기

은장산계곡을 따라 한탄강으로 흘러내리는 물줄기가 만들어 내는 비둘기낭폭포는 장마 때면 엄청난 수량의 물로 장관을 이룬다. 겨울이면 비둘기가 많이 모여 둥지를 틀던 낭떠러지라고 해서 이름 붙여졌다. 포천시가 지정한 한탄강 8경 가운데 6경으로 알려져 있다. 35만 년 전에 만들어진 아치형 주상절리 동굴과 현무암 수직절벽이 어우러져 환상적인 아름다움을 뽐낸다.

위 비둘기낭으로 들어가는 계단 주변에는 주상절리대가 있다.
아래 비둘기낭의 주변 산세가 아름다워 산책로를 걷다가 감탄사를 터뜨린다.

8월
061

아름다운 계곡과 옛길을 걷다
괴산 갈은구곡 & 산막이 옛길

자연은 본래의 모습을 그대로 지키면서 더불어 살아가야 그 아름다움을 후대에까지도 전해 줄 수 있다. 갈은구곡이 가진 천혜의 아름다움 속에서 아이들과 함께 즐기고 산막이 옛길을 느긋하게 거닐며 호연지기는 물론 땀 흘린 후의 보람도 알 수 있게 한다.

체험여행

연계 교과
1-2, 2-2 슬기로운 생활,
3-1 사회

체험 포인트
1. 갈은구곡에서 9개의 비경 찾아보기
2. 산막이 옛길을 걷고 나서 나룻배 타기

● **주소** 충청북도 괴산군 칠성면 갈론리 일대 ● **가는 길** | 서울 → 중부내륙고속도로 → 괴산IC → 칠성면소재지 방면 → 칠성초등학교 지나 외사리 방면 → 외사리에서 수전교 건너 괴산댐(칠성댐) → 갈론마을까지 5km ● **문의** 괴산군 문화관광과 043-830-3223, 산막이 옛길 sanmaki.goesan.go.kr, 갈론마을 초가집 민박 043-832-5626 ● **먹을거리** 할머니괴강매운탕 043-832-2974, 서울식당(올갱이해장국) 043-832-2135, 기사식당(올갱이해장국) 043-833-5794, 다래정(버섯요리) 043-832-1246, 신토불이가든(다슬기요리) 043-832-5376 ● **잠자리** 갈론민박매점 043-832-5614, 호텔웨스트오브가나안 043-833-8814, 노아파크 043-832-6671, 샵모텔 043-832-1610, 영빈장 043-832-2660, 궁전모텔 043-832-0516 ● **이색 체험과 축제** 괴산 고추축제 ● **주변 여행지** 화양계곡, 속리산 법주사

추천 코스

산막이 옛길 트레킹 → 갈은구곡 트레킹 → 계곡 물에 발 담그기

가족여행 팁

트레킹을 하려면 되도록 배낭을 가볍게 하는 것이 좋고, 물을 충분히 준비한다.

갈은구곡의 물은 무척 맑아 걷다가 지치면 이곳의 물을 마셔도 좋다.

○● 자연에 취해 9개의 암각을 찾아 걷는 갈은구곡

괴산은 전국에서 구곡이 많기로 유명한 곳으로 화양구곡을 비롯해서 선유, 쌍곡, 연하, 고산, 풍계 구곡 등이 있다. 그중 가장 자연스럽고 때 묻지 않은 곳이 바로 갈은구곡이다. 괴산의 유림 전덕호(1844~1923) 선생이 아름다운 풍경에 심취해 구곡을 설정하고 각각에 전서, 예서, 해서, 행서, 초서 등 다양한 서체로 한시(漢詩)를 암각해 놓았다고 한다. 한시를 쉽게 읽을 수는 없지만 그 독특한 풍경을 슬렁슬렁 걸으며 둘러보는 일은 꽤 재미있는 경험이다. 험하지도, 또 오랫동안 힘들게 걷지 않아도 되니 온 가족이 손을 잡고 함께 걸어 본다.

갈은마을은 칡이 많이 나오는 숨은 마을이라고 해서 붙여진 이름이다. 하지만 이곳 사람들은 옛날부터 갈론이란 명칭을 쓰고 있는데 가는 길은 괴산댐(칠성댐)에서부터 시작한다. 6·25 전쟁 중에 경제 부흥을 위해 순수 우리 기술로 지어진 최초의 수력 발전용 댐이라는 점에서 각별한 의미를 가지고 있지만, 지금은 크고 웅장한 발전소의 의기양양함에 존재감마저 사라져 버렸다. 갈은마을까지 가는 노선버스가 아직까지 없는 것으로 보아 오지나 다름없는 곳이다. 댐을 끼고 5km쯤 좁은 길을 따라 거슬러 오르면 길이 끝나면서 갈은마을을 만나게 된다.

갈은구곡

갈론마을을 지나 2~3km 남짓의 계곡을 따라 거슬러 가면서 펼쳐지는 9가지의 아름다운 계곡 비경이다.

제1곡 장암석실(場嵒石室)
제2곡 갈천정(葛天亭)
제3곡 강선대(降仙臺)
제4곡 옥류벽(玉溜壁)
제5곡 금병(錦屛)
제6곡 구암(龜岩)
제7곡 고송유수재(古松流水齋)
제8곡 칠학동천(七鶴洞天)
제9곡 선국암(仙局岩)

갈은구곡은 물이 맑고 수량이 풍부해 여름 피서지로 제격이다.

1. 갈은구곡은 물이 맑고 공간이 넉넉한 곳이 많아 곳곳이 물놀이장으로 활용된다.
2. 갈은구곡 입구에는 갈론산촌체험관이 있으므로 아이들과 함께 꼭 들러본다.
3. 산막이 옛길을 걷다 보면 출렁다리도 건너게 된다.

집이라고는 모두 합쳐 봐야 고작 스무 채나 될까 싶을 정도인데, 복잡하고 다닥다닥 붙어 사는 도시와 달리 평화롭고 소박한 풍경이 마음을 편안하게 한다. 졸졸 흐르는 물길을 따라 걷다 보면 금세 갈은구곡의 시작을 알리는 작은 비석이 나온다. 여름이면 이 작은 마을의 물가 여기저기에 사람들이 북적이지만 주변의 화양계곡이나 쌍곡계곡처럼 이름난 곳에 비하면 이곳은 사람이 거의 없는 편이다. 계곡물은 이내 좁은 물길을 만들고 곳곳에 너럭바위와 기암괴석이 절경을 만들어 낸다.

●● 아이의 손을 잡고 산막이 옛길 거닐기

달천을 사이에 두고 갈은마을 건너편은 산막이 옛길이다. 괴산댐 주변으로 서로 인접한 문광면, 청천면, 칠성면은 유난히 골이 깊다. 교통이 편리해진 요즘에도 이곳을 찾으려면 구불거리는 도로를 한참이나 달려야 하는데, 그 먼 옛날에는 오죽했겠는가. 그러니 이런 곳은 유배지로 딱이었다. 산막이마을은 산이 가로막혀 길이 끝나는 곳이라는 뜻이며, 도자기를 굽던 움막이 있었다고 하는데, 조선시대에 노수신이 이곳에서 유배 생활을 했다. 후대에 들어 그의 10대손인 노성도가 조상이 머물던 유배지를 관리하러 왔다가 신선이 별장으로 삼았을 곳이라고 감탄하며 〈연하구곡가〉를 지었다고 한다.

하지만 그 아름답던 모습은 이곳에 댐이 지어지면서 모두 물에 잠기게 되었고, 결국 전설 속의 한 부분으로만 남게 되었다. 더불어 산막이마을로 이어지는 길도 사라져 버려 배로만 다녀야 하는 불편함에서 벗어나기 위해 마을 사람들이 산허리를 위태롭게 가로질러 소로를 냈다. 하지만 가늘고 긴 벼랑길은 밤이 되거나 날이 궂으면 다니기가 겁날 정도로 험한데, 걷기 열풍이 불면서 옛길이 복원되고 세상 사람들의 인기를 얻게 되었다.

인근 주민의 기억을 더듬어 길을 내고 산책하기 좋은 곳으로 만들었는데, 이곳에 자연과 어우러진 다양한 시설을 구비해 두었다. 덩그러니 아무것도 없어 보이는 주차장에서 본격적인 산막이 옛길로 들어서면 널찍한 길은 숲을 끼고 이어지다가 본격적인 산길로 접어든다. 왼쪽으로 달천이 시원스럽게 보여 지루하지 않다. 길의 종착지인 산막이마을에는 고작 세 가구가 살고 있으며, 총 거리는 3km로 천천히 걸어도 1시간 반이면 족하다. 소나무 출렁다리를 지나 나무 데크를 따라 걷는 이 길은 대부분 짙은 녹음으로 되어 있어서 한여름에도 제법 걸을 만하다.

길의 중간쯤에는 앉은뱅이도 벌떡 일어나게 한다는 앉은뱅이 약수터가 있다. 시원하게 목을 축이고 전망대까지 한달음에 가 보자. 발아래가 유리로 되어 있어서 아래쪽 절벽 사이의 강물이 아찔하게 보이지만 끝에 서서 강바람을 맞으면 가슴속까지 시원해진다. 산막이마을의 입구에 도착하면 선착장이 나온다. 되돌아 나올 때는 나루터에서 유람선을 타고 주차장으로 나오는 것이 좋다. 강바람 계곡물과 함께하는 오지 마을 걷기 여행은 즐거운 추억이 될 것이다.

갈은구곡에서 9개의 비경 찾기

제1곡인 갈은동문(葛隱洞門)에서 신선이 바둑을 두었던 바위라는 뜻의 제9곡 선국암(仙局岩)까지는 1시간 남짓이면 충분하다. 2m 높이의 거대한 너럭바위에 바둑판 줄이 새겨져 있고 네 귀퉁이에 바둑알을 담을 수 있는 홈이 파인 선국암은 갈은구곡의 하이라이트라고 해도 될 만큼 독특하다. 이렇게 아홉 곳의 장소를 아이들과 함께 찾아보는 것은 마치 보물찾기를 하는 것처럼 재미있는 일이다. 걷다가 힘이 들면 양말을 벗고 맑은 옥류에 발을 담가 보자. 햇볕을 피해 시원한 그늘 아래에 앉아 물 한 모금을 마시면 그야말로 신선이 따로 없다.

산막이 옛길 걷고 나룻배 타기

걷기 열풍으로 다양한 옛길이 복원되고 있는데, 산막이 옛길은 천천히 걸어서 약 1시간 반 정도 소요되어 아이들과 함께 느긋하게 걷기에 좋다. 길을 다 걸은 후에는 산막이 마을 입구에 있는 선착장에서 유람선을 타고 강바람을 쐬며 더위를 식힌다.

위 아이와 함께 계곡 사진도 찍으며 취미를 공유하는 것은 좋은 교육이 된다.
아래 황포돛배를 타고 주차장으로 되돌아 나올 수 있다.

8월
062

백제의 역사와 자연의 신비로움을 느끼다
부여 궁남지 & 부소산성

부여는 만나는 곳마다 백제 역사의 면면을 살펴볼 수 있다. 교과서에 나오는 유적지를 돌아보는 것도 좋지만 엄마, 아빠의 손을 잡고 느긋하게 산책을 즐기는 것도 새롭다. 연꽃향이 가득한 궁남지에서 역사와 자연이 어우러진 부소산성 숲길까지. 걷는 걸음마다 역사의 향기를 느낄 수 있을 것이다.

체험
여행

연계 교과
5-1 사회, 4-2 사회, 5-1 과학

체험 포인트
1. 궁남지 연꽃 사진 찍기
2. 부소산성 숲길 걷기

●**주소** 충청남도 부여군 ●**가는 길 | 자가용** 경부고속도로 → 천안-논산 고속도로 → 남공주 IC → 부여 → 궁남지 | **대중교통** 서울 남부터미널 → 부여시외버스터미널 → 궁남지 & 낙화암 & 박물관(도보 가능) ●**문의** 부여군 문화관광과 041-830-2252, 국립부여박물관 041-833-8562, 고란사 041-835-2062, 부여종합관광 안내소 041-830-2330, 만수산 자연휴양림 041-830-2348 ●**먹을거리** 구드레 돌쌈밥(쌈밥) 041-836-9259, 장원 막국수(막국수/편육) 041-835-6561, 백제향(연잎밥) 041-837-0110, 동소예(연탄구이 생선) 041-835-3291 ●**잠자리** 롯데부여리조트 041-939-1000, 백제관광호텔 041-835-0870, 삼정부여유스호스텔 041-835-3101, 나들이펜션 010-6757-4950, 관광모텔 041-835-1173 ●**이색 체험과 축제** 서동연꽃축제 7월 중순, 백제문화제 10월 초 ●**주변 여행지** 공주, 보령, 서천

궁남지는 서동공원 옆에 붙어 있으므로 함께 둘러본다.

추천 코스

궁남지 연꽃 탐방 → 백마강 유람선 → 부소산성 숲길 걷기

가족여행 팁

궁남지에는 여름 햇살을 피할 만한 그늘이 없으므로 챙이 넓은 모자나 양산을 준비하는 것이 좋다.

●● 무왕의 탄생 비밀을 찾아가는 서동공원

한낮의 땡볕이 온 대지를 뜨겁게 달구는 8월의 둘째 주는 나들이하기에는 최악의 시기이다. 하지만 이때가 아니면 볼 수 없는 장관이 있는데, 바로 부여 궁남지의 활짝 핀 연꽃이다. 부여는 백제의 수도이기도 했는데, 위례성에서 공주로, 다시 공주에서 지금의 부여로 옮기고 나서 120년 동안 한 나라의 수도가 있었던 곳이어서 백제시대의 문화를 한눈에 볼 수 있다고 해도 과언이 아니다. 궁남지는 궁궐의 남쪽에 위치한 저수지라는 뜻이다.《삼국사기》의 기록에 의하면 20리의 물길을 끌어들여 별궁터에 저수지를 만들었고, 그 안에서 뱃놀이를 하였다고 하니 꽤 큰 저수지였음이 분명하다.

지금의 궁남지는 여름 한철, 피고 지기를 반복하는 연꽃의 축제장으로 유명세를 톡톡히 치르고 있다. 아침이면 연꽃봉우리가 수분을 한껏 머금고 피었다가 말리는데, 그 모양새가 단아하다. 이곳을 서동공원이라고도 부르는데, 거기에는 무왕의 사랑 이야기가 담겨 있다. 신라 진평왕의 셋째 딸인 선화공주와 결혼한 무왕은 그녀를 위해 연못을 지었는데 바로 궁남지다.

서동공원의 유래

백제 법왕의 시녀였던 여인이 못가에서 홀로 살다 용신(龍神)과 결혼하여 아들을 얻었는데, 바로 서동이다. 서동은 기골이 장대하고 올곧은 성격으로 홀어머니에 대한 효심이 지극했다. 신라 진평왕의 셋째 딸인 선화공주를 흠모하여 〈서동요〉라는 한국 최초의 4구체 향가를 지어 아이들에게 부르게 했는데, 선화공주가 밤마다 몰래 서동의 방을 찾아간다는 내용이었다. 결국 선화공주는 쫓겨나게 되었고, 서동은 이를 기다렸다가 선화공주와 결혼을 하게 되면서 법왕의 뒤를 이은 무왕이 되었다고 한다.

궁남지의 한낮은 매우 덥기 때문에 양산이 꼭 필요하다.

1. 고란사로 이르는 길은 평탄해 아이들이 걷기에도 무리가 없다.
2. 부소산성을 둘러볼 때는 문화해설사의 설명을 듣는 것도 좋다.
3. 백마강 주변은 유람선을 타고 둘러볼 수도 있다.

●● 부소산성 숲길을 거니는 즐거움

백마강을 끼고 아찔한 절벽 위쪽으로 둘레 2.2km의 부소산성이 자리 잡고 있다. 원래는 사비성이었지만 그냥 산의 이름을 따서 지금은 부소산성이라 부르는데, 유사시에는 백제의 중요한 군사 시설로 사용되었고, 평상시에는 아름다운 경관으로 왕과 귀족의 비원 역할을 했다. 나당 연합군에 의해 백제가 멸망할 때 마지막 왕이었던 의자왕이 삼천 궁녀와 함께 목숨을 던졌다는 낙화암도 바로 이곳에 있다.

낙화암을 제대로 보려면 강에서 배를 타야 하는데, 구드레 조각공원의 나루터에서 고란사를 오가는 유람선을 타면 된다. 백마강을 한 바퀴 돌고 되돌아오는 왕복 티켓을 끊는 것도 좋지만 이왕이면 고란사 선착장에서 내려 부소산성의 울창한 숲길을 걸어 보는 것을 꼭 권하고 싶다. 승선 시간은 고작 10분 정도밖에 걸리지 않지만 낙화암의 모습을 감상하기에는 가장 좋은 방법이다.

고란사는 공주 마곡사의 말사인데, 언제 세워졌는지는 정확하게 기록된 것은 없다. 백제왕이 노닐기 위해 건립했다는 이야기도 있고, 궁중의 내불전이었다는 이야기도 있다. 혹은 백제 멸망 때 죽은 삼천궁녀의 넋을 달래기 위해 고려시대에 지었다는 이야기도 있지만 정확하지는 않다. 하지만 절 마당 너머로 백마강의 아름다운 물줄기를 보고 있으면 마음이 편안해진다. 고란사 뒤편에 있는 왕이 마셨다는 약수터에서 시원한 물 한 모금을 들이킨 후 낙화암으로 올라 보자. 조금 가파른 길이지만 울창한 나무 사이를 걷는 느낌이 청량하다. 낙화암에 올라서면 유유히 흐르는 백마강이 역사의 한 대목을 말해 주는 듯하다.

낙화암에서부터 사비문이 있는 입구까지는 평지이거나 내리막이기 때문에 편안하게 숲과 누각을 감상하며 걷는다. 사자루, 반월루를 거쳐 영일루에 이르는 길은 폭이 넓어서 유모차를 끌고도 충분히 다닐 만큼 편안하다. 부여의 세 충신이었던 성충, 흥수, 계백을 기리기 위한 사당인 삼충사를 지나 사비문까지 2.3km의 거리는 1시간도 채 걸리지 않는 짧은 코스이지만 한여름 햇볕을 가릴 만큼 빼곡이 자란 나뭇잎 때문에 무더위를 식히기에 좋다. 그냥 아이들과 함께 걷는 것만으로도 백제 역사를 공부하는 듯하다.

궁남지 연꽃 사이 걷기
1만여 평의 궁남지에는 6만여 송이의 연꽃이 장관을 이루는데 홍련, 백련, 수련, 어리연, 가시연은 물론 밤에만 핀다는 빅토리아연꽃까지 다양한 종류의 연꽃을 한자리에서 볼 수 있다. 연꽃이 가득한 풍경이 매력적이어서 사진가가 많이 찾는 곳이므로 아이들과 함께 즐겁게 거닐어 보자.

국립부여박물관 관람하기
더위 속에서 길을 걷다 보면 지칠 수 있다. 이때 국립부여박물관을 둘러보면 더위도 피하고 역사 공부도 할 수 있어 좋다.

위 궁남지를 걷다 보면 연꽃을 즐기는 스님들도 만날 수 있다.
아래 부여를 찾으면 국립부여박물관도 빼놓지 말고 둘러봐야 한다.

8월
063

유네스코 문화유산 속을 거닐다
안동 하회마을

우리나라의 대표 전통 마을인 안동 하회마을은 하회탈을 비롯해 오랜 역사가 켜켜이 내려앉은 한옥들을 직접 보고 느낄 수 있는 곳이다. 역사책 속에서만 보았던 한옥에서 잠도 잘 수 있어 마치 조선시대로 돌아간 듯한 기분이 든다. 아이들과 함께 한옥에 머물며 전통을 몸소 체험해 보자.

체험 여행

연계 교과
3–1, 5–2 사회

체험 포인트
1. 하회별신굿 탈놀이 보기
2. 하회마을에서 하룻밤 묵고, 이른 아침에 송림숲 걷기
3. 병산서원 둘러보기

●**주소** 경상북도 안동시 하회마을 일대   ●**가는 길 | 자가용** 중부내륙고속도로 점촌 IC → 문경 → 예천 → 하회마을 | **대중교통** 서울센트럴시티터미널 → 안동고속버스터미널 → 하회마을행 시내버스   ●**문의** 안동시 문화관광센터 054-856-3013, 안동 하회마을 054-853-0109/www.hahoe.or.kr, 하회마을 번남고택 054-852-8550, 하회세계탈박물관 054-853-2288, 안동시외버스터미널 1688-8228, 안동역 1544-7788   ●**먹을거리** 안동매일찜닭(안동찜닭) 054-854-4128, 하회마을 감나무집민박(고등어정식) 054-853-2975, 안동양반(간고등어정식) 054-855-9900, 까치구멍집(헛제사밥) 054-821-1056   ●**잠자리** 담연재(한옥체험) 070-8224-3112, 락고재(고택숙박) 054-857-3410, 부용대민박 010-9685-0038, 솔뫼민박 011-828-5206, 안동파크호텔 054-853-1501, 원호텔 054-843-1188   ●**이색 체험과 축제** 안동국제탈춤페스티벌 9월 말, 하회별신굿 탈놀이 상시   ●**주변 여행지** 영주 부석사, 청송 주왕산

부용대에 오르면 하회마을이 한눈에 들어온다.

추천 코스
하회별신굿 탈놀이 관람 → 부용대 → 하회마을 → 병산서원

가족여행 팁
하회별신굿 탈놀이를 보려면 조금 일찍 도착해서 정면 앞쪽에 앉는 것이 좋다.

○● 부용대에 올라 하회마을 내려다보기

안동 하면 당연하게 따라붙는 수식어가 바로 하회마을이다. 탈 이름 정도로만 알고 있는 하회(河回)는 낙동강 물줄기가 태극문양을 만들면서 돌아 나가는 모습에서 유래하였다. 그래서 '물도리동'이라고도 불리는 이곳은 무려 600년이나 전통을 이어 가고 있으며 세계가 인정한 우리의 전통 마을이다. 우리나라 10번째 유네스코 세계문화유산으로 등재된 하회마을로 떠나는 여행은 그런 점에서 남다른 의미가 있다.

주차장에 차를 세우면 하회마을 입구를 오가는 셔틀버스가 대기하고 있는데 거리가 고작 1km 남짓하니 버스를 이용하기보다 강변을 따라 이어지는 오솔길을 걷는 게 좋다. 아카시아와 소나무가 울창한 숲을 이루는 이 길은 한여름에도 빼곡한 나무가 시원한 그늘을 만들어 느긋하게 걷기에 좋다. 마을로 들어서기 전에 주차장 건너편의 숲 속에 자리한 '하회별신굿 탈놀이 전수관'은 빼 놓으면 후회할 볼거리이다. 탈춤이 끝나면 연꽃밭을 지나 강가의 나루터로 가 보자. 구불거리는 낙동강 물줄기는 하회마을을 태극문양으로 휘감으며 대구를 향해 내달린다. 나루터 건너편에는 우뚝 솟은 부용대가 우람하게 버티고 있다. 나루터의 목선을 타면 강 건너편의 옥연정사까지 갈 수 있는데 차로 가려면

안동 하회마을

안동 하회마을(중요민속자료 제122호)은 풍산 류씨가 600여 년간 대대로 살아온 한국의 대표적인 동성마을이다. 와가(瓦家:기와집)와 초가(草家)가 오랜 역사 속에서도 잘 보존되었다. 조선시대의 대유학자인 겸암 류운룡과 임진왜란 때 영의정을 지낸 서애 류성룡 형제가 태어난 곳으로도 유명하다. 마을 이름을 하회(河回)라 한 것은 낙동강이 'S'자 모양으로 마을을 감싸 안고 흐르는 데서 유래하였다.

하회마을 당산나무에는 소원줄이 걸려 있으므로 소원을 빌어 본다.

1. 만대루와 함께 ㅁ자형 구조로 된 병산서원은 아늑하면서도 고풍스럽다.
2. 하회별신굿 탈놀이를 직접 보면 우리 문화의 소중함을 깨닫게 된다.
3. 하회마을의 송림은 이른 아침에 걸어야 제맛이다.

꽤 먼 거리이지만 배를 타면 2~3분이면 도착한다.

"부용대는 하늘에서 내려다보면 꼭 거북이처럼 생겼어. 그런데 이 거북이가 하회마을을 집어삼킬 기세로 있어서 그 거북이 눈알 두 곳에 정사를 지었지. 부용대 양쪽에 옥연정사와 겸암정사가 바로 그곳이야." 마을 주민에게서 듣는 부용대에 관한 전설은 역사책과는 또 다른 재미로 아이들의 흥미를 끈다. 그래서 힘든 산길도 즐겁게 오를 수 있다. 부용대에 오르면 탁 트인 시야에 자연이 만들어 놓은 아름다운 지형과 한국의 전통이 오롯이 배어 있는 마을의 풍광이 시원스럽게 펼쳐진다.

●● 한옥마을에서 별 보며 잠자기

하회마을을 찾았다면 당일치기 여행보다는 하룻밤을 꼭 마을에서 지내는 것이 좋다. 민박집은 호텔이나 펜션과 달리 화장실과 세면장, 샤

위장은 공동으로 사용해야 해서 지레 겁부터 먹을 수 있다. 그러나 주인집 할머니가 손수 만들어 주신 된장찌개와 간고등어구이로 한 상 가득 차려진 밥상을 받은 아이들은 불편함도 잊은 채 얼굴 가득 미소를 띠운다.

따가운 한낮의 햇살이 한풀 꺾이고 나면 북적거리던 마을도 관광객이 빠져나가 한가롭다. 황토를 바른 집의 담벼락과 돌담의 정겨움을 여유롭게 감상할 수 있어 더욱 좋다. 저녁 식사로 안동찜닭과 시원한 막걸리를 한 잔 마신 후 마을길을 한가롭게 거닐면 이보다 더 좋을 수는 없다는 생각이 들 것이다.

무엇보다 하회마을의 밤하늘은 도시에서 볼 수 없었던 별을 실컷 볼 수 있어 좋다. 반짝거리는 별을 한참이나 보고 있다가 작은아이가 소리친다. "아빠 별들이 움직여요. 저기 산꼭대기에 걸려 있던 별이 이제 하늘 위로 날아갔어요." 상쾌한 밤공기 속에서 쏟아질 것처럼 머리 위에서 반짝이는 별을 보며 가족과 이야기를 나누는 것은 인생에서 꼭 한 번은 해 봐야 할 일이다. 밤하늘의 별에 취해 아이들과 이런저런 이야기를 나누다가 잠드는 것은 아이들에게나 어른에게도 잊지 못할 추억을 선사한다.

이른 아침 낙동강 위를 감싸는 물안개는 하회마을의 송림 숲을 휘감아 은은한 분위기를 만들어 낸다. 늦잠을 자고 찌뿌둥하게 하루를 시작하기보다 부지런하게 움직이면 기분도 상쾌해진다.

병산서원은 하회마을과 아주 가까운 거리에 있는데 비포장도로를 조금 이용해야 하지만 그리 길지는 않다. 서애 유성룡의 업적을 기리기 위해 지어진 병산서원에 들어서면 고풍스러운 분위기의 만대루가 깊이 있는 아름다움을 뿜어낸다. 안동은 가는 곳마다 전통이 살아 숨 쉬는 듯하다.

하회별신굿 탈놀이 보기

봄부터 가을까지 이어지는 이 놀이는 국보 제121호의 하회탈을 쓰고 1시간 동안 진행된다. 백정, 양반, 중, 각시, 할미 등 현재 남겨진 9개의 탈이 모두 출현한다. 투박하지만 맛깔나는 인간문화재의 몸짓과 익살스러운 입담이 연신 관객들로 하여금 폭소를 터뜨리게 만든다. 색다른 공연에 아이들도 흥미진진하게 빠져든다.

하회마을에서 잠자기

대부분 민박집은 초가집이지만 이따금 기와집도 눈에 띈다. 당일치기 여행보다는 별을 보며 하룻밤을 지내 보는 것도 아이들에게 소중한 추억을 남겨 줄 수 있다. 하지만 현대 생활에 익숙해져 버린 아이들에게 시골의 불편함은 꺼려질 수밖에 없다. 그러나 전통을 이해하고 불편함 속에서 자연의 소중함을 깨닫게 될 것이다. 어릴 적에 할머니 댁에서 느끼던 정겨움과 따뜻함을 느껴 본 사람이라면 이런 느낌을 아이들에게 전해 주고 싶을 것이다.

위 하회별신굿 탈놀이는 무료이며 약 1시간 정도 공연한다.
아래 하회마을에서 하룻밤 묵으면 아침의 한가한 분위기를 만끽할 수 있다.

8월
064

천재 미술가의 예술들이 섬을 그리다
신안 안좌도

한국 추상 미술의 아버지라 불리는 김환기 화백의 고향 안좌도는 마치 야외 미술관처럼 그의 천재적인 예술성을 감상할 수 있는 곳이다. 팔금도, 암태도, 자은도와 연결된 안좌도 여행은 그저 차를 타고 드라이브를 즐기는 것만으로도 기분이 한껏 좋아진다.

체험 여행

연계 교과
3-1 사회

체험 포인트
안좌도에 있는 김환기 화백의 작품들 찾아보기

●**주소** 전라남도 신안군 안좌면 중부로 872(김환기 화백 생가) ●**가는 길 | 자가용** 서해안고속도로 목포 IC → 압해도 → 천사대교 → 암태도 → 팔금도 → 안좌도 | **대중교통** 목포 시외버스터미널 → 안좌도행 버스 → 안좌면 사무소 하차 → 김환기 화백 생가 ●**문의** 안좌면 사무소 061-240-4012, 자은면 사무소 061-271-8377 ●**먹을거리** 신정 061-292-9290, 퍼플회타운 0507-1331-9268, 섬마을음식점 061-262-0330, 카페도이 010-7148-4528 ●**잠자리** 해피하우스펜션 0507-1317-0474, 지니비치향 0507-1425-2888, 자은도 힐링펜션 010-5234-3324, 썬무인호텔 061-271-7740 ●**이색 체험과 축제** 신안튤립축제 4월, 안좌도 왕새우축제 9월 ●**주변 여행지** 신안 증도, 목포 유달산, 무안 회산 백련지

266

천사대교를 지나 기동삼거리에 닿으면 특별한 벽화가 섬 여행객을 환영한다.

추천 코스

1일차 : 천사대교 → 안좌도 김환기 화백 생가 → 안좌도 대리마을 팽나무숲 → 안좌도 퍼플교 & 퍼플마을 → 암태도 매향비 → 추포도 노두 → 추포해변

2일차 : 자은도 둔장 해변 갯벌체험 → 자은도 분계해수욕장 → 수림대 생태공원 산책

가족여행 팁

암태도의 부속 섬인 추포도로 들어가는 노두길 옆으로 콘크리트 도로가 새로 만들어져 차량이 들어갈 수 있게 되었지만, 만조가 되면 물에 잠기는 경우도 있으므로 주의한다.

◦● 천사의 섬에서 천재 미술가를 만나다

본격적인 피서 철이 시작되면 사람들의 마음은 어느새 바다로 향한다. 어디를 가더라도 북적이는 인파 때문에 곤욕을 치르곤 하지만, 그것마저도 모두 감수할 수 있는 건 여행이라는 활력 충전제 때문일 것이다. 전남 신안군의 섬들은 무인도를 합쳐 무려 1,004개나 되기에 '천사의 섬'이라고 부른다. 누가 이름 붙였는지는 모르지만 참 잘 지었다는 생각이 든다. 그중에서 자은도, 안좌도, 장산도, 신의도, 도초도 등이 마름모 형태를 이루고 있는 군도를 다이아몬드 제도라 부르는데, 그 이름처럼 천사의 섬들 중에서도 으뜸일 것이라는 추측은 빗나가지 않는다.

수화 김환기 화백(1913~1974)의 생가가 있는 안좌도는 팔금도, 암태도를 거쳐 자은도까지 다리를 통해 연결되었는데, 남북으로 난 도로의 총 길이가 30km가 넘어 섬 여행의 아기자기함을 만끽할 수 있다. 2019년 압해도와 암태도를 잇는 길이 7.2km의 천사대교가 개통되기 전까지, 다이아몬드 제도를 오가려면 송공항에서 배를 타야만 했다. 25분 걸리던 뱃길 대신 언제라도 쉽게 바다를 건널 수 있게 된 것이다. 암태도에서 팔금도를 거쳐 안좌면 사무소 근처로 들어오면 단박에 이곳이 김환기 선생의 고향임을 알아차릴 수 있다. 벽에 그려진 그림들과

이것만은 알고 가요!

수화 김환기 화백 (1913~1974)

한국 추상 미술의 1세대로서 한국적 서정주의를 바탕으로 한 고유의 예술 세계를 정립한 세계적인 화가이다. 푸른색을 유난히 사랑했던 그는 산, 달, 강 등 자연을 소재로 한국적 정서를 아름답게 표현하였다.

위 김환기 화백의 생가는 그의 흔적들로 가득하다.
아래 압해도에서 암태도까지 7.2km의 천사대교가 완공되어 섬 여행이 한결 수월해졌다.

1. 퍼플교는 박지도와 반월도를 잇는 다리로 다리와 집들의 지붕이 모두 보라색이다.
2. 안좌항 주변의 사슴 조각은 다양한 모습으로 재미를 더한다.
3. 자은도 분계해수욕장 해송 숲에는 여인의 몸매를 닮은 소나무가 있다.

안좌도 선착장에 먼 바다를 향해 낚싯대를 드리운 사슴 조각들에서 그의 천재성과 창의력이 서슴없이 뿜어져 나온다. 천천히 마을 곳곳에 만들어 놓은 그의 작품 이미지를 구경하다 보면 섬마을이 아니라 야외 미술관 같은 느낌도 든다. 얼마 전 홍콩에서 열린 경매에서 김환기 화백의 유화 한 점이 나와서 낙찰되었는데 그 가격이 무려 20억 원이나 되었다고 하니 그의 가치는 말하지 않아도 충분하다.

안좌도에는 또 다른 명물이 있는데, 천사의 다리가 그곳이다. 두리도, 박지도, 반월도를 잇는 1.5km의 나무 다리로, 물이 들면 바다 위를 걷는 기분을, 물이 빠지면 갯벌 위를 걷는 기분을 느낄 수 있다.

●● 여름철 별미, 민어회의 황홀한 맛을 느껴 보자

팔금도를 거쳐 암태도에 들면, 섬 한가운데 우뚝 솟은 승봉산(356m)이 눈에 들어온다. 암태도는 섬 이름에서도 느껴지듯 돌과 바위가 많은 섬으로, 고려 시대부터 유배지로 손꼽힌 곳이었다. 하지만 마명 방조제를 쌓은 후 드넓은 갯벌이 옥토로 바뀌면서 농업이 발전했다.

암태도의 서쪽으로는 2.5km의 노두로 연결된 추포도가 있는데 소박한 추포 염전을 지나면 앙증맞은 크기의 추포해수욕장이 모습을 드러낸다. 해 질 무렵 바닷가에서 화려한 노을을 감상하기엔 더 없이 좋은 장소이다.

팔금도에서 은암대교를 건너면 우리나라에서 열두 번째로 큰 섬인 자은도에 이른다. 은암대교 아래 횟집에서 여름철 별미인 민어를 먹어 보자. 잡은 후 바로 먹지 않고 냉장고에서 하루 정도 숙성시켜서 먹는 민어회는 입안에서 사르르 녹아내리듯 황홀한 맛을 자랑한다. 자은도에서 가장 인기 있는 분계해수욕장은 해안 길이가 1km 정도로 짧지만 모래와 뻘이 섞여 단단하기 때문에 발이 빠지지 않는다. 한참을 걸어 나가도 바닷물은 허리를 넘지 않을 만큼 경사도 완만하다. 게다가 이곳에서는 전통 어로 방식인 후릿그물로 물고기를 잡는 체험 행사도 해 볼 수 있다. 여러 명이 힘을 합쳐 그물의 양쪽을 잡아당기면 각종 물고기들이 그물 속에 걸려든다. 아이들뿐만이 아니라 어른들마저도 그 재미에 푹 빠지게 된다.

해수욕장 앞으로는 소머리에 솟은 뿔 모양을 닮았다고 해서 이름 붙은 소뿔섬(우각도)이 특이한 모습으로 떠 있고, 뒤편으로는 해안선을 빼곡하게 채운 수령 200년 이상의 소나무들 사이로 수림대 생태 공원이 조성되어 있어 아름다운 바닷가 풍경을 보며 산책을 즐길 수 있다. 산책로를 걷다 보면 재미있는 전설을 가지고 있는 여인송이 눈길을 끈다. 소나무의 모양이 마치 여인의 몸매를 거꾸로 돌려 놓은 듯하기 때문이다. 느긋한 걸음으로 송림 숲길을 걸어보자. 섬으로 떠나는 여행은 사람들의 마음마저도 여유롭게 만든다.

놓치면 안 될 체험거리

민어회 맛보기
민어는 산란기인 6월부터 8월까지가 제철이다. 씹을수록 고소한 그 맛이 역시 명품 요리의 이름값을 한다. 숙성회는 이노신산 때문에 더욱 감칠맛이 나고 쫄깃하다.

후릿그물 체험
분계해수욕장에서는 그물을 양쪽에서 잡고 당기는 전통 어로 방식인 후릿그물 체험 행사도 해볼 수 있다.

위 여름철 별미인 민어는 꼭 먹어 봐야 할 음식이다.
아래 후릿그물 체험은 여럿이 힘을 합쳐야만 할 수 있다.

울릉도 행남해안 산책로

자연을 벗 삼아 바닷길을 거닐다

울릉도는 지리적인 특성 때문에 맑은 날을 찾아 들어가기가 쉽지 않다. 그러나 막상 울릉도에 들어가면 태초의 자연 그대로를 만난 듯 그 아름다움에 넋을 잃고 만다. 순수한 자연을 보고 만지고 걸으며 온 가족의 몸과 마음에 자연을 그대로 담아 보자.

연계 교과
1-2, 2-2 슬기로운 생활, 4-1, 4-2, 6-1 사회

체험 포인트
저동과 도동을 잇는 행남해안도로 걷기

●**주소** 경상북도 울릉군 울릉읍 도동리 128 ●**가는 길 | 대중교통** 대아고속해운 1544-5177(대표)·033-531-5891(묵호)·054-242-5111(포항)·054-791-0801(울릉 도동), 씨포스빌 1577-8665(대표)·033-653-8670(강릉), 울릉해운 054-791-9901(도동) ●**문의** 울릉군 문화관광체육과 054-790-6392/www.ulleung.go.kr, 도동관광안내소 054-790-6454, 저동관광안내소 054-791-6629, 무릉교통 054-791-8000, 개인택시 054-791-2612, 울릉택시 054-791-2315, 한진렌트카 054-791-1747, 오케이렌트카 054-791-8668 ●**먹을거리** 도동항 쌍둥이식당 054-791-2737, 99식당(오징어내장탕) 054-791-2287, 남양항 상록식육식당(약소한우) 054-791-5005 ●**잠자리** 도동 울릉호텔 054-791-6611, 성인봉모텔 054-791-2078, 울릉도모텔 054-791-8887 ●**이색 체험과 축제** 오징어 축제 8월경(오징어배 체험승선, 오징어 맨손잡기, 오징어요리 경연, 오징어 마라톤 등 / 문의: 울릉군청 054-790-6393, 6374) ●**주변 여행지** 독도, 울릉도 나리분지

도동항 해안도로에서는 이른 아침에 해돋이를 볼 수 있다.

추천 코스

도동항 → 내수전 전망대 → 봉래폭포 → 행남해안 산책로

가족여행 팁

해안 산책로를 걷는 동안 음료수나 먹을거리를 구할 곳이 없으니 미리 준비해야 한다.

○● 바다 위에 우뚝 솟은 자연의 보고, 울릉도

울릉도는 우리나라에서 7번째로 큰 섬으로 이곳에 가려면 대부분 배를 타야 하는데, 파도가 높은 날에는 멀미 때문에 고생하는 사람이 꽤 많다. 그나마 사계절 중 여름이 파도가 가장 잔잔하므로 멀미를 심하게 하는 사람은 이 시기에 찾는 것이 좋다.

4천여 세대, 1만여 명의 주민이 살고 있는 울릉도는 화산섬이지만 제주도와 달리 평지가 거의 없다. 하지만 삐죽삐죽 솟은 절벽 때문에 섬 전체가 보물 같은 절경으로 가득하다. 게다가 눈과 비가 많은 만큼 물이 풍부해서 사람이 살기에 적합하다. 여기에 울릉도 하면 오징어를 떠올릴 정도로 많은 어획량을 자랑한다. 육지를 출발한 배가 울릉도에 가까워지면서 승객들은 독특한 섬 모양에 놀라 외마디 탄성을 지른다. 배가 항구에 들어서면 에메랄드빛 바다 색깔에 또 한 번 감탄사를 내뱉게 되는데, 울릉도 바다는 정말 다른 바다와 차원이 다르다.

울릉도는 대부분 여행사를 통한 패키지 여행 상품을 이용하는데, 가능하다면 이런 여행보다는 자유여행을 선택하는 것이 훨씬 여행의 즐거움을 높일 수 있다. 물론 치밀한 계획을 필요로 하고 또 힘이 들긴 하지만 떠밀려 다니는 단체 여행은 아이들에게 교육의 효과를 떨어뜨린다.

울릉도

2500만 년 전 3,000m 깊이의 심해에서 생긴 화산 폭발로 솟아오른 섬이다. 전체 면적이 72.56km², 인구는 약 1만 명이 넘는다. 신라 지증왕 13년(512)에 신라의 이사부가 독립국인 우산국을 점령한 뒤 우릉도, 무릉도 등으로 불리다가 1915년에 지금의 이름으로 바뀌었다. 울렁거리는 배를 타고 간다고 해서 울릉도라 부른다고도 한다. 망망대해에 생겨난 이 섬은 육지로부터 멀리 떨어져 있는데, 최단 거리인 동해시에서도 160km나 되고, 포항에서는 220km나 떨어져 있다.

독도 전망대에서 내려다본 도동항의 모습이 평화롭다.

1. 내수전 전망대에 오르면 멀리 독도가 눈에 들어온다.
2. 울릉도에서 맛보는 물회는 최고의 맛을 선사해 준다.
3. 행남 등대에서는 멀리 울릉도를 감싸는 산책로가 바라다보인다.

단 2~3일 동안 울릉도의 전부를 다 보겠다는 욕심만 버린다면 그리 문제될 것은 없다.

울릉도 안에서의 순환버스라고 해 봐야 2개 노선밖에 없지만 시간이 맞지 않을 때는 택시를 부르면 되므로 교통편을 크게 걱정할 필요는 없다. 날씨가 쾌청한 날에 내수전 전망대에 오르면 망원경 없이도 독도가 눈에 들어온다. 내수전은 옛날 이곳에 김내수라는 사람이 밭을 일구고 살았다고 해서 붙은 이름이다. 울릉도 곳곳에는 붉은 열매가 주렁주렁 달린 마가목이 많은데, 내수전 전망대에 오르는 길가에도 많은 마가목이 자라고 있다.

완만한 오르막을 따라 15분 정도 오르면 해발 440m의 전망대에 닿는다. 새파란 바다가 눈이 시리게 들어오고 주변의 관음도와 죽도가 손에 잡힐 듯하다. 오징어가 본격적으로 잡히는 가을밤에는 환하게 불을 밝힌 어선의 모습이 밤하늘의 은하수처럼 보이는데, 야간에는 가로등 조명이 있어 불편하지 않다.

●● 울릉도의 바다에 마음껏 취해 걷는 해안 산책로

울릉도는 섬 주변을 따라 일주도로가 만들어져 있지만 내수전에서 북쪽 끄트머리인 섬목까지 약 4km가 연결되지 않아 이 두 곳을 오가려면 무려 40km를 돌아가야 했었다. 그러다 2019년 이 구간까지 개통되어 일주도로가 완성되면서 섬 주민도, 여행객도 모두 편안하게 다닐 수 있게 되었다. 저동항에서 계곡을 따라 2km쯤 올라가면 울릉도의 식수원으로 사용되는 봉래폭포가 있다. 천연 에어컨이라고 쓰인 풍혈은 땅 밑으로 흐르는 지하수의 찬 공기가 바위틈으로 나오는 것인데, 언제나 4도 정도를 유지한다. 아름다운 삼나무 삼림욕장을 지나면 3단으로 쏟아지는 폭포수가 나타난다. 폭포 전망대에 앉으면 폭포가 일으키는 바람으로 등줄기가 서늘해진다.

볼거리가 많은 울릉도이지만 그래도 꼭 빼놓지 말아야 할 것이 바로 행남해안 산책로를 걷는 것이다. 도동항에서 저동항까지 바닷가를 따라 만들어진 2.6km의 해안 산책로인데 울릉도의 참 아름다움을 느낄 수 있다. 도동여객터미널을 출발해 해안으로 접어들면 오묘한 색깔의 바닷물과 어우러진 천연동굴의 모습에 입이 다물어지지 않는다.

좁은 해안길을 따라 구불거리는 울릉도의 테두리를 느끼다 보면 지루할 틈이 없다. 검은 현무암이 푸르디 푸른 바다와 어울려 만들어 내는 천혜의 절경을 보며 1시간을 걸으면 행남 등대에 도착한다. 등대 너머로 도동항까지 이어진 해안의 구름다리가 그림처럼 아름답게 보인다. 솔밭길과 몽돌밭을 지나 도동항의 촛대바위까지 걷는 100여 분의 시간은 생각보다 더 늘어지게 된다. 자꾸만 발걸음을 부여잡는 그림 같은 풍경 때문이다. 울릉도는 자연을 벗 삼아 걷는 것만으로도 저절로 자랑스러워지는 우리의 영토이다.

행남해안 산책로 걷기

울릉도에 왔다면 꼭 행남해안 산책로를 걸어 봐야 한다. 도동항에서 저동항까지 바닷가를 따라 만들어진 2.6km의 해안 산책로인데 울릉도의 참 아름다움을 온몸으로 느낄 수 있다.

위 울릉도에서는 산책로 곳곳에서 낚시를 하는 사람을 만난다.
아래 도동항에서 저동항까지의 해안길이 잘 정비되어 있다.

8월
066

생거진천을 돌아보며 선조의 지혜를 배우다
진천 농다리

진천의 상징인 농다리는 오래전에 잊혀진 길을 연상시킨다. 한국의 아름다운 길 100선, 한국의 아름다운 하천 100선에도 소개된 농다리를 아이들과 함께 건너 보자. 엄마, 아빠의 손을 꼭 잡고 색다른 돌길을 걷다 보면 여행이 더욱 흥미로워진다.

체험여행

연계 교과
5-1 사회

체험 포인트
김유신 장군의 흔적 찾기

● **주소** 충청북도 진천군 문백면 구곡리 601-32   ● **가는 길 | 자가용** 중부고속도로 진천 IC → 진천군청 → 진천농교   ● **문의** 진천군 문화관광과 043-539-3114, 진천 농다리 043-539-3862, 길상사 043-539-3935, 진천종박물관 043-539-3627   ● **먹을거리** 발해(진천육면) 043-536-3392, 늘봄식당(닭내장볶음) 043-533-0387, 농다리은행나무집(유황오리진흙구이) 043-534-5255, 해뜨는집(생태탕) 043-535-9498   ● **잠자리** 안골관광농원 043-532-0405, 진천관광호텔 043-533-0010, 해피하우스 011-660-6943, 별빛고운언덕펜션 043-536-6114   ● **이색 체험과 축제** 생거진천 농다리축제 8월, 생거진천 문화축제 10월   ● **주변 여행지** 청주, 청남대, 대청호

위에서 내려다보면 농다리의 지네 모양이 한눈에 들어온다.

추천 코스

농다리 전시관 → 농다리 → 전망대 → 김유신 장군묘 → 보탑사 → 종박물관

가족여행 팁

농다리 입구에 규모가 작은 농다리 전시관이 있으므로 지나치지 말고 들러 보자.

○● 우리나라를 대표하는 아름다운 길, 농다리

진천은 예부터 살기에 풍요로운 마을로 이름이 높았으며, 여기저기 둘러볼 곳이 많아 여행하기에 좋다. 무엇보다 중부고속도로를 타고 서울 방면으로 가다가 진천 즈음을 지날 때 만나는 독특한 모양의 돌다리가 압권이다. 이는 바로 진천의 상징으로 진천농교라 불리는 농다리(지방유형문화재 제28호)이다.

마치 지네가 기어가는 형상을 하고 있는 이 다리에는 고려 고종 때 눈보라가 치는 겨울 아침, 젊은 부인이 친정아버지께서 돌아가셨다는 비보를 듣고서도 강을 건널 수 없어 슬퍼하는 것을 본 임행(林行) 장군이 여인을 가엾게 여겨 용마를 타고 하루 아침에 다리를 완성했다는 전설이 있다. 무려 천 년이나 되는 역사를 간직한 길이 100m의 돌다리는 물고기 비늘 모양으로 쌓아서 교각을 만든 후 긴 상판을 1개 혹은 2개를 얹어 완성했다. 작은 돌로 다리를 쌓았지만 장마에도 떠내려가지 않도록 축조한 기술이 전국적으로 유례가 없고, 돌다리로는 동양에서 가장 오래되고 긴 다리에 속한다. 그래서인지 한국의 아름다운 길 100선, 한국의 아름다운 하천 100선에도 소개되었다.

아이들과 손을 잡고 건너면 허술한 듯 알찬 그 기술을 엿볼 수 있다. 다

생거진천(生居鎭川) 사거용인(死居龍仁)

살아서는 진천에 살고 죽어서는 용인으로 간다는 말이다. 진천지방은 예부터 평야가 넓고 토지가 비옥하여 산물이 풍성하고, 냉해와 수해가 별로 없어 농업 경영이 순조로웠기에 사람들의 인심이 좋았다. 그래서 살기에 참 좋은 곳이라고 해서 생거진천(生居鎭川)이라 하였다. 반면 용인은 산세가 좋아서 사대부 집안의 묘소가 많아 사거용인(死去龍仁)이라 부른다.

농다리를 건너 전망대에 오르면 풍요로운 초평저수지가 보인다.

1. 김유신 장군의 탄생지가 있으므로 꼭 들러 본다.
2. 두타산에 오르면 초평저수지의 아름다운 일몰을 볼 수 있다.
3. 보탑사의 3층목탑에는 불전이 마련되어 있다.

리를 건너면 시원하게 물줄기를 쏟아 내는 인공폭포가 나온다. 그 옆으로 난 산책길을 따라 정상에 오르면 초평저수지가 한눈에 내려다보이는 농암정에 이른다. 여기서 저수지를 보면 마치 대한민국 전도를 옆으로 뉘어 놓은 듯한 특이한 모양을 볼 수 있다. 저수지를 따라 마련된 산책로는 나무 데크를 깔아 비가 내려도 우산을 쓴 채 부담 없이 걸을 수 있다. 이따금 경쾌한 엔진 소리를 내뿜으며 물살을 가르는 모터보트가 시원스레 호수를 내달린다.

●● 보탑사에서 마음의 종 울리기

김유신 장군의 묘소는 경상북도 경주에 있지만 그가 태어난 곳은 진천이다. 그의 영정을 봉안한 길상사는 벚꽃 피는 봄도 아름답고, 입구의 은행나무가 노랗게 낙엽을 만드는 가을에도 운치 있어 데이트 코스로 인기 있는데, 길상사를 지나 보탑사를 향하다 보면 삼국 통일의 위업을 달성한 김유신 장군의 탄생지가 나온다. 주변은 넓은 잔디밭으로 이뤄져 나들이를 나온 가족들이 눈에 띈다. 길상산 정상에는 김유신 장군이 태어났을 때의 탯줄을 보관한 태실이 있는데, 우리나라에서 제일 오래된 태실로 알려져 있으며 탄생지와 함께 사적 제414호로 지정되어 있다.

보탑사는 1996년에 고려시대의 절터에 새로 세운 설이기에 고풍스러운 멋이 느껴지지는 않지만, 못을 사용하지 않고 지은 세계 최대(42.7m)의 3층목탑이 있는 절로 잘 알려져 있다. 통일대탑이라 불리는 목탑의 1층은 사방불이 놓인 대웅전이 있고, 2층의 법보전에는 윤장대를 두고 팔만대장경 번역본을 안치하였다. 3층의 미륵전에는 미륵삼존불을 모셨는데, 2층과 3층 외부에는 탑돌이를 할 수 있도록 난간이 설치되어 있는 것이 특이하다. 보탑사 안에는 글이 한 자도 없는 비석이 있다. 고려 때의 것으로 거북받침 위에 비신을 세우고 9마리 용이 여의주를 물려고 하는 모습의 이수를 얹은 석비이다. 보기에는 볼품없어 보일지 모르지만 보물 제404호로 지정된 문화유산이다.

진천에는 특별한 박물관이 있는데 백곡저수지 언저리의 진천역사테마공원 안에 지어진 종박물관이다. 이곳에서 직접 타종을 해 보자. 건물의 모양도 종을 상징하는 형태로 만들어졌다. 종을 이용한 다양한 모양의 액세서리와 세계 여러 나라의 종을 볼 수 있어 아이들의 호기심을 자극한다. 진천의 다양한 유적과 아름다운 경관은 자연을 느끼면서 역사와 전통도 함께 느끼도록 해 준다.

종박물관 둘러보기

종의 울림은 잠자는 영혼을 깨운다는 말이 있다. 그만큼 종의 울림이 만드는 여운은 신비롭다는 뜻이다. 국내 유일의 종박물관 안으로 들어가면 성덕대왕신종의 모형을 만들어 종에 대한 이해를 돕고 있다. 우리의 전통문화유산인 범종이 가지는 예술적 가치와 우수성은 이곳을 둘러보면서 자연스레 인식하게 된다.

위 종박물관 입구의 범종은 직접 타종해 볼 수 있다.
아래 종박물관을 둘러보면 한국의 종에 대해 더 잘 알 수 있다.

소양호를 지나 천년 고찰을 찾다
춘천 청평사

보트를 타고 소양호를 지나 청평사까지 이르는 길은 도시 생활에 익숙한 아이들에게 마냥 신나는 일이다. 특히 선착장에서 청평사까지, 또 청평사를 둘러본 뒤에 적멸보궁까지 오르는 길은 자연을 벗 삼아 유유자적 걷기에 좋다. 아이들의 몸과 마음의 건강을 위해서도 꼭 걸어 보자.

연계 교과
1-2, 2-2 슬기로운 생활,
3-2, 6-1 사회

체험 포인트
1. 청평사 나루터에서 청평사까지 걷기
2. 청평사에서 적멸보궁까지 걷기

● **주소** 강원도 춘천시 북산면 청평리 674 ● **가는 길 | 자가용** 서울 → 춘천 고속도로 → 중앙고속도로 춘천IC → 자동차 전용도로 천전IC → 소양강댐 | **대중교통** 서울시외버스(상봉, 센트럴, 동서울) → 춘천시외버스터미널 → 소양강댐행 시내버스 ● **문의** 춘천시 관광안내소 033-250-3089, 시외버스터미널 관광안내소 033-250-3896, 남춘천역 관광안내소 033-250-3322, 춘천역 관광안내소 033-250-4312, 강촌역 관광안내소 033-250-4313 ● **먹을거리** 춘천닭갈비(닭갈비) 033-255-9259, 양반동태찜(동태찜) 033-264-0133, 북경관(중화요리) 033-243-3001, 평양막국수(막국수) 033-257-9886 ● **잠자리** 라데나리조트 033-240-8100, 춘천펜션 033-241-1232, 춘천베어스관광호텔 033-256-2525, 춘천세종호텔 033-251-1191 ● **이색 체험과 축제** 춘천마임축제 5월, 춘천막국수축제 8월 ● **주변 여행지** 남이섬, 자라섬, 아침고요수목원, 인제 자작나무숲

소양호 나루터에는 주변 지역으로 가는 배들이 정박해 있다.

추천 코스

소양강댐 물홍보관 → 청평사 행 보트 → 청평사 → 적멸보궁 → 춘천 닭갈비 골목

가족여행 팁

청평사를 가는 길은 힘들지 않기 때문에 배낭을 준비하기보다 간편하게 가는 게 좋다.

○● 소양호 위를 지나는 유람선

춘천은 이름만으로도 참 가슴 두근거리는 도시다. 경춘가도를 따라 창밖으로 펼쳐지는 풍경이나 청량리에서 떠나는 춘천행 완행열차에 대한 추억은 중년이 된 지금도 아련하게 남아 있다. 그래서인지 춘천은 늘 가고 싶은 곳 1순위에 오른다. 하지만 속도전을 치르고 있는 근래에는 서울에서 춘천까지 전철로 1시간 남짓이면 갈 수 있고, 또한 고속도로를 이용해 후딱 다녀올 수 있어 편리한 관광도시로 탈바꿈했다.

험준한 산 틈바구니를 비집으며 흐르는 북한강 줄기는 춘천을 중심으로 춘천호, 의암호, 소양호를 만드는데 물의 풍요로운 기운을 받아서인지 춘천은 우리나라에서 가장 살기 좋은 도시 10선에 뽑히기도 했다. 강원도 인제에서 몸집을 불린 소양강은 춘천시의 북쪽에서 커다란 호수에 가둬지는데, 새마을 운동이 한창이던 1970년대에 동양 최대의 다목적댐인 소양강댐이 지어지면서 육로보다 물길이 주요 교통로가 된 곳이 많다. 그중 하나가 바로 청평사인데 수도권에서 당일치기 여행으로 이만한 곳도 드물다 싶을 정도로 다양한 탈거리와 적당한 걷기 코스가 어우러져 있다.

소양강댐으로 오르는 길은 급하게 경사를 이루는 편도 1차선 도로를

소양강댐

강원도 춘천시 신북읍 소양강에 있는 다목적 댐으로 높이가 123m, 제방 길이 530m, 수면 면적 70km², 총 저수량 29억 톤이다. 1973년에 착공되었으며 용수 조절, 농공업용 용수 공급, 수력 전기 발생 등으로 다양하게 사용된다. 상류의 인제까지 배가 다닐 수 있어 관광 상품으로서도 인기가 높다.

소양강댐의 높이는 123m로 웅장한 아름다움을 뽐낸다.

1. 상사뱀과 공주의 전설이 얽힌 동상 앞에서 기념사진을 찍어 보자.
2. 시원스러운 소양호의 풍경을 내려다보면 마음까지 탁 트인다.
3. 춘천시 명동은 닭갈비 골목으로 유명하다.

따라 이어진다. 구불거리는 길을 한참 오르면 거대한 제방을 연상시키는 소양강댐이 위용을 드러낸다. 댐 광장의 한가운데에는 기념탑이 우뚝 솟아 있으며 〈소양강 처녀〉의 노랫말이 적힌 동상과 물홍보관을 지나면 소양호 선착장에 이른다. 선착장에서는 양구를 오가는 공기 부양식 유람선이 물보라를 일으키며 빠른 속도로 나아간다.

●● 상사뱀의 설화가 얽힌 청평사 오르기

10여 분 만에 배는 청평사 나루터에 도착한다. 길을 따라 오르면 두 갈래로 길이 나뉘는데 왼쪽 길을 따라 올라야만 한다. 청평사는 고려 때인 973년에 창건된 백암선원으로 시작해, 1550년에 지금의 청평사로 이름을 바꾸었다. 산과 계곡이 어우러진 수려한 풍광과 배를 타고 들어가야만 하는 낭만적인 접근성 때문에 방문객의 평균 연령이 전국에서 가장 낮다고 알려진 이 천년 고찰은 상사뱀에 관한 재미있는 전설을 가지고 있다.

옛날 당나라 태종에게 어여쁜 공주가 있었다. 그런데 한 평민 총각이 그녀를 짝사랑했고, 신분의 차이로 사랑을 이룰 수 없었던 총각은 상사병에 걸렸다. 분노한 왕은 그를 죽이지만 죽어서도 공주와 함께하겠다는 총각은 상사뱀으로 환생해 공주의 다리에 달라붙었다. 온갖 처방에도 뱀은 떨어지지 않았고 공주가 야위어 가자 부처님에게 빌어 보기로 했다. 그러다가 발길이 닿은 곳이 고려의 청평사. 밤이 늦어 동굴에서 노숙을 하고 이튿날 잠깐 불공을 드리고 오겠다는 공주의 말에, 어찌된 일인지 뱀은 10년만에 떨어졌다. 기다리다 조바심이 난 상사뱀은 공주를 찾아 절 안으로 들어가려 했는데, 청평사 회전문 앞에서 벼락을 맞고 폭우에 떠밀려 죽었다. 공주는 부처님의 은공에 감사하는 마음으로 3층석탑을 세웠다. 당시 공주가 은거했던 굴은 공주굴, 3층석탑은 공주탑으로 불리는데, 회전문은 상사뱀이 돌아 나갔다고 해서 회전문이라고 한다는 이야기도 전해진다.

이런 전설이 담긴 공주와 상사뱀의 동상은 청평사 매표소를 지나면 계곡 언저리에 세워져 있다. 조금 더 오르면 시원한 폭포 소리가 들려오는데, 바로 높이 9m의 구성폭포. 청평사에 거의 도착할 무렵 고려 정원인 영지를 볼 수 있는데, 고려시대 이자연이 만든 연못으로 남쪽과 북쪽의 길이가 다르도록 하여 실제로 보면 착시현상으로 인해 정방형의 연못처럼 보이는데 그 속에 비치는 오봉산의 모습이 아름답다.

청평사 입구에 있는 회전문은 빙글빙글 돈다는 회전이 아닌 윤회전생(輪廻轉生)의 줄임말로, 사람의 말과 행동에 따라 다음 세계가 결정된다는 뜻으로 지금의 현생을 잘 살아야 한다는 소리 없는 가르침을 전한다. 생각했던 것보다 청평사는 훨씬 더 아름답고 웅장한 자태를 드러내는데, 등산로를 따라 10분쯤 더 오르면 부처와 중생이 다르지 않고, 생과 사, 만남과 이별 모두 그 근원은 하나라는 뜻의 해탈문을 지난다. 다시 이곳에서 15분쯤 오르면 석가모니 부처의 진신사리를 모신 적멸보궁이 있는데, 청평사를 찾았다면 꼭 이곳까지 오를 것을 권한다.

청평사 나루터에서 청평사까지 걷기

선착장에서 청평사로 향하는 길은 계곡이 수려하여 등산객들이 즐겨 찾는다. 계곡을 따라 오르다 보면 9m 높이에 9가지 소리를 내는 구성폭포가 나온다. 청평사 고려정원 영지, 청평사 회전문, 3층석탑 등도 만난다. 이곳을 계속 오르면 오봉산 등산로와 연결된다.

청평사에서 적멸보궁까지 걷기

청평사에서 계곡을 2번 정도 더 건너는 가파른 길을 오르면 적멸보궁을 만난다. 오봉산 정상 부근에 위치하며 뒤편으로 조금만 더 가면 석가사리를 모신 5층석탑도 있다. 이곳에서는 청평사와 소양호가 시원스럽게 내려다보인다. 적멸보궁은 고려 때 명문세도가의 자제인 이자현이 머물던 암자 '식암'의 터로 이자현은 이곳에서 누비옷을 입고 푸성귀를 먹으며 참선을 했다고 한다. 조금 가파르지만 적멸보궁에 올랐을 때의 아름다운 경관을 상상하며 편안한 마음으로 올라 보자.

위 9가지 소리를 낸다는 구성폭포는 시원함을 안겨주어 여름철에 인기가 있다.
아래 적멸보궁에서는 고려정원이 있는 것으로 유명한 청평사가 보인다.

9월 068

염전, 고운 모래, 바둑이 있는 섬으로 가다
신안 비금도

비금도는 목포에서 배를 타고 한참이나 들어가야 하는 섬이지만 그 속엔 뭔가 특별한 것이 있다. 천일염의 고장이라는 말처럼 해안의 한쪽이 온통 염전으로 채워진 섬인데, 땅처럼 단단한 모래밭, 하트 모양의 해변, 그림산에서 선왕산으로 이어지는 환상적인 등산로 등 곳곳에 아름다운 풍경이 숨어 있다.

체험여행

연계 교과
3-2, 4-1, 5-1, 5-2, 6-1 과학, 4-2 사회

체험 포인트
바둑 천재 이세돌의 바둑체험관을 비롯해 비금도 곳곳 걷기

●**주소** 전라남도 신안군 비금면 가산리 ●**가는 길 | 자가용** 서해안고속도로 목포 IC → 목포연안여객터미널 → 비금도행 차도선 탑승 → 비금도 가산선착장 ●**문의** 목포항 여객터미널(쾌속선) 061-244-9915, 목포항 여객터미널(차도선) 061-244-0005, 산선착장 061-275-6037, 비금도 택시 061-275-6947/1781/5166 ●**먹을거리** 도초도 보광식당(간재미무침) 061-275-2136, 창해식당(회) 061-275-4617, 한우나라식육식당(청국장) 061-275-5758, 현대식당(백반) 061-275-4552 ●**잠자리** 엔젤펜션 010-7336-5004, 대궐황토방 061-275-5533, 바닷가민박 061-261-0001, 하와이민박 061-275-8179 ●**이색 체험과 축제** 명사십리 해수욕장 후릿그물 체험(여름철) ●**주변 여행지** 무안 회산 백련지, 우이도 사구

비금도 대동염전의 맑은 수면 위로 떡메산이 담겨 있다.

추천 코스

대동염전 → 첫구지 해수욕장 → 바둑 체험관 → 명사십리 해수욕장 → 하누넘 해수욕장

가족여행 팁

비금도행 배 시간은 때마다 달라지기 때문에 전화로 확인해 보는 것이 좋다.

○● 비금도의 특별한 풍경을 이루는 염전

2시간 반이나 배를 타고 가야 한다고 말하면 아이들은 여행을 떠나기도 전부터 질려 버릴지 모른다. 배 멀미로 고생하지 않을까, 그렇게 먼 곳에 무슨 볼거리가 있을까 하며 거부반응부터 일으킬지 모른다. 그러나 이렇게 힘을 들여서라고 가야 할 만큼 비금도에는 뭔가 특별한 것이 있다. 목포연안여객터미널에서 출발하는 커다란 카페리와 우이도까지 왕복하는 쾌속선의 두 종류의 배가 다니는데 바다여행의 운치는 여유로움에 있으니 그 시간을 즐기려면 조금 느린 배를 이용한다. 뱃고동 소리를 울리며 목포항을 떠난 커다란 카페리는 1시간여 만에 안좌도에 닿았다가 다시 건너편 팔금도 나루터에 사람들을 내려놓고 곧장 비금도로 향한다. 1시간을 더 달리면 비금도 가산선착장에 닿는데, 섬 모양이 날아가는 큰 새처럼 생겼다고 해서 비금도라 부른다.

선착장을 벗어나자 제일 먼저 눈에 띄는 것이 동쪽 해안을 가득 메운 염전이다. 전 세계 갯벌에서 생산되는 천일염의 약 70% 정도가 우리나라 서해안에서 생산되는데 그중 70%가 신안군을 포함한 전라남도에서 만들어진다. 최근에 전라남도 신안지역의 천일염전 2개소가 문화재로 등록되었는데 비금도의 대동염전(등록문화재 제362호)과 증도의

우실

바닷바람으로부터 마을과 농작물을 보호하며, 풍수적으로 마을의 약한 부분을 보호하기 위해 마을의 바깥쪽에 쌓은 돌담이다. 비금도 곳곳에 '우실'이 설치되어 있는데 이는 마을의 울타리라는 뜻이다. 죽치우실이라고 하면 죽치마을의 우실인 셈인데, 죽치우실 너머의 내촌마을은 근대문화유산 제283호에 등록된 돌담길이 아름다움을 더한다.

선왕산에 오르면 산을 울타리처럼 휘감은 우실을 만난다.

1. 내촌마을은 아름다운 돌담길로 유명하다.
2. 명사십리 해변의 일몰은 그림처럼 아름답다.
3. 비금도 용소마을 연꽃방죽은 여름철에 가장 아름답다.

태평염전(등록문화재 제360호)이다. 일제 강점기 때 만들어졌던 경기, 인천지역의 염전(지금은 모두 폐염되었다.)을 제외하면 1948년에 조성된 대동염전은 설립 당시 국내 최대 규모였고 아직까지 원래의 모습을 그대로 유지하고 있는 유일한 염전이다.

염도 5%의 바닷물을 끌어들인 후 15단계의 염판을 거치는 동안 무려 85가지의 미네랄이 함유된 85% 염도의 천일염이 탄생한다. 소금을 거둬들인 후에도 그 속의 간수를 빼기 위해 소금창고에서 무려 1년이나 건조를 시켜야 하고, 다시 염도 25%의 세척수로 깨끗이 씻은 다음에야 비로소 우리의 손에 들어오게 되니 그 속에 고스란히 담긴 염부의 땀방울이 얼마나 고귀한지 새삼 깨닫게 된다. 잔잔한 염전 증발지에 비친 모습은 어디가 하늘이고 어디가 염전인지 구분하기 힘들다.

•• 바다 위를 달리는 해안가 드라이브

비금도를 반으로 나눈다면 서북쪽 해변은 모두 해수욕장이고 남동쪽 해변은 모두 염전으로 이루어져 있다고 해도 과언이 아니다. 길고 아름다운 해변을 걷다가 모래밭 속에 반쯤 몸을 숨긴 소라껍데기를 집어 들어 툭툭 모래를 털어 귓가에 대고 눈을 감아 보자. 바람과 바다가 나누는 그들만의 이야기가 들려온다.

비금도의 해변은 뭍의 여느 다른 해수욕장과 확연하게 다른 점이 있는데 바로 모래다. 포장도로처럼 단단한 모래가 해안선을 이루고 있어 자동차가 다녀도 될 정도다. 그래서 해안을 달리는 자동차를 종종 볼 수 있다. 해당화가 아름답게 피어 해당화 해수욕장이라고도 불리는 명사십리 해수욕장 주변에는 바둑체험관이 있다. 사실 비금도는 바둑 천재 이세돌 9단의 고향이다. 지금은 폐교된 비금대광초등학교를 리모델링하여 개관했는데 펜션시설까지 갖추고 있어 바둑을 사랑하는 사람들에게는 꽤나 인기 있는 곳이다.

비금도를 걷기로 했다면 단연 그림산과 선왕산을 잇는 총 길이 5km의 종주 산행 코스에 도전해 보라. 대개 종주 산행은 상암마을 주차장에서 시작하여 하누넘 해수욕장이나 서산사 쪽으로 내려오는 것이 보통이다. 이른 아침, 그림산에 오르면 바다 위에 수놓인 섬이 파노라마가 되어 펼쳐지고 드넓은 염전에 반영되는 발그레한 동쪽 하늘이 한 폭의 그림처럼 아름답다. 단정한 해안선과 그 중간의 풍력발전기가 이국적인 풍경을 만드는 북쪽, 반듯하게 줄 맞춰 그려진 염전의 동쪽, 산의 능선이 아름다운 남쪽, 멀리 우이도가 바라보이는 서쪽까지, 그 풍경을 보고 있으면 시간 가는 줄 모른다.

능선을 타고 이어지는 길을 따라가면 곧 선왕산 정상에 닿는데, 발아래로 하트 모양의 해변이 유명한 하누넘 해수욕장과 구불구불한 도로가 새파란 바다와 함께 어울려 시선을 빼앗는다. 하누넘, 하늘과 넘실거리는 바다만 보인다고 해서 그렇게 부른다는데 참 예쁜 이름이다. 근대문화유산 제283호에 등록된 내촌마을 돌담길도 더해져 비금도는 하루에 후딱 보고 나가 버리기에는 아까운 섬이다.

그림산에 올라 일출 보기

조금 부지런을 떨어 일출을 맞이하자. 상암마을에서 이슬 머금은 풀섶을 헤치고 20여 분을 오르면 일출을 볼 수 있는 너럭바위가 나온다. 거기에 서면 동쪽 바다에 점점이 떠 있는 작은 섬이 파노라마처럼 펼쳐지고 그 너머로 새색시 얼굴처럼 발그레히 변해 가는 동쪽 하늘이 드넓은 염전에 반영되어 한 폭의 그림처럼 아름다운 풍광을 연출한다. 물 빠진 갯벌 틈 사이의 수로를 따라 작은 배가 부지런히 오가고, 멀리 여객선의 움직임이 눈에 들어오기 시작한다. 옅게 깔린 안개 때문인지 아련한 분위기에 빠져 있다 보면 시간이 잠시 멈춘 듯 세상이 고요해진다.

그림산에서 보는 비금도의 일출이 황홀하다.

9월
069

울릉도의 원시림 속을 느긋하게 거닐다
울릉도 나리분지

나리분지에서 성인봉 원시림에 이르는 길은 울릉도의 다양한 자연 생태계를 살펴볼 수 있다. 울릉도에서만 자생하는 야생화에서 오래된 고목에 이르기까지 자연 그대로가 고스란히 보존되어 있어서 걸음걸음 볼거리가 다양하다. 느긋하게 걸으며 아이들에게 자연을 마음껏 누릴 수 있도록 하자.

연계 교과
1-2, 1-2 슬기로운 생활, 4-1 과학

체험 포인트
울릉도 나리분지에서 원시림 걷기

● **주소** 경상북도 울릉군 울릉읍 도동리 128 ● **가는 길 | 대중교통** 대아고속해운 1544-5177(대표) / 033-531-5891(묵호) / 054-242-5111(포항) / 054-791-0801(울릉 도동), 씨포스빌 1577-8665(대표) / 033-653-8670(강릉) / 054-791-9330(울릉 저동), 돌핀해운 054-791-8111(도동), 울릉해운 054-791-9901(도동) ● **문의** 울릉군 문화관광체육과 054-790-6392/www.ulleung.go.kr, 도동관광안내소 054-790-6454, 저동관광안내소 054-791-6629, 봉래폭포관리소 054-790-6422, 무릉교통 054-791-8000, 개인택시 054-791-2612, 울릉택시 054-791-2315, 한진렌트카 054-791-1747, 오케이렌트카 054-791-8668 ● **먹을거리** 늘푸른산장식당 054-791-8181 ● **잠자리** 뿌리깊은 나무 054-791-6117, 산마을민박 054-791-4643 ● **이색 체험과 축제** 오징어 축제 8월경(오징어배 체험승선, 오징어 맨손잡기, 오징어요리 경연, 오징어 마라톤 등/문의: 울릉군청 054-790-6393, 6374) ● **주변 여행지** 독도, 울릉도 나리분지

태하전망대에 서면 멀리 송곳바위가 눈에 들어온다.

추천 코스

남양 & 태극도로 → 태하 모노레일 → 울릉도등대 → 황토굴 → 현포고개 → 천부 → 섬목가는 길의 선녀탕 & 삼선바위 → 관음도 & 죽도 바라보기 → 천부 → 나리분지 → 나리전망대 → 나리투막집 비빔밥 → 나리분지 → 신령수 약수

가족여행 팁

트레킹을 하기 위해서는 되도록 배낭을 가볍게 하는 것이 좋고, 물을 충분히 준비한다.

◐● 태하등대에서 바라본 울릉도의 비경

도둑·공해·뱀이 없어 삼무(三無), 향나무·바람·미인·돌·물이 많아서 오다(伍多)라 부르는 울릉도는 이중 화산섬이다. 화산 폭발로 일어난 분화구 자리에 또 다시 화산 폭발이 일어나 분화구 하나가 더 생긴 형태이다. 울릉도 유일의 평지인 나리분지와 그 속의 알봉분지가 이를 증명한다. 나리분지 주변으로 우뚝 솟은 해발 986.7m 의 성인봉은 형제봉, 미륵봉, 나리령 등과 함께 2,500만 년 전의 신비로움을 한껏 뽐낸다.

도동항을 출발해서 해안 일주도로를 따라 가면 울릉도의 아우토반이 사동해안으로 이어진다. 군데군데 터널을 만들어 놓았는데, 해안의 절벽을 깎아 만든 도로이기 때문에 언제나 낙석의 위험이 있어서 피할 곳을 만들어 둔 것이다. 또 차량이 교행하기 힘든 곳에는 신호등이 세워져 있는데 신호를 지키지 않았다가는 오도 가도 못하는 낭패를 겪을 수 있으니 울릉도에서 운전할 때는 특히 주의한다. 울릉도의 최남단 사동항을 지나면 통구미 근처에 거북바위가 보인다. 거북이 꼬리처럼 뾰족하게 튀어나와 있어 '通龜尾(통구미)'라 했으나 일제 강점기 때 한자 표기를 '通九味'로 바꿔 불렀다고 한다. 바닷가로 삐죽 튀어나온 거북바위는 그 모습이 뭍으로 막 기어 나오는 거북이의 모양을 하고 있는데

나리분지

분지는 침식이나 퇴적 등에 의해 생겨나며 주위가 산으로 둘러싸여 있고 그 안은 평평하다. 나리분지는 울릉도의 유일한 평지이며 성인봉 북쪽의 화구가 함몰하여 형성되었다. 울릉도에는 눈이 많이 내리는데, 나리분지는 보수력이 약해 밭농사만 가능하다.

울릉도 나리분지 안 나리동에는 울릉도 전통 가옥인 투막집이 있다.

1. 통구미 해안의 몽돌밭은 해 질 녘에 몽환적인 분위기를 만들어 낸다.
2. 나리분지에서 먹는 산채비빔밥의 맛은 그야말로 최고다.
3. 태하등대 아래의 해안 산책로는 바다를 바라보며 걸을 수 있어 좋다.

자세히 보면 모두 9마리의 거북이를 발견할 수 있다고 한다. 해 질 무렵의 거북바위 풍경은 그 모습 때문에 묘한 아름다움이 느껴진다.

울릉도 일주도로에는 독특한 태극문양의 도로가 있는데 남양에서 태하로 넘어가는 해안가에 있다. 직선으로 길을 만들기에는 너무 가파르고 힘들어서 도로를 빙빙 돌아가도록 만들었는데 사진작가들 사이에서는 특별한 야경사진을 찍을 수 있는 장소로 알려져 있다. 이 길을 넘으면 태하등대(울릉도등대)가 나오고 울릉도 사람들이 모두 신성시한다는 성하신당을 지나면 등대로 오르는 모노레일 탑승장이 있다. 해안가 절벽 위에 뽀족 튀어나온 태하등대에서 바라보는 울릉도의 풍경이 아름답다. 바로 아래의 기암절벽지대인 대풍감(待風坎, 해발고도 171m)에서부터 멀리 현포항과 송곳봉까지 한눈에 들어와 비경을 이룬다. 시원하게 불어오는 바람에는 청정한 산소가 듬뿍 들어 있는 느낌이다.

●● 나리분지에서 성인봉을 오르는 등산로

등대 바로 아래에는 황토굴이 있다. 동굴의 벽체 아래쪽으로 붉은 황토가 층을 이루고 있는데 짠맛, 매운맛, 쓴맛, 단맛 등 9가지 맛이 난다 하여 황토구미(黃土九味)로 불렀다고도 한다. 황토굴 옆으로는 마치 고둥을 연상시키는 독특한 철계단이 있는데 태하 해변의 절벽을 거닐 수 있도록 만든 산책로다. 바닥이 훤하게 비칠 만큼 투명한 에메랄드빛 바다는 풍덩하고 뛰어들고 싶은 마음이 절로 든다.

현포항과 천부를 지나면 해안도로가 끝나는 섬목이다. 도로를 따라 엄청난 협곡 사이를 지날 때마다 영화 속의 환상적인 풍경을 만난 것처럼 눈이 휘둥그레진다. 영화 <007 시리즈>에 나오는 태국 팡아만의 제임스본드 섬처럼 키가 큰 돌섬 3개가 해안가에 삐죽 솟아 있는데, 삼선암이라고 한다. 아름다운 이곳의 풍경에 반해 하늘에서 몰래 내려와 목욕을 즐기던 3명의 선녀는 너무 즐거워 하늘문이 닫히는 줄도 모르고 있다가 결국 옥황상제로부터 벌을 받고 바위가 되었다는 전설이 있는데, 그중 제일 작은 섬에는 나무가 한 그루도 자라지 않는다. 조금만 더 놀다가 가자고 졸라댄 막내 선녀는 벌을 하나 더 받은 셈이다. 어쨌거나 울릉도의 풍경은 잠시도 눈을 떼지 못하게 만든다.

울릉도 유일의 평야지대인 나리분지는 화산 활동으로 생성된 칼데라 지형으로 성인봉을 오르는 등산로의 입구이기도 하다. 금강산도 식후경이라 했으니 울릉도에서 나는 산나물로 푸짐한 점심을 먹어 보는 것도 좋다. 나리분지 안에 있는 늘푸른산장식당은 울릉도에서도 알아주는 맛집이다. 새콤하면서도 감칠맛 나는 명이나물과 부지갱이, 향이 일품인 미역취, 씹히는 맛이 꼭 고기를 먹는 것 같은 삼나물에 산채전과 호박전까지 더해지면 산채 비빔밥을 싫어했던 사람마저도 그 맛에 반해 버린다. 맛있는 점심을 먹었다면 울릉도 원시림 속을 마음껏 걸어 보자. 행남등대 해안 산책로가 바다를 낀 울릉도의 비경길이라면 나리분지에서 신령수 약수터에 이르는 길은 울릉도의 원시림을 제대로 느낄 수 있는 최고의 산책길이다. 맑은 물이 시원스레 솟아나는 신령수에서 목을 축이고 시원한 족욕탕에 발을 담그면 신선이 따로 없다.

놓치면 안 될 체험거리

울릉도 나리분지에서 원시림 걷기

빽빽한 나무 사이로 간간이 비치는 햇살을 느끼며 걷는 2km의 원시 숲길은 천연기념물 제189호 원시림으로 지정되었을 만큼 아름답다. 평평한 나리분지를 시작으로 해서 알봉분지를 지나면 너도밤나무 숲길이 이어진다. 오랫동안 걸어서 지쳤다면 신령수에서 물 한 모금 마시고 잠시 쉬어도 좋다. 이제 본격적인 성인봉 원시림에 들어서면 고목들이 여행자의 시선을 붙잡는다. 다양한 야생화도 볼 수 있어 아이들에게 좋은 자연 교과서가 될 것이다.

신령수에서는 족욕을 할 수 있으므로 걷다가 힘들면 발을 쉬어 간다.

9월
070

인간 세상에서 하늘로 오르는 길을 걷다
고창 선운사

고창군은 도솔천과 짙푸르고 우거진 나무, 야생 차밭이 주변을 감싸고 있어 누구라도 자연 속에 들어와 있음을 실감하게 한다. 그중에서도 선운사에서부터 도솔암에 이르는 길은 꼭 한 번 걸어 보라고 권하고 싶은 길이다. 졸졸거리는 냇물을 따라 오솔길을 걷는 기분이 색다르다.

체험 여행

연계 교과
5-1 사회, 1-2 슬기로운 생활, 2-2 슬기로운 생활

체험 포인트
고창읍성의 성벽 따라 걷기

● **주소** 전라북도 고창군 아산면 삼인리 500   ● **가는 길 | 자가용** 서해안고속도로 고창IC → 선운사 & 고창읍성   ● **문의** 선운사 063-561-1422, 고창읍성 063-560-8055, 학원농장 063-564-9897, 고창고인돌유적 063-560-8666   ● **먹을거리** 호수가든(백합회무침) 063-563-5694, 할매집풍천장어(장어구이) 063-562-1542, 옛날쌈밥(쌈밥정식) 063-564-2700, 나래궁(짬짜면) 063-564-0955   ● **잠자리** 힐링카운티 063-563-9300, 선운사 산과바다펜션 010-5097-1139, 선운사의 추억 063-561-2777, 선운사 솔향기펜션 010-8899-5737   ● **이색 체험과 축제** 고창 청보리축제 4월, 고창메밀꽃잔치 9월, 고창모양성제(고창읍성) 10월   ● **주변 여행지** 내장산, 변산반도

추천 코스
고창 선운사 → 도솔암 → 고창읍성

가족여행 팁
선운사 꽃무릇이 피어 있는 기간은 1주일 남짓이기 때문에 시기를 놓치지 않도록 한다.

도솔천 주변의 붉은 꽃무릇이 아름답다.

●● 선운사 꽃무릇의 붉은 빛에 취하다

고창은 철마다 제각각 아름다운 색을 뽐내는데, 봄은 청보리가 자라는 푸른색의 계절이다. 특히 고창 학원농장의 청보리밭은 아름답고 즐거운 추억을 만드는 곳으로 알려져 있다.

가을이 되면 고창은 붉은색 꽃의 축제가 벌어진다. 선운사와 도솔천 주변을 아름답게 수놓는 꽃무릇의 향연을 보려고 전국에서 사람들이 모여든다. 흔히 애절한 전설을 가지고 있는 상사화와 비슷하게 생겨서 혼동하는 경우도 있지만 두 꽃은 엄연히 다르다. 석산이라 불리는 꽃무릇도 상사화처럼 잎이 모두 떨어져야 비로소 꽃을 피우지만 붉은 카펫을 깔아 놓은 듯 화려한 색깔은 선운사를 가을빛으로 그려 낸다. 특히 도솔천 주변의 이끼와 벚나무의 우거짐이 한데 어우러져 누구라도 그 앞에 서서 사진을 찍고 싶은 마음이 생겨난다. 그 때문에 전국의 사진가가 이 시기를 놓치지 않으려고 이른 새벽부터 몰려든다. 군락을 이루는 이 붉은 꽃들은 비스듬한 아침 햇살을 받으면 더욱 화려해지는데 마치 불이라도 난 것처럼 그 모습이 강렬하다.

일주문을 지나 선운사 앞마당으로 들어서면 천년의 역사를 말해 주듯 의젓한 모습으로 만세루가 서 있다. 맞배지붕의 이 건물은 선운사를 짓

이것만은 알고 가요!

꽃무릇과 상사화

이름	상사화	꽃무릇(석산)
꽃말	이룰 수 없는 사랑	슬픈 추억
원산지	대한민국	일본
분포	수선화과 다년초	수선화과 다년초 한약재
분류	아시아	아시아
색상	분홍색 노란색	붉은색
특징	이른 봄에 잎이 났다가 6~7월에 잎이 진 후 7~8월에 꽃대가 외로이 솟아올라 분홍색 노란색 꽃이 핀다. 꽃과 잎이 만날 수 없다고 해서 상사화이다.	가을에 잎이 올라와서 월동한 후 봄에 잎이 지고 난 후 추석을 전후하여 붉은색의 꽃이 핀다. 비늘줄기는 한약재로 사용된다.

1. 고창읍성 안에는 역사책에서나 보았던 고인돌이 있으므로 아이들에게 좋은 교육 자료가 된다.
2. 선운사 주변은 차밭이 단정한 모습으로 깔려 있다.
3. 석등 뒤쪽으로 고풍스러운 느낌의 만세루가 눈에 들어온다.

고 남은 목재를 이용해서 만들었다는 이야기도 있는데, 불법을 배우는 승려들의 강의실로 지어졌다. 지금은 이곳에서 누구나 앉아서 차를 마실 수 있도록 넓은 실내에 나무탁자를 놓아 두었다. 세 면의 외벽은 여닫을 수 있는 문으로 만들어졌지만, 대웅보전 쪽 한 면은 외벽 없이 뻥 뚫려 있어 대웅전에서 설하는 불법을 잘 들을 수 있도록 배려했다. 목재로 만들어진 만세루의 모습을 보고 있으면 소박하면서도 절제된 아름다움이 느껴진다.

선운사의 중심 전각인 대웅보전은 보물 제290호로 다포(多包) 형식에 맞배지붕을 얹은 조선 중기의 건물이다. 결이 느껴지는 목재의 거친 표면이 오랜 세월과 연륜을 느끼게 하는 대웅전 안쪽으로 석가모니불과 함께 3개의 불상이 놓여 있고 뒤쪽으로 각각 탱화가 걸려 있다. 선운사는 주변의 자연과 절묘하게 조화를 이루는데 대웅보전 뒤편에는 천연기념물로 지정된 1,500년 된 동백나무숲이, 앞쪽에는 맑고 깨끗한 도솔천과 짙푸르고 우거진 야생 차밭이 주변을 감싸고 있어 누구라도 자연 속에 들어와 있음을 실감하게 한다.

●● 마음이 정화되는 도솔암에 이르는 길

그중에서도 선운사에서부터 도솔암에 이르는 길은 꼭 한 번 걸어 보라. 어떤 시인은 3.2km의 도솔암 가는 숲길을 '인간 세상에서 하늘로 가는 기분'이라고 표현했다. 물론 임도를 따라 차로 갈 수도 있지만 졸졸 거리는 냇물을 따라 걷는 오솔길은 기분이 다르다. 가는 도중에는 천연기념물 제345호인 수령 600년 된 장사송(長沙松)이 아름다운 모습으로 지나는 사람들을 맞는다. 도솔암은 우리나라에서 가장 큰 마애석불이 있는 곳으로도 잘 알려져 있다. 보물 제1,200호 도솔암 마애불은 높이가 25m에 이르는데, 바위산 전체에 암각으로 새겨진 부처의 모습은 세련되거나 정교하지 않고 오히려 투박하기까지 하다. 하지만 그런 면이 더 친근하게 느껴진다. 도솔암의 작은 찻집에서 조용히 차 한 잔을 마시면 가을을 마음속에 한가득 담게 된다.

고창읍 한가운데에 위치한 고창읍성은 왜구들의 노략질에 대비해 유비무환의 정신으로 만들어진 성인데, 정문 격인 공북루(북문) 앞에 둥그렇게 둘러친 옹성이 이색적이다. 그리고 그 옹성 위에 여담을 쌓아 초소로 사용할 수 있도록 했다.

이곳에서는 머리에 돌을 이고 성벽을 따라 걷는 풍습이 있는데, 이는 아마도 성을 짓거나 보수하기 위해 돌을 나르는 아낙의 고통을 심적으로나마 덜어 주고, 또 겨울이 지나 봄이 되면 축대가 허물어지지 않도록 다져 보자는 취지로 생각해 낸 풍습이지 않았을까 싶다. 그렇다 하더라도 1.7km의 성벽을 따라 걸어 보는 일은 건강을 위해 나쁘지 않다. 그것도 해미읍성, 낙안읍성과 더불어 우리나라 3대 읍성 중 하나인 고창읍성을 걷는다면 더욱 그렇다.

고창읍성 성벽 따라 걷기

고창읍성에는 독특한 풍습이 하나 있다. 머리에 돌을 이고 성벽을 따라 걷는 답성 놀이로, 특히 한 바퀴를 돌면 다리 병이 낫고, 두 바퀴를 돌면 무병장수하고, 세 바퀴를 돌면 극락승천한다는 전설이 있다. 1.7km의 성벽을 따라 걸어보는 일은 재미있고 건강에도 유익한 일임에 분명하다.

위 고창읍성은 1,700m의 길이로 성벽을 따라 걷는 재미가 있다.
아래 고창읍성 안의 길은 평탄해 아이들과 걷기에 좋다.

9월
071

조선왕조 500년의 역사를 살펴보다
서울 창덕궁

창덕궁은 아름다운 후원이 있어 더욱 많은 사람의 호기심을 자극한다. 후원은 특별 관람을 통해야만 할 수 있는데, 그만큼 아름다워 누구나 감탄하게 되는 곳이다. 아름다운 후원과 고풍스러운 건물, 조상의 지혜와 넋이 어린 창덕궁을 거닐며 역사의 현장 속으로 떠나 보자.

체험 여행

연계 교과
5-1, 5-2 사회

체험 포인트
안내원의 설명을 들으며 조선왕조의 역사 배우기

● **주소** 서울특별시 종로구 와룡동 2-71　● **가는 길 | 대중교통** 지하철 3호선 안국역 & 종로3가역, 1호선 종로3가역 하차　● **문의** 서울시 관광정보 02-120, 창덕궁 02-762-8261, 경복궁 02-3700-3900, 서울 도보관광코스 02-6925-0777, 시티투어버스 02-777-6090　● **먹을거리** 비원칼국수(손칼국수) 02-744-4848, 산내리한정식(불고기) 02-747-9700, 파머스반(수제햄버거) 02-743-9233, 용수산(한정식) 02-743-5999　● **잠자리** Ciara920 게스트하우스 02-735-1018, 우리집게스트하우스 02-744-0536, 예하 게스트하우스 02-722-3619, 풀하우스 02-719-2677　● **이색 체험과 축제** 창덕궁 달빛기행(봄가을 1주일씩 야간 개장) 02-3676-3406　● **주변 여행지** 길상사, 창경궁, 북촌 한옥마을

왕비가 거처하는 곳 중에서도 으뜸인 대조전은 소박한 듯 아름다운 위용을 드러낸다.

추천 코스

돈화문 → 인정문 → 대조전 →
낙선재 → 함양문 → 부용권 →
애련지 → 옥류천

가족여행 팁

후원은 반드시 예약을 통한 특별 관람으로만 볼 수 있다.

○● 서울을 대표하는 궁의 역사

현재 서울에 남아 있는 5개의 궁(경복궁, 창덕궁, 창경궁, 덕수궁, 경희궁) 중에서 가장 먼저 지어진 것이 바로 경복궁이다. 고려의 수도였던 개경을 태조 이성계가 조선을 세우면서 한양으로 옮길 것을 명한 후 지금의 경복궁 터에 궁궐을 짓게 되었는데 1년 남짓한 시간으로 지었으니 당시 얼마나 많은 인원이 동원되었는지 짐작이 간다. 좌-종묘, 우-사직의 전통적인 사상에 입각해서 지어진 창덕궁은 좌우 대칭적이면서도 직선적인 형식으로 지어져 근엄하고 위엄 있는 모습을 나타낸다.

태종 5년(1405)에는 행궁으로 경복궁의 건설이 시작되었고, 나중에 후원과 금천교, 돈화문 등을 지어 본격적인 궁궐의 면모를 갖추었다. 하지만 임진왜란 때 경복궁과 함께 모두 소실되어 다시 중건하였는데, 창덕궁의 보수가 경복궁보다 먼저 이루어지면서 왕정이 자연스레 창덕궁에서 이루어지게 되었다. 그러나 인조반정 사건으로 또 다시 불타 버렸고 일제 강점기 때는 큰 불이 나서 침전 건물이 모두 불타 버리는 등 숱한 고초를 겪어야 했다.

일제 강점기에는 우리나라 궁궐의 최대 수난시대라고도 할 수 있는데, 북궐이라 불리는 경복궁도 일제의 민족 말살 정책으로 90%가 파괴되

잡상

일반 건물에는 없고 궁궐의 전각과 문루의 추녀마루 위에만 세워 놓는 것으로 어처구니라고도 한다. 이는 《서유기》에 나오는 인물과 토신(土神)을 형상화한 것으로 살(煞)을 막기 위한 것으로 보인다. 대당사부(삼장법사), 손행자(손오공), 저팔계, 사화상(사오정), 마화상, 삼살살, 이구룡, 천산갑, 이귀박, 나토두 등의 상이 놓여 있는데, 3개부터 11개까지 숫자가 많을수록 더 지위가 높은 건물임을 나타낸다.

왕궁을 상징하는 건물의 지붕 처마에는 잡상이 올려져 있다.

1. 입구에 있는 박물관에서는 고종 황제가 탔던 자동차도 볼 수 있다.
2. 근정전 내부는 단정함과 화려함이 적절히 어우러져 있다.
3. 건물의 작은 부분까지 섬세하게 만들어졌다.

어 지금도 계속 복원 중이며, 서궐이라 불린 경희궁은 거의 모두가 파괴된 비운의 궁궐이기도 하다. 게다가 난립한 도시 계획 때문에 사실상 복원은 불가능한 실정이다. 창덕궁과 함께 동궐로 불리던 창경궁 역시 일제 강점기 때 전부 훼손하여 동물원을 짓는 등 겨우 10% 정도만 그 모습을 유지할 뿐이다. 그나마 다행인 것은 경복궁이 가장 원형을 잘 유지하고 있어서 종묘와 함께 유네스코 세계문화유산에 등재된 것이다.

●● 소담한 아름다움이 머무는 창덕궁

창덕궁은 비정형적 건축 기법을 통해 산자락을 따라 건물이 골짜기에 안기도록 배치하여 예술적인 아름다움을 뽐낸다. 그래서인지 조선왕조 500년의 역사 중 가장 오랫동안 왕이 머문 궁궐이다. 흔히 경복궁이 더 크고 처음 지어졌으니 그럴 것이라고 생각하겠지만 좀 다른 부분이다. 특히 비원으로 알려진 창덕궁의 후원(사적 제122호)은 한국적인 아름다움이 고스란히 담겨 있는 곳이다. 창덕궁 입장료에다가 후원의 입장료까지 따로 내야 하기 때문에 입장료는 조금 비싼 편이지만 창덕궁 산책의 백미라 할 수 있는 후원은 결코 빼놓지 말아야 한다.

창덕궁은 현재 남아 있는 궁궐문 중 가장 오래된 돈화문(보물 제383호)을 들어서면서 시작된다. 보이는 건물의 대부분이 보물이라고 해도 될 만큼 궁 안은 귀한 건물로 가득한데, 그중 정전(正殿)인 인정전의 근엄함은 역시나 궁을 대표할 만큼 위용이 있다. 제일 안쪽에는 덕혜옹주와 이방자 여사가 머물렀던 낙선재가 있는데, 화려한 단청으로 수놓인 다른 건물에 비해 수수한 기품이 느껴진다. 비원의 입구 함양문을 들어서면 천원지방(하늘은 둥글고 땅은 네모나다.) 사상에 의해서 만들어진 부용정이 나타난다. 땅을 상징하는 네모난 연못과 하늘을 상징하는 둥근 섬이 조화를 이루고 있다.

그 뒤로 보이는 건물은 주합루인데, 아래층이 바로 정조가 즉위하면서 자신의 개혁정치를 위해 설립한 규장각이다. 학문과 정치를 연구하던 조선시대 대표적 관서였다. 경복궁 안에 있는 또 하나의 독특한 건물은 연경당이다. 조선시대 사대부의 집을 모방하여 궁궐 내에 지은 것인데 우리나라에서 가장 큰 규모의 집으로 120칸이나 된다. 이때 칸이라고 하는 것은 방의 숫자가 아니고 4개의 기둥으로 막혀 있는 공간을 말한다.

창덕궁과 후원을 모두 돌아보는 데는 3시간 정도가 걸리는데, 조선시대의 건물을 보면서 선조들의 위엄과 왕권의 대단함, 그러면서도 일본에게 나라를 빼앗겨 수모를 당해야만 했던 치욕의 역사를 되새겨 본다.

후원 관람하기

비원으로 알려진 창덕궁의 후원은 조선시대 전통 정원으로 다양한 정자, 연못, 수목, 괴석이 어우러져 한국적인 아름다움을 뽐낸다. 창덕궁을 통해서만 들어갈 수 있는 비원은 예약한 후 안내자의 인솔에 따르는 특별관람을 통해서만 입장이 가능하다. 입장료는 조금 비싼 편이지만 창덕궁 전체 면적의 60%를 차지할 정도로 넓고, 왕들이 가장 사랑한 공간이었다고 하니 꼭 관람해 보자.

위 부용지 뒤로 단정한 규장각 건물이 보인다.
아래 비원으로 들어가는 문은 비밀의 정원으로 들어가는 문처럼 신비롭다.

슬로시티가 주는 느림의 미학을 즐기다
하동 악양 슬로시티

박경리의 대하소설 《토지》의 주 무대였던 악양면 평사리는 풍요의 땅이다. 악양 벌판의 명물인 '부부송'이 그림 같은 풍경을 만들어 내는 이곳은 슬로시티로 지정되었으며 최참판댁뿐만 아니라 조씨 고가와 취간림도 함께 둘러보며 녹차 한 잔을 음미해 보자.

연계 교과
3-1, 5-2 사회

체험 포인트
슬로시티 악양 거닐기

● **주소** 경상남도 하동군 악양면 평사리 ● **가는 길 | 자가용** 88올림픽고속도로 남원IC → 구례 → 19번 국도 → 화개장터 → 악양 ● **문의** 하동군 문화관광과 055-880-2375, 하동역 055-882-7788, 하동 공용버스터미널 055-883-2663, 악양 개인택시 055-883-3009, 최참판댁 055-880-2383 ● **먹을거리** 섬진강 재첩국(재첩) 055-883-9292, 동백식당(은어회, 참게탕) 055-883-2439, 옛날팥죽(팥죽) 055-84-5484, 태봉식당(참게장정식) 055-889-2466 ● **잠자리** 황토방펜션 050-9811-1794, 지리산속작은영토 055-882-6263, 알프스모텔 055-884-6427, 쉬어가는누각 055-884-0151 ● **이색 체험과 축제** 악양 대봉감축제 11월 ● **주변 여행지** 하동 화개, 남해

하동 차밭은 화려하지는 않지만 소박하게 마을과 어우러져 있다.

추천 코스

최참판댁 한옥 체험방 → 차 만들기 체험방 → 하동 토지길 산책

가족여행 팁

차 만들기 체험은 예약을 통해서만 가능하니 미리 알아보는 것이 좋다.

○● 맑은 물과 공기를 머금고 자란 하동녹차

하동에서도 악양면 일대는 슬로시티로 지정된 곳이다. 어머니 젖가슴처럼 따뜻하고 부드러운 지리산 언저리에 붙어 있으면서 지고지순한 섬진강의 물줄기를 이어받은 곳이기도 하다. 전라북도 진안에서 발원해 200여 km를 흘러 바다로 드는 섬진강은 한강, 금강, 낙동강, 영산강과 더불어 우리나라 5대 강 중 하나인데, 특별한 전설이 있어 더욱 의미가 깊다. 왜구를 물리친 두꺼비가 있는 나루터라는 뜻의 '섬진'은 담긴 사연만큼 많은 사람에게 아련함으로 추억된다. 진안에서 옥정호를 거쳐 김용택 시인의 고향인 진메마을과 구담마을을 지나 하동으로 흘러드는 물줄기는 골마다 아름다운 풍경을 만들어 낸다.

하동은 녹차의 땅이기도 하다. 대개 녹차 하면 보성을 떠올리지만 차의 역사를 잠깐 살펴보면 그건 오해라는 사실을 금세 깨닫게 된다. 차는 중국의 역사와 함께한다는 말이 있듯 차의 기원은 5천 년도 훨씬 더 되었는데 우리나라에 들어온 것은 《삼국사기》에 잠깐 그 기록이 남아 있다. 신라 42대 흥덕왕 3년(828), 당나라 사신으로 간 김대렴(金大廉)이 귀국할 때에 차나무의 종자를 가져와 지리산 쌍계사와 화엄사 인근에 심었다는 내용인데 화개에 천년차나무가 있는 것만 보아도 본격적

섬진강의 유래

고려 말에 왜구들이 하동 쪽에서 광양으로 넘어가려 하는데 갑자기 건너편 다압면 섬진마을 나루터로 수만 마리의 두꺼비가 몰려들어 울어서 왜구를 쫓아 냈다는 전설이 있다. 그 전까지는 사수강, 두치강으로 불리다가 이 일이 있었던 이후부터 두꺼비를 뜻하는 한자 섬(蟾), 나루터 진(津)을 써서 섬진강으로 이름을 바꿔 불렀다고 한다.

고소산성 너머로 유유히 흐르는 섬진강이 내려다보인다.

299

1. 악양면의 돌담길은 오랜 세월이 내려앉아 걷는 걸음이 더욱 정겹다.
2. 하동녹차는 다양하게 활용되어 많은 사람이 편리하게 이용한다.
3. 악양의 너른 들판 사이에 우뚝 선 부부송의 모습이 멋스럽다.
4. 하동은 민물과 바다가 만나는 곳으로 재첩이 많이 잡힌다.

인 재배 단지를 이루기 시작한 곳은 하동이었을 것으로 추정된다. 악양과 화개에서만도 2,000여 가구가 차밭을 가꾼다고 하니 자타가 공인하는 녹차마을임을 부정할 수 없을 것이다. 게다가 왕에게 진상을 하던 녹차 역시 이곳에서 만들어졌다고 하니 그 맛은 더 말하지 않아도 충분하다.

●● 소설《토지》속 풍경을 만나며 걷는 길

박경리의 대하소설《토지》의 주 무대였던 악양면 평사리는 거지가 일년 내내 빌어 먹어도 쌀이 남아돌았다는 풍요의 땅이다. 시원한 들판 한가운데에 삐죽 자라난 소나무 두 그루는 근처를 지나는 모든 사람의 시선을 한 몸에 받는데, 추울 때도 더울 때도 손을 꼭 잡고 서로를 의지하고 있는 것 같은 모습은 악양 벌판의 명물인 '부부송'이다. 안개가 살포시 내려앉은 이른 아침이나 햇살이 소나무 위로 드리우는 때면 그야말로 그림 같은 풍광을 만들어 낸다.

인근의 고소산성 중턱에 위치한 한산사는 그런 풍광을 보기에 안성맞춤인 장소다. 한산사 옆쪽으로 자리 잡은 최참판댁은 소설《토지》의 무대가 되었던 곳으로 입구의 솟을대문으로 들어서면 고래 등 같이 으리으리한 만석꾼의 안채가 보인다. 아직도 글 읽는 소리가 들릴 것만 같은 사랑채에 올라서면 평사리 들판이 한눈에 들어온다. 최참판댁에서 느긋하게 평사리 들판에 젖어 있다 보면 어느새 마음 가득 평온함이 채워진다.

이제는 악양을 제대로 볼 시간이다. 진정한 악양의 매력을 보고 싶다면 면사무소까지 올라가야 한다. 소박한 돌담을 따라 걷다 보면 조씨 고가에 이르는데, 그 웅장함에 절로 탄성이 흘러 나오게 된다. 160여 년 전, 17년에 걸쳐 소나무를 쪄서 건축한 집으로 1,160여 평의 대지에 본채 9칸, 사랑채는 정면 6칸, 측면 2칸으로 지어졌는데 '조부잣집'이라고도 불렸다. 아직도 옛 모습 그대로를 간직한 고가의 대청마루에 앉으면 마음마저 넉넉해진다.

악양면 냇가 언저리에 위치한 취간림의 숲 속에 앉아 지저귀는 새소리를 들으며 녹차 한 잔을 마셔 보자. 입안 가득 차향이 퍼지고 목으로 넘긴 후에도 은은하게 감도는 깊은 맛의 하동녹차를 마시면 잠시 휴대폰을 끄고 바람처럼 흐르는 시간에 내 마음을 맡기고 싶어질 것이다. 우리의 아이들도 편하게 앉아 느긋함을 배울 수 있도록 해 보자.

조씨 고가와 취간림 둘러보기

악양을 찾는 사람의 대부분은 최참판댁만 둘러보고 가 버리지만 진정한 악양의 매력은 면사무소까지 올라가야 알 수 있다. 조용하고 평화로운 마을의 골목골목을 따라 이어진 돌담의 고즈넉한 분위기에 취해 걷다 보면 '조씨 고가'에 이른다. 소설가 박경리는 소설《토지》를 쓰기 위해 조부잣집을 몇 번에 걸쳐 찾아왔다는데 몰락한 최참판의 대갓집 한옥의 모델이 되었다.

위 소설《토지》속 최참판댁의 모태가 된 조씨 고가의 모습이 고풍스럽다.
아래 숲 속 정자인 취간림에서 잠시 쉬며 자연의 소리를 듣는다.

9월
073

펄떡이는 포구의 활력 속으로 가다
인천 소래포구

일 년에 무려 300만 명이나 되는 사람들이 찾는 자그마한 포구 어시장, 소래는 밀물 때면 고기잡이를 나갔던 배들이 고기를 내다 팔기 위해 포구로 밀려든다. 어물을 파는 사람과 사는 사람들이 뒤엉켜 정신이 없지만 모두 열심히 제 할 일을 하며 살아간다. 대형마트에서는 볼 수 없는 풍경 속에서 아이들은 또 다른 삶의 현장을 체험할 수 있다.

연계 교과
3-2 사회

체험 포인트
소래포구 어시장 둘러보기

●**주소** 인천광역시 남동구 논현동 680-1   ●**가는 길 | 자가용** 제2경인고속도로 → 월곶 IC → 월곶 방향 → 소래대교 → 소래포구   ●**안내** 인천광역시 관광진흥과 032-440-4055, 소래어시장 032-446-2591, 소래습지 생태공원 032-435-7076, 월미공원 032-765-4131   ●**먹을거리** 미순네(조개구이) 011-744-5377, 파스타집(파스타) 032-423-7694, 인천횟집(회) 032-446-1413, 동양육대감(황태구이정식) 032-446-4828   ●**잠자리** 백악관모텔 032-442-8221, 체스 031-318-3741, 스카이모텔 031-318-1010, 문모텔 031-318-1030   ●**이색 체험과 축제** 소래야놀자(www.soraefestival.net) 10월   ●**주변 여행지** 대부도, 시흥갯골생태공원, 누에섬

추천 코스

소래포구 어시장 → 장도포대지 → 협궤다리 → 소래 습지생태공원

가족여행 팁

소래포구 어시장은 밀물 때 배가 들어올 시간이면 더욱 활기를 띤다.

소래 습지생태공원은 아이들의 체험학습을 위한 염전이 따로 마련되어 있다.

○● 습지생태의 보고로 변신한 폐염전

아주 옛날 소래 습지생태공원은 밀물 때면 소래에서부터 갯골을 따라 바닷물이 찰랑이며 밀려 들어오던 곳으로 한동안 아무 쓸모없이 버려진 땅이었다. 하지만 지금은 수도권에서 몇 안 되는 습지공원으로서의 역할을 하고 있다. 내만 갯벌과 옛 염전의 정취를 느낄 수 있는 공원 곳곳에서는 봄부터 가을까지 칠면초, 나문재 등의 염생식물은 물론 붉은발농게, 방게 등도 관찰할 수 있다. 한 조사에 따르면 우리 주변의 자연 생태계는 매년 33조 달러에 해당하는 가치를 창출하고 있다는데, 그중 15%가 습지에서 만들어진다고 하니 놀라운 일이다.

일제 강점기 때 포동과 새우개 일대 145만 평의 드넓은 지역은 염전으로 가득했는데, 이곳은 그 어떤 곳보다 사람들로 북적거렸다. 소래 염전은 인근 남동염전, 군자염전과 더불어 우리나라 소금 총 생산량의 30%를 차지할 정도로 그 규모가 엄청났는데, 생산되는 대부분의 소금은 경부선 열차로 부산항에 옮겨진 후 일본으로 반출되었다. 수입 자유화의 거센 물결 속에 1996년 7월 31일에 모두 폐염되고, 방치되어 온 탓에 이곳은 사람들의 손길이 거의 닿지 않아 생태계가 오히려 되살아나게 되었다.

소래의 어원

신라가 백제를 침공할 때 원군으로 온 당나라 장군 소정방(蘇定方)이 왔던 곳이라는 뜻의 소래(蘇來)는 시간이 지나면서 소래(蘇萊)로 바뀌어 불리게 되었다. 소래포구는 1930년 후반 협궤열차인 수인선 철도를 건설하면서 공사 인부와 염전 일꾼이 몰리게 되어 생겨났다. 인천항이 들어서면서 갈 곳 없던 새우잡이 배가 소래 인근으로 몰려들어 새우파시를 이루었고 이것이 성황을 이루게 되면서 점차 세상에 알려지기 시작했다.

밀물 때가 되면 소래포구로 어선들이 들어온다.

1. 소래포구 어시장은 싱싱한 해산물이 넘쳐나 연일 사람들로 문전성시를 이룬다.
2. 소래포구 주변으로 간간이 낚시하는 사람들이 보인다.
3. 소래 습지생태공원은 풍경이 멋져 사진을 찍으러 온 출사족이 많다.

버려진 광활한 갯벌에는 하얀 물결의 갈대가 숲을 이루고, 그 사이사이로 다양한 어류, 양서류가 서식하게 되었으며, 다시 이를 먹이 삼아 수천 마리의 철새가 찾아오게 되었다. 사실 삭막한 수도권 일대에서 이처럼 감성적인 풍경을 간직하고 있는 곳도 그리 많지 않다. 하루 두 번, 어김없이 물이 빠지고 또 물이 들어오면서 갯벌에 생명을 불어넣는데, 고기 잡는 재미에 푹 빠진 낚시꾼의 사랑을 듬뿍 받는 명소가 되었다.

●● 소래포구의 활기 넘치는 풍경

소래포구는 원래 바다 한가운데에 삐죽 나와 있던 곳으로 월곶으로 건너다니던 도선장에 불과했다. 하지만 1960년대에 북한 실향민이 정착하기 시작하면서 고기를 잡아 생계를 꾸려 가는 조그만 어촌이 형성되었고, 새우잡이 배가 소래 인근으로 몰려들어 새우파시를 이루어 성황을 이루게 되었다. 또 이 새우를 이용해서 새우젓을 만들어 인근에 판매하면서 점차 세상에 알려지기 시작하였다. 지금은 새우젓, 꽃게, 젓갈 등으로 널리 알려져 연평균 300만 명의 인파가 몰리는, 수도권 일대에서는 꽤나 이름난 관광지가 되었다.

소래포구 입구로 들어서면 비릿한 바다내음이 코를 자극하는데, 어시장 안쪽까지 이어지는 작은 도로를 따라 들어가면 다닥다닥 붙은 가게의 좌판이 시선을 끈다. 잘 말려진 건어물, 굵은 소금이 뿌려져 연탄불 위에서 자글자글 기름을 뚝뚝 떨구며 구워지는 꽁치, 삼치, 전어의 연기와 구수한 냄새는 어시장만의 운치를 한껏 살려 준다. 20년 전만 하더라도 배가 들어오는 물때가 아니면 그저 작고 별 볼일 없는 포구에 불과해 한적하게 드라이브 삼아 이곳을 찾는 이도 꽤 많았다. 시간이 흘러 지금의 소래 풍경은 송도 신도시가 들어서고 주변의 고층 아파트로 둘러싸여 예전 같은 한가로움을 찾기는 힘들다. 하지만 수도권 인근에서 소래만큼 제대로 된 포구의 풍광을 찾기 쉽지 않을 뿐더러 생생한 포구 어시장이 이렇게 큰 규모로 발전된 곳도 드물다.

좁은 시장 골목길을 빠져나오면 질퍽한 갯벌이 모습을 드러내고 협궤다리 입구에는 장도포대지와 옛날 이곳을 오가던 협궤열차가 전시되어 있다. 연신 어선이 들락거리면서 뱃고동을 울리며 물건을 내려놓고, 갈매기는 행여나 배에서 떨어지는 먹이가 있을까 배의 뒤쪽을 기웃거리며 날아든다. 꼭 장을 보기 위해서가 아니어도 소래를 찾는 사람들은 많다. 저녁 햇살을 등에 지고 황금빛 바다를 깨부수며 포구로 밀려들어오는 고깃배의 모습에서 생생한 삶의 현장을 느낄 수 있고, 부지런히 하루하루를 살아가는 보통 사람의 모습을 볼 수 있다. 지나간 역사와 현재의 시간이 공존하는 소래는 입과 눈이 즐거워지는 곳이다.

소래 습지생태공원 둘러보기

갯벌, 갯골과 폐염전지역을 다양한 생물 군락지 및 철새 도래지 등으로 복원시켜 자연학습 및 현장 체험활동 장소로 활용하고 있다. 친자연적인 해양생태 공간으로 염전이나 갯벌 체험 등을 직접 해 볼 수 있다. 염습지와 폐염전지역에서는 칠면초, 나문재, 퉁퉁마디 등의 염생식물들을 관찰할 수 있다. 얼굴을 충분히 가릴 수 있는 모자를 가져가는 것이 유용하다.

위 생태공원 중간에는 다양한 식물과 함께 다리도 놓여 있어 볼거리가 많다.
아래 염전 체험을 위한 시설이 구비되어 있어서 아이들 교육에 좋다.

9월
074

해변을 따라 거닐며 솔숲향에 취하다
태안 해변길

하늘과 맞닿은 바다를 바라보며 느긋하게 해변길을 걷는다. 굳이 노을길이 아니더라도 마음에 맞는 길을 선택해 걸으면 된다. 걷기 여행을 통해 인내심을 기르고 해변의 다양한 모습도 눈여겨본다. 답답한 건물 속 길에만 익숙한 아이들에게 자연이 만든 천혜의 길을 걷는 즐거움을 선사해 준다.

체험 여행

연계 교과
1-2, 2-2 슬기로운 생활, 4-1, 4-2 사회, 3-2, 5-1, 6-1 과학

체험 포인트
1. 태안 해변길 중 노을길 걷기
2. 꽃지 해변에서 일몰 보기

● **주소** 충청남도 서산시, 예산군, 당진군, 태안군 ● **가는 길 | 자가용** 서해안고속도로 서산 IC/해미 IC/홍성 IC → 태안 · 안면 → 안면읍 → 꽃지 해변 ● **문의** 태안해안국립공원 041-672-9737, 안면도 자연휴양림 041-674-5019, 안면도 쥬라기박물관 041-674-5660, 고남 패총박물관 041-670-2337 ● **먹을거리** 산해진미(간장게장) 041-674-7880, 풍년회센타(회, 매운탕) 041-674-4254, 딴뚝통나무집(게국지) 041-673-1645, 오복식당(황태해장국) 041-674-7754, 밥도둑(우럭매운탕) 041-674-1080 ● **잠자리** 아름다운펜션 041-673-3049, 리솜오션캐슬 041-671-7000, 캐리비안리조트 041-674-1566, 삼봉콘도 041-673-7171, 토담집 041-674-4561 ● **이색 체험과 축제** 안면도 영목항 해맞이 축제 1월 1일(태안군 영목항), 안면도 저녁놀 축제 12월 31일 (꽃지 해변), 안면도 백사장 대하축제 10월(백사장항) ● **주변 여행지** 신두리 사구, 보령, 서산, 왜목

해변을 따라가는 길에 있는 소나무는 대부분 방풍림의 역할을 한다.

추천 코스

삼봉 해변 → 기지포 해변 → 꽃지 해변 일몰

가족여행 팁

백사장-두여 해변 구간은 밀물 때 해수에 잠기므로 물때를 꼭 확인하며 우회도로를 이용한다. 또한 한낮에 걷기에는 햇볕 때문에 힘들 수 있으므로 생수를 넉넉하게 준비한다.

○● 태안의 자연과 함께 걷는 해변길

태안 해변길은 바닷가도 가고 싶고, 걷고도 싶은 사람에게 적극 추천하는 곳이다. 태안반도 최북단 학암포에서 시작하여 말단인 영목항까지 총 120km에 걸쳐 만들어 놓은 걷기 코스인데, 이름도 참 예쁘다. 1구간인 학암포에서 신두리 구간은 바라길 1구간, 다시 만리포까지는 바라길 2구간, 만리포에서 몽산포까지 배를 타고 넘어가는 구간은 유람길, 몽산포에서 드르니항까지는 솔모랫길, 꽃지 해변까지는 노을길, 마지막 꽃지에서 영목항까지는 샛별바람길이라 이름 붙였다. 그중 가장 아름다운 길은 단연 노을길 12km 구간이다. 걷는 것이 익숙하지 않은 사람에게 12km는 엄청나게 길어 보이지만 막상 바다를 바라보며 걷다 보면 그리 어렵지 않다. 4시간이 넘는 도보 여행에는 스스로의 끈기와 자기 자신을 이길 수 있는 용기만 있으면 된다.

되돌아오는 코스가 아니기 때문에 자가용을 이용할 경우 한 번은 대중교통을 이용해야만 되돌아올 수 있다. 대개 주차 후 택시나 버스를 타고 이동하는 것이 일반적이다. 곳곳에 현재 위치와 거리는 물론 주변 버스정류장과 버스노선, 시간표가 적혀 있고, 택시를 탈 경우 대략의 요금까지도 자세히 설명되어 있어 만약에 중간에 걷기를 그만두더라

태안반도

충청남도 서부에 위치하며 동쪽의 예산읍에서 반도 말단 만리포까지 약 130km에 이른다. 행정적으로는 충청남도 서산시, 예산군, 당진군, 태안군에 속한다. 해안선이 매우 복잡하며 천리포, 만리포 등 유명 해수욕장이 많다. 일대가 태안해안국립공원으로 지정되어 여름철이면 피서객으로 붐빈다.

서해안은 물이 빠지면 넓은 백사장이 드러나며 모래가 단단한 것이 특징이다.

1. 백사장항과 드르니항을 연결하는 연륙교는 꽃게와 새우를 형상화하였다.
2. 기지포 해변에서는 노래가 적힌 표지판을 곳곳에서 만난다.
3. 사구를 보호하기 위한 나무 데크가 인상적이다.

도 당황하지 않고 돌아갈 수 있다. 또 걷다가 밀물 때 바닷가로 걸을 수 없을 경우 우회할 수 있는 길도 표시되어 있어 세심한 부분까지 신경을 쓴 노력이 역력하다. 한여름의 바닷가 해변길을 걷는 일은 뜨거운 태양 때문에 몹시 힘든 여정이 될 수 있다. 그러니 오히려 봄이나 가을이 더 제격이다. 아니면 느지막한 오후에 출발해서 노을이 지는 저녁 무렵 목적지에 닿는 것도 꽤 근사한 경험이 될 것이다.

해 질 무렵의 방포나 꽃지 해변의 아름다운 노을을 구경하려면 백사장항에서 출발하는 것이 좋다. 항구의 끄트머리에 있는 주차장에서 시작된 길은 백사장 해변으로 곧장 이어지는데, 밀물 때면 해안선 끝까지 물이 들어오지만 썰물 때면 훤히 드러난 해안선과 그 끝에 이어지는 모래밭이 한가롭게 눈에 들어온다.

●● 바다 위로 지는 노을이 아름다운 노을길

백사장 해변 끝의 소나무숲을 지나면 바위 3개가 있는 삼봉이 나타나는데, 여기를 돌면 삼봉 해변이다. 예전에는 모두 해수욕장이라 부르던 명칭을 해변길을 만들면서 모두 해변으로 통일했다. 삼봉 해변은 단단하면서도 넓은 모래밭이 인상적인데, 아울러 해안선 안쪽으로는 곰솔 방풍림이 빽빽하게 늘어서 있어 바닷길과 솔숲길을 선택해서 걸을 수 있다. 소나무가 울창한 숲 사이로 좁다란 길을 내고 태안 해변길을 제대로 잘 가고 있음을 알려 주는 조그마한 표시를 달아 놓았는데, 오랜 시간 동안 바닥에 쌓여 층을 이룬 솔잎을 밟으면 폭신폭신하고 부드러워 무릎에 무리가 가지 않는다.

태안의 해변은 기울기가 완만해서 물이 빠지면 아주 멀리까지 바닥이 드러나는데 늦여름이지만 해안가에서는 아이들이 모래놀이를 하고 어른들은 조개잡이가 한창이다. 외롭게 바다에 떠 있는 작은 등대 하나가 뜨거운 태양의 열기를 혼자 이겨 내고 있다. 간혹 해변에 파라솔 하나 없이 은박 돗자리를 깔고 등을 드러낸 채 썬탠을 즐기는 외국인은 이곳이 마치 외국인 것 같은 착각이 들게 만든다.

삼봉 해변이 끝나면 길은 기지포 해변으로 이어진다. 개인적인 생각이지만 노을길 중 가장 멋스럽고 아름다운 구간이다. 해안의 사구를 따라 만들어진 관찰로 주변으로 자란 이름 모를 사구식물을 보며 천천히 걸어 보자. 입구에 〈철 지난 바닷가〉, 〈해변의 여인〉, 〈빈 바닷가〉 등 철 지난 노래 가사를 적어 놓은 팻말이 발걸음을 멈추게 하는데, 안내판 아래쪽 QR 코드에 스마트폰을 갖다 대면 노래가 흘러나온다.

기지포를 지나면 일반도로를 거쳐서 안면도 중앙해변에 다다르며, 이어서 노을길의 중간 지점인 두여 해변과 두여 전망대에 이른다. 이쯤 오면 다리와 허리가 아프고 체력적으로 힘에 부치기 시작한다. 잠시 신발을 벗고 시원한 바람에 땀을 식혀 보자. 그러면 언제 그랬냐는 듯 다시 힘이 생긴다. 휴식 같은 여행도 마찬가지이다. 지친 삶에 에너지를 불어넣어 주기 때문이다.

태안 해변길 중 노을길 걷기

꽃지에서 영목항까지 이어지는 노을길은 태안 해변길 중에서도 가장 아름답다. 특별한 오르막이 없어 누구라도 편하게 걸을 수 있으므로 아이들과 걷기에 부담이 없다. 시원한 바닷바람을 맞으며 느긋하게 걷는 걸음은 도시의 빠른 일상에 지쳐 있던 가족 모두에게 새로운 활력을 불어넣어 준다.

꽃지 해변의 일몰 보기

해 질 무렵에 도착한 방포와 꽃지의 아름다운 풍경은 노을길 걷기 여행의 하이라이트이다. 서쪽 바다 속으로 사라져 버리는 붉은 태양처럼 아름다운 추억 하나가 가슴에 남는다. 걷는 동안 힘들었던 발도 쉬어 주면서 여유롭게 일몰을 감상한다.

위 태안 해변길은 소나무 숲길과 해안길을 동시에 즐길 수 있다.
아래 꽃지 해변의 일몰은 언제나 아름답다.

9월
075

오토캠핑과 가평 올레길을 함께 즐기다
가평 자라섬

캠핑은 온 가족이 힘을 합쳐 저마다의 역할을 충분히 수행해야 하는 여행이다. 그래서 가족끼리 유대감을 더욱 돈독히 할 수 있다는 장점이 있다. 자라섬 캠핑장은 캠핑은 물론이고 가평 둘레길 중 가장 아름답다는 1코스도 함께 즐길 수 있어 일석이조다. 예약이 힘든 만큼 실속도 충분한 곳이다.

체험 여행

연계 교과
1-1, 2-1, 2-2 바른생활, 1-1, 1-2, 2-1, 2-2 슬기로운 생활 4-2, 6-1 사회, 4-1, 4-2, 6-1 과학

체험 포인트
오토캠핑으로 가족간 친목 다지기

● **주소** 경기도 가평군 가평읍 달전리 산7   ● **가는 길 | 자가용** 서울-춘천고속도로 화도 IC → 금남 IC → 자라섬   ● **안내** 가평군 문화관광과 031-580-2114, 자라섬 오토캠핑장 031-580-2700/www.jarasumworld.net, 아침고요수목원 1544-6703, 쁘띠프랑스 031-584-8200   ● **먹을거리** 언덕마루나는 닭갈비다(닭갈비) 031-584-5368, 장작구이(훈제요리) 031-584-5392, 가평찻두부집(두부버섯전골) 031-584-5368, 송원막국수(막국수) 031-582-1408   ● **잠자리** 자라섬산장 031-582-9116, 리버스토리펜션 033-263-0383, 골드캐슬펜션 031-584-9662, 그린남이펜션 031-582-2715   ● **이색 체험과 축제** 자라섬 국제재즈페스티벌 10월   ● **주변 여행지** 남이섬, 아침고요수목원, 춘천 청평사

추천 코스

오토캠핑 → 가평 둘레길 제1코스 → 이화원

가족여행 팁

자라섬의 카라반이나 캠핑카는 적어도 두 달 전에는 예약을 해야 한다.

캠핑을 통해 가족간의 화합을 도모할 수 있으므로 아이들의 정서 함양에도 도움이 된다.

●● 아이들과 함께하는 가평 캠핑 여행

토요일마다 쉬는 직장도 늘고, 또 이제는 학교도 토요일에 쉬게 되니 주말 캠핑의 인기는 점점 늘어가는 추세다. 관련 산업의 매출 증가 폭이 급격히 늘고 있다는 점도 이를 반증하고 있다. 캠핑은 단지 하루를 집이 아닌 다른 곳에서 자고 오는 정도의 나들이 개념이 아니다. 얼핏 생각하기에 번거롭고 귀찮을 수 있지만 사람은 누구나 자연으로의 귀소본능을 가지고 있어 자연 속에 있을 때 편안함을 느낀다. 캠핑은 자연 속에 머물며 도심에서 지친 몸과 마음을 여유롭게 풀어 준다.

캠핑을 하는 동안에는 등산, 트레킹을 즐기거나 자전거를 탈 수도 있다. 또 캠핑을 통해 가족간에 협동 정신을 기르고 사랑을 다시금 확인하기도 한다. 이곳에서는 아빠가 엄마의 가사 활동을 돕고 아이들은 오랜만에 엄마, 아빠와 깊은 이야기를 나눌 수 있다. 이것만 보더라도 자연 속에서 즐기는 캠핑은 게임이나 컴퓨터에 찌든 도시의 아이들에게 꼭 필요한 여가 활동이지 않은가.

그런데 막상 캠핑을 가려고 하면 준비해야 할 것이 한두 개가 아니다. 한꺼번에 준비해야 할 것의 목록을 적어 보면 큰돈이 들 수밖에 없고 그러다 보면 포기해 버리기 일쑤다. 이러한 장비의 준비가 문제라면 눈

오토캠핑장의 주의사항

1. 다른 사람에게 소음으로 인한 피해를 주지 않도록 주의한다.
2. 캠핑장 내에서는 서행 운전을 하고 밤 늦게 캠핑장에 도착한 경우 더욱 조심한다.
3. 쓰레기봉투를 사용하고, 음식물쓰레기는 잔반통에 처리한다.
4. 다른 캠퍼들의 공간을 무단으로 침범하지 않도록 주의한다.
5. 화장실, 취사장, 샤워장 등은 공동으로 쓰는 공간이므로 깨끗하게 사용한다.
6. 과음으로 인해 다른 사람에게 피해를 주지 않는다.
7. 애완동물의 출입을 허가하는 캠핑장인지 확인하고 반드시 목줄을 착용해 다른 구역으로 침범하지 못하도록 한다.

자라섬은 캠핑장 시설이 전국 최고의 수준을 자랑한다.

1. 자라섬에는 수상 공연장이 있으므로 프로그램을 미리 살펴보고 구경하는 것이 좋다.
2. 이화원을 찾는 사람들에게 무료로 커피와 음료를 제공하므로 걷다가 지치면 차 한 잔의 여유를 가져본다.
3. 자라섬의 이화원은 작은 화원으로 곳곳에 아기자기한 멋이 가득하다.

을 카라반 캠핑 쪽으로 돌려 보자. 자라섬은 가평군에 속한 작은 섬인데, 가족 휴양지로 이름 난 남이섬이 바로 코앞에서 보일 만큼 가까운 거리에 있다. 게다가 남이섬과 자라섬은 짚 와이어를 통해 연결되어 스릴 넘치는 속도감을 즐길 수도 있으며 이제는 육지와 연결되어 언제라도 오갈 수 있다. 배를 타고 들어가던 옛날에는 이곳에 중국 사람이 농사를 짓고 살고 있었다 해서 '중국섬'이라고도 불렸지만 1986년에 자라목이라는 언덕을 바라보는 섬이라고 해서 자라섬으로 이름 지어졌다.

●● 멋스러운 재즈와 자연에 취하는 오토캠핑

이곳이 유명세를 타게 된 것은 2004년부터 매년 가을에 벌어지는 재즈페스티벌 때문이다. 전 세계 유명 재즈 음악가들이 만들어 내는 아름다운 선율이 가을의 북한강변에 울려 퍼지는 자라섬은 생각만 해도 운치가 있다. 1943년, 청평댐이 생기면서 생겨난 자라섬은 모래와 자갈이 대부분일 만큼 황무지로 버려졌지만 자연보전권역으로 묶여 있고 하천법의 규제를 받아 건물을 지을 수 없어서 자연 그대로를 보전할 수 있었다. 그래서 2008년에는 세계 캠핑대회를 유치하기에 전혀 부족함이 없는 국제 규격의 캠핑장 자격을 얻기도 했다.

자라섬에는 오토캠핑을 위한 주변 시설도 잘 정비되어 있는데, 세면장, 취사장은 물론 샤워장과 화장실도 깨끗하고 넉넉하게 준비되어 있다. 특히 움직이는 목조주택인 모빌홈 구역과 카라반 구역이 있어 텐트가 없는 가족들에게 야영을 해 볼 수 있는 기회를 제공한다. 자연의 맑은 공기를 맡으면서 밤을 지내는 일은 누구라도 해 보고 싶은 경험이다. 오토캠핑에서 호연지기를 느꼈다면 이제 가평 둘레길을 걸으며 여유를 즐겨 보자. 가평 둘레길 10개 코스, 128km 중에서도 그 풍경이 가장 아름다운 제1코스는 북한강에서 불어오는 강바람을 맞으며 걷기 때문에 기분마저 시원해진다. 하지만 한여름 뙤약볕 아래에서 2시간을 걷기보다는 해거름에 느긋하게 걷는 것이 좋다. 자라섬 안은 자전거를 타고 둘러보기에도 그만이다. 자전거를 빌려 아이들과 함께 섬을 둘러보며 군데군데 설치된 운동 기구들을 한 번씩 움직여 보아도 좋다.

자라섬 입구의 이화원은 화합을 주제로 만들어진 작은 수목원인데, 야외에 조성된 연못과 숲, 정자 등도 아늑하지만 온실 안쪽으로 들어서면 하동의 차나무, 고흥의 유자나무, 이스라엘의 감람나무(올리브나무), 브라질의 커피나무 등이 아기자기하게 꾸며져 있어 구경하기에 좋다. 게다가 입장권을 가지고 들어가면 온실 한쪽에 준비된 카페에서 원두커피나 차로 바꿔 주니 빼놓지 말고 둘러보자.

가평 둘레길 제1코스 둘러보기

가평 둘레길 10개 코스, 128km 중에서도 그 풍경이 가장 아름답다고 하는 제1코스는 가평역에서 자라섬을 끼고 가평버스터미널에 이르는 7.7km의 평탄하고 순한 길이다. 자라섬 투어 코스라고 불러도 될 만큼 섬의 구석구석을 빠짐 없이 누비고 다니는 이 길은 연꽃이 가득한 자라섬의 늪지대 위로 깔린 나무 데크와 넓은 잔디광장을 지나기도 하고, 자작나무와 미루나무 옆을 지나기도 한다.

자라섬은 가평 둘레길 걷기 코스 중 하나이다.

10월
076

서울에서 가까운 섬으로 소풍 가다
강화 석모도

서울과 가까운 곳에서 자연의 아름다움을 만날 수 있는 섬이 있다. 석모도는 염전과 해수욕장, 절까지 있어 자연과 역사 공부까지 모두 할 수 있다. 시원한 바닷바람을 맞으며 천천히 걸으면서 가족간에 평소에 하지 못했던 이야기를 나누면 좋을 것이다.

체험여행

연계 교과
1-2, 2-2 슬기로운 생활, 4-1, 4-2 사회, 3-2,5-1, 6-1 과학

체험 포인트
1. 폐염전 주변에서 자전거 타기
2. 어류정항에서 일출 보기
3. 민머루 해수욕장 걷기

●**주소** 인천광역시 강화군 삼산면 석모도 ●**가는 길 | 자가용** 서울 → 김포 → 강화 진입 → 석모대교 진입 → 석모도 | **대중교통** 홍대입구·합정 3000번 광역버스 → 강화터미널 → 석모도행 시내버스 ●**문의** 석모도 자연휴양림 032-932-1100, 보문사 032-933-8271, 리안월드 1588-6258 ●**먹을거리** 지중해식당(스페인음식) 0507-1319-8399, 낙가산식당(밴댕이회무침) 032-932-6363, 농부랑어부랑(생선구이) 010-8757-3300, 외포리꽃게집(꽃게탕) 032-933-9395 ●**잠자리** 아라미르리조트 풀빌라 032-934-8200, 아로니움 글램핑 032-933-6256, 하늘샘물펜션 010-9298-6060, 민머루잼머 0507-1360-2031 ●**이색 체험과 축제** 미네랄온천 체험, 루지 체험(씨사이드 리조트), 외포리 새우젓축제 매년 10월 ●**주변 여행지** 임진각, 인천 차이나타운, 인천 영종도

리안월드 온천단지의 무료 족욕장은 여행객들에게 인기가 있다. ⓒ리안월드 제공
※ 2021년 4월 현재는 코로나 19로 인해 운영 일시 중단.

추천 코스

석모도 염전 → 민머루 해수욕장 → 어류정항 → 보문사

가족여행 팁

보문사에서 석가여래상까지 오르기 쉽도록 419개의 계단이 놓여 있으니 꼭 가 보자.

●● 서울과 가까운 도시인의 휴식처

예전에 석모도는 송가도, 매음도, 어유정도, 그리고 석포도의 섬으로 이루어진 군도였지만 조선 숙종 때 대규모 간척 사업을 통해 지금의 모습을 갖추게 되었고, 돌투성이인 산자락의 모퉁이로 물이 돌아 흐른다고 해서 돌모로라는 뜻의 석모로라고 불리다가 자연스럽게 석모도가 되었다. 2017년에 개통된 길이 1.5km의 석모대교 덕분에 섬으로의 여행은 한결 수월해졌고, 섬의 곳곳은 이전에 비해 비약적으로 현대화되었다. 다리가 생기기 전에는 여객선을 쫓아오던 갈매기 떼와 함께 이어지는 낭만적인 섬 여행이었다면 이후에는 관광형 휴양지로 새롭게 변모한 것이다. 하지만 석모도에는 여전히 도시에서는 느낄 수 없는 특별한 매력이 섬에 그대로 남아 있다. 석모도는 아주 작은 섬이기 때문에 굳이 바쁘게 돌아다닐 필요가 없다. 마음을 느긋하게 먹으면 소소한 것들이 더 아름답게 눈에 들어오기 때문이다. 일주도로라고 해 봐야 고작 19km밖에 되지 않는다.

석모도 하면 제일 먼저 떠오르는 곳이 보문사다. 석모대교의 정반대편에 있기에 섬의 절반 정도를 빙 둘러서 가야만 하는데, 해명산을 넘어 해명초등학교를 지나면 리안월드 온천을 알리는 이정표가 눈에 들어

석모도

강화도 외포항에서 서쪽으로 1.5km 해상에 위치하며 남부에는 해명산이, 중부에는 상봉산이 자리한다. 북부와 서부의 간척지는 평지를 이루며 평지에서 서해안으로 작은 시내가 흘러 경작지와 취락으로 이용된다. 섬 중앙의 낙가산 기슭에는 보문사가 있다. 섬의 유일한 민머루 해수욕장은 썰물 때 갯벌이 드러나 자연학습장으로 이용된다.

석모도의 해변은 어디나 고즈넉하고 평화롭다.

1. 민머루 해수욕장은 모래와 갯벌이 섞여 아기자기하다.
2. 보문산 마애관세음보살에게 기도를 하면 소원이 이루어진다고 한다.
3. 석모대교 개통 이후, 외포리 선착장에서는 볼음도와 주문도를 오가는 배만 출항한다.
4. 보문사 극락보전은 정갈한 아름다움을 보여 준다.

온다. 한때 질 좋은 천일염을 꽤나 많이 생산해 내던 삼량염전이 있던 자리였는데, 저가의 외국 소금의 물량 공세에 당해 낼 재간이 없어 사라져 버리고 그 자리에 온천과 리조트가 들어섰다. 리안월드는 미네랄이 풍부한 온천을 중심으로 한옥호텔을 비롯하여 다양한 상업 시설이 들어서고 있는데, 광장 한가운데에 있는 무료 족욕 체험장은 여행객들에게 가장 인기 있는 곳이기도 하다. 리안월드 옆으로는 2019년에 들어선 유니아일랜드 골프장이 시원스럽게 자리 잡고 있어 특별한 풍경을 즐기려는 골퍼들이 많이 찾는다. 민머루 해수욕장은 정말 규모가 작다. 모래밭보다 갯벌이 더 넓지만 석모도에서는 유일한 해수욕장이고 팔을 벌려 안은 듯한 모양의 형상 때문에 늘 파도가 잔잔하고 평화롭다. 해수욕장 바로 옆으로는 어류정항이 있는데, 이곳에서 바라보는 일출이 꽤 매력적이다. 어류정항 주변으로는 횟집이 줄지어 늘어서 있는데 대부분 자기 어선을 가지고 고기를 직접 잡아다가 팔기 때문에 상호도 배 이름과 같이 쓴다. 멀리 강화 쪽으로 떠오르는 일출은 동해의 것처럼 장엄하지는 않지만, 아기자기하고 소박하다.

●● 단정한 전통 절의 멋을 그대로 간직한 보문사

일주도로를 계속 달리면 이내 보문사를 알리는 이정표가 나온다. 입구에는 식당이 양쪽으로 들어섰는데, 서로 텔레비전에 나왔던 집이라고 자랑해 댄다. 아침 식사를 위해 식사를 주문하고 기다리니 새우튀김 한 접시를 서비스로 올려 주는데, 새우향이 매우 진하게 난다.

보문사는 생각보다 꽤 크고 번듯한 절이다. 신라 선덕여왕 때 지어진 절이니 1,400년이나 되었다. 전등사, 정수사와 함께 강화 3대 사찰이자 남해 보리암, 낙산사 홍련암과 더불어 우리나라 3개 관음도량으로 유명하다. 아마도 눈썹바위가 있는 마애석불에 기도를 하면 소원이 잘 이뤄진다는 속설 때문인 듯하다. 입구에 들어서면 400년 된 은행나무가 천년 고찰의 기품을 더한다. 극락보전 뒤쪽으로 석굴과 편안한 표정의 와불전까지 있어 마치 사찰 테마파크를 연상시키는데 분위기도 참 고즈넉하다.

보문사를 찾았다면 419계단을 오르는 마애석불을 꼭 찾아보자. 오를 때 다리도 아프고 숨도 차오르지만 내려다보는 풍경은 시원하기 그지없다. 갯벌이 펼쳐진 서해바다가 시원스럽게 눈에 들어오기도 하지만 발아래 숲 속에서 빼꼼히 드러나는 보문사의 가을 풍경은 숨막힐 듯 아름답다. 삼산저수지 주변의 너른 평야에 모여든 가창오리 떼가 장관을 연출하는 석모도는 가을이 더 제격인 섬이다.

폐염전 주변에서 자전거 타기

석모도에서는 언제 어디서라도 자전거를 빌릴 수 있다. 바로 이동식 자전거 대여점 때문이다. 오르막이 있는 구간을 피해서 자전거를 빌리는 사람도 있고, 자전거를 타다가 지쳐서 아무 데나 자전거를 놓고 가면 알아서 회수해 간다. 버스를 타고 선착장으로 돌아 나와도 되니 좋다. 느긋하게 다니다가 자전거를 세우고 못 쓰게 된 염판 위로 자란 잡초의 일렁임을 바라봐도 좋다.

석모도 새우튀김 맛보기

석모도 새우튀김 속에는 새우가 보이지 않는다. 석모도에서는 새우젓용 새우로 튀김을 만들기 때문이다. 이는 석모도의 특산품인 새우젓에 쓰이는 새우를 이용해 튀긴 것인데 생각보다 맛이 괜찮은 편이다.

위 폐염된 석모도의 염전 주변의 길을 따라 자전거를 탈 수 있다.
아래 작은 새우를 이용해 튀김을 만든 새우튀김이 별미이다.

10월 077

논개의 충절이 깃든 남강을 음미하다
진주 유등축제

진주 하면 제일 먼저 떠오르는 인물이 논개다. 일본 장수를 안고 남강으로 뛰어든 절개 있는 기생으로 알려져 있는데, 10월이면 그의 사당이 모셔져 있는 진주성을 중심으로 개천예술제가 펼쳐진다. 특히 남강유등축제가 함께 열려 화려한 밤 풍경을 만들어 내는데, 우리나라를 대표하는 축제로 자리 잡고 있어 한 번쯤 꼭 찾아보길 권한다.

연계 교과
5-1 사회

체험 포인트
진주국립박물관 관람하기

● **주소** 경상남도 진주시 본성동, 진주성 ● **가는 길 | 자가용** 경부고속도로 → 대전–통영 고속도로 → 서진주 IC → 진양호 → 진주성 ● **문의** 진주시 문화관광과 055-749-2053, 진주국립박물관 055-742-5951, 진양호 055-749-2510, 진주수목원 055-771-6541 ● **먹을거리** 천황식당(진주비빔밥) 055-741-2646, 진주냉면(진주냉면) 055-741-0525, 남강장어(장어구이) 055-747-0888, 무진장대구뽈찜(대구뽈찜) 055-747-7792 ● **잠자리** 쉴모텔 055-742-6679, 베르사체모텔 055-746-8080, 버킹검모텔 055-742-3008, 해오름펜션 011-585-7579 ● **이색 체험과 축제** 개천예술제 10월, 진주남강유등축제 10월 ● **주변 여행지** 남해, 거제도, 가덕도

촉석루에 서면 진주 남강의 아름다운 풍경을 볼 수 있다.

추천 코스

진양호 → 진주 소싸움 → 진주성 → 진주국립박물관 → 유등축제

가족여행 팁

개천예술제 기간 동안 유등축제가 함께 열리는데, 첫날은 불꽃놀이가 열린다.

● 남강의 물살이 흐르는 진주성

남강, 남강댐, 진양호, 진주성, 논개 등 진주를 대표하는 것이 많지만 가을 깊은 10월은 개천예술제가 열려 전국에서 많은 사람이 진주로 모여든다. 이맘때면 꽤 많은 외국인도 이곳을 찾는 걸 보면 국제적인 축제로 위상이 높아진 것이 분명하다.

1592년 임진년에 김시민 장군이 이끈 병사가 왜군을 격파한 싸움은 한산대첩, 행주대첩과 함께 임진왜란의 3대첩으로 잘 알려져 있다. 하지만 이듬해 12만 명의 군사를 이끌고 다시 진주성을 공격한 왜군에게 진주성이 함락되고 말았다. 승전의 기쁨을 만끽하던 왜군의 장수를 끌어안고 촉석루 앞 의암에서 남강으로 몸을 던진 논개의 이야기는 오늘날 진주를 충절의 고장으로 알린 대표적인 이야기로 잘 알려져 있다.

남강의 유려한 물살을 내려다보며 지어진 진주성으로 들어서면 드넓은 구릉 위로 펼쳐진 잔디밭이 시원스럽다. 백제 때는 거열성, 고려 때는 촉석성이라 부르다가 조선시대에 들어서면서 진주성으로 이름을 바꾸었는데 천천히 1.7km의 성을 한 바퀴 둘러보며 아름다운 남강 풍경을 감상하는 재미가 쏠쏠하다.

진주성의 끝으로 올라가면 멋진 현대식 건물이 있는데, 진주국립박물

유등축제의 기원

1592년 김시민 장군은 3,800명의 적은 병력으로 진주성을 침략한 2만 명의 왜군을 상대로 싸웠다. 이때 진주성 밖에서 진주성을 지원한 의병과 지원군이 서로 교신을 하기 위해 날렸던 풍등. 남강을 건너려는 왜군을 저지하기 위해 횃불을 가장한 유등이 동원된 데서 유래한다. 훗날 가족들에게 안부를 전하는 수단으로 사용되기도 했다. 왜군을 격파하기 위해 사용된 풍등과 유등의 역사가 면면히 이어져 오다가 오늘날은 축제로 승화되어 아름답고 화려하게 열흘간 남강 위를 장식하게 되었다.

왜군에 맞서 싸웠던 옛 전쟁을 형상화한 유등 조형물이 인상적이다.

1. 유등축제 기간에는 소원을 비는 연등을 띄우기도 한다.
2. 의암은 논개가 왜병장수를 안고 떨어진 곳이다.
3. 진양호에는 작지만 동물원이 있어서 아이들이 좋아한다.

관이다. 처음에는 선사시대와 가야시대의 유물을 전시하였으나 지금은 진주성의 상징성에 걸맞게 임진왜란 전문관으로 탈바꿈하였다. 박물관을 둘러보면 다양한 형태의 시청각 자료들을 통해 역사와 문화, 외교에 대해 알 수 있어 교육적으로 꼭 관람하는 것이 좋다.

●● 개천예술제의 하이라이트, 유등축제

개천예술제가 진행되는 10월에는 진주성 앞쪽의 남강 위로 수많은 유등이 떠 있다. 이 시기에 진주성은 무료로 개방이 된다. 개천예술제는 1949년 10월 3일 영남예술제라는 이름으로 시작되었으니 그 역사가 무려 60년이 넘는데, 논개와 더불어 임진왜란 때 진주성대첩 때 순직한 고인들의 넋을 기리고, 개천·개국 사상의 고취를 내용으로 한 가장행렬이 진주성을 출발해서 시내를 지나며 이채롭게 펼쳐진다.

문화관광부가 지정하는 한국 대표 축제인 유등축제는 단순하게 등을 만들어 띄우는 행사가 아니다. 실제로 가 본 사람이라면 이 축제의 엄청난 규모에 놀라게 된다. 진주성을 500년 전의 조선시대 모습으로 재현하기도 하고, 세계 명작동화와 한국의 전래동화를 재현한 등을 만들어 띄우는 것은 물론 한국의 아름다움을 표현한 다양한 형태의 등을 띄워 어두운 강을 밝힌다. 심지어 쓰레기통까지 등으로 장식하는 세심함이 정성스럽게 느껴진다. 어두운 강 위에 소원을 정성스레 적은 등을 띄우는 아이들의 진지한 모습을 보면 그 어떤 소망이라도 다 이루어질 것만 같다.

이런 흔치 않은 장면을 사진으로 담기 위해 전국에서 많은 사람이 모여든다. 보통 야경은 해가 진 다음 컴컴해지고 나서 아무 때나 찍어도 된다고 생각하지만 실제는 그렇지 않다. 매직아워라는 것이 있기 때문인데, 이는 해가 지고 나서 서쪽 하늘에 불그레하게 빛이 남아 있을 무렵, 조명의 밝기와 하늘의 밝기가 딱 맞아 떨어지는 시간을 말한다. 넘쳐나는 인파로 짜증이 날 만도 하지만, 부교를 따라 강의 이쪽에서 저쪽으로 건너며 보기에도 감탄스러운 등을 구경하다 보면 힘든 줄을 모른다. 강변에는 소망을 적은 등이 터널을 이루고 있어 이채롭기까지 하다.

개천예술제 기간 동안에는 또 하나의 볼거리가 있는데, 바로 전통 소싸움이다. 처음에는 무서워하던 사람도 뿔에 잔뜩 독기를 머금고 싸우는 소들을 보면 어느새 손을 맞잡고 자기가 응원하는 소의 승리를 기원하게 된다. 역사적으로 의미 있는 고장이면서도 매력적인 장소와 볼거리가 많은 진주 여행은 마음마저도 행복하게 한다. 특히 가족과 함께라면 더욱 그렇다.

소싸움 구경하기

신라가 백제와 싸워 이긴 전승 기념 잔치에서 유래하였는데, 일제 강점기 때는 민족의 억압된 울분을 소싸움으로 발산시키기도 했다. 진주지방의 소싸움은 오래전부터 존재하였음이 역사적인 고증을 통해 밝혀졌는데, 실제로 소싸움을 보면 생각했던 것보다 더 흥미진진하다. 육중한 싸움소의 매서운 눈빛과 몸놀림이 긴장감을 만들기도 한다.

진주 개천예술제 기간에는 소싸움이 무료로 열린다.

10월
078

넘실거리는 억새의 바다 속을 걷다
창녕 화왕산

온 산을 뒤덮은 억새를 바라보고 있으면 자연의 웅장함에 할 말을 잃게 된다. 화왕산의 등산로를 아이와 함께 걸으며 자연의 위대함을 다시금 깨닫는다. 햇살 좋은 가을에 오르는 억새산, 몸과 마음을 즐겁게 만드는 그곳으로 온 가족이 떠나보자.

연계 교과
1-2, 2-2 슬기로운 생활, 4-2,
6-1 사회, 4-1, 4-2 과학

체험 포인트
등산으로 체력 단련시키기

● **주소** 경상남도 창녕군 창녕읍 옥천리 산332   ● **가는 길 | 자가용** 경부고속도로 → 구마고속도로 창녕 IC → 화왕산 군립공원(자하곡)   ● **문의** 창녕군 문화관광과 055-530-1473, 화왕산 055-530-1661, 관룡사 055-521-1747, 우포늪 관리사무소 055-530-1551   ● **먹을거리** 진짜순대(순대전골) 055-536-4388, 진국명국(감자탕) 055-533-6200, 옥산반점(짜장면, 짬뽕) 055-521-0400, 봉평메밀(메밀칼국수) 055-521-7474   ● **잠자리** 소나무풍경펜션 055-536-3889, 부곡하와이 055-536-6331, S모텔 055-532-6542, 황토방모텔 055-532-3236   ● **이색 체험과 축제** 창녕 3·1민속문화제 3월, 낙동강 유채축제 4월   ● **주변 여행지** 우포, 가덕도

화왕산 정상에서 바라보면 멀리 우포늪이 내려다보인다.

추천 코스

자하곡 → 산림욕장 → 정상(2 코스)

가족여행 팁

화왕산 정상에는 그늘이 없으므로 모자를 반드시 준비해야 한다.

●● 기암절벽으로 둘러싸인 화왕산

가을이면 알록달록한 단풍을 구경하기 위해 전국의 산이 들썩인다. 하지만 붉고 노랗게 물들어 화려함을 자랑하는 단풍과 달리 은은하면서도 깊은 매력을 뿜어내며 군락을 이룬 억새는 가을에 꼭 느껴 보아야 할 아름다운 풍경 중 하나이다. 국내에 꽤나 이름 난 억새산이 많은데, 창녕의 화왕산만큼 매력적인 곳도 드물다.

구마고속도로 현풍 IC를 지나면 이내 대구 땅을 벗어나 경상남도 창녕 땅으로 접어든다. 차창 밖으로는 철쭉으로 유명한 비슬산의 우람한 산세와 시원스러운 들판이 스치듯 지나간다. 안동에서부터 시작하는 낙동강의 물줄기는 대구, 창녕을 지나 삼랑진에서 밀양강과 합쳐져 남해로 빠져나가면서 주변의 논과 밭에 풍부한 물을 공급해 준다. 이런 평야지대에 위치해서 그런지 높이가 고작 756m인 화왕산의 기세는 다른 고산보다도 더 높고 장엄해 보이기까지 한다.

창녕의 진산인 화왕산은 기암절벽이 병풍처럼 둘러싸였으며, 화왕산에서 관룡산으로 이어지는 화왕산 군립공원에 속한다. 그 이름에서도 느껴지듯 옛날 화산 활동이 활발했던 산이다. 그래서 불뫼 또는 큰불뫼로도 불리는데, 지금은 작은 연못이 되어 버린 분화구의 모습이 이를

화왕산성의 유래

화왕산 정상(756m)에 축조되어 있는 이 성은 남북 두 봉우리를 포함하여 둘레가 2,600m의 석성이다. 성을 처음 쌓은 연대는 확실하지 않으나, 가야시대의 성으로 추정된다. 임진왜란 때 홍의장군 곽재우는 화왕산성을 거점으로 하여 왜군이 진주를 통해 운봉으로 진출하려고 한 길을 차단하고, 북쪽으로부터 쳐들어온 왜군도 막았다고 한다.

화왕산성은 총 길이 2,700m 중 일부가 복원되었다.

1. 지웅산장을 지나면 본격적인 등산로가 시작된다.
2. 환장고개는 화왕산을 오르는 길 중 가장 힘든 코스이다.
3. 키보다 높이 자란 억새가 등산로 주변으로 빼곡히 자라 있어 걸을 때마다 억새를 스쳐 지나간다.

증명한다. 봄철이면 진달래와 철쭉이 산 정상 곳곳을 물들이는 화왕산의 진짜 매력은 9월 중순부터 11월 초까지 이어진다. 바로 산 정상에 흐드러지게 피어나 아름다운 물결을 만드는 참억새 군락이다. 화왕산(火旺山)의 원래 명칭은 '火王山'이었다. '王'자가 '旺'자로 바뀌어 버린 이유에 대해서는 몇 가지 이야기가 있는데, 일제 강점기 때 우리나라 지명에 그들의 제국주의 사상을 심어 넣기 위해 '日'자를 붙였다는 이야기도 있고, 홍수 피해가 많은 이 지역에서 불의 기운을 얻기 위해 '旺'자를 사용했다고도 한다.

●● 억새밭의 장관이 펼쳐지는 화왕산 등산

등산로는 창녕여자고등학교 뒤쪽의 자하곡 매표소에서 시작한다. 도성암을 지나 콘크리트 도로를 따라가다 화왕산장을 만나면서 본격적인 산길로 접어든다. 울창한 소나무숲을 지나면 운동 기구와 편안한 휴식을 즐길 수 있는 정자가 세워진 삼림욕장에 닿는다. 여기서 오른쪽 전망대 방향으로 가면 배바위를 통해서 정상으로 닿게 되는데, 암벽이 주를 이루기 때문에 조망이 좋고 화왕산의 매력을 한껏 들이킬 수 있지만, 길이 거칠고 위험하다는 단점이 있다. 30~40분을 더 오르면 숲길을 벗어나고 돌과 바위가 더 많아지더니 등산길은 급경사면을 이룬다. '환장고개'라 불리는 구간이다.

가도 가도 끝이 없을 것 같은 이 고개는 숨이 환장할 정도로 가쁘다고 해서 붙여진 이름이다. 너무 힘이 들면 메고 있던 배낭을 잠시 내려놓고, 산 아래를 보는 여유를 가져 보라. 잠시 내 뒤를 바라보는 여유를 가져야 앞으로 나아갈 힘을 얻는다.

고개의 끄트머리에서 오르막이 끝나고 10리 억새밭의 장관이 펼쳐지는데, 햇살을 받아 눈부시게 빛나는 억새꽃의 하얀 솜털은 6만여 평의 화왕산 정상 일대에서 불어오는 상쾌한 바람에 기분 좋게 흔들린다. 힘들게 올라온 아이들도 이때 가장 큰 성취감과 자신감을 얻게 된다. 화왕산에는 9천(泉), 3지(池)라고 불리는 샘이 있는데, 여기서 배바위 쪽으로 조금만 가면 그중 하나인 맑은 샘이 있다. 물론 식수로 사용하는 물이며, 그 맛 또한 기가 막히다.

천혜의 요새인 기암절벽을 이용하여 조성한 화왕산성은 임진왜란 때 곽재우 장군과 의병의 활동 무대였던 호국영산이기도 하다. 잡목 없이 평원 빼곡히 참억새가 자라고 있는데, 매년 10월이면 어김없이 열리는 억새제 행사로 가을철 주말에는 수많은 관광객이 몰려든다. 소리를 내며 내 몸과 부딪히는 억새 사이로 10분 정도를 오르면 해발 756m의 화왕산 정상에 닿는다. 동쪽으로 화왕평전 너머 멀리 밀양과 영남알프스의 멋진 산맥이 첩첩이 이어지는 능선을 만들고, 서쪽 아래로는 창녕 시내와 멀리 우포늪이 내려다보인다. 가을날 화왕산의 정기를 듬뿍 받아 생활의 활력과 에너지를 채워 보자.

화왕산 억새길 걷기

봄이면 화왕산 정상에 진달래가 피고, 가을이면 6만 평의 넓은 구릉에 억새가 하얗게 꽃을 피운다. 등산은 언제라도 할 수 있지만 억새의 장관을 볼 수 있는 것은 10월뿐이다. 우리나라 최대의 억새밭이라고 할 만큼 장관을 이루는 곳이니 제철에 찾는 것이 좋다.

위 화왕산의 억새는 역광으로 찍어야 아름답게 나온다.
아래 화왕산 정상은 오르막이 거의 없는 평지이므로 걷기에 편하다.

10월
079

세조의 발자취를 따라 오리 숲길을 걷다
보은 속리산 & 법주사

속리사는 이름 그대로 속세와 멀리 떨어져 있어서 극락 같은 곳이다. 온갖 나무가 만들어 내는 숲길에서 온몸으로 피톤치드를 받아들이고 법주사에서 탁해진 마음을 정화시킨다. 자연과 절이 아름답게 조화를 이룬 속리산에서는 몸과 마음이 절로 정결해지고 건강해지는 느낌이 든다.

체험여행

연계 교과
1-2, 2-2 슬기로운 생활, 4-2, 5-1, 6-1 사회, 4-1, 4-2 과학

체험 포인트
법주사 둘러보며 보물 살펴보기

●**주소** 충청북도 보은군 속리산면 사내리 209 ●**가는 길 | 자가용** 경부고속도로 → 청원–상주 고속도로 속리산IC → 속리산 ●**문의** 속리산 국립공원 043-542-5266, 속리산 법주사 043-543-3615, 말티재 자연휴양림 043-543-6282, 보은군 관광안내소 043-542-3006 ●**먹을거리** 산채순대(순대전골) 043-543-7770, 화성식당(대추한정식) 043-544-2035, 화풍정(버섯전골) 043-543-3936, 이평식당(호박찌개) 043-542-3808 ●**잠자리** 그린파크호텔 043-543-3650, 송림펜션 043-543-3941, 낙원펜션 043-542-4633, 하늘정원펜션 043- 544-8987 ●**이색 체험과 축제** 오장환문학제 9월, 보은대추축제 10월, 속리축전 10월 ●**주변 여행지** 옥천 용암사, 둔주봉, 대청호

속리산 국립공원 광장에는 멋스러운 소나무가 많이 심겨 있다.

추천 코스

말티재 → 속리산 조각공원 → 오리 숲길 → 법주사

가족여행 팁

숲길을 걷는 것이므로 편안한 신발과 복장을 준비한다.

○● 속리산 소나무숲과 말티고개를 넘어

속리산(1,058m)은 한반도의 중심에 우뚝 솟아 백두대간의 장엄함을 보여 주는 산이다. 이런 큰 산이 있는 곳은 대부분 주변의 산세가 험해서 교통이 불편하게 마련이지만 청원과 상주를 잇는 고속도로가 개통되면서 속리산을 오가는 길이 편리해졌다. 속리산IC를 빠져나와 마로면사무소 쪽으로 조금만 내려가면 너른 평야지대에 멋스러운 소나무가 군락을 이루어 눈길을 끈다.

이른 아침 안개가 살포시 깔릴 때면 소나무숲 속의 신비스러운 모습을 촬영하기 위해 전국의 사진사가 몰려드는 임한리 솔밭이다. 소나무는 우리나라를 대표하는 나무인데, 운율을 타고 구불거리듯 부드럽게 휘어지고 사시사철 푸르러 언제 보아도 힘이 넘친다. 가을에는 숲 주변에 해바라기가 군락을 이뤄 그림 같은 풍경이 펼쳐진다.

속리산으로 드는 길은 크게 2가지다. 속리산 터널을 지나서 가거나 구불거리며 말티재 고개를 넘어서 가는 것인데, 시간이 허락한다면 말티고개를 넘어 보자. 조선시대에 세조가 가마를 타고 가다가 이 고개에서 너무 힘들어 말로 갈아탔다고 한다. 정상 부근에 납작한 돌을 1km 가까이 깔아 놓아 임금이 다니기 편하도록 만들었다고도 하며 이 고개를

속리산 속 세조의 발자취

1. **말티재**: 세조가 가마를 타고 속리산으로 넘어가던 중 고갯길 12굽이가 너무 힘들어 말로 갈아타고 넘었다고 해서 마치(馬峙) 고개라 불렀다.
2. **정이품송**: 속리산으로 향하던 세조의 가마가 가지에 걸리려 하자 한 나무가 스스로 가지를 번쩍 들어 가마가 지나도록 했다고 한다. 이후 세조는 이 나무에게 정2품(지금으로 치면 장관 정도의 직급)을 부여했다고 한다.
3. **속리산 복천사**: 피접을 위해 전국을 다니던 세조는 복천사에 기거하는 신미선사로부터 정신적인 치유를 받기 위해 속리산을 찾았다.

아침 햇살을 받은 단풍 숲길은 매우 아름답다.

1. 법주사 팔상전은 국보 제55호로 지정되어 있으며 단정한 아름다움에 감탄이 절로 나온다.
2. 법주사 앞 계곡물에 흘러가는 단풍잎이 아름답다.
3. 속리산 오리 숲길은 가을이면 단풍이 가득하다.

넘으면 곧 천연기념물 제103호의 정이품송이 보인다. 말티재를 넘어 속리산으로 향하던 세조의 가마가 가지에 걸리지 않도록 스스로 가지를 번쩍 들었다는 이야기가 전해진다. 마치 우산을 펼친 듯 우아한 모습으로 서 있는 소나무의 모습을 보면 천연기념물로 지정한 것이 너무나 당연한 것처럼 여겨진다.

●● **신미선사의 치유를 받기 위해 속리산에 머문 세조**
여기서 잠깐 세조가 한양에서 왜 이렇게 먼 속리산을 찾았는지 이야기해 보자. 한글을 창제한 세종대왕의 대를 이어 즉위한 문종은 아주 병약했고, 동생인 수양대군(세조)은 호시탐탐 왕좌를 엿보았다. 결국 문종이 즉위 2년 만에 숨을 거두자 수양대군은 계유정난을 일으키고 왕위를 빼앗은 후, 어린 단종은 노산군으로 강봉시켜 강원도 영월의 청령포로 유배를 보낸다. 이후 금성대군이 단종의 복위를 모의하다 발각되어 결국 단종과 그의 주변인은 사약을 받고 죽임을 당하게 된다. 왕위에 오른 세조의 꿈에 단종의 어머니가 나타나 침을 뱉었는데, 거기에서 종기가 시작되어 어떤 약으로도 고칠 수 없었다고 한다. 그래서 전국을 돌며 병을 치료하고 요양하였는데 이를 피접(避接)이라 한다. 세조는 피접을 위해 많은 곳을 다녔는데, 당시 속리산 복천사에 기거하고 있던 신미선사로부터 정신적인 치유를 받기 위해 속리산을 찾았다.

신미선사는 역사적 기록에는 없지만 세종대왕의 한글 창제에 결정적인 기여를 한 것으로 알려져 있다. 한글은 가장 뛰어난 소리글자이자 가장 뛰어난 뜻글자이기도 한데, 티베트 경전에 능통했던 신미선사의 조언에 따라 한글이 만들어졌다는 것이다. 하지만 훗날 숭유억불을 내세우던 조선의 많은 유학자에 의해 신미선사의 공적은 역사에서 지워지고 말았다. 어쨌든 세종 시절부터 각별한 관계를 가졌던 신미선사였기에 세조는 300리 길을 마다하지 않고 속리산을 찾은 것이다.

조각공원에서부터 시작되는 속리산의 가을을 느껴 보자. 매표소를 지나면 본격적인 오리 숲길이다. 아름드리 소나무와 빽빽하게 숲 속을 채운 잣나무, 생강나무, 고로쇠나무, 참나무 등이 싱싱하고 푸른 터널을 이루는데, 그중 최고의 풍경은 단풍잎이 만들어 내는 형형색색의 아름다운 빛이다. 숲 속 나뭇잎의 틈바구니를 비집고 들어와 뿌려대는 햇살에 투영된 단풍잎은 그 색이 얼마나 고운지 계속해서 발걸음을 잡는다. 조금 이른 시간이라면 북적이지 않아서 더욱 좋은 이 길은 생각보다 너무 짧아서 빨리 걸으면 손해 보는 것 같은 느낌이다. 사명대사가 창건한 1,500년 역사의 법주사에 들면 엄청난 위용에 놀라게 되는데, 국보 제55호 법주사팔상전을 비롯하여 많은 국보와 보물이 산재해 있어 역사적인 볼거리가 풍성하다. 속세와 멀리 떨어져 있는 극락 같은 곳이라는 속리산, 그곳에서 역사를 다시 만나 보자.

법주사의 국보와 보물 찾아보기

1. 국보 제5호: 법주사 쌍사자석등
2. 보물 제15호: 사천왕석등
3. 국보 제55호: 팔상전
4. 국보 제64호: 석연지
5. 보물 제216호: 법주사 마애여래의좌상
6. 보물 제848호: 신법천문도병풍
7. 보물 제915호: 법주사 대웅보전
8. 보물 제916호: 법주사 원통보전
9. 보물 제1259호: 법주사 괘불탱
10. 보물 제1360호: 법주사 소조비로자나삼불좌상
11. 보물 제1361호: 법주사 목조관음보살좌상
12. 보물 제1413호: 법주사 철확
13. 보물 제1416호: 복천암 수암화상탑
14. 보물 제1417호: 법주사 석조희견보살입상
15. 보물 제1418호: 복천암 학조등곡화상탑

위 법주사 마애여래의좌상이 인자하게 아래를 내려다보고 있다.
아래 법주사가 번창할 때 쓰였던 거대한 밥솥인 철확도 만난다.

10월
080

구름다리 위에서 가을의 정취에 취하다
완주 대둔산

그리 높지 않은 산이지만, 산세가 수려하고 이른 아침에 금산에서 밀려오는 운해가 배티고개를 넘는 풍경을 보고 있으면 신선이 된 것 같다. 산의 중턱까지 케이블카가 운행하기 때문에 가족들과 편하게 오를 수 있으며 풍경만큼은 어디에서도 빠지지 않는다. 가을 단풍이 들 때는 대둔산의 진짜 절경을 볼 수 있다.

체험여행

연계 교과
1-2, 2-2 슬기로운 생활, 4-2,
6-1 사회, 4-1, 4-2 과학

체험 포인트
대둔산 가을 풍경 감상하기

●**주소** 전라북도 완주군 운주면 산북리 611-34 ●**가는 길 | 자가용** 경부고속도로 → 대전-통영 고속도로 추부IC → 17번 국도 → 대둔산 ●**문의** 대둔산도립공원 063-240-4560, 대둔산 관광안내소 063-240-4559, 대둔산 케이블카 063-263-6621, 태고사 041-752-4735 ●**먹을거리** 산촌가든(흑돼지바베큐) 041-753-7482, 사랑방(장어구이) 041-734-0926, 전주고향식당(비빔밥) 063-263-9151, 전주식당(산채정식) 063-263-3473 ●**잠자리** 대둔산온천관광호텔 063-263-1260, 숲속으로대둔산민박 063-26-4693, 리버빌펜션 041-735-7067, 펜션 산초의 집 041-732-3533 ●**이색 체험과 축제** 대둔산 단풍축제 10월 ●**주변 여행지** 전주 한옥마을, 장태산 자연휴양림, 완주 화암사

금강구름다리에서 바라보는 덕유산의 능선들이 마치 손에 잡힐 듯하다.

추천 코스

대둔산 케이블카 → 금강구름다리 → 삼선계단 → 마천대 → 장군봉 → 낙조대

가족여행 팁

케이블카를 이용하면 대둔산 정상의 마천대까지 쉽게 오를 수 있다.

○● 원효대사를 춤추게 한 대둔산의 돌과 바위

가을이 절정에 달하는 10월의 끝자락에는 큰 언덕이란 뜻의 대둔산(大芚山, 878m)도 절정을 향해 불같이 타오른다. 금산에서 대둔산을 가다 보면 배티재 혹은 배꽃고개라고 불리는 이치재를 넘는다. 충청남도 금산과 전라북도 완주를 가르는 경계선이기도 한 이곳은 임진왜란 때 큰 전투가 벌어졌다. 당시 하동에서부터 올라오던 왜군은 금산에서 전주로 공격하던 왜군과 협공을 펼치려 했지만, 황진 장군이 이끌던 아군이 이곳으로 적들을 유인하여 완전 섬멸하는 대승을 거두었다. 그때의 전승기념비가 세워져 있는 이치고개에 서면 대둔산의 경이로운 풍경에 눈이 휘둥그레진다. 기암괴석으로 웅장함을 만들어 내는 완주에 비해 금산 쪽 봉우리는 나무로 우거져 있어 밋밋하기 이를 데 없다.

여기에는 재미있는 전설이 숨어 있다. 지리산의 산신과 계룡산의 산신이 대둔산에서 만나 이야기를 하게 되었다. 두 산신 모두 여자였는데, 입김을 불어 그 세기로 언니와 동생을 정하기로 했다. 셋까지 세고 나서 입김을 불기로 했는데, 계룡산 여신이 먼저 입김을 부는 통에 대둔산의 바위가 모두 지리산 쪽으로 넘어가 버렸다고 한다. 어쨌거나 그 바위들은 대둔산을 작은 금강산이라 부르도록 만들었고 전라북도와

태고사의 유래

신라의 원효대사가 전국을 돌며 절을 지을 명당을 찾다가 대둔산을 발견한 뒤 그 아름다움 때문에 발길이 떨어지지 않아 3일 동안 머물면서 덩실덩실 춤을 추었다고 한다. 그 절이 바로 전국 12승지의 하나인 태고사다. 또 만해 한용운은 "대둔산 태고사를 보지 않고 천하의 승지를 논하지 말라."라고 했을 만큼 경관이 수려하다. 마곡사의 말사 태고사는 우암 송시열 선생이 공부하던 곳으로도 유명하다.

가을 풍경이 아름다운 대둔산에는 원효대사가 지은 태고사가 있다.

1. 대둔산 케이블카의 총 길이는 927m이다. 아래로 대둔산 일대가 내려다보인다.
2. 대둔산은 돌이 많아서 오르기가 힘들다.
3. 대둔산의 능선을 따라 낙조대까지 걸어 보면 가을을 진하게 느낄 수 있다.

충청남도가 동시에 도립공원으로 지정할 만큼 대둔산은 비경을 이루었다.

어떤 사람들은 돌산이어서 올라가기가 힘들다고 하지만 대둔산의 매력은 바로 그런 바위와 돌에 있다. 신라의 원효대사가 이곳의 아름다움에 반해 덩실덩실 춤을 추었다고 하니 대둔산의 영험함과 아름다움은 역사적으로도 증명된 셈이다. 특히 온 산에 울긋불긋 물감을 뿌려 놓은 듯 화려한 가을은 대둔산의 아름다움이 단연 돋보이는 계절이다.

대둔산을 오르는 등산로는 여러 개가 있지만 태고사로부터 오르는 길과 대둔산관광호텔 앞에서 오르는 길 2가지가 가장 많이 이용된다. 그중에서도 식당과 편의시설이 밀집해 있는 대둔산관광호텔 등산로에는 케이블카가 놓여 있어 가족 단위 등산객이 가장 선호하는 코스이다.

●● 구름다리와 계단을 따라 오르는 대둔산 등반

케이블카는 처음부터 시작되는 가파른 돌계단을 오르지 않고 단숨에 7부 능선까지 데려다 준다. 케이블카가 고도를 높일수록 풍경은 더욱 수려해지고 마치 동양화를 보는 듯한 착각이 들게 한다. 케이블카에서 내리면 뒤쪽으로 커다란 바위가 아슬아슬 놓여 있는데 쳐다보고 있으면 동심으로 돌아간다고 해서 동심바위라 부른다. 정상까지는 700여 m밖에 되지 않지만 가파른 길이 만만치 않다. 또 여기서부터 진짜 대둔산의 명물인 다리 2개를 건너게 된다.

10분을 오르면 대둔산의 첫 번째 명소인 금강구름다리가 나타난다. 80m의 높이에 놓인 이 다리의 길이는 50m로, 중간에 서서 아래를 내려다보면 다리가 후들거리지만 아름다운 풍경에 어느새 감탄사를 내뱉게 된다. 금강구름다리를 지나 5분이면 다시 아찔한 경사 50도의 좁은 철계단을 만난다. 대둔산 두 번째 명물은 삼선계단인데 길이가 고작 30여 m에 지나지 않지만 127개의 계단을 오르면 오를수록 아찔함에 가슴이 철렁 내려앉는다. 아래로 보이는 낭떠러지는 까마득한 고도감을 여과 없이 전해 준다. 계단 끝에 서서 내려다보는 풍경은 말로 다 표현하지 못할 만큼 아름답다.

여기서 정상까지는 채 10분이 걸리지 않는다. 원효대사가 '하늘을 어루만질 만큼 높다.'라는 뜻으로 마천대라 이름 붙였다고 하는데, 정상에는 개척탑이 있어 멀리서도 정상임을 금방 알 수 있다. 맑은 날이면 진안 마이산, 지리산 천왕봉, 변산반도의 서해까지 한 손에 잡힐 듯 펼쳐진다. 마천대에서 장군봉을 거쳐 낙조대까지는 능선을 따라 좁은 산길이 이어지는데 군데군데 우뚝 솟은 암벽 위에 올라서 보자. 가을 대둔산의 아름다움을 새삼 깨닫게 된다.

조릿대가 옷깃을 스치는 숲길은 태고사로 이어진다. 조금 더 욕심을 내서 이른 새벽 동 트기 전에 대둔산을 오를 수 있다면 배티재로 폭포처럼 쏟아져 내리는 운해의 물결도 볼 수 있다. 운해와 어우러지는 대둔산의 가을은 평생을 두고 잊지 못할 추억을 남겨 줄 것이다.

금강구름다리와 삼선계단 걷기

대둔산의 명물인 금강구름다리와 삼선계단을 지날 때면 아래로 보이는 까마득한 낭떠러지 때문에 오금이 저려온다. 하지만 색색의 단풍과 수묵화 같은 바위의 절경은 잠시 느꼈던 두려움마저 잊게 한다. 거기에서 내려다보는 풍경은 마치 신선이 된 것 같은 짜릿한 쾌감을 느끼게 하기 때문이다.

위 대둔산의 명물인 금강구름다리는 보기만 해도 아찔하다.
아래 삼선계단은 남자들도 가슴을 졸이며 오를 만큼 가파르다.

억새가 만든 하얀 물결의 바다를 걷다
포천 명성산

바람과 억새가 만든 산 위의 바다를 걷는 것은 아이들은 물론 어른들에게도 잊지 못할 경험을 안겨 준다. 산을 올라야 하므로 힘이 들지만 막상 억새가 흐드러지게 피어 있는 산 정상에 오르면 절로 자연의 장엄함에 감탄을 터트리게 된다. 걸음걸음이 편안해지는 산책을 떠나 보자.

 체험 여행

연계 교과
1-2, 2-2 슬기로운 생활,
3-2, 6-1 사회

체험 포인트
1. 억새 군락지 걷기
2. 산정호수 주변 걷기
3. 평강식물원 둘러보기

● **주소** 경기도 포천시 영북면 ● **가는 길 | 자가용** 의정부 → 43번 국도 → 3·8 휴게소 → 태국군 참전 기념비 → 운천 시내 → 산정호수 ● **대중교통** 상봉시외버스터미널 → 신철원행 직행버스 → 운천 하차 → 산정호수행 버스 ● **문의** 산정호수 031-531-6135/www.sjlake.co.kr, 포천시 문화관광과 031-538-2114, 산정호수 매표소 031-531-6103, 평강식물원 031-531-7751 ● **먹을거리** 나능이 능이버섯백숙(백숙) 031-591-9959, 두메산골(매운탕) 031-534-2129, 이동전주갈비(갈비) 031-532-4562, 이모네(우렁쌈밥) 031-534-6173 ● **잠자리** 산정호수파크텔 031-531-6843, 산정리조트 031-531-4373, 산정호수가족호텔 031-532-2266, 한화리조트 산정호수 031-534-5500 ● **이색 체험과 축제** 명성산 억새축제 10월 ● **주변 여행지** 비둘기낭, 철원

명성산의 등산로 입구에는 단풍나무와 참나무가 많이 있다.

추천 코스

상동 주차장 → 등룡폭포 → 억새 군락 → 팔각정 → 자인사 → 산정호수 → 상동 주차장

가족여행 팁

등산 시간을 넉넉하게 계획해서 오르고, 내려올 때는 30분에 10분씩 쉬는 게 좋다.

◦● 전쟁의 상흔 후에 만들어진 억새밭

포천시와 철원군의 경계에 놓인 명성산(鳴聲山, 923m)은 수도권에서도 잘 알려진 억새 군락지다. 가을이면 너도나도 단풍을 보겠다며 이름난 산으로 배낭을 메고 떠나지만 단풍의 절정이라고 해 봐야 고작 1주일 남짓밖에 되지 않으니 참 아쉽기만 하다. 하지만 억새는 단풍에 비한다면 느긋하고 진득하게 달라붙어 있으니 서두르지 않아도 된다. 명성산은 전국의 5대 억새 군락지 중 하나여서 억새철이 되면 꽤 많은 사람이 찾는데, 주차장이 만원을 이뤄 입구에서부터 차량이 줄을 지어 기다리기 일쑤다. 그럼에도 불구하고 이곳을 찾는 이유는 산정호수와 주변의 아름다운 풍경을 한꺼번에 감상할 수 있기 때문이다.

후삼국시대에 왕건에게 쫓기게 된 궁예가 처지를 한탄하며 크게 울어 명성(鳴聲)이라는 이름을 얻었다는 전설과 신라의 마의태자가 망국의 한을 품고 금강산으로 향하다가 커다란 바위산에 올라 설움에 복받쳐 엉엉 울었더니 산도 함께 울어 이런 이름이 붙었다는 이야기가 전해진다. 명성산은 울음산이라고도 불린다. 6·25 전쟁 때 치열한 전투가 벌어졌던 곳으로 당시 산 전체에 퍼부은 포격으로 나무가 모두 불에 타서 사라져 버리고 억새밭이 형성되었다. 지금도 주변의 사격장에서 훈련

갈대와 억새

억새는 갈대처럼 다년생 벼과 식물이지만 그 모양과 특성은 조금 다르다. 갈대는 물이 많은 곳을 좋아해서 습지나 물가에서 자라며 억새는 건조함에 강해서 잎은 시들어도 죽지 않아 산이나 뭍에서 자란다. 또 꽃이 피면 갈대는 풍성하며 보랏빛을 띤 갈색인 데 반해 억새는 머릿결처럼 가늘고 결이 있으며 갈대에 비해 풍성한 맛이 적다.

바람이 불 때마다 억새들이 파도를 만든다.

1. 명성산을 오르다 보면 등룡폭포의 웅장함을 보게 된다.
2. 명성산을 내려오면 바로 산정호수가 있으므로 편안하게 쉴 수 있다.
3. 자인사 앞에는 익살스러운 표정의 좌불상이 있다.

이 있을 때는 평일에 출입이 통제되기도 한다. 등룡폭포 입구의 식당에서 등산로가 시작하는데, 산을 오르는 일은 누구에게나 힘든 일이다. 숨이 차고 다리가 아프지만 산 위에 올랐을 때의 성취감은 무엇에 비할 바가 아니다.

식당가를 벗어나자 등산로 주변으로 울긋불긋 단풍이 화려한 색을 드러낸다. 계곡으로 흘러내리는 물줄기를 옆에 끼고 오르면 이내 비선폭포가 나오는데, 커다란 바위를 타고 흘러내리는 물줄기는 그리 신통치 않다. 간혹 철로 만든 아치형 다리가 계곡을 건너도록 만들어져 운치를 떨어뜨리기는 하지만 그래도 많은 사람이 찾는 곳이라는 점을 감안하면 안전이 제일 먼저다. 계곡의 풍경이 더욱 수려해지며 철계단을 따라 오르면 등룡폭포가 나온다. 용이 이 폭포수의 물안개를 따라 승천했다는 전설이 전해지는데 이중폭포, 쌍용폭포라고도 한다.

●● 명성산을 하얗게 수놓은 억새길

여기서부터 억새 군락까지 조금 힘이 들긴 하지만 거리가 생각보다 길지 않다. 곧 산의 능선이 새하얀 소금을 뿌려 놓은 듯 억새가 장관을 이룬 풍경을 발견할 수 있다. 경기도 방언으로 억새를 으악새라고도 부르는데, 옛 가요의 한 대목에 나오는 으악새가 억새를 지칭한 것인지도 모르겠다. 식당가에서 억새 군락을 지나 팔각정까지는 느리게 걸어도 1시간 반이면 충분하다. 내려갈 때는 산정호수의 자인사 방면 계곡을 따라 내려가는 것도 좋다. 하지만 길이 가파르고 돌이 많아서 빠른 걸음으로 재촉하다 보면 다칠 수도 있다. 산을 오르내릴 때는 올라갈 때보다 내려갈 때 서두르는 경우가 많은데, 사실 내려갈 때 무릎에 더 무리를 준다. 그래서 무릎 부상이 발생할 확률이 하산 때 훨씬 더 높다. 서두름은 가끔 느긋함보다 더 많은 것을 잃을 수 있다는 사실을 잊어서는 안 된다.

궁예가 이곳에서 제사를 올리던 곳이라고 전해지는 자인사는 한눈에 봐도 고찰이 아니고 근래에 지어진 절임을 알 수 있는데, 옛날에 있었다는 암자의 흔적은 없고 1965년에 새롭게 지어진 것이다. 자인사를 빠져나오면 바로 산정호수로 이어지는데, 1925년에 관개용 저수지로 축조된 인공호수로 계절마다 바뀌는 주변 경치가 정말 아름답다. 가족 휴양지로 잘 알려진 산정호수는 겨울이 되면 꽁꽁 언 호수 위에서 스케이트를 탈 수도 있다. 산정호수 주차를 위한 입장권을 끊으면 근처에 있는 평강식물원 입장료를 할인받을 수 있으니 한 번 둘러보아도 좋다. 넓은 면적에 고산식물과 약초류를 많이 심어 산책하기에 좋은 식물원이다.

억새 군락지 걷기
어른 키를 훌쩍 뛰어넘는 6만여 평의 억새밭 사이로 가지런히 정돈된 등산로를 따라 걷는다. 햇살이 능선을 비스듬히 타고 넘는 아침 무렵이면 억새는 더욱 아름다운 빛을 뿜어낸다. 불어오는 바람에 하늘거리는 흰 물결이 파도처럼 일렁이는 모습은 자연의 아름다움을 한껏 느끼게 한다.

평강식물원 둘러보기
명성산 우물목 부근에 위치하며 대지 면적이 총 18만 평에 이르는 평강식물원에는 잔디광장과 습지원, 암석원 등 12개의 테마정원이 있다. 전시회를 비롯해 1년 내내 다양한 체험 행사에 참여할 수 있어 가족 여행지로 인기가 많다.
시간: 09:00~19:00(4~10월), 09:00~17:00(11~3월)
요금: 하절기-어른 6,000원, 학생 5,000원, 아동 및 기타 4,000원(동절기에는 각각 50% 할인됨)

위 팔각정에서 명성산 정상으로 갈 수도 있지만 대부분 자인사로 내려간다.
아래 평강식물원은 멸종위기 식물들을 보호하고 있다.

10월
082

동화 속 정원의 아름다움에 취해 걷다
가평 아침고요수목원

서울과 가까운 곳에 이렇게 예쁜 수목원이 있나 싶은 곳으로 사계절 새로운 매력을 만날 수 있다. 교과서에서만 보던 식물들을 직접 보고 만질 수 있으므로 여러 가지 꽃의 이름과 모양도 익히고 사진도 찍어 보자. 봄과 여름, 가을까지 색색의 꽃이 피고, 겨울에는 전등 축제를 열어 사계절 모두 즐길 수 있다.

연계 교과
1-2, 2-2 슬기로운 생활,
4-1, 4-2, 6-1 사회

체험 포인트
1. 하경전망대 오르기
2. 아침고요 산책길 걷기

●**주소** 경기도 가평군 상면 행현리 산255 ●**가는 길 | 자가용** 서울–춘천 고속도로 화도 IC → 대성리 → 청평 → 아침고요수목원 **| 대중교통** 경춘선 전철 → 청평역 하차 → 수목원행 버스 ●**문의** 가평군 문화관광과 031-580-2114, 아침고요수목원 1544-6703, 문화관광해설사 031-580-5066, 호명호수 031-580-2062 ●**먹을거리** 가평잣두부집(두부보쌈) 031-584-5368, 이대감 버섯생불고기(불고기) 031-527-7434, 청평보리밥칼국수(칼국수) 031-581-9500, 수리재시골밥상(손두부) 031-684-3240 ●**잠자리** 끌레르 010-9543-9177, 눈깔사탕펜션 010-2390-5797, 호수위의 하얀집 010-6276-2016, 동막골펜션 031-582-8465 ●**이색 체험과 축제** 오색별빛 정원전 12~3월, 무궁화축제 8월, 자생들국화 전시회 9~10월, 국화전시회 10~11월 ●**주변 여행지** 남이섬, 자라섬, 춘천 청평사, 두물머리

하경정원은 아침고요수목원에서도 가장 아름다운 정원이다.

추천 코스

수목원 안내도 참고: 고향집정원→허브정원→무궁화동산→분재정원→에덴정원→시가있는산책로→천년향→석정원→정원나라→하경정원→약속의정원→하경전망대→탑골→서화연→한국정원→아침고요산책길→하늘길→하늘정원→달빛정원→선녀탕→침엽수정원→아침광장→야외무대→야생화정원→능수정원

가족여행 팁

오후 시간보다 오전 시간을 이용하면 더 여유롭다.

아침고요수목원

축령산 자락에 위치하며 한상경 삼육대 명예교수가 설계해 1996년에 개원했다. 현재 총 5천여 종의 식물을 보유하고 있으며 이 중 자생식물이 2천여 종, 외래식물이 3천여 종이다. 수목원 안에는 고향집정원, 허브정원, 분재정원, 야생화정원, 에덴정원 등 특색 있는 정원과 아침광장, 하경전망대, 난전시실, 탑골, 지압로 등의 부대시설이 있다.

시간: 08:30~일몰시(연중무휴)
요금: 4~11월 주말-성인 8,000원, 중고생 5,000원, 어린이 4,000원(평일에는 성인만 1,000원 할인)/12~3월-성인 6,000원, 중고생 4,000원, 어린이 3,000원

수목원 곳곳에 식물을 제외한 볼거리도 많아 연일 발길이 끊이지 않는다.

● 사람의 노력으로 일군 자연숲

우리나라에는 꽤 많은 수목원이 산재해 있고 나름대로 특색이 있지만 그중에서도 가평 축령산 자락의 아침고요수목원은 좀 특별하다. 고요한 아침의 나라인 우리나라를 의미하는 이 수목원은 1996년에 만들어졌으니 벌써 15년을 넘어서고 있다. 유유히 흐르는 북한강을 거슬러 오르다가 청평면에 이르러 포천면 쪽으로 방향을 잡아 가다 보면 아침고요수목원을 알리는 이정표가 나온다. 바쁘게 생활하는 도시 사람은 자연 속에서 보내는 시간이 꼭 필요한데, 이에 가장 잘 부합하도록 만들어진 공간이 바로 수목원이다. 서울에서 불과 50여 km밖에 되지 않는 가까운 거리이지만 무려 10만 평이나 되는 넓은 공간에서 다양한 수목과 희귀한 꽃을 볼 수 있다. 그저 꽃과 나무를 보는 데만 그치는 수목원이라면 특별하다 할 이유가 없다.

이곳은 기존의 수목과 자연을 훼손하지 않는 범위에서 희귀 초목을 비롯한 수많은 국내외 초목을 조화시켜서 지상낙원이라 불러도 부족함이 없다. 수목원이 보유한 초목만 해도 5천여 종에 이르는데, 국내 희귀식물 등 자생식물과 외래종이 서로 자연스럽게 어우러져 있다. 수목원을 찾는 사람들의 대부분은 산책과 휴식을 그 첫 번째 목표로 한다. 그

1. 단풍이 곱게 물드는 가을에는 사진을 찍기 위해 많은 사람이 찾는다.
2. 서화연 주변은 한국 전통 정원을 연상시킨다.
3. 잔디밭이 시원스럽게 깔린 아침광장에서 자연을 만끽해 본다.

래서 이런 곳을 찾을 때는 좀 더 여유 있는 마음으로 느긋하게 즐겨야 한다. 걸음도 느리게 보폭을 좁혀서 걸어야만 제대로 숲을 즐길 수 있다. 삼육대학교 원예학 명예교수이자 아침고요수목원의 원장인 한상경 교수는 한국의 전통적인 서정성에 바탕을 두고 이 정원을 가꾸었다. 느긋하게 둘러보려고 마음먹으면 주변에는 신비로운 일투성이지만, 바쁘고 조급한 마음으로 둘러본다면 볼 것이 하나도 없는 정원이 되어 버린다.

●● **곳곳에서 자연을 직접 체험할 수 있는 곳**

아침고요수목원은 일 년 내내 다채로운 축제가 펼쳐지는데, 3~4월 한반도 야생화전, 4~5월 봄나들이 봄꽃 축제, 6월 아이리스 축제, 7~8월 여름방학맞이 축제, 9월 들국화 전시회, 10~11월 국화 & 단풍 축제, 12~2월 오색별빛정원전 등이 그것이다. 뜨거운 여름에는 걸어서 둘러보기에 부담스럽지만 단풍이 예쁘게 드는 가을에는 수목원을 산책하기에 그만이다. 나무가 잎을 하나둘씩 떨어뜨리고 앙상한 가지를 드러낼 즈음, 수목원은 온통 알록달록한 국화와 울긋불긋한 단풍에 파묻힌다.

가을 단풍철이 되면 유난히 많은 외국 관광객을 볼 수 있는데, 특히 홍콩이나 일본, 중국 관광객이 많다. 각 나라의 기후 특성상 단풍을 제대로 볼 수 없는 곳에서는 이곳의 단풍이 마냥 신기하게 보이기 때문이다. 우리는 해마다 어디서나 볼 수 있는 단풍이 그들에게는 평생 한 번 볼까 말까한 진귀한 풍경일 수도 있는데, 그렇게 생각하면 우리는 얼마나 고마운 땅에서 살고 있는지에 대해 감사하게 된다.

아침고요수목원에 왔다면 꼭 해 봐야 할 것이 있다. 우선 하경전망대에 올라 수목원의 풍경을 감상하는 것이다. 그리고 수목원 끝에 있는 한국정원에서 바람에 흔들리는 풍경 소리를 듣는 것이다. 마지막으로 한국정원에서 달빛정원에 이르는 아침고요산책길을 걷는 것이다. 늘어선 메타세쿼이아 나무 위쪽의 아름드리 잣나무 숲길 사이로 난 오솔길을 따라 걷다 보면 나도 모르게 기분이 좋아진다. "네가 나의 꽃인 것은 이 세상 다른 꽃보다 아름다워서가 아니다. 네가 나의 꽃인 것은 내 가슴 속에 이미 피어 있기 때문이다." 한상경 교수의 〈나의 꽃〉에서 말하듯 마음먹기에 따라 세상은 얼마든지 달라 보일 수 있다. 깊게 숨을 들이마시고 내뱉으며 천천히 싸목싸목 걸어 보자.

하경전망대 오르기
아침고요수목원의 필수 코스 중 하나로 우리나라 지도를 닮은 하경정원을 한눈에 조망할 수 있다. 아늑한 전망대에서 계절마다 새롭게 단장하는 하경정원을 만날 수 있어 데이트를 즐기는 연인은 물론 사진작가에게 최고의 출사지로 손꼽힌다.

아침고요산책길 걷기
한국정원에서부터 하늘정원을 거쳐 달빛정원까지 이어지는 잣나무 숲길로, 오솔길이 무척 운치 있다. 계절마다 색색의 꽃이 피어 아름다우며 천천히 걸으면서 숲에서 나오는 피톤치드를 몸속 깊이 받아들여 삼림욕에도 탁월한 효과가 있다.

위 하경전망대에 오르면 수목원의 전경을 볼 수 있다.
아래 하늘정원과 달빛정원을 거닐다 보면 동화 속 주인공이 된 것 같다.

10월
083

억새에게 손을 내밀어 자연을 느끼다
장흥 천관산

장흥을 대표하는 천관산의 멋을 제대로 느끼려면 가을에 가야 한다. 산 정상을 가득 뒤덮은 억새가 하얀 물결을 이루어 그림 같은 풍경을 만들어 낸다. 가을 산을 더욱 아름답게 만드는 억새길을 걸으면 자연과 하나 되는 놀라운 경험을 하게 될 것이다.

연계 교과
1-2, 2-2 슬기로운 생활, 4-2, 5-1, 6-1 사회, 4-1, 4-2 과학

체험 포인트
천관산의 아름다운 풍경 감상하기

●**주소** 전라남도 장흥군 대덕읍 연지리 ●**가는 길 | 자가용** 서해안고속도로 → 목포 → 2번 국도 → 장흥 → 관산 → 천관산 ●**문의** 장흥 공용터미널 061-863-9036, 천관문학관 061-867-8242, 정남진천문과학관 061-860-0651, 천관산 관리사무소 061-867-7075 ●**먹을거리** 병영식당횟집(하모샤브샤브) 061-867-2276, 담소원(닭불고기) 061-867-0723, 머루랑다래랑(표고산적) 061-867-6709, 천관마루(표고키조개전골) 061-867-2366 ●**잠자리** 천관산 자연휴양림 061-867-6974, 로얄장여관 061-867-3336, 반도장 061-867-8080, 천관모텔 061-867-8860 ●**이색 체험과 축제** 천관산 억새제 10월 ●**주변 여행지** 강진, 영암, 다산 유배길

천관산 둘레길은 한적하고 평화롭다.

추천 코스

천관문학관 → 탑산사 → 아육왕탑 → 구룡봉 → 환희대 → 닭봉 → 탑산사

가족여행 팁

억새가 꽃피는 10월에 가면 가장 아름다운 천관산을 만날 수 있다.

●● 바위와 어우러진 억새가 만든 환상적 절경

천관산(天冠山, 723m)은 정상 부근에 솟은 80여 개의 봉우리가 천자의 면류관을 닮았다고 해서 붙여진 이름이다. 그 모습이 얼마나 대단했으면 지리산, 내장산, 월출산, 변산과 함께 호남의 5대 명산이라 할까? 하지만 이 산을 딱 한 번만 보면 누구나 고개를 끄덕일 수밖에 없다. 공룡의 등에 돋은 기괴한 돌기 같은 바위 봉우리로 이뤄진 2개의 능선이 북으로부터 환희대와 천제단을 향해 힘차게 뻗어 올라 옛날 사람들은 신성한 기운이 흐르는 산이라 여겼다. 통일신라 때에는 당나라에서 온 승려가 참선을 위해 이곳에 99개의 암자를 세우기도 했으니 호남지방에서의 지위가 보통이 아니었다.

하지만 이 산이 명산 반열에 오른 결정적인 이유는 바로 정상의 바위와 어우러진 환상적인 억새 때문이다. 가을이 되면 하얀 눈발 같은 억새밭이 장관을 이루는데, 능선 아래로 이어지는 다도해의 풍경과 함께 어울려 정말 걷고 싶은 마음이 들게 만든다. 보통 억새는 선선한 바람이 불어오는 9월이 되면 피기 시작해 10월에 절정을 이루다가 꽃이 다 날아가 버리는 11월까지 은빛 물결의 우아함을 뽐낸다. 여유로움을 느끼며 걷고 싶다면 사람이 많이 찾는 억새축제 시기는 피하는 게 좋다. 천관산

장흥의 대표 작가와 작품

정철의 《관동별곡》에 영향을 끼친 1555년(명종 10) 백광홍의 기행가사 《관서별곡》을 필두로 장흥은 조선의 가사문학부터 현대에 이르기까지 영향력을 미친 문학의 본향이다. 이청준, 한승원을 비롯해 이름만 들어도 알 수 있는 쟁쟁한 작가들을 수없이 배출하였다.

옛 문인들이 걸었을 환희대에서 천제관에 이르는 길은 온통 억새가 흩뿌려져 있다.

1. 장천재는 천관산을 오르는 곳에 위치한 재실이다.
2. 천관산 자연휴양림 입구에는 동백나무가 거대한 군락을 이루고 있다.
3. 정남진 전망대에서 바라보는 천관산의 풍경은 일품이다.

에 단풍이 들기 시작하는 10월 하순이야말로 최고의 억새 산행 시기다. 천관산을 오르는 길은 금강송과 동백나무숲, 장천재와 태고송 등 볼거리가 많아 대부분의 사람이 찾는 장천재 길, 천관산 자연휴양림에서 오르는 길, 탑산사에서 오르는 길이 대표적인데 그중 탑산사에서 오르는 코스는 다른 등산로에 비해 한적하고 붐비지 않아 좋을뿐더러 문학 기행과 어우러져 마음을 편안하게 한다. 옛 조선시대 가사문학의 산실이자 이청준, 한승원 등 쟁쟁한 작가들을 배출한 장흥은 곳곳에서 문학과 관련된 볼거리를 쉽게 만난다.

●● 천관문학관에서 억새길 따라 걷기

탑산사 입구에 있는 천관문학관에서는 장흥이 배출한 문학인들의 다양한 자료를 볼 수 있다. 천관문학관을 지나 콘크리트 도로를 따라 오르면 길 양옆으로 줄지어 늘어선 다양한 크기의 돌탑이 눈길을 끈다. 돌탑이 끝나는 곳에는 천관산문학공원이 있다. 문학인들의 친필 원고 글귀가 곳곳에 적혀 있으므로 천천히 읽으면서 걸으면 좋다.

탑산사에서 시작하는 코스는 탑산사 큰절을 지나 반야굴-탑산암-아육왕탑-구룡봉-대장봉(환희대)으로 이어지며 거리는 2.8km 정도다. 동백나무와 굴참나무가 옹골지게 들어찬 등산로 입구로 들어서면 숲이 만드는 공기 때문에 기분이 절로 좋아진다. 곧이어 나타나는 소나무 숲길을 지나면 어느새 반야굴에 도착한다. 군데군데 산죽나무가 모인 바위 길을 걸으면 주변에서 사각사각 소리가 들려온다. 조금 더 오르면 탑산사 절터가 나타나고 여기를 지나면 아육왕탑이 위용을 드러낸다. 아육왕(阿育王)은 인도 마우리왕조의 아소카왕을 가리키는 한자어인데, 설화에 따르면 아소카왕이 이곳에 보탑을 세우고 부처의 사리를 봉안했다고 전해진다. 여기서 환희대를 지나 연대봉까지는 1.6km나 되지만 완만한 능선으로 이루어져서 힘들이지 않고 산책하듯 걸으면 된다.

어른 키 높이만큼 자란 억새의 사잇길을 지나면 위태로울 만큼 기묘하게 바위를 쌓아 올린 진죽봉이 눈앞을 가로막는다. 그곳을 지나면 멀리서도 천관산임을 한눈에 알아볼 수 있도록 해 주는 환희대가 그 위용을 나타낸다. 억새의 장관은 여기서부터 연대봉까지 절정으로 치닫는다. 헉헉대며 오르는 오르막도 아니고 남쪽 바다에서 능선을 타고 넘어오는 바람이 있어 길은 더욱 좋다. 여기에 따스한 가을 햇살마저 함께하니 억새 사이를 걷는 기분은 최고가 된다. 빨리 걷기에는 너무나 아까운 길, 그래서 천천히 음미하며 걷고 싶은 길이다. 아이들은 이런 자연의 아름다움 속에서 상생의 조화로움과 상대에게 베푸는 삶을 배운다.

천관문학관과 천관산문학공원의 시와 글 읽기

탑산사 입구에 자리한 천관문학관에는 장흥이 배출한 걸출한 문학인들의 발자취를 생생히 기록해 놓았고 철마다 다양한 문학 작품을 전시하기도 한다. 가까이에 천관산문학공원이 있는데, 높이 15m의 문탑(文塔)을 중심으로 문학인 54명의 친필 원고의 글귀와 문학비가 공원 곳곳에 놓여 있어 잠시 글과 시를 읽으며 마음을 가라앉히는 것도 좋다.

위 천관문학관에는 장흥을 대표하는 문학인들의 이름이 올려져 있다.
아래 천관산문학공원은 장흥의 수많은 문인을 제대로 알 수 있는 곳이다.

10월
084

드넓은 갯벌에서 온몸을 치유하다
안산 누에섬

갯벌은 우리나라 서해바다의 숨은 매력 중 하나이다. 바다를 정화하고 영양분이 풍부해 다양한 식물이 서식하고 있는 갯벌에 직접 들어가 온몸으로 자연을 느껴 본다. 도시의 아이들에게 조개도 캐고 직접 갯벌을 만지는 것은 무척 색다른 경험이 될 것이다.

체험
여행

연계 교과
2-2 슬기로운 생활, 4-1,
4-2, 6-1 사회, 3-2, 5-1,
5-2, 6-1 과학

체험 포인트
밀물과 썰물 직접 보기

● **주소** 경기도 안산시 단원구 선감동 산170   ● **가는 길 | 자가용** 서해안고속도로 비봉 IC → 화성 → 전곡항 → 탄도항   ● **문의** 안산시 문화관광과 031-481-2000, 누에섬 등대전망대 & 어촌민속박물관 032-886-0126, 갯벌체험(탄도어촌계) 032-883-9954, 갈대습지공원 031-419-0504   ● **먹을거리** 배터지는집(바지락손칼국수) 032-884-4787, 우왕(곱창구이) 032-887-3055, 대부도 호남9호(조개구이) 032-886-4657, 서해호횟집(모둠회) 032-886-0661   ● **잠자리** 까르마펜션 032-885-3400, 소풍펜션 010-3286-2334, 애플펜션 010-7144-1137, 탄도민박 032-885-5379   ● **이색 체험과 축제** 안산 국제거리축제 5월, 대부도 포도축제 9월, 단원미술제 9월   ● **주변 여행지** 대부도, 소래

밀물 때면 바다 위 누에섬과 풍력발전기가 어우러져 이색적인 풍경을 이룬다.

추천 코스

안산어촌민속박물관 → 누에섬 바닷길 → 누에섬 등대전망대 → 전곡항

가족여행 팁

물때를 확인해야만 바닷길을 건널 수 있다

●● 드넓은 갯벌에서 뒹굴며 놀기

대부도와 제부도 사이에는 섬이라고 부르기에 민망할 정도로 작은 누에섬이 있다. 조수간만의 차가 심한 서해의 해안에는 유난히 모세의 기적이라 불리는 바닷길이 많은데, 이 지역도 마찬가지다. 화성시 장외리에서부터 제부도에 이르는 2km의 콘크리트도로는 오래전부터 알려진 바닷길로, 물이 빠지면 차와 사람이 드나들지만 밀물이 되면 차량 통행이 제한되어 섬에 있던 사람들은 6시간을 기다려야 한다.

바로 앞쪽에 위치한 안산시의 누에섬도 탄도항과 바닷길이 연결되어 있는데, 탄도항에는 점점 사라져 가는 우리 어촌의 전통적인 모습을 한눈에 볼 수 있는 안산어촌민속박물관이 있다. 1층에서는 안산시의 역사와 생태 환경, 해양 관련 유물과 시화호의 공룡화석을 설명하고 있고 2층에서는 아이들이 체험을 통해 바다를 이해하도록 다양한 시설을 준비해 놓았다. 박물관을 둘러볼 때는 뒷짐을 진 채 아이들이 구경하는 것을 지켜보지만 말고 함께 찾아보고 궁금해해야 아이의 호기심을 자극할 수 있다. 그런데 신기하게도 그렇게 하다 보면 엄마, 아빠도 덩달아 재미가 붙는다. 참여는 관망보다 훨씬 더 큰 교육의 효과를 낳는다.

해수면이 낮아지는 썰물 때면 서해안은 온통 '뻘'이라 불리는 갯벌이

밀물과 썰물

해수면이 상승해서 생기는 밀물은 달에서 끌어당기는 인력과 지구의 자전을 통해서 만들어지는 원심력 때문에 이루어진다. 우리나라가 달과 가까워져 밀물 시간이 되면 지구 반대편 우루과이는 지구의 원심력에 의해 밀물이 된다. 결국 하루 2번의 밀물과 썰물이 만들어지는 셈이다.

썰물로 누에섬에 물이 빠지면 모래밭과 갯벌이 드러난다.

1. 물이 빠지면 탄도항에서 누에섬까지 걸어 들어갈 수 있다.
2. 탄도항에 있는 어촌박물관에 직접 들어가 바다 생태계에 대한 다양한 정보를 얻을 수 있다.
3. 누에섬 등대전망대에서는 주변 풍경을 감상할 수 있다.
4. 전곡항은 일몰이 아름다운 항구로 여유롭게 지는 해를 바라볼 수 있다.

그 모습을 드러낸다. 누에섬 주변은 수 km씩 갯벌이 이어지는데, 이때는 아이들과 손을 잡고 바닷바람을 맞으며 누에섬으로 걸어 들어가 보자. 멀리 수평선을 향해 곧게 뻗은 콘크리트 도로를 따라 걸어가다 보면 양쪽으로 나뉜 갯벌 위로 집게발을 날름거리는 게와 조개의 모습이 눈에 들어온다. 체험 비용을 내면 그 속에 들어가 직접 조개잡이나 굴 따기를 해 볼 수 있다. 미끄러운 갯벌을 걸어 다니며 바구니에 자신이 캔 조개를 주워 담는 것은 아이들에게 충분히 즐거움을 안겨 준다.

●● **시화방조제를 보며 자연과의 조화로운 삶 생각하기**

누에섬에는 높이 17m의 등대와 함께 전시관이 마련되어 있어 등대에 관한 이야기를 자세하게 알 수 있고, 전망대에 오르면 제부도·대부도·선감도·탄도·불도 등 서해바다에 보석처럼 흩뿌려진 섬이 한눈에 들어온다. 제부도로 이어진 노두를 지나는 자동차와 멀리 보이는 발전소의 굴뚝이 장난감처럼 느껴진다. 지구 습지의 99%를 차지하는 갯벌은 지구의 허파로도 불릴 만큼 자연 정화의 큰 일꾼이다. 한때 갯벌의 중요성을 알지 못하고 무차별적으로 간척 사업을 벌이기도 했는데, 시화방조제가 대표적인 실패 사례다. 농어촌진흥공사가 시화지구 대단위 간척종합개발 사업의 일환으로 1987년부터 6년에 걸쳐 대부도 북쪽 끝과 오이도를 연결하는 12km의 시화방조제를 건설하였고, 대부도 남쪽 끄트머리에 위치한 탄도항은 다시 건너편 전곡항과 700m의 방조제로 이어졌는데 원래 군자만이라 부르던 곳은 호수로 변해 버렸다.

시흥과 화성의 첫 자를 따서 시화호로 이름 붙여진 이곳은 당초 방조제를 건설하고 바닷물을 빼낸 뒤 담수호를 만들어 인근 간척지에 농업용수를 공급할 목적으로 개발되었다. 하지만 주변의 시화공단에서 배출되는 폐수와 생활하수가 유입되면서 악취는 물론이고 수십만 마리의 물고기가 떼죽음을 당하고 주변 농작물이 염분으로 해를 입는 등 3년 만에 죽음의 호수로 변해 버렸다. 결국 담수호 계획은 실현 가능성 없는 공사로 전락해 버렸고, 2001년 2월에 공식적으로 해수호임을 인정하고 말았다. 엄청난 세금을 내다 버리며 자연을 망쳐 버린 것이다.

갯벌은 많은 생명을 만들어 내는 바다의 자궁이자 대단한 에너지원이다. 게다가 바닷물이 들어오는 밀물 때문에 물속에 잠겼다가 물이 빠지며 다시 뭍이 되는 특성 때문에 각종 생물이 번식하기 좋은 여건을 갖추고 있어 철새들의 보금자리 역할까지 톡톡히 해낸다. 또 비가 많이 내리면 빗물을 일차적으로 차단하고 흡수해 홍수를 막는 역할과 더불어 지구 온난화에 따른 해수면 상승 등의 피해도 막을 수 있다. 하지만 무엇보다도 중요한 것이 바로 자연 정화 기능이다. 갯벌은 강물에 실려 바다로 유입되는 육지의 각종 노폐물과 쓰레기들을 정화하는 지구의 치료사다. 오렌지빛으로 물든 하늘을 배경으로 물 빠진 갯벌 위에서 줄맞춰 열심히 날개를 저어대는 갈매기를 갯벌의 고마움을 느껴 보자.

썰물 때 생기는 길을 따라 바다 건너기

썰물 때면 누에섬 주변으로 수 km에 이르는 길이 열리므로 이때를 맞춰 건너 본다. 콘크리트 도로를 따라 걷다 보면 양쪽의 갯벌 위에서 움직이는 작은 바다생물들을 볼 수 있다. 밀물과 썰물이 만든 놀라운 자연의 마술을 보고 또 걷는 것만으로도 아이들에게는 소중한 체험이 될 것이다.

썰물로 물이 빠지면 누에섬으로 이르는 콘크리트 도로가 모습을 드러낸다.

11월
085

귀족의 자태를 뽐내는 자작나무숲을 거닐다
인제 자작나무숲

나무를 베고 없애는 것은 잠깐이지만 심고 가꾸어 다시 살려 내는 데는 많은 시간이 든다. 자작나무 숲길을 걸으며 자연의 소중함을 다시금 깨달을 수 있도록 한다. 무엇보다 나무와 꽃, 풀을 직접 만지고 봄으로써 아이들이 자연과 함께하는 즐거움을 알게 될 것이다.

연계 교과
1-2, 2-2 슬기로운 생활, 4-1, 4-2, 6-1 사회

체험 포인트
1. 수산리 응봉산의 전망대에서 한반도 모양 자작나무숲 보기
2. 외동 숲 유치원 둘러보기

●**주소** 강원도 인제군 남면 갑둔리 ●**가는 길 | 자가용** 서울–춘천 고속국도 동홍천IC → 44번 국도 → 신남 시외버스터미널 → 46번 국도 → 수산리 방면 좌측길 → 인제자연학교 캠핑장 → 자작나무 오토캠핑장 → 응봉산 임도 ●**문의** 인제군 문화관광과 033-460-2081, 인제군관광정보센터 033-463-4870, 인제국유림관리소 033-460-8032/cafe.daum.net/inje-soop ●**먹을거리** 인제 피아시 추어탕 033-462-2509, 절골 송어횟집 033-461-6500, 대복아구찜 033-461-6081, 고려관(한우국밥) 033-461-0704 ●**잠자리** 인제자연학교 캠핑장 010-3742-9533, 승마펜션 033-461-1288, 궁전민박 033-461-2282 ●**이색 체험과 축제** 인제 빙어축제 1월 말~2월 초 ●**주변 여행지** 춘천 청평사

푸른 하늘과 하얀 자작나무가 잘 어우러진다.

추천 코스

인제자연학교 숙박 → 수산리 임도 트레킹

가족여행 팁

늦가을 산속의 날씨는 생각보다 쌀쌀하기 때문에 얇은 옷을 여러 겹 준비해서 입는 것이 좋다. 배낭은 가볍게 하고, 등산화보다는 트레킹을 할 수 있는 편한 신발을 준비한다.

● 사시사철 마음을 두드리는 인제의 숲

인제군 남면에 위치한 수산리는 그 이름처럼 물 좋고 산 깊은 자연의 땅이다. 한때 꽤 번듯한 초등학교까지 있었으니 주변에서는 제법 큰 마을이었는데, 소양강댐이 만들어지면서 길이 끊어지고 마을은 고립되어 살고 있던 사람들이 모두 다른 곳으로 떠나 버렸다. 결국 남아 있던 초등학교마저 존폐의 위기에 처해 있다가 결국 지금은 인제자연학교라는 이름으로 자리를 지키고 있다. 다 잊혀져 갈 것만 같은 마을이 사람들의 입에 오르내리며 주목을 받게 되었는데 이는 바로 자작나무 때문이다.

자작나무가 뭐 그리 대단하냐고 물을 수도 있지만 군락을 이룬 자작나무의 우아함을 보면 말이 달라진다. 동해펄프가 사들인 강원도 국유림은 여의도 면적의 2배가 넘었고, 거기에 고급 펄프 재료인 자작나무를 심은 것이 벌써 25년 전의 일이다. 수산리의 응봉산(매봉, 800m) 일대가 바로 그곳이다. 주변의 굴참나무, 떡갈나무, 오동나무, 감나무, 호두나무 등 모든 나무가 우중충한 진갈색의 수피를 두르고 있을 때 저 혼자 새하얀 수피를 드러내며 숲 속에서 반짝거리고 있으니 주목을 받는 것은 당연지사다. 게다가 하늘을 향해 꼿꼿이 뻗어 오른 그 기개는 마

자작나무

자작나무과에 속하는 낙엽활엽교목. 추운 지방에서 잘 자라는 특성을 지녔으며 북한지방의 개마고원 일대에 대규모의 자작나무 군락이 있다고 한다. 북한에서는 봇나무라 하고 껍질을 봇이라고 한다. 한자로는 백화수(白樺樹)라고 쓴다. 이 나무가 탈 때 '자작자작' 소리를 내며 탄다고 해서 자작나무라 부른다. 자작나무는 줄기가 곧고 굵지 않지만 키다리처럼 높이 자란다. 강도가 좋고 잘 썩지 않아 고급 가구를 만들거나 건축 재료로 사용한다.

원대리 자작나무숲 가는 길은 한적하며 나뭇잎이 깔려 있어 폭신하다.

1. 인제자연학교 캠핑장에는 드문드문 캠핑을 즐기는 사람들이 보인다.
2. 원대리 숲유치원은 숲을 통해서 감성을 치료하는 곳이다.
3. 수산리 자작나무숲 속에서 함께 자라는 낙엽송의 모습이 이색적이다.

치 귀족의 품위를 드러내듯 고매하다.

온통 초록으로 물든 싱싱한 여름에는 주변의 활엽수에 가려 잘 보이지 않다가 늦가을에 나무의 겨울나기 준비로 낙엽이 떨어지고 나면 진면모를 드러낸다. 노란색으로 갈아입은 잎사귀는 아래쪽부터 떨어지기 시작하며 마지막으로 머리끝에 노랗게 매달린 잎사귀가 산의 능선을 타고 넘어온 아침 햇살을 받으며 환하게 빛나는 순간은 말을 잊게 만들 만큼 감동적이다. 곧이어 하얀색 수피에 빛이 들면서 화려함을 뽐내는데, 아무리 감성이 메마른 사람일지라도 이내 가을의 서정성을 가슴 깊이 느끼게 된다. 차를 타고 임도를 한 바퀴 도는 것은 너무 쉽고 허무하다. 게다가 그런 것은 아무래도 자연에 대해 미안해지는 일이기도 하다. 조금은 느리게, 조금은 더 오랫동안 그런 서정성을 느끼기 위해서는 차분히 그곳의 공기를 호흡하며 걷는 것이 좋다.

●● 감동으로 이어지는 가을의 자작나무숲 산책

신남리에서 수산리로 향하는 길로 접어들면 소양호의 잔잔한 풍경이 눈에 들어오며 풍경은 호숫가를 끼고 도는 한적한 모습으로 변한다. 곧 인제자연학교 캠핑장이 나오고 길은 자작나무 오토캠핑장으로 이어진다. 여기서부터 자작나무 숲길의 걷기 코스가 시작된다. 평범한 산세의 응봉산을 한 바퀴 도는 전체 코스는 약 10km인데 3~4시간만 투자하면 충분하다. 바람이 불 때마다 '쏴아~' 하고 잎사귀가 부딪히는 소리가 산 전체에 울려 퍼지며 하늘에서 낙엽이 비처럼 우수수 쏟아진다.

길을 따라 1시간쯤 가면 길가에 작은 전망대가 나온다. 전망대에서는 낙엽송과 잣나무, 전나무가 들어찬 숲 속에 하얀 자작나무가 한반도 모양으로 군락을 이루고 있는 모습을 볼 수 있다. 유난히 많아 보이는 낙엽송이 자작나무 군락과 참 잘 어울린다. 길은 거의 평지나 다름없어 걷기에 편안하다. 응봉산 주변을 한 바퀴 도는 코스라서 햇살이 드는 각도가 계속 바뀌기 때문에 시시각각 느낌이 다르다는 점이 재미있다. 인제군 원대리에도 자작나무숲이 한 곳 더 있다. 인제국유림관리소에서 관리하는 뫼동 숲유치원이다. 1993년에 원대리 산67번지 일대에 조림된 숲으로 이곳은 바깥에서 바라보기만 하는 곳이 아니다. 그 안에 들어가 산책하고 뛰어노는 숲이다. 자연과 함께하는 생활이 인성을 가꾸고 마음을 치료한다는 건 이미 오래전부터 잘 알려져 온 사실이다. 덴마크나 독일 등 유럽에서는 이런 숲유치원이 활발히 운영되고 있음이 그런 사실을 충분히 입증한다. 아무것도 하지 않고 그냥 숲 속 나무 의자에 걸터앉아 눈을 감아도 좋다. 자작나무와 함께 호흡하고 있는 것만으로도 충분히 자연과 교감하는 것이니까. 그리고 진정한 숲의 아름다움을 느끼려면 작은 움직임과 소소한 풍경에 감탄사를 내뱉을 수 있는 순수함이 필요하다. 그 순수함은 세상에 감사할 줄 아는 법을 일러주기 때문이다.

응봉산 전망대에서 자작나무숲 보기

인제 응봉산 자작나무숲은 계절에 따라 숲의 변화를 느낄 수 있는 꽃과 나무가 심겨 있고 곳곳에 의자가 있어 편히 쉴 수 있다. 특히 전망대에서는 자작나무숲을 조망하면서 쉴 수 있는 휴식공간이 마련되어 있다.

뫼동 숲유치원 둘러보기

내비게이션에 인제레저스포츠라고 검색하면 된다. 숲 속으로 들어가는 좁은 오솔길이 자작나무 사이로 만들어져 있고, 길에 수북하게 쌓인 아기 손바닥만 한 노란 잎사귀가 만드는 폭신함은 걸음을 가볍게 한다.
주소: 강원도 인제군 인제읍 원대리 763

위 수산리 자작나무숲 전망대에 서면 한반도 지형을 볼 수 있다.
아래 원대리 자작나무숲은 숲유치원으로 불린다.

11월
086

단풍이 물든 길에서 자연의 이치를 깨닫다
정읍 내장산

가을 단풍이 특히 아름다워 전국적으로 명성을 떨치고 있는 내장산은 이맘때가 되면 연일 사람들이 넘쳐난다. 단풍을 보러 온 것이 아니라 사람을 보러 왔다고 해도 좋을 만큼 사람이 붐비지만 아름답게 단장한 내장산의 가을단풍을 놓칠 수는 없다. 자연의 시간이 빚은 아름다운 단풍산으로 떠나 보자.

체험 여행

연계 교과
1-2, 2-2 슬기로운 생활, 4-2, 6-1 사회, 4-1, 4-2 과학

체험 포인트
숲길을 거닐며 나무 관찰하기

● **주소** 전라북도 정읍시 내장동 590 ● **가는 길 | 자가용** 경부고속도로 → 호남고속도로 정읍 IC → 내장산 국립공원 ● **문의** 정읍시 문화관광과 063-530-7790, 내장산국립공원 063-538-7875, 내장사 063-538-8742, 정읍전통공예관 063-534-8228 ● **먹을거리** 명인관(산채한정식) 063-538-8981, 조선별관(매운갈낙찜) 063-538-9366, 별장호반가든(꽁치김치찌개) 063-536-7940, 버섯동네큰잔치(버섯샤브샤브) 063-537-1616 ● **잠자리** 단풍펜션 010-5523-0166, 경기민박 063-538-5055, 세르빌호텔 063-5389487, 파라다이스모텔 063-538-4515 ● **이색 체험과 축제** 정읍사 문화제 10월, 정읍전국민속소싸움대회 10월 ● **주변 여행지** 옥정호, 고창 선운사

354

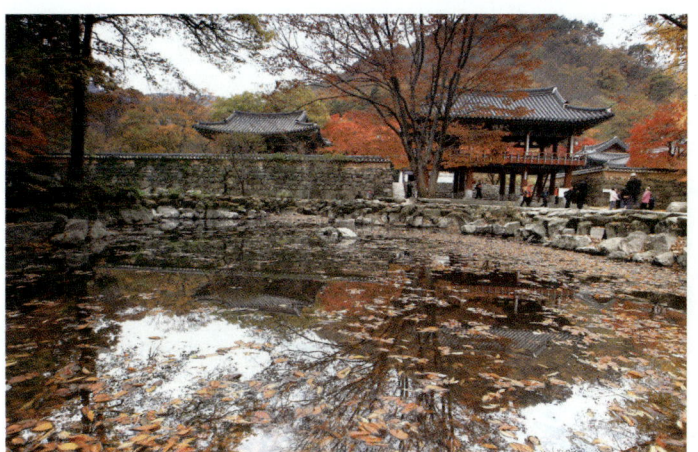

내장사 연못 뒤로 아름다운 정혜루의 모습이 보인다.

추천 코스

우화정 → 단풍길 → 케이블카 → 내장사

가족여행 팁

단풍철에는 내장산을 찾는 사람이 많으므로 되도록 이른 오전 시간을 택하는 것이 좋다.

○● 전국 단풍 명소 중의 대표, 내장산

설악산과 지리산이 온통 단풍으로 난리법석을 떠는 10월이 지나면 비로소 내장산의 단풍이 시작된다. 백양사가 있는 백암산과 어깨동무를 하고 있는 내장산은 '산 안에 숨겨진 것이 무궁무진하다.'고 해서 붙여진 이름이다. 《동국여지승람》에서는 남금강(南金剛)이라고 표현했을 만큼 계절마다 아름다운 모습을 자랑한다. 게다가 지리산, 월출산, 천관산, 변산과 함께 호남의 5대 명산으로 손꼽히는 곳이니 아름다움은 말하지 않아도 짐작할 수 있다. 어떤 곳에서는 춘백양추내장(春百羊秋內藏)이라고도 했으니 내장산의 가을은 자타가 공인했다고 봐도 될 것이다. 주차장에서부터 우화정을 거쳐 내장사에 이르는 3km의 도로 양옆으로 108그루의 단풍나무가 울긋불긋한 화려함을 뽐낸다. 내장산 단풍은 다른 지역의 단풍보다 유난히 그 색이 진하고 강렬하며 크기가 작고 앙증맞은 애기단풍이다. 내장산 일대에 자라는 단풍나무는 10여 종에 이르는데 터널을 이룰 만큼 풍성하게 자란 단풍나무는 저마다 특색 있는 색깔로 황홀경을 빚어 낸다. 108그루의 나무는 인간이 세상을 살면서 눈, 귀, 코, 입, 마음, 몸으로 느끼는 108번뇌의 상황들을 잊고 극락으로 들라는 뜻으로 심은 것이다.

단풍이 드는 이유

나뭇잎 속에는 초록색을 띠게 하는 엽록소와 노란색 색소인 카로티노이드, 붉은색 색소인 안토시안이 포함되어 있는데. 엽록소에서 만들어지는 영양분이 여름에는 줄기로 모두 보내지게 되어 항상 일정하게 초록색을 유지하지만 날이 추워지면 잎과 줄기 사이에 '떨겨층'이라는 방호막이 생겨 영양 공급이 차단된다. 이로 인해 햇볕을 계속 받아서 광합성을 하던 엽록소가 산화되어 분해되고 황색과 붉은색 색소만 남아 노랗고 빨간 단풍을 볼 수 있게 되는 것이다. 이마저도 모두 분해되고 나면 가장 분해 속도가 느린 타닌 때문에 갈색으로 변해 낙엽이 된다.

내장산의 단풍은 유난히 붉고 아름답기로 유명하다.

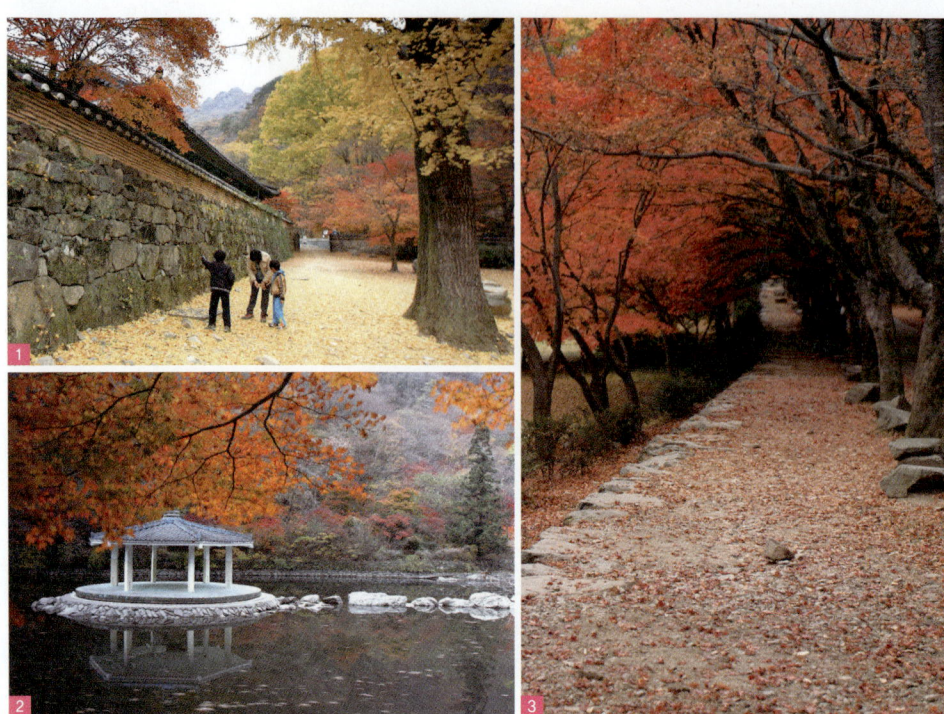

1. 해운당 뒤편의 은행나무는 가을 철 주변을 노랗게 물들인다.
2. 내장산의 애기단풍과 우화정이 아름답게 조화를 이룬다.
3. 내장사까지 108그루의 단풍이 심겨있어 멋스러운 터널을 이룬다.

●● 단풍으로 곱게 물든 내장사

단풍이 절정을 향해 불같이 타오르면 개울가와 도로에 수북하게 단풍잎이 쌓이는데, 이른 아침에 이 길을 걸으면 진한 가을 분위기를 제대로 느낄 수 있다. 안개마저 은은하게 깔린다면 금상첨화이다. 잔잔한 연못에 반영된 단풍과 위에 서 있는 우화정은 달력에서 흔히 보던 그 풍경 그대로이다. 누가 찍어도 캘린더 같은 멋진 풍경 하나쯤은 만들 수 있을 것 같다. 내장산의 단풍을 더 높은 곳에서 보기 위해 산을 오르는 사람도 있지만 케이블카를 타고 전망대에 올라 멋진 풍경을 감상해도 된다. 하지만 단풍철에는 꽤 오랜 시간을 기다릴 각오를 해야 한다. 일단 전망대에 오르면 주차장에서 우화정에 이르는 붉은 단풍길이 한눈에 들어오고 멀리 기암괴석이 병풍처럼 둘러쳐져 아름다움을 뽐내는 서래봉과 그 아래 백련암이 눈길을 끈다. 우화정에서 내장사까지는

20분 정도밖에 걸리지 않는데 내장사 바로 앞에 있는 반야교 옆에는 특별한 나무가 있다. 이름하여 '한 지붕 세 가족'이라 불리는 나무다. 늙은 느티나무 옆에 딱 붙어서 자란 참빗살나무가 부부처럼 느껴지는 것은 그다지 특별하지 않지만 그 느티나무의 중간쯤에서 자라는 단풍나무는 마냥 신기하다. 마치 부부 사이에서 태어난 아기 같다.

내장사는 백제 무왕 37년(636)에 영은사라는 이름으로 창건된 사찰이다. 1,400년의 역사를 지닌 곳이지만 막상 절에서는 고풍스러운 멋을 느끼기 어렵다. 이는 6·25 전쟁 당시에 모두 소실되어 버렸기 때문이다. 하지만 절 한편에 있는 동종은 눈여겨볼 만하다. 조선 영조 44년(1768)에 제작된 종으로 원래 장흥의 보림사에 있었는데 일제의 전쟁 물자 수탈을 피해 원적암에 숨겨 놓아 무사할 수 있었다고 한다. 그리고 6·25 전쟁 때 또 한 번의 위기가 있었는데 이때도 역시 정읍 시내의 한 포교당에 감춰 두어 사라져 버릴 뻔한 위기를 모면했다고 한다.

자연은 늘 자기만의 법칙을 가지고 수만 년, 수억 년의 세월을 되풀이하고 있다. 단풍 역시 그런 자연법칙의 한 부분이고 그런 규칙들이 공존하기 때문에 세상이 아무 문제없이 돌아간다. 사람 사는 세상에 규칙이 존재해야 하는 이유도 더불어 살아가기 위해서이다. 노란 은행잎이 붉은 단풍과 어우러져 가을 분위기를 한껏 자아내는 내장사의 풍경은 화려한 색감만큼 인상적인 추억을 남긴다.

'한 지붕 세 가족' 나무
내장사 바로 앞에 있는 특별한 모양의 나무로, 늙은 느티나무 옆에 참빗살나무가 딱 붙어서 자라는데, 특이한 것은 그 느티나무의 중간쯤에서 단풍나무가 자란다는 것이다. 마치 사이 좋은 부부 사이에서 태어난 아기처럼 보인다.

내장사로 들어가는 길에서 '한 지붕 세 가족' 나무를 볼 수 있다.

문무대왕의 왕비가 잠든 곳을 둘러보다
울산 대왕암

울산 앞바다에 있는 대왕암은 문무대왕의 왕비가 잠들어 있는 곳으로 알려져 있다. 대왕암과 육지 사이에 다리가 놓여 있어 직접 걸어 볼 수 있으며 대왕암 공원의 숲길을 걸을 수도 있어 자연의 신비로움을 몸소 느낀다. 꼭 무언가를 체험해야 한다는 생각에서 벗어나 아이들과 함께 자연과 하나 되는 즐거움을 누려 보자.

연계 교과
대왕암 | 5-1 사회
방어진 | 3-1 사회

체험 포인트
1. 대왕암 둘러보기
2. 솔 숲길 걷기

● **주소** 울산광역시 동구 일산동 ● **가는 길 | 자가용** 울산IC → 동광병원 → 내황교 → 성내 삼거리 → KCC 정문 → 해양산업본부 → 대왕암공원 | **대중교통** 울산역에서 일산 해수욕장 방면 시내버스 이용 → 일산 해수욕장 하차 → 도보 이동 ● **문의** 울산대왕암공원 052-230-9224, 울산광역시 관광정보센터 052-229-2000, 울기등대 052-251-2125, 울산역 관광안내소 052-229-6352 ● **먹을거리** 등화어락(회) 052-233-1010, 마굿간(장어구이) 052-233-4436, 콩사랑(콩요리) 052-252-0023, 알천찜닭(찜닭) 052-252-9246 ● **잠자리** 와모텔 052-201-9434, 필그린모텔 052-201-8505, 21세기모텔 052-251-9977, 그리스모텔 052-251-0104, 오페라모텔 052-233-0747, 모텔SEA 052-232-8088 ● **이색 체험과 축제** 울산조선해양축제(일산 해수욕장) 5월 초 ● **주변 여행지** 간절곶, 강양항, 감포

울기등대에는 옛 등대의 소담한 모습이 남아 있어 살펴보면 좋다.

추천 코스

대왕암공원 주차장 → 울기등대 → 대왕암 → 솔 숲길 B코스 → 솔 숲길 A코스 → 주차장

가족여행 팁

대왕암 해설사의 설명을 들으며 둘러보면 더욱 재미있는 이야기를 들을 수 있다.

● 일제 강점기의 수난 속에서 태어난 울기등대

대왕암은 옛날에 방어가 많이 잡혀서 이름 붙여졌다는 방어진항 위쪽에 위치한다. 지금은 주변을 공원화하여 해맞이 명소로도 잘 알려져 있다. 울산 제1경인 가지산의 사계와 더불어 울산 12경 중 하나로 꼽히며 아름다운 풍광을 보여 준다. 대왕암은 높이가 20m는 족히 될 것 같은 길쭉길쭉한 해송숲으로 들어가면서 시작된다.

소나무가 뿜어내는 맑은 공기를 마음껏 들이마시며 걷는 것만으로도 스트레스가 확 풀리는 것 같다. 원래 이곳은 조선시대까지 말을 키우던 목장이었지만 일제가 군사적으로 사용하기 위해 소나무를 심어 수령이 80년쯤 된다. 1만5천여 그루가 숲을 이루고 있는 이곳에 겨울바다의 찬바람이 불어오면 커다란 소나무가 웅웅거리며 말을 걸어온다. 길가에 있는 동백나무에 매달린 빨간 꽃이 겨울임을 알려 주는데, 햇살을 받아 반짝이는 동백꽃잎이 싱싱하다.

대왕암공원의 한가운데로 난 넓은 길을 따라 똑바로 가면 하얀 등대 2개가 나오는데, 바로 울기등대이다. 일본이 러·일전쟁을 일으키면서 일본 해군이 동해안의 해상력을 장악하기 위해 1905년에 긴급히 나무로 만든 등간을 설치하였다. 등간은 끝에 등불을 단 기둥을 말하는

대왕암과 대왕(비)암

대왕암이라고 하면 흔히 경주 감포의 문무대왕 수중왕릉을 지칭하기 때문에 울산에도 대왕암이 있다는 사실을 모르는 사람이 많다. 경주시 양북면 봉길리 앞바다에 떠 있는 작은 바위섬은 삼국통일을 이룩했던 신라 30대 문무왕의 수중왕릉이라 많은 무속인이 신성시여기는 곳으로 알려져 있다. 그 왕비(문무대왕비, 文武大王碑) 또한 용이 되어 나라를 지키고자 했던 문무왕의 뜻을 저버릴 수 없어 자신도 죽어서 용이 되었다고 하는데, 바로 그곳이 대왕바위이다. 지역 사람들이 댕바위로 부르다가 지금의 울산 대왕(비)암이 되었다.

대왕암 주변의 기암들이 신령스러운 느낌을 만들어 낸다.

1. 대왕암공원 주변으로 해안 산책로가 있으므로 바다와 숲을 바라보며 편안하게 걷는다.
2. 대왕암의 끝에 가면 소원을 비는 열쇠를 매달아 놓았다.
3. 대왕암공원에 있는 솟대 옆에는 소망 우체통이 있으므로 소망을 적은 편지를 넣어 보자.

것으로 등대보다 규모가 작고 임시로 설치한 것이다. 이 등대는 어선의 안전한 귀항을 도모하기 위한 것이 아닌 군사적인 목적으로 시작된 것이다. 이듬해에 지금의 콘크리트 건물로 높이 6.1m의 등대를 지었는데, 우리나라의 첫 번째 등대인 팔미도등대, 두 번째인 포항 호미곶에 이어 세 번째로 지어진 등대이다. 하지만 주변에 나무가 많이 자라고 등대가 잘 보이지 않자 근대화 운동이 한창이었던 1972년에 3m를 더 증축하였다.

울기등대는 아직까지 그 형태가 온전히 잘 보존되어 등록문화재 제106호로 지정되었다. 1987년에 들어 원래의 울기등대는 그 임무를 마치고, 바로 옆에 불을 밝힌 촛대의 모양을 본떠 24m의 현대식 등대를 지어 현재까지 울산의 갑문인 방어진항의 등대로 이용하고 있다. 울기등대는 등대 체험을 할 수 있는 장소로도 잘 알려져 있는데, 울산지방해양항만청 홈페이지에서 방학 시작과 함께 신청하면 된다. 무료로 이용할 수 있다는 이점과 아름다운 일출을 볼 수 있다는 점에서 인기가 많다. 요즘에는 워낙 많은 사람이 신청을 하기 때문에 운이 좋아야만 혜택을 받을 수 있다는 점이 아쉽다.

●● 문무대왕비의 충절과 사랑이 깃든 대왕암

울기등대 아래쪽으로 내려가면 본격적으로 대왕암을 만날 수 있다. 대왕암공원에 들어서면 솟대가 세워져 있는데, 솟대는 삼한시대에 소도라 불리던, 하늘에 제사를 지내던 신성 지역의 이름에서 유래하였다. 소도지역으로 죄인이 도망을 가면 국법이라 하더라도 함부로 잡을 수 없었다고 할 만큼 신성시하는 곳이었으니 성스러운 기운이 있는 구역의 표시라고 의미를 부여하는 것이 좋겠다.

독특한 모양의 바위 사이를 건너 대왕암의 끝에 다다르면 동해가 한눈에 들어오는 전망대가 나온다. 용추암이라 부르는 이곳은 용이 승천하여 오르다 떨어진 곳이라고도 한다. 대왕암의 바위를 보면 조금 붉은 기운이 도는데 화강암 속의 철분이 세월이 지나며 산화되어 녹물이 흘러나오고 있는 것이다. 이를 용이 떨어질 때 흘렸던 핏자국이라고 하는 전설도 있는데, 독특한 지형에 저마다 그럴싸한 전설이 깃들어 있는 것은 동서고금을 막론하고 비슷한가 보다. 《삼국유사》의 기록에 의하면 신라의 왕 중 총 8명이 화장을 했다고 전해지는데 문무대왕, 효성왕과 함께 또 한 사람이 동해에 뼈를 뿌렸다고 한다. 이곳 사람들은 바로 문무대왕비였을 것이라고 추측한다. 아무튼 독특한 형태의 바위 덕분에 오래전부터 사랑을 받아 온 곳임에 분명하다.

대왕암공원 숲길 산책하기

대왕암공원은 주차장에서 시작하는 3개의 산책 코스가 있는데, 시계 방향으로 진행하는 A코스는 아기자기한 좁은 해안길로 이어지고 주변의 기암괴석과 코발트빛 바다 빛깔을 함께 즐길 수 있어 가장 아름다운 길로 알려져 있다.

수령 80년의 소나무 1만 5천 그루가 숲을 이뤄 걷는 재미가 쏠쏠하다.

11월
088

부석사의 다양한 문화재를 둘러보다
영주 부석사

부석사의 무량수전은 역사 교과서에서 많이 살펴본 곳이다. 이곳을 직접 둘러보면서 우리나라 전통의 목조 예술을 배울 수 있다. 또한 부석사 곳곳의 국보와 보물을 찾는 재미도 쏠쏠하다. 역사책에서만 보던 곳을 직접 보고 만지고 느낌으로써 아이들에게 진정한 공부와 감동을 전할 수 있다.

연계 교과
1-2, 2-2 슬기로운 생활, 3-1, 5-1, 5-2 사회

체험 포인트
1. 부석사의 국보와 보물 찾기
2. 선비촌의 한옥 형태 살펴 보기

●**주소** 경상북도 영주시 부석면 북지리 148 ●**가는 길 | 자가용** 영동고속도로 만종 JC → 중앙고속도로 풍기IC → 931번 도로 부석 방면 → 부석사 | **대중교통** 동서울터미널 → 영주행 시외버스 → 영주시외버스터미널 → 부석사행 시내버스 ●**문의** 시청 관광산업과 054-639-6062, 부석사종합관광안내소 054-638-5833, 선비촌 054-638-6444, 소수서원 054-639-6693, 무섬마을 054-639-6062 ●**먹을거리** 영주 칠향계(삼계탕) 054-638-7797, 횡재먹거리한우(한우) 054-638-0094, 중앙분식(쫄면) 054-635-7367, 만당해장국(해장국) 054-632-8200 ●**잠자리** 부석사가는길에 054-634-0747, 코리아나호텔 054-633-4445, 소백산민박살레민박 054-632-3626, 행복한펜션 054-636-4914 ●**이색 체험과 축제** 영주선비문화축제 매년 5월 초순 ●**주변 여행지** 단양, 영월

부석사에서 저 아래로 내려다보는 풍경이 아름답다.

추천 코스
부석사 → 선비촌(소수서원) → 수도리

가족여행 팁
부석사는 이른 아침에 둘러보아야 북적이지 않는다.

이것만은 알고 가요!

○● 부석사 무량수전의 배흘림기둥에 기대어 서다

영주 하면 제일 먼저 떠오르는 이미지가 부석사이다. 봉정사 극락전과 더불어 현존하는 가장 오래된 목조 건축물인 부석사의 무량수전은 영주를 대표하는 건물이기도 한데, 가을에 찾으면 더욱 깊어진 아름다움을 만날 수 있다. 매표소에서부터 은행나무가 길게 늘어서 있는 일주문에 이르기까지 샛노란 은행잎이 뿌려져 마치 동화 속 나라에 온 것 같은 착각을 불러일으킨다. 이 은행나무길을 마주하면 누구라도 카메라를 꺼내들지 않고는 못 배길 것이다. 천왕문을 지나 절 마당으로 들어서면 당간지주를 양옆으로 두고 돌계단 끝에 아름다운 자태로 내려다보고 있는 다포 양식의 안양루가 눈에 들어온다. 지붕을 떠받치고 있는 공포의 장식 6개는 신기하게도 마치 가부좌를 틀고 앉은 부처의 모습처럼 보이는데 의도된 것인지는 알 수 없다.

부석(浮石)이라는 말은 돌이 공중에 떴다는 뜻인데, 의상대사와 선묘낭자의 전설에서 이름이 유래하였다. 의상대사가 당나라에 유학을 갔을 때 의상을 흠모하던 선묘낭자가 죽어서도 의상을 보호하겠다며 바다에 몸을 던져 용이 되었다고 한다. 후에 의상이 부석사를 지으려 할 때 반대파의 반발로 짓지 못하게 되자 용이 커다란 바위로 변해 이들을 쫓

맞배지붕, 팔작지붕, 우진각지붕의 차이점

맞배지붕: 지붕의 완각이 잘려진 가장 간단한 지붕 형식으로, 측면 가구(架構)가 드러나므로 측면관이 중요하게 여겨진다. 수덕사 대웅전과 무위사 극락보전 등이 대표적이다.

팔작지붕: 지붕 위까지 박공이 달려 용마루 부분이 삼각형의 벽을 이루며 처마끝은 우진각지붕과 같다. 대표적 예가 부석사의 무량수전과 경복궁의 근정전이다.

우진각지붕: 지붕 네 모서리의 추녀마루가 처마 끝에서부터 경사지게 오르면서 용마루 또는 지붕의 중앙 정상점에서 합쳐지는 형태이다. 주로 성문이나 누문에 많이 사용되었는데, 대표적 예가 서울 남대문과 광화문이다.

영주 선비촌에서는 다양한 한옥의 형식을 볼 수 있다.

1. 부석사 삼층석탑 아래로 단풍이 곱게 물든 풍경이 아름답다.
2. 소수서원은 최초로 임금이 이름을 지어 준 서원이다.
3. 부석사 입구의 은행나무길은 가을이면 온통 노랗게 변한다.

아내고 절을 지을 수 있도록 하였다고 한다. 바위는 무량수전 옆에 위치하며 한자로 커다랗게 '浮石'이라 쓰여 있어 누구라도 금세 알아볼 수 있다.

부석사는 우리나라에서 가장 많은 국보와 보물을 가지고 있는 곳으로도 잘 알려져 있는데, 아는 만큼 보인다고 하였던가? 모르고 지나쳤을 때는 아무런 느낌도 없었던 것이 미리 알고 볼 때에는 그 아름다움과 만들어진 기교에 더욱 감탄하게 된다. 끝없는 지혜와 무한한 생명을 지닌 아미타여래를 무량수라 부르는데, 이 무량수를 모신 곳이 바로 국보 제18호의 무량수전이다. 우리나라에 남아 있는 가장 오래된 목조건물 중 하나로 기둥의 아래 위쪽보다 가운데 부분이 불룩하게 튀어나와 기둥의 가운데가 오목하게 보이는 착시 현상을 막아 주는 배흘림기둥은 선조의 지혜를 엿보게 한다. 또 기둥 위에 지붕을 떠받치도록 해 주는 것이 공포인데 기둥 하나에 공포 하나씩만 올린 양식을 주심포 양식, 기둥 하나에 여러 개의 공포를 올린 것을 다포 양식이라 한다. 무량수전의 것은 간결하면서도 소박한 주심포 양식을 쓰고 있다.

●● 전통 가옥의 멋이 살아 있는 영주의 선비촌

무량수전 아래로 내려다보이는 소백산 자락의 능선을 바라보면 마치 극락세계에서 세상을 바라보는 풍경이 이렇지 않았을까 하는 생각이 든다. 무량수전을 끼고 등산로를 따라 오르면 조사당 건물이 나오는데 그 앞에는 철망으로 보호된 가녀린 나무가 있다. 선비화라고 부르는데, 의상대사가 중생들을 위해 가지고 다니던 지팡이를 조사당 앞에 꽂자 지팡이가 뿌리를 내리고 꽃이 피었다는 전설이 있다. 다시 산길을 조금 더 오르면 자인당이 나타난다. 그 안에는 거의 같은 규모의 여래삼존상이 봉안되어 있다. 2구는 지권인의 비로자나불상이며, 1구는 항마촉지인의 석가모니불 도상의 특징을 보여 준다. 부석사의 무량수전만 보고 되돌아 내려가기보다 호젓한 산길을 걸어 부석사의 숨겨진 보물을 찾아보는 것도 귀중한 경험이 될 것이다.

부석사의 아름답고 지혜로운 한옥 양식을 좀 더 자세하게 볼 수 있는 곳이 바로 영주의 선비촌이다. 이곳은 한국 전통 가옥의 박물관과도 같은 곳이다. 화려하고 멋스러운 팔작지붕, 맞배지붕, 우진각지붕의 큰 분류뿐만 아니라 초가지붕이나 까치구멍집까지 다양한 형태의 가옥을 볼 수 있다. 또한 주세붕이 세운 우리나라 최초의 사액서원인 소수서원이 바로 옆에 붙어 있어 산책하기에도 그만이다. 실제로도 이렇게 마을을 이루고 아직까지 살아가고 있는 곳이 근처에 있는데, 바로 무섬이라 불리는 수도리의 전통 마을이다. 규모가 아주 작지만 이 마을에는 독특한 외나무다리가 있다. 폭이 고작 20cm 정도밖에 되지 않는 이 다리를 아이들과 함께 걷다 보면 어느새 마음은 동심 속으로 빠져든다.

부석사의 국보와 보물 찾기

1. 국보 제17호: 부석사 무량수전 앞 석등
2. 국보 제18호: 부석사 무량수전
3. 국보 제19호: 부석사 조사당
4. 국보 제45호: 부석사 소조여래좌상
5. 국보 제46호: 부석사 조사당 벽화
6. 보물 제220호: 영주북지리 석조여래좌상
7. 보물 제249호: 부석사 삼층석탑
8. 보물 제255호: 부석사 당간지주
9. 보물 제735호: 부석사 고려각판
10. 시도유형문화재 제127호: 부석사 원융국사비
11. 시도유형문화재 제130호: 부석사 삼층석탑

무섬(수도리) 전통마을 산책하기

무섬마을은 340여 년 전에 반남 박씨가 들어와 터를 잡았고 그 후 선성 김씨가 들어와 지금까지 집성촌을 이룬 곳이다. 2003년부터 2010년까지 고택 보수(39동), 한옥체험관(2동) 및 자료관(1동) 신축, 진입로 및 기반시설 정비 사업을 펼쳐 말끔하게 정비되었다. 이곳에서 하룻밤을 묵으며 선조들의 전통 생활상을 체험할 수도 있다.
주소: 경상북도 영주시 문수면 수도리

위 부석사에서는 석조여래좌상 등 다양한 보물을 살펴볼 수 있다.
아래 무섬마을의 마스코트와 같은 무섬 외나무다리를 걷는 재미가 쏠쏠하다.

11월
089

전통과 현대가 함께 어우러진 곳으로 가다
전주 한옥마을

전주 한옥마을은 안동 하회마을처럼 옛 전통의 건축 양식을 그대로 보존하고 있는 동시에 도심 근처에 있어 그 의미가 남다르다. 그래서 도시의 아이들도 전주 한옥마을은 부담 없이 찾을 수 있다. 전통을 너무 멀리 있고, 또 옛 것이라고만 치부하는 요즘의 아이들에게 전통이 우리에게 얼마나 중요한지를 다시금 깨닫게 해 준다.

체험 여행

연계 교과
3-1, 3-2, 5-1, 5-2 사회

체험 포인트
한옥마을에서 전동성당, 경기전, 전주향교 둘러보기

●**주소** 전라북도 전주시 완산구 교동 ●**가는 길 | 자가용** 호남고속도로 → 익산–장수 고속도로 → 순천–완주 고속도로 동전주 IC → 전주 한옥마을 ●**문의** 한옥마을관광안내소 063-282-1330, 전주역 063-281-2024, 전주고속버스터미널 063-281-2739, 경기전 063-281-2891 ●**먹을거리** 고궁(비빔밥) 063-251-3212, 양반가(한정식) 063-282-0054, 베테랑칼국수(칼국수) 063-285-9898, 교동떡갈비 063-288-2232, 백련마을(연밥정식) 063-286-3092 ●**잠자리** 한옥생활체험관 063-287-6300, 동락원 063-287-2040, 설예원 063-288-4566, 전주코아리베라 063-232-7000 ●**이색 체험과 축제** 전주한지문화축제 5월, 전주대사습놀이 6월, 전주세계소리축제 9월, 한국음식관광축제 10월 ●**주변 여행지** 남원, 군산

추천 코스

전동성당 → 경기전 → 오목대
→ 전주향교 → 전주천변 갈대숲

가족여행 팁

한옥마을에서 열리는 상설공
연 프로그램을 미리 알아보고
가는 것이 좋다.

한옥마을 거리의 상점들은 다양한 소재로 구성되어 있어 관람객의 발길을 붙잡는다.

○● 전주의 옛 마을을 만나는 곳

사방이 각지고 반듯한 건물이 즐비한 요즘 시대에 근사한 한옥을 보면 마음이 편안해진다. 그건 아마도 우리의 마음속에 자리한 우리 것에 대한 애착일지도 모른다. 전통과 역사에 대한 자부심이 없어 다른 나라 사람에게 당당하지 못하다면 참 가슴 아픈 일일 것이다. 우리 아이들이 내 나라의 역사와 전통을 자랑스러워할 수 있도록 전통과 현대가 어우러진 전주 한옥마을을 찾아보자.

견훤이 후백제를 세우면서 정한 도읍은 통일신라시대로 접어들며 완주에서 이름을 전주로 바꿨으니 '온고을'의 지명은 1,200년 이상의 역사를 가지고 있는 셈이다. 그 역사의 한 장면을 고스란히 담고 있는 곳이 바로 전주 완산구 교동의 한옥마을인데, 국내 최대 규모의 한옥 700여 채가 뿜어내는 멋스러움을 보는 순간 이곳의 매력에 반하게 된다. 한옥마을은 한때 전주 개발에서 걸림돌이 되기도 했지만 시간이 지나면서 전주를 대표하는, 나아가 한국을 대표하는 곳으로 변모하게 되었는데 그 시작점이 바로 풍남문이다. 전주가 도읍으로 있을 후백제 무렵 만들어진 동서남북의 성문 중 유일하게 남은 것이 남쪽의 풍남문인데, 동쪽으로 쭉 뻗은 태조로는 한옥마을 구경의 시작이기도 하다.

전동성당

1914년에 준공된 서양식 근대 건축물로, 사적 제288호로 지정되었다. 1791년 신해박해 때 한국천주교회 최초의 순교자인 윤지충과 권상연이 처형당한 풍남문이 있던 바로 그 자리에 1889년 프랑스의 파리 외방전교회 소속 보드네(한자명 尹沙物) 신부가 성당 부지를 매입하고, 1908년에 V. L. 프와넬(한자명 朴道行) 신부의 설계로 건물이 지어졌다. 호남지방의 서양식 근대 건축물 중 가장 규모가 크고 오래된 것의 하나로, 평지의 성당으로는 대구 계산동(桂山洞) 성당과 쌍벽을 이룬다.

전동성당은 안과 밖 모두 고풍스러운 멋이 느껴진다.

1. 가을이면 전주향교 앞을 노랗게 물들이는 은행나무가 인상적이다.
2. 경기전은 태조 이성계의 어진을 모신 곳이다.
3. 전주천변의 갈대가 오후 햇살을 받아 아름답게 빛난다.

오른쪽으로 근대문화유산에 등재된 전동성당이 눈에 들어온다. 둥근 아치와 튼튼한 기둥, 큰 탑과 규칙적이고 대칭적인 조형미로 잘 알려진 로마네스크 양식으로 지어진 성당의 안에 들어서면 창가의 스테인드글라스를 통해 비치는 햇살이 마음을 정돈시킨다. 전동성당의 건너편에는 태조 이성계의 어진을 모신 사당이 있다. 경주, 평양, 전주 세 곳에 어용전이라는 전각을 짓고 제사를 지냈는데, 전주는 왕조의 발상지라 하여 경기전이라 부른다. 입구의 하마비(下馬碑)는 '이곳을 지나는 자는 신분, 지위의 높고 낮음을 막론하고 모두 말에서 내리고, 잡인들의 출입을 금한다.'라는 뜻으로 세워진 것이니 경기전의 위상이 대단했음을 알 수 있다. 단정한 건물과 아름드리나무가 어우러져 그저 걷기만 해도 마음이 차분해진다.

●● 한옥이 만든 길을 따라 골목 정취 맛보기

한옥마을의 정취는 골목길 사이사이에 스며 있다. 전통 한지 체험관, 전주 전통술박물관, 공예 공방촌, 한옥민박, 조선 마지막 황손의 집인 승광재까지, 가는 곳마다 발걸음을 부여잡는다. 한옥마을의 좁다란 실개천길을 따라 양쪽으로 호떡장사 할아버지나 꿀타래를 파는 아저씨, 아기자기하고 예쁜 액세서리를 파는 좌판 등 한옥마을의 소소함이 이어져 서두르지 않고 느릿한 걸음으로 구경하게 만든다. 창이 크고 넓은 찻집에 앉아 길거리 풍경을 구경하는 것도 나쁘지 않다. 전주공예품전시관 뒤쪽의 나지막한 동산에는 이성계가 황산에서 왜구를 토벌하고 귀경하는 도중 승전을 자축하는 연회를 열었던 오목대가 자리하고 있다. 나무계단을 따라 5분만 오르면 길은 평탄해지고 산책로가 이어진다.

중간 중간 마련된 전망대는 한옥마을의 풍경을 감상하기에 그만이다. 한옥마을을 찾았다면 반드시 오목대에 올라 시원한 바람을 맞아 보자. 멀리서 바라보는 한옥마을의 풍경은 또 다르기 때문인데, 마치 참빗으로 가지런히 빗어 내린 긴 생머릿결처럼 검은 기와들의 단정함은 한옥마을만이 가지는 우아함이다.

갈대 무성한 전주천변을 따라 걷다 보면 한벽당에 못 미쳐 전주향교에 이른다. 수령 400년의 아름드리 은행나무가 멋스럽게 자리를 차지하고 있는 이곳은 주말마다 흔치 않은 광경을 볼 수 있다. 전통방식으로 치러지는 혼례는 이곳을 찾는 관광객들마저도 하객으로 만든다. 가을이면 노란 은행잎이 마당을 온통 덮어 운치를 더하는데 바람이 지나갈 때마다 비처럼 우수수 쏟아지는 노란 은행잎이 바닥에 수북하게 쌓여 아이처럼 동심에 젖게 만든다.

현대 문화와 전통적인 아름다움이 함께 조화를 이루며 어우러진 한옥마을은 어쩌면 우리가 추구해 나가야 할 참모습인지도 모른다. 전주는 한지공예와 판소리의 본고장으로 슬로시티로도 지정되었다. 가족의 손을 잡고 느린 걸음으로 한옥마을의 구석구석을 즐겨 보자.

전주향교의 가을 풍경과 전통혼례

수령 400년의 아름드리 은행나무가 멋스럽게 자리를 차지하고 있는 전주향교는 주말마다 전통방식으로 치러지는 혼례를 볼 수 있다. 가을이면 노란 은행잎이 마당을 온통 덮어 사진 촬영을 하려는 사람이 많이 찾는다.

위 오목대에 올라 바라본 전주 한옥마을 풍경이 아름답다.
아래 전주향교에서는 주말마다 전통혼례가 치러져 관광객도 많이 구경한다.

달빛이 유유히 흐르는 신선들의 마을
영동 월류봉

백화산에서 흘러내린 석천은 초강천과 합류하면서 기암절벽을 어우르는 다섯 봉우리의 월류봉을 만들어 낸다. 우암 송시열도 그 모습에 반해 한천정사를 짓고 학문을 연구했다고 하는데, 달도 머물 만큼 아름다운 산수 풍경은 신선들의 마을을 연상케 한다.

연계 교과
6-1 사회

체험 포인트
1. 월류봉 둘러보기
2. 반야사 문수전 올라보기

● **주소** 충청북도 영동군 황간면 백화산로 652(반야사) ● **가는 길 | 자가용** 경부고속도로 → 황간IC → 월류봉 → 반야사 | **대중교통** 황간 시외버스터미널 → 택시 이용 → 월류봉(도보 30분) ● **문의** 영동군 문화관광과 043-740-3206, 황간역 1544-7788, 황간 시외버스터미널 043-742-4015, 반야사 043-742-4199, 노근리 평화공원 043-744-1941 ● **먹을거리** 안성식당 043-742-4203, 한천가든 043-742-5056, 동해식당 043-742-4024, 홍삼빠가매운탕 043-744-0100 ● **잠자리** 달이머무는집 010-2541-7966, 산새소리민박 043-742-2040, 비취파크모텔 043-742-6001, 힐탑모텔 043-744-9172 ● **이색 체험과 축제** 영동포도축제 8월, 난계국악축제 10월, 영동곶감축제 12월 ● **주변 여행지** 옥천 둔주봉, 청주 대청호, 보은 속리산

석천을 따라 10여 분을 오르면 반야사에 이른다.

추천 코스

월류봉 전망대 → 반야사 주차장 → 반야사 대웅전 → 문수전

가족여행 팁

반야사 문수전 가는 길은 소풍 가는 길처럼 편안하고 즐겁다. 간단한 간식거리를 준비한다면 더욱 재밌는 길이 된다.

●● 수묵으로 그린 산수화 그대로의 모습을 발견하다

비단에 수를 놓은 듯 아름다운 우리 강산을 제일 잘 표현한 이미지는 단연 화선지에 먹으로 그려 낸 우리의 전통 산수화이다. 기암절벽과 어우러진 맑은 물줄기, 절벽 끝에 소나무를 등지고 세워진 정자, 그 아래로 안개가 살며시 흐르며 어디선가 흰 수염에 커다란 지팡이를 들고 신선이라도 나타날 것만 같은 풍경. 과연 그런 풍경이 있을까 싶지만 충북 영동에 가면 상상 속의 풍경과 딱 맞아 떨어지는 곳이 있다. 바로 월류봉이다.

백화산 자락에서 발원한 석천과 민주지산 물한계곡을 이루는 초강천이 어우러져 물돌이를 만들고, 깎아지른 절벽의 위용을 뽐내는 월류봉은 한천팔경의 제1경이라 불린다. 봄, 가을의 이른 아침엔 안개가 살짝 깔려서 주변 풍경이 몽환적이기까지 해서, 사진 좀 찍는다는 사람들 사이에서는 이미 잘 알려진 곳이기도 하다.

우암 송시열 선생은 일찍이 이곳에 한천정사를 짓고 학문 연구에 힘을 쏟았다고 한다. 여름철이면 능소화가 담장에 늘어진 한천정사의 마루에서 월류봉을 내려다보고 있으면 그 누구라도 시인이 될 것만 같다. 빨갛게 익어 가는 감처럼 농익은 가을 풍경에 취해 월류봉을 감상하다

세조의 피접 이야기

조선의 제7대 왕인 세조는 조카인 단종의 왕위를 찬탈하고 그 자리에 올랐다. 어느 날 단종의 어머니인 현덕왕후가 꿈에 나타나 "내 아들을 죽인 더러운 놈, 너에게 저주를 내릴 것이다."라고 하며 침을 뱉었는데 꿈에서 깨어나니 침을 뱉었던 곳에 피부병이 생겨났다고 한다. 세조는 불심에 의지하며 많은 사찰을 중창하고 건립하였고, 전국의 온천을 다니며 피접(자리를 옮겨 요양한다는 뜻) 생활을 하였지만 정신 질환과 피부병 때문에 결국 단명하게 된다. 그의 피접 생활에 정신적인 지주가 문수보살이다.

세조의 정신적 지주였던 문수보살이 모셔진 반야사 문수암은 절벽 꼭대기에 있다.

1. 안개 속에 모습을 드러낸 월류정은 한 폭의 수묵화를 보는 듯하다.
2. 소박하고 아름다운 한천마을을 산책하는 것만으로도 마음이 편안해진다.
3. 우암 송시열이 월류봉에 반해 이곳에 한천정사를 짓고 학문을 연구하였다고 한다.

보면, 그 자체로 충분히 힐링이자 휴식이 된다. 마구잡이로 개발된 그저 그런 관광지보다 묵묵하고 은은한 이런 풍경이 어쩌면 더 오래도록 기억에 남을지도 모른다.

●● 반야사 문수전에서 백화산의 정기를 느끼다

석천의 물길을 따라 백화산 줄기를 따라 들어가 보자. 풍부한 수량 덕분에 주변에 캠핑을 즐기는 사람들도 꽤 있는데, 골을 따라 깊숙이 들어가면 어느새 차량의 통행을 막는 차단기가 눈에 들어온다. 흙먼지 펄펄 일으키며 후루룩 차를 타고 지나기보다 졸졸 흐르는 물소리를 들으며 흙길을 걸어 보라는 산사의 배려라고 생각하면 기분 좋은 일이다. 소박한 일주문을 지나 10분이 채 걸리지 않아 길은 끝이 나고 어느새 아담한 절집에 닿는다. 절 마당으로 들어서면 정면의 커다란 돌무더기가 눈길을 끈다. 자세히 보면 마치 호랑이 한 마리가 도약을 하려는 듯 잔뜩 웅크린 채 꼬리를 치켜세우고 있는 것처럼 보인다.

반야사는 신라 성덕왕 때(720년)에 지어진 절로 알려져 있는데, 원래는 지금의 극락전이 대웅전이었다고 전해진다. 조선 시대에 와서 세조의 명을 받아 반야사를 크게 중창하면서 지금의 대웅전이 세워졌다. 극락전 앞에는 500년의 세월을 고스란히 품고 있어 신령스럽기까지 한 배롱나무 두 그루와 보물로 지정된 삼층석탑이 반야사의 고즈넉한 정취를 물씬 느끼게 한다. 여름이면 분홍빛 꽃이 피기 시작해서 100일간 피고 지고를 반복한다고 하여 백일홍이라고도 불리는 배롱나무의 늘어진 가지들이 바람에 살랑살랑 흔들린다.

절 마당을 지나 석천 옆으로 난 소로는 천혜의 전망대인 문수전을 향한다. 문수보살 하면 떠오르는 인물이 있다. 재위 기간 내내 피부병으로 고통을 받았던 조선의 세조 임금이다. 피부병을 고치기 위해 속리산 복천암을 들렀다가 올라가는 길에 이곳 반야사를 찾았는데, 꿈에 문수보살이 나타나 "영천에서 목욕을 하면 피부병이 씻은 듯이 사라질 것이다."라는 말을 전한 뒤 홀연히 사라졌다고 한다. 다른 왕들에 비해 유독 피부병이 심했던 세조는 불심에 의지해 병을 다스리고자 했으니 그와 얽힌 사찰과 암자의 이야기는 참 많은 편이다. 돌계단을 따라 10분 정도 오르면 가파른 절벽 끄트머리에 위태롭게 서 있는 문수전에 이른다. 난간 아래로 펼쳐지는 석천의 물굽이를 보고 있으면 백화산의 정기가 가슴속으로 밀려드는 듯 시원하다.

맑고 깨끗한 석천과 초강천 덕분에 황간 지역은 예로부터 다슬기가 많이 잡힌다. 황간 여행을 왔다면 올갱이, 혹은 올뱅이로 불리는 다슬기국을 맛보자. 읍내에는 50년 이상 대를 이어 온 식당들이 가득하다. 특히 가격은 조금 비싸지만 향기가 입안 가득 퍼지는 '능이버섯 올뱅이국'은, 한 번 먹어 본 사람은 잊지 못하고 다시 찾게 된다.

반야사 대웅전에서 호랑이 모양 돌무덤 확인하고 문수전까지 걸어가 보기

반야사 마당에 들기 전, 백화산 능선의 돌무덤 모양을 호랑이 모습과 비교해 놓은 그림이 있으니 찾아서 확인해 보자. 문수전까지 산책 삼아 아이들과 함께 걸어 보는 것도 좋다.

위 반야사 마당에 들어서면 정면에 호랑이 모양을 한 돌무더기가 눈에 들어온다.
아래 반야사 대웅전에는 석가여래상과 보현보살, 문수보살상이 모셔져 있다.

11월
091

새벽 운해에 휩싸인 산 위에 오르다
옥천 용암사

봄가을이면 옥천 주변의 강줄기를 따라 운해가 만들어져 이색적인 일출을 만날 수 있다. 특히 용암사에서 내려다본 옥천의 풍경은 말로 다 표현할 수 없을 만큼 아름답다. 자연의 아름다움과 위대함을 느낄 수 있는 그 현장으로 아이와 함께 가 보자.

연계 교과
1-2, 2-2 슬기로운 생활, 3-1, 5-1 사회, 3-1, 6-2 과학

체험 포인트
고려시대의 산천비보사상과 석탑 양식의 특징 살펴보기

●**주소** 충청북도 옥천군 옥천읍 삼청리 산51-1 ●**가는 길 | 자가용** 경부고속도로 옥천IC → 용암사 ●**문의** 옥천군 문화관광과 043-730-3412, 용암사 043-732-1400, 정지용문학관 043-730-3588, 장령산 자연휴양림 043-730-3491 ●**먹을거리** 옥천묵집(도토리묵밥) 043-732-7947, 선광집(도리뱅뱅, 생선국수) 043-732-8404, 마당넓은집(새싹비빔밥) 043-733-6350, 풍미당(물쫄면) 043-732-1827 ●**잠자리** 명가모텔 043-733-7744, 모텔마노 043-733-1522, 엘도라도민박 010-3422-3999, 장자마을 043-733-7472 ●**이색 체험과 축제** 이원묘목축제 3월, 지용제 5월, 포도축제 7월 ●**주변 여행지** 옥천 둔주봉, 청주, 장태산 자연휴양림

용암사 대웅전은 화려한 단청으로 곱게 단장한 채 옥천을 굽어보고 있다.

추천 코스

용암사 일출 → 용암사 경내의 보물과 유형문화재 관람 → 옥천 구읍의 정지용 생가

가족여행 팁

이른 아침에는 방한 복장을 갖추고 간식과 따뜻한 음료를 준비한다.

○● 나라를 잃은 마의태자의 슬픔이 깃든 절

용암사는 자동차를 타고 절 마당까지 올라갈 수 있는데, 정지용 시인의 고향인 옥천이 한눈에 내려다보인다. 또 해 뜰 무렵이면 운해와 어우러진 일출까지 볼 수 있다. 봄가을이면 옥천 주변을 구불거리며 수많은 물길을 만드는 금강과 대청호 때문에 운해의 위용이 대단한데, 사진 찍는 사람들에게는 성지순례지처럼 여겨지는 곳이다. 실제로 용암사의 새벽 풍경은 박수갈채를 받을 만큼 아름답다. 그 때문인지 미국 CNN이 선정한 한국의 50대 비경 중 하나로 꼽히기도 했다.

용암사는 신라 진흥왕 13년(552)에 의신조사가 장령산의 풍경에 감탄하여 지은 절이라고 알려져 있으니 1,500년에 가까운 역사를 가지고 있다. 하지만 임진왜란을 거치면서 대부분의 건물은 폐허로 변해 버려 새로 지어졌고, 또 일제 강점기 때에 용암사의 유래가 되었다는 용 모양의 바위도 파괴되어 흔적만 남아 있다. 옥천의 남쪽 끄트머리 장령산 중턱에 자리 잡은 용암사로 가기 위해서는 소정저수지를 따라 가파른 산길을 구불거리며 올라야 하지만 그래도 차를 타고 올라갈 수 있어 다행이다.

아이들과 함께 새벽 운해를 보는 것은 어지간한 정성과 노력으로는 힘

**마의태자와
신라 멸망의 역사**

신라의 마지막 왕인 경순왕은 찬란했던 천 년의 역사를 뒤로 하고 후백제와 고려의 압박에 못 이겨 고려의 왕건에게 나라를 내준다. 경순왕의 태자였던 마의태자(麻衣太子)는 나라 잃은 슬픔을 안고 금강산으로 들어가 마로 지은 옷을 입고 평생을 살았다고 한다.

마애석불은 마의태자를 그리며 만들었다고도 전해진다.

1. 용암사 쌍삼층석탑은 보물 제1338호이다. 서로 꼭 닮은 형태가 인상적이다.
2. 용암사 대웅전에는 아미타여래를 비롯한 삼존불이 모셔져 있다.
3. 장령산에서 바라다본 옥천의 운해 낀 일출이 환상적이다.

든 일이다. 이른 새벽에 일어나는 것도 문제지만 다시 산을 올라야 하기 때문에 열에 아홉은 포기하고 만다. 그런 면에서 옥천의 용암사는 단지 몇 걸음만 옮기면 환상적인 풍경을 볼 수 있어 수월하다.

가파른 산의 능선에 지어진 절인 만큼 대웅전을 비롯하여 천불전과 산신각이 한 곳에 모여 있어 발품을 많이 팔지 않아도 되는데 그래서 그런지 이곳에는 일주문이나 사천왕문이 없다. 이 절은 마의태자에 얽힌 이야기도 전해진다. 기록이 남아 있는 역사 중 가장 오랫동안 나라의 이름을 지켜온 신라의 마지막 태자이다. 후백제의 견훤과 고려의 왕건이 세력을 키워 압력을 가하자 더 이상 무고한 백성들을 죽음으로 몰 수 없다며 신라를 고려의 왕건에게 넘겨 주던 경순왕의 아들인 마의태자가 나라 잃은 슬픔을 안고 개골산(겨울 금강산의 다른 이름)으로 가던 중 잠깐 들렀던 곳이 바로 이곳 용암사이다.

●● 용암사 곳곳에 자리한 문화재

마의태자를 기리기 위해 새겼다는 전설을 안고 있는 마애석불은 충청북도 유형문화재 제17호로 지정되었는데, 용암사의 제일 높은 곳에 자리 잡고 있다. 커다란 바위의 한가운데에 새겨진 부처의 모습은 특별한 장식 없이 소박하며, 위쪽으로는 비가 들이치지 않도록 바위를 깎아 처마를 만든 것이 특이하다. 여기서 기도를 하면 이루어지지 않는 일이 없다고 한다.

이 절에서 또 빼놓지 말고 보아야 할 것이 대웅전에 모신 불상이다. 대웅전 앞쪽에는 불의 기운을 막아 화재를 예방하려고 만든 '드무'가 놓여 있다. 그 안쪽에는 삼존불이 모셔져 있는데, 가운데에는 영주 부석사와 마찬가지로 아미타여래(유형문화재 제193호)의 좌불상이 놓여 있다. 보통은 아미타여래를 모신 전각을 무량수전이라 해야 하는데, 뒤쪽의 목각 탱화에 석가여래의 모습이 있기 때문에 대웅전이라 한 것으로 보인다. 아무튼 이 아미타여래가 만들어진 기원을 알게 된 것은 1880년 경에 불상의 복장을 개봉하였다가 그 속에서 다라니경이 발견되면서부터이다. 1651년(효종 2년)에 만들어진 목조여래는 금박을 입혀 놓았는데 양쪽으로 지장보살과 관세음보살이 자리를 지키고 있다.

용암사에는 보물 제1,338호로 지정된 문화재가 있는데 바로 용암사에서 장령산 정상으로 오르는 등산로 입구에 있는 쌍삼층석탑이다. 절 내 탑, 전각, 범종 등의 배열을 '가람배치'라고 하는데 일반적으로 전각 앞쪽 마당에 탑을 세우는 양식을 벗어나 절의 측면 북쪽에 2개의 탑을 세운 것이 특이하다. 아마도 산천의 쇠퇴한 기운을 보충한다는 산천비보사상에 따라 대웅전 앞이 아닌 북쪽 낮은 봉우리에 탑을 세운 것이리라. 고려시대 석탑의 특징답게 옥개받침(지붕처럼 덮는 돌)이 3단으로 되어 있는 이 쌍삼층석탑을 지나 20분만 오르면 장령산 주능선에 닿는다.

거북바위를 거쳐 팔각정까지는 기울기가 완만해 크게 힘들이지 않고 오를 수 있는데, 걸음을 옮길수록 발아래에 펼쳐지는 풍경은 더욱 멋스러워진다. 경부선 KTX 열차가 빠르게 지나가는 것을 보고 있으면 1,500년 세월을 지낸 용암사의 시간도 함께 지나가는 것 같다.

운해와 함께 해돋이 감상하기

일교차가 크게 벌어지기 시작하면 옥천지역에 운해가 쉽게 생긴다. 바람이 불지 않는 날이어야 하고, 전날 낮 기온이 높고 다음날 아침 기온이 낮을 때면 어김없이 짙은 안개가 낀다. 장령산 용암사는 그리 높은 곳은 아니지만 운해를 보기에 안성맞춤이다. 미리 일기예보를 확인하는 것이 좋다.

용암사의 등산로에 있는 바위에 오르면 황홀한 일출을 볼 수 있다.

경주 역사유적지구

신라의 문화유산 속에서 역사를 배우다

경주는 삼국시대부터 통일신라시대까지 이어지는 신라의 역사를 한눈에 살펴볼 수 있는 역사적 공간이다. 천 년의 역사를 가진 경주의 이곳저곳을 살펴보며 역사의 현장을 직접 느끼고 배울 수 있다. 부모님의 친절한 설명과 함께 하나하나 새로운 역사적 사실을 알아가는 재미가 있다.

체험여행

연계 교과
5-1 사회

체험 포인트
1. 대릉원과 계림 걷기
2. 경주국립박물관 관람하기
3. 토함산에 올라 석굴암 살펴보기

● **주소** 경상북도 경주시 ● **가는 길 | 자가용** 경부고속도로 경주 IC → 오릉 삼거리에서 좌회전 → 문천교 → 황남초등학교 사거리에서 우회전 → 대릉원 | **대중교통** 서울에서 경주까지 고속버스나 열차 이용 ● **문의** 경주시 문화관광과 guide.gyeongju.go.kr/deploy/index.html, 경주역 관광안내소 054-772-3843, 불국사 관광안내소 054-746-4747, 토함산 자연휴양림 054-772-1254, 경북관광홍보관 054-745-0753, 서라벌관광정보센터 054-777-1330 ● **먹을거리** 대구갈비(갈비찜) 054-772-1384, 원조콩국수(콩국) 054-743-9643, 부성식당(비빔밥) 054-745-2258, 별당(경주한정식) 054-773-7790, 황남 맷돌순두부(두부전골) 054-748-9232 ● **잠자리** 대명리조트 1588-4888, 경주한화콘도 054-745-8060, 경주한국콘도 054-777-2780, 서라벌옛집 054-776-0771, 락희원 054-744-6295 ● **이색 체험과 축제** 경주 떡과 술잔치 10월 초, 신라문화제 10월 초 ● **주변 여행지** 울산 간절곶, 울산 대왕암공원, 울산 강양항, 경주 감포

불국사의 청운교와 백운교가 화려한 듯하면서도 단정한 멋을 부리며 놓여 있다.

추천 코스

대릉원 → 계림 → 석빙고 → 경주국립박물관 → 안압지 → 불국사 → 석굴암

가족여행 팁

역사적 기록들을 미리 알아보고, 봐야 할 것을 확인해 두는 것이 좋다.

○● 우리나라의 대표 역사 탐방지, 경주

삼국을 통일하고 한반도 땅에서 당나라를 몰아냄으로써 우리나라 최초의 통일을 이루었던 신라는 우리나라 역사를 통틀어 가장 화려했던 문화를 자랑하는데, 그 수도가 지금의 경주, 서라벌이다. 한국을 대표하는 우리 문화 발상지의 하나로 꼽힐 만큼 찬란했던 신라문화는 지금까지 이어져 유네스코 세계문화유산에 등재되기도 했다. 서울에서 가려면 예전만 해도 고속버스나 기차를 타고 반나절을 가야 했는데, 이제는 KTX가 생겨서 빠르고 편리해졌다.

가벼운 산책 코스에서부터 역사 유물을 찾는 코스까지 보고 느낄 곳이 많으니 조금 여유를 두고 천천히 둘러보는 게 좋다. 보통 여행지를 찾을 때 코스를 정하고 그곳의 정보를 수집해서 가는 경우는 매우 드물다. 하지만 아이들과 함께하는 여행이라면 부모가 이런 일을 게을리하면 안 된다. 특히 경주처럼 역사 관련 문화재가 많은 곳이라면 더욱 그렇다. 부모가 직접 설명해 주는 신라의 역사와 문화재는 아이에게 충분히 효과적인 교육이 될 것이다.

봄이 절정에 다다를 무렵 경주 보문단지 주변으로는 하얗게 피어나는 벚꽃이 터널을 이루어 많은 사람이 꽃 구경을 나오는데, 이 시기에 역

다보탑 탄생 배경

다보탑의 탄생 배경에는 불교의 《법화경》이 있다. 석가 이전의 부처인 다보여래는 "내가 부처가 된 뒤 누군가 《법화경》을 설법하는 자가 있으면 내 그 앞에 탑 모양으로 솟아날 것이다."라고 약속했다. 훗날 석가가 《법화경》의 진리를 말하자 정말로 그 앞에 온갖 보물이 가득하고 5,000개의 난간, 1,000만 개의 감실(龕室)로 장식된 화려한 탑이 솟아났다고 한다. 이를 바탕으로 다보여래의 사리를 모시기 위해 751년(경덕왕 10년)에 김대성이 불국사를 중건하면서 함께 이 탑을 세운 것으로 알려져 있다.

우리나라 대표 탑 중 하나인 다보탑은 그 건축 기술이 놀랍다.

1. 불국사 대웅전 앞에 다보탑과 석가탑이 나란히 서 있다.
2. 지증왕의 무덤으로 추정되는 천마총 안으로 직접 들어가 볼 수 있다.
3. 신라시대의 천문대로 알려진 국보 제31호의 첨성대가 오랜 세월 동안 그 자리를 꿋꿋이 지키고 있다.

사탐방을 목적으로 여행을 떠났다가는 낭패를 볼 수 있다. 경주 여행은 오히려 관광객의 숫자가 적은 겨울철이 더 제격이다. 수도권과 강원도처럼 북쪽 지방에 비하면 기온이 훨씬 따뜻하니 날씨에 대한 부담도 적다.

●● 대릉원에서 불국사에 이르는 길

경주 톨게이트를 빠져나가면 널찍한 왕복 6차선 도로가 시원스레 이어지는데, 경주를 처음 찾았다면 우선 대릉원으로 가 보자. 대릉원 주변은 굳이 차를 타고 돌아다니지 않아도 될 만큼 오밀조밀 여러 유적이 모여 있어 걸으면서 구경하기에 딱 좋다. 게다가 왕릉 주변은 숲이 우거져서 공원 같은 느낌이다. 대릉원을 나와 첨성대(국보 제31호)를 둘러보고 그 건너편에 내물왕릉이 있는 계림을 산책하듯 거닐어 보자. 그러고는 숲길을 따라 반월성을 지나면 석빙고를 만나게 된다. 신나게 수다를 떨고 사진도 찍으면서 걸어도 30분이면 충분한 시간이므로 느긋한 발걸음으로 걷는다. 석빙고 옆으로는 성덕대왕신종이 모셔진 경주국립박물관이 있어 아이들의 체험학습장으로 제격이다. 그 건너편에는 신라시대를 대표하는 원지(정원과 연못)인 안압지가 있는데 해 질 무렵 서쪽 하늘이 붉게 물들어 가면, 조명이 하나둘씩 켜지면서 천년 고도의 신비로움이 되살아난다.

토함산 자락에 위치한 불국사와 석굴암은 유네스코 세계문화유산에 나란히 그 이름을 올렸다. 특히 지상에 세워진 부처님의 나라를 의미하는 불국사에서는 다양한 국보급 문화재를 볼 수 있는데, 자세히 살펴보면 옛 조상의 예술성이 그대로 느껴진다. 부처의 나라로 가려면 물과 구름을 건너야 한다고 해서 지어진 청운교와 백운교를 지나면 자하문으로 들어서는데 그 뒤로 아름다운 자태의 다보탑과 석가탑이 우뚝 서 있다.

대웅전 앞뜰에 국보 제21호 석가탑과 나란히 놓인 국보 제20호 다보탑의 높이는 10.4m로 석가탑과 같다. 당나라의 장공과 누이동생 아사녀에 관한 설화가 담긴 석가탑은 무영탑이라고도 불리는데 단아하면서 차분한 양식을 띠고 있는 반면, 다보탑은 세계 어느 탑에서도 찾아볼 수 없는 독특하고 화려한 양식으로 지어졌다. 탑은 한국, 중국, 일본 등 불교를 믿었던 나라에 수백 개가 지어졌지만 불국사의 다보탑은 그중 최고의 예술품으로 찬사를 받고 있다. 자랑스러운 우리 문화재의 보고라고 할 수 있는 경주 여행을 통해 우리나라에 대한 자부심을 느낄 수 있을 것이다.

대릉원 산책하기

신라시대의 왕족과 귀족 등의 무덤 23기가 모여 있으며 그중 신라시대 최고의 금관이 발견된 천마총은 대릉원 중에서도 최고로 꼽힌다. 짙은 소나무향이 가득한 대릉원을 싸목싸목 걷다 보면 천년 고도의 찬란했던 문화 속으로 시간 여행을 떠나는 듯하다.

경주국립박물관 관람하기

경주의 역사를 한눈에 살펴볼 수 있는 곳으로 가운데에 있는 고고관을 중심으로 어린이박물관, 특별 전시관, 미술관, 옥외전시관, 안압지관, 수묵당과 고청지, 서별관, 종각 등으로 이루어져 있다.

주소: 경상북도 경주시 일정로 186
시간: 09:00~18:00(토요일, 공휴일은 1시간 연장/매년 1월 1일과 매주 월요일은 휴관), 야간: 09:00~21:00(3~12월 중 매주 토요일)
문의: 054-740-7500, 7501

대릉원은 공원처럼 산책하기 좋은 곳이다.

12월
093

갈대의 멋과 한산모시의 전통을 만나다
서천 갈대밭 & 동백정

한산모시 짜기가 유네스코 인류무형유산에 등재되면서 서천군 한산면은 다시금 사람들의 많은 관심을 받게 되었고 주변에 있는 신성리 갈대밭의 매력도 재조명되었다. 전통과 자연을 그대로 보존하고 있는 서천으로 여유로운 겨울 나들이를 떠나 보자.

연계 교과
3-1, 5-1 사회

체험 포인트
한산모시관에서 전통 방식으로 모시 짜는 법 살펴보기

● **주소** 충청남도 서천군 한산면 신성리(신성리 갈대밭) ● **가는 길 | 자가용** 서해안고속도로 동서천 IC → 신성리 갈대밭 → 한산모시관 → 서천조류생태전시관 ● **문의** 서천군 문화관광과 041-950-4226, 신성리 갈대밭 041-950-4224, 한산모시관 041-951-4100, 서천조류생태전시관 041-956-4002 ● **먹을거리** 금강식당(우어회) 041-951-1152, 바닷가횟집(김굴탕) 041-953-7000, 소문난해물칼국수(열무찰보리밥) 041-952-2204, 우리집우렁쌈밥(우렁쌈밥) 041-956-5666 ● **잠자리** 씨가든 041-952-5002, 엘림펜션 041-953-9977, 해우리펜션 041-951-7757, 서도하이빌펜션 041-953-0014 ● **이색 체험과 축제** 한산모시문화제 6월 ● **주변 여행지** 무창포, 군산, 선유도, 부여

신성리의 갈대밭은 로맨틱한 분위기를 만들어 연인들이 많이 찾는다.

추천 코스

신성리 갈대밭 → 한산모시관 → 서천조류생태전시관 → 마량항 동백정

가족여행 팁

12:00~14:00에는 한산모시관 시연자의 식사 시간이다.

● 철새들의 보금자리, 신성리 갈대밭

서천을 서산과 헷갈려하는 경우가 많은데, 서천은 군산의 강 건너에 있는 마을이다. 금강을 경계로 남쪽은 군산, 북쪽은 서천인 셈이다. 영화 〈공동경비구역 JSA〉에서 북쪽과 남쪽의 경비병이 갈대숲에서 숨 막히는 대립을 하면서 손에 땀을 쥐게 했던 장면을 기억할 것이다. 그 배경이 서천 금강변의 신성리 갈대밭이다. 전라남도 순천시의 순천만, 해남의 고천암호, 안산의 시화호와 함께 4대 갈대밭으로 꼽힌다. 밤이면 철새의 보금자리 역할까지 하는데, 키가 무려 2m를 훌쩍 넘겨서 사람들이 갈대밭으로 들어가면 서로 어디에 있는지도 제대로 알 수 없다. 폭 150m에 길이 1km가 넘는 갈대밭이 무려 20만m²에 이르는데, 다양한 이름의 산책로를 따라 걸으면서 시와 노래를 읽고 퀴즈풀이도 할 수 있어 재미있다.

●● 한산모시의 명맥을 잇는 곳

서천군 한산면은 한산모시로 유명한 곳이다. 모시는 삼베에 비해 귀하고 고급스러운 소재인데, 그 구별을 어려워하는 사람들도 있다. 두 옷감 모두 통풍이 잘되고 시원한 특징을 가졌으며, 삼베는 광택이 있고

삼베와 모시의 차이

삼베
1. 삼이라는 식물의 껍질을 이용하여 만든 옷감. 우리나라의 기후나 토양이 삼을 재배하기에 알맞아 옛날에 서민들이 많이 사용하였다.
2. 옷감에 촘촘한 구멍이 있어 바람이 잘 통하고 땀이 많이 나도 달라붙지 않는다.
3. 주로 여름 옷감, 탁상보 등에 쓰이며 구김이 잘 가는 것이 흠이다.

모시
1. 모시풀의 껍질로 만든 실로 짠 옷감. 가볍고 촉감이 부드러우며 공기가 잘 통해서 시원하다.
2. 모시는 생육 환경이 까다로워 서천 한산지역에서만 자란다.
3. 삼베보다 올이 가늘고 더욱 촘촘하게 만들어진 고급 옷감이다.

중요무형문화재 제14호 한산모시 짜기 보유자 방연옥 씨가 모시를 짜고 있다.

1. 2월과 3월의 동백정에는 아름드리 동백나무 80여 그루(천연기념물 제169호)가 꽃을 피운다.
2. 한산모시관에서는 모시 짜는 모습을 직접 눈으로 볼 수 있고 마당에서 전통놀이도 즐길 수 있다.
3. 춘장대 해수욕장에서 여유롭게 해안가를 걸어봐도 좋다.

물에도 강한 성질을 갖고 있다. 무엇보다 모시는 우리나라 서천군 한산면에서만 겨우 자랄 수 있으니 얼마나 귀한 물건인지 알 수 있을 것이다.

모시는 숙달된 기술자가 3~4개월을 꼬박 매달려야 한복 한 벌이 나온다. 하지만 남성 상의 한 벌이 70~80만 원 정도로, 쏟아 부은 정성과 노력에 비하면 인건비조차도 남길 수 없는 가격이다. 더구나 요즘은 중국산 저가제품이 밀려들어 오면서 점차 그 명맥을 이어 나가기 힘들어졌다. 하지만 2011년 11월, 뜻밖의 깜짝 뉴스에 온 국민이 놀랐다. 줄타기, 택견과 함께 중요무형문화재 제14호인 한산모시 짜기가 유네스코 인류무형유산에 등재된 것이다. 덕분에 한산모시 홍보관의 모시 짜기 기능 보유자인 방연옥 여사는 요즘 모시 짜는 일이 더욱 자랑스러워졌다. 또 예전에는 작은 민속촌쯤으로 생각하며 무심히 지나쳤던 많은 사람도 우리의 문화재에 대해 다시 생각해 볼 수 있게 되었다.

서천은 금강의 하구에 접해 있어 군산과 더불어 12월에 겨울 철새를 보기에 좋은 장소이다. 특히 금강하구둑 근처에는 서천조류생태전시관 등을 갖추어 아이들의 학습에도 적합하다. 하구둑은 바닷물과 강물이 합쳐지는 곳으로 철새의 먹잇감이 되는 다양한 생물이 살고 있다. 그래서 서천조류생태전시관 주변에 서 있으면 시도 때도 없이 머리 위로 다양한 종류의 철새가 지나다닌다.

장항선 열차의 마지막 종점으로 알려진 마량은 서해에서 해 뜨는 모습과 해 지는 모습을 동시에 볼 수 있는 몇 안 되는 명소 중 하나다. 그래서 연말연시에는 그 장관을 보려고 수많은 사람이 몰려든다. 띠목섬에서부터 마량포구까지 곡선을 그리며 이어지는 해안도로를 따라 마량항으로 들어서다 보면 원색의 등대 2개가 시선을 끌어당긴다. 보기만 해도 마음이 시원해지는 느낌이다. 마량포구의 방파제 너머로는 수령이 500년이나 되는 동백나무 군락이 위풍당당하게 자리 잡고 있다. 거센 바닷바람과 폭풍우를 이기고 피어난 동백은 겨울에 더욱 빛을 발한다. 성질 급한 녀석들은 12월임에도 불쑥불쑥 시뻘건 얼굴을 들이밀기도 한다.

동백정에 올라서서 바라보는 서해의 풍경은 시원스럽기만 하다. 해안선을 따라가면 바로 옆으로 춘장대 해수욕장이 나온다. 오래전에 동백해수욕장 자리에 서천화력발전소가 들어서면서 그 대안으로 새로이 개발된 해수욕장인데, 원래 이 땅 소유자의 이름을 따서 붙여진 이름이라 한다. 해안선의 길이가 무려 2km나 이어지는 해수욕장 뒤편으로는 아카시아나무가 울창한 숲을 이루고 있어서 봄이면 해풍을 타고 은은하게 아카시아 향기가 퍼져서 마음을 설레게 한다. 하루에 둘러보기에는 벅찰 정도로 구석구석 알짜배기 여행지가 가득한 서천에서 잊지 못할 추억 하나쯤 만들어 보는 것도 좋다.

가창오리 군무 보기

우리나라 대표 철새 도래지로 유명한 서천에서는 12월에 찾으면 아름다운 가창오리 떼의 군무를 볼 수 있다. 특히 금강하구둑 근처에 있는 서천조류생태전시관에서는 철새에 대한 다양한 자료를 볼 수 있어 아이들에게 유익하다. 해 질 무렵이면 수만 마리의 가창오리 떼가 무리지어 날아오르는 장관을 볼 수 있다.

서천은 금강의 하구로 철새들의 낙원이기도 하다.

장태산 자연휴양림

숲 속을 걸으며 몸과 마음을 정화시키다

숲에서만 느낄 수 있는 치유의 체험을 온몸으로 누린다. 특히 이곳의 숲 체험 스카이웨이를 걷다 보면 땅에서만 만나던 숲의 새로운 모습을 많이 발견할 수 있다. 놀이와 교육, 치유를 모두 할 수 있는 장태산 휴양림을 누비며 몸과 마음이 정화되는 놀라운 경험을 해 보자.

연계 교과
1-2, 2-2 슬기로운 생활, 4-1, 4-2, 5-1, 6-1, 6-2 과학, 4-1, 6-1, 6-2 사회

체험 포인트
1. 숲 체험 스카이웨이 걷기
2. 전망대 오르기

●**주소** 대전광역시 서구 장안동 67 ●**가는 길 | 자가용** 경부고속도로 → 호남고속도로 서대전IC → 가수원 네거리 → 장태산 자연휴양림 **| 대중교통** 서대전역 → 1, 201번 시내버스 이용 → 신원상가 하차 → 22번 버스 환승 → 장태산 자연휴양림 ●**문의** 장태산 자연휴양림 042-585-8061, 대전시 문화관광과 042-600-3114, 대전 뿌리공원 042-581-4445 ●**먹을거리** 연산홍(숯불장작구이) 042-587-3392, 농부가든(시골밥상) 042-584-2254, 가수원횟집(송어회) 042-541-6444, 별의별난맛집(우렁쌈밥) 042-581-5677 ●**잠자리** 장태산 자연휴양림 042-585-8061, 장태산 스카이펜션 011-9812-0499, 루체 042-585-4300, 송가네황토민박 042-585-4598 ●**이색 체험과 축제** 대전 뿌리문화 축제 5월, 계족산 맨발축제 5월 ●**주변 여행지** 대청호, 청주, 옥천 용암사, 옥천 둔주봉

장태산 자연휴양림에는 아이들을 위한 놀이시설도 마련되어 있다.

추천 코스

휴양림 안내도 참고: 계곡댐 → 곤충원 → 야생화원 → 만남의 숲 → 생태연못 → 어린이놀이시설 → 숲속어드벤처 → 피크닉놀이마당 → 다목적구장 → 메타세쿼이아 삼림욕장 → 산림문화휴양관 → 임간교실 → 숲속의 집 → 교과서 식물원 → 암석식물원 → 전망대 → 형제바위

가족여행 팁

피톤치드는 10:00~14:00에 가장 많이 발산되므로 이 시간을 이용한다.

○● 맑은 공기를 마시며 온몸을 정화하는 휴양림

나무가 모여 군락을 이루는 곳을 숲이라고 하는데, 키다리 메타세쿼이아가 숲을 이루면 그 멋이 한층 더해진다. 담양의 학동 교차로가 우리나라 메타세쿼이아 가로수길 1번지라면, 대전 장태산 자연휴양림은 국내 유일의 메타세쿼이아 숲이다.

장안저수지를 지나 좁은 길을 따라 들어가면 이내 휴양림 주차장에 닿는데, 들어서는 입구부터 온통 늘씬한 멋쟁이 나무로 둘러싸여 분위기가 색다르다. 게다가 휴양림의 숙박시설과 특별한 장소를 이용하는 게 아니라면 무료로 숲을 이용할 수 있다는 점도 매력적이다. 원래 이곳은 임창봉(1922~2002) 선생이 1972년부터 죽기 직전까지 20만여 그루의 나무를 심고 가꿔 온 사설 휴양림이었으나 대전시가 매입하여 새롭게 가꾸었다. 30만여 평에 20만여 그루의 나무가 심어졌으니 거의 1.5평에 나무 한 그루가 심긴 셈이다.

숲이 우리에게 주는 이득은 어마어마하다. 옛날에는 산에 있는 나무를 베어 땔감으로 쓰고, 집을 만들고, 가구를 만드는 등 소비만을 목적으로 했지만 최근에는 숲의 중요성을 깨닫고 조림사업에 많은 투자를 기울이고 있다. 통계적으로 보면 조림사업 40년간 숲이 만들어 내는 공

피톤치드(phytoncide)

나무를 뜻하는 '피톤(phyton)'과 죽인다는 뜻의 치드(cide)'가 합쳐진 말로 식물이 병원균·해충·곰팡이에 저항하려고 내뿜거나 분비하는 물질이다. 삼림욕을 통해 피톤치드를 마시면 스트레스가 해소되고 장과 심폐 기능이 강화되며 살균 작용도 이루어진다.

나무가 가득한 숲을 걸으며 온몸으로 피톤치드를 받아들인다.

1. 장태산 자연휴양림은 곳곳에 의자가 놓여 있어 걷다가 힘들면 잠시 쉬면서 나무를 살펴본다.
2. 곳곳에 나무에 대한 정보가 달려 있어서 아이들의 생태학습에 효과적이다.
3. 스카이타워에서는 스카이웨이를 비롯해 주변의 휴양림 풍경을 조망할 수 있다.

익적 가치는 100조 원에 육박하는 것으로 나타났다. 그러니까 국민 한 사람당 1년에 200만 원에 가까운 혜택을 보고 있는 셈이다. 무슨 이야기냐고 말하는 사람도 있겠지만 아주 단적인 예로, 국내 산림의 저류량(191억 톤)만큼 물을 저장하려면 소양강댐 10개를 건설해야만 하니 얼마나 대단한가.

우리나라에서 발생하는 이산화탄소의 10%를 숲이 정화하고 맑은 산소를 내뿜는다고 하니 숲 속에 들어와 있으면 느껴지는 신선함의 이유를 알 것이다. 숲 속을 거닐며 맑은 공기를 마시는 것을 삼림욕이라고 하는데, 난치성 피부염인 아토피는 요즘 아이들 둘 중 하나는 가지고 있을 만큼 보편적인 병인데도 뾰족한 치료 방법이 없는 실정이다. 오로지 인공적이지 않고 자연적인 것들로만 치료가 가능한데 가장 효과적인 것이 산속을 걸으며 하는 피톤치드 삼림욕이다.

●● 나무와 눈높이를 맞추며 걷는 숲 체험 스카이웨이

우리나라 휴양림 가운데 가장 많은 피톤치드가 발생된다고 알려진 장태산 자연휴양림은 그런 면에서 아토피를 가진 아이들에게 더 유용한 곳이다. 숲에서 하루 종일 뛰놀고 숨 쉬고 있으면 되니 얼마나 쉽고 재미있는 치료인가. 숲은 피톤치드나 산소와 같은 화학적이고 정량적인 효과도 있지만 그보다 우리의 마음에 미치는 무형적인 효과가 훨씬 더 크다. 숲의 초록이 주는 청량감을 느끼는 것은 물론 자연 경관의 아름다움에 감탄하고, 답답한 일상에서 벗어나 사람의 마음을 치료한다. 또한 숲을 걸으면서 운동의 효과도 누리게 된다. 나무가 만들어 내는 음이온은 혼탁한 공기나 환기가 안 된 실내, 폭풍우 직전에 많이 발생한다고 알려진 양이온을 상쇄시켜 주는데, 침엽수림이 가득한 숲 속의 음이온은 도심보다 70배나 많이 발생한다고 알려져 있다.

더구나 대전 8경 중의 하나인 장태산 자연휴양림은 그저 단순히 숲 속을 거니는 정도가 아니라 다양한 체험거리가 있는 테마 휴양림이기에 아이들이 누릴 수 있는 즐거움은 한층 더하다. 생태연못과 아이들의 놀이터를 지나면 특별한 구조물이 30m 높이의 메타세쿼이아 나무 사이의 허공 속에 놓여 있다. '숲 체험 스카이웨이'로 이름 붙여진 이 길을 따라가면 나무와 어깨를 나란히 하며 걸을 수 있는데 기분이 묘하다. 아래에서 보는 느낌과 높은 곳에서 보는 메타세쿼이아의 느낌은 또 다르다. 숲에 대한 다양한 안내판을 읽으며 걷는 것도 꽤 재미있다.

뱅글뱅글 나선형 길은 스카이타워로 이어지는데, 그 꼭대기에 오르면 휴양림의 모습이 한눈에 들어온다. 휴양림 안에는 길이 12km의 숲길이 이어지고 어디서나 쉽게 쉬어 갈 수 있게 편의시설이 깨끗하게 마련되어 있다. 또 매점 부근에는 아름다운 시와 글이 가지런히 놓여 있어 그것을 읽고 있으면 시간 가는 줄을 모른다. 숲 속에서 즐겁고 평화롭게 걷기만 해도 온몸이 건강해지는 놀라운 경험을 할 수 있다.

숲 체험 스카이웨이 걷기
숲속 휴게실 뒤쪽에 자리하며 메타세쿼이아 숲 사이로 이어지는 높이 12m, 길이 116m의 하늘길이다. 숲의 중층 생태를 눈높이에서 체험해 보는 이색적인 숲 체험 코스다. 스카이웨이를 거닐면서 나무를 만지고 숲 내음을 맡는 재미가 쏠쏠하다.

전망대 오르기
등산로 정상에 있는 목조 2층 팔각정자(면적 16m²)에서는 휴양림 입구의 용ts울저수지를 관망할 수 있다. 시원한 풍경을 바라보며 잠시나마 일상에서의 피로를 씻어 내자.

위 스카이웨이의 옆으로 숲에 대한 설명이 붙어 있다.
아래 휴양림 전망대의 팔각정에서 저수지 주변 풍경을 조망할 수 있다.

서산 천수만 간월도

철새들의 낙원을 찾아 떠나다

서산의 간월도는 동양의 몽생미셸이라 불릴 만큼 아름답다. 밀물 때는 섬이었다가 썰물 때는 다시 육지와 연결되는 신비로운 섬으로 떠나 보자. 아이들에게 갯벌도 보여 주고, 밀물과 썰물의 차이를 눈앞에서 직접 볼 수 있게 해 주어 교육적으로도 좋다.

연계 교과
2-1, 2-2 슬기로운 생활, 4-2, 5-1 사회, 3-1, 3-2, 4-1, 4-2 과학

체험 포인트
탐조대에서 망원경으로 철새 관찰하기

●**주소** 충청남도 서산시 부석면 간월도리 ●**가는 길 | 자가용** 서해안고속도로 홍성 IC → 좌회전(40번 국도) → 천수만(간월도) ●**문의** 서산시 문화관광과 041-660-2114, 간월암 041-664-6624, 서산버드랜드 041-664-7455, 서산류방택천문기상과학관 041-669-8496 ●**먹을거리** 큰마을 영양굴밥(굴밥) 041-662-2706, 간월도횟집(회) 041-661-7821, 경성식당(계국지) 041-667-3333, 향토(꽃게장) 041-668-0040 ●**잠자리** 간월도 노을펜션 041-662-5218, 철새마을 041-664-9919, 남문토방펜션 041-664-5079, 유니콘 모텔 041-669-4447 ●**이색 체험과 축제** 남당리 새조개 & 대하축제 2월 & 9월 ●**주변 여행지** 해미읍성, 천주교 순교성지, 안면도, 태안 해변길

남당항에 물이 빠지면 해안을 걸을 수 있다.

추천 코스

남당항 → 간월도 → 서산버드랜드

가족여행 팁

만조 때가 되면 간월도에 갯배를 타고 들어가야 하므로 물때를 확인한다.

●● 서해안 간척 사업으로 만들어진 천수만방조제

서해안을 대표하는 지방 중 하나인 태안반도. 안면도를 품고 있는 태안군, 왜목마을이 유명한 당진군, 철새의 보금자리로 탈바꿈한 천수만을 끼고 있는 서산군이 모여 하나의 커다란 반도를 형성하고 있다. 서산은 북쪽 끝자락의 대산부터 남쪽의 천수만까지 기다란 형상으로 이루어져 있는데, 그 위아래 끄트머리는 모두 바다에 접해 있고, 나머지는 내륙에 포함되어 있다. 서해안의 해안가를 다니다 보면 방조제를 많이 보게 되는데 그만큼 해안선의 형태가 복잡하고 간척 사업이 수월한 지형이다. 땅 한 뼘이 아쉬운 나라인지라 바다를 메워 땅으로 탈바꿈시키고 싶은 심정은 당연한 일이다. 세계 3대 갯벌 중 하나를 가지고 있어 세계인의 부러움을 한 몸에 받고 있음에도 불구하고, 바다의 허파라고 불리는 그 서해안의 갯벌을 파묻어 가며 땅따먹기를 하고 있는 것이 과연 옳은 일인지는 잘 모르겠다.

어쨌든 서해의 매력은 숨은그림찾기처럼 곳곳에 묻어나는데, 동해는 깔끔하고 정갈한 맛이 느껴지는 반면 서해는 아기자기하고 볼거리가 많다.

갈산 교차로에 닿은 후 시원스러운 왕복 4차선 도로의 40번 국도를 이

천수만을 찾는 철새

큰고니: 세계적인 희귀 조류로 멸종위기 동식물의 국제 거래에 관한 협약에 수록되어 있다.

흑두루미: 두루미목 두루미과로 천연기념물 제229호, 멸종위기 2급으로 분류되어 있다.

가창오리: 반달오리라고도 불리며, 북한에서는 태극오리로 통한다.

황새: 황새목 황새과로 국제 자연보호연맹의 적색(赤色) 자료 목록에 등록되어 있다.

노랑부리저어새: 천연기념물 제205호-2호로 멸종위기 1급에 속하는 조류이다.

천수만은 가창오리 떼가 많이 모여 철새의 보금자리로 통한다.

391

1. 썰물이 되면 간월도로 이어지는 다리가 드러나 걸어서 건널 수 있다.
2. 간월도는 굴밥으로 유명하므로 꼭 먹어본다.
3. 썰물 때는 남당항에 갯벌이 드러나면서 S자 곡선의 물길을 만든다.

용하면 천수만을 거쳐 안면도까지 들어갈 수 있다. 천수만은 안면도와 홍성군 사이의 긴 만을 이르는데, 해안선의 길이만도 200km가 넘는다. 그 북쪽에 깊은 골을 막아 현대농장을 지었는데, 간만의 차가 심한 이곳에 방조제를 완성할 때 길이 300여 m의 유조선으로 둑을 막아 완성하였다는 일화는 '정주영 공법'으로 잘 알려져 있다. 예부터 서산 땅은 한 해 농사를 지어 세 해를 먹고 살았다고 할 만큼 풍요로운 곳이었는데 천수만방조제가 생기면서 농지는 훨씬 더 많아졌다.

●● 가창오리 도래지로 유명한 간월도 일대

길이가 무려 3km가 넘는 A방조제를 지나면 왼쪽으로 멀리 간월도가 보인다. 만조 때는 갯배로 들어가며 간조 때는 걸어갈 수 있어 이채롭다. 섬에 있는 간월암에는 관세음보살이 모셔져 있다. 섬이 작아서 간월암이 섬을 가득 채운 듯하다.

서해로 뭉툭 솟아 나온 태안반도의 밑자락으로 기다란 안면도가 방파제 역할을 하고 있어 천수만의 바닷물은 다른 곳과 달리 파도가 거의 없다. 덕분에 물고기와 조개류, 새우가 가득하니 물 반, 고기 반이라 할 정도다. 천수만의 A, B방조제가 완공되면서 새조개 서식에 좋은 환경이 조성되었다. 양식이 불가능하다는 새조개는 오히려 더 많이 잡혀 매년 축제가 열리고 있다.

국내 최대의 철새 도래지 중 하나이기도 한 천수만은 세계적 희귀 조류인 가창오리가 오는 곳으로도 유명한데, 그 숫자가 전 세계의 90%인 30여 만 마리나 된다고 하니 실로 엄청나다. 매년 10월에 이곳으로 몰려드는 철새들은 대부분 시베리아 등지의 추운 지방에서 찾아오는데, 무려 5천 km가 넘는 거리를 한 번도 쉬지 않고 날아와 겨울을 나고 다시 3월이 되면 시베리아 근처로 올라간다. 천수만에 조성된 드넓은 간척지에서 경작되는 벼들은 추수를 마치고도 떨어진 낙곡들이 수만 섬에 이른다고 하니, 겨울을 나야 하는 철새에게는 이곳이 천국과도 같은 장소일 것이다.

이곳 천수만에서 한꺼번에 수만 마리가 아우성을 치며 서쪽 하늘을 가득 메우는 가창오리 군무를 보려면 11월 말부터 12월 초가 제격이다. 더 늦어지면 철새가 다시 남하하여 금강하구둑을 지나 주남저수지나 을숙도까지 내려가 버리기 때문이다. 한국의 몽생미셸로 불리는 간월도의 아련한 일몰은 겨울 천수만 여행의 백미로 꼽힌다. 겨울이 더 아름다운 서산에서 가족 또는 연인과 함께 아름다운 추억을 남겨 보자.

간월암 건너기

원래 간월도는 천수만의 작은 섬이었으나 간척 공사로 인해 수면이 낮아져 만조 때가 아니면 항상 뭍에 나붙은 곳이 되어 버렸다. 물이 가득 차서 뭍과 떨어져 버리면 줄에 매달린 갯배를 통해 간월도로 들어갈 수 있다. 섬에는 간월암이라는 작은 암자가 있는데 무학대사가 손수 조각했다는 관세음보살이 모셔져 있다. 워낙 작은 섬이라 암자만으로도 섬이 꽉 찬다.

간월암에 물이 차면 갯배를 타고 건너야 한다.

갈대숲을 걸으며 철새를 관찰하다
순천만 갈대숲

겨울 철새의 보금자리로 잘 알려진 순천만 일대는 풍성한 갈대숲이 아름다운 풍경을 만들어 낸다. 순천만 위를 나는 철새 떼의 군무는 탄성이 절로 나오게 만드는 비경이다. 아이들과 함께 직접 겨울 철새도 살펴보고 하늘 높이 날아오르는 장관을 사진으로 남겨 보자.

연계 교과
1-2, 2-2 슬기로운 생활, 4-1, 4-2, 6-1 사회, 3-2, 5-1, 5-2, 6-1 과학

체험 포인트
1. 갈대숲 돌아보기
2. 대대항에서 생태체험선 타고 순천만 둘러보기

● **주소** 전라남도 순천시 대대동 162-2 ● **가는 길 | 자가용** 호남고속도로 → 완주-전주 고속도로 동순천IC → 순천만 자연생태공원 ● **문의** 순천만 자연생태공원 061-749-4007, 순천오픈세트장 061-749-4003, 순천 자연휴양림 061-749-4069, 뿌리깊은나무 박물관 061-749-4422 ● **먹을거리** 대대선창집(짱뚱어탕) 061-741-3157, 무진(꼬막정식) 061-722-0505, 싸목싸목해파랑(남도한정식) 061-742-3939, 순천만가든(장어구이) 061-741-4489 ● **잠자리** 엠버서더 모텔 061-745-4422, 나루터 061-724-6217, 갈대이야기 010-6660-8852, 라브리민박 011-626-3349 ● **이색 체험과 축제** 순천만국제정원박람회 2013년 4월 4일~10일, 순천만 갈대축제 10월 ● **주변 여행지** 낙안읍성, 여수 오동도, 보성다원

순천만 갈대숲은 탐방로를 따라 구경할 수 있다.

추천 코스

순천만 자연생태공원 → 갈대숲 → 생태체험선 → 용산전망대

가족여행 팁

생태체험선은 미리 예매를 해 놓고 갈대숲을 둘러보는 것이 좋다.

● 우리나라 대표 철새 낙원, 순천만 자연생태공원

익산에서 완주를 거쳐 순천까지 이어지는 고속도로가 개통된 이후 순천의 교통편이 훨씬 수월해졌다. 순천은 주암호와 상사호 2개의 커다란 호수를 가지고 있고 조선시대의 삶을 그대로 보존해 놓았으며, 실제 마을 사람들이 기거하는 민속촌인 낙안읍성, 조계산의 선암사와 송광사 등 볼거리가 풍성하기 때문에 여러 날 묵어가며 꼼꼼히 살펴보는 여행에 제격이다.

하지만 그중에서도 최고의 장소를 꼽으라면 단연 순천만 자연생태공원이다. 아름다운 자연 경관뿐만이 아니라 갯벌이 주는 자연의 이로움과 그 속에서 살아가는 생물에 대해 다시 한 번 생각할 수 있게 만들어 주기 때문이다. 순천만은 고흥반도와 여수반도 사이의 만을 일컫는데, 그 아래로 이어지는 여자만과 더불어 생태계의 보고이자 철새의 낙원이기도 하다.

북쪽으로는 갈대숲이 아름다운 대대포구가 자리 잡고 있고, 동쪽에는 아름다운 일몰을 감상하기 좋은 와온 해변과 용산전망대가 있다. 서쪽으로는 칠면초와 넓은 갯벌이 주변을 이루고 있는 화포 해변이 자리 잡고 있는데, 물이 빠지고 진한 회색의 갯벌이 드러나면 동네 아낙들이

갈대의 수질 정화 기능

갈대의 뿌리는 박테리아의 성장 촉진, 여과재의 역할, 고형물 흡착의 기능을 한다. 갈대의 줄기 및 잎은 태양광을 차단하고 조류 성장을 방해하여 수면 위에서의 풍속을 저하시킨다. 또한 대기 중 가스를 물속에 전달하여 식물의 침수된 부분에 산소를 공급함으로써 물속 유기물을 분해하는 데 필요한 용존 산소량을 높여 수질을 정화시킨다.

순천만은 우리나라 최대의 갈대 군락지이다.

1. 용산전망대에 오르면 순천만의 아름다움을 한눈에 볼 수 있다.
2. 대대항 주변의 갈대숲은 아침 햇살을 받을 때 가장 아름답다.
3. 대대항에서 탐조선을 타면 순천만을 제대로 볼 수 있다.

하나둘씩 모여 갯벌 위에서 기다란 널빤지의 '뻘배'를 타고 수로를 따라 조개나 낙지를 잡는다.

순천 시내를 가로지르는 동천과 이사천이 만나 남해로 빠져나가는 대대포구는 순천만 여행의 시작이다. 예전에 순천만의 갈대는 이 지방 사람들의 중요한 수입원 중 하나로, 갈대를 꺾어 빗자루와 김발을 만들거나 땔감으로 사용했다. 그러나 생활 환경의 변화로 빗자루 등의 소비가 줄어들자 자연스레 15만 평의 갈대숲은 무려 70만 평으로 그 숫자가 불어났고, 지금은 명실공히 우리나라 최대의 갈대 군락지로 입지를 굳혔다. 흑두루미의 서식처이기도 한 대대포구 갈대숲은 와온, 화포 해변의 칠면초와 더불어 순천만을 더욱 아름답게 장식해 주는 상징물이다. 황금빛 저녁 햇살을 받아 파도를 이루는 갈대의 향연은 클라리넷 연주처럼 감미롭다. 많은 바다 생물이 살아 숨 쉬는 순천만 갯벌의 두터운 속살을 속속들이 보기 위해서는 뭍에서 그냥 쳐다보기보다 배를 타고 직접 들어가 보는 것이 좋다.

●● 순천만 물길 따라 자연 속 철새를 만나는 길

대대포구에서 출발하는 생태체험선을 타면 30분 정도의 운항 시간 동안 순천만의 물길을 따라가다 서다를 반복하며 안내원의 설명을 들을 수 있다. 자연의 아름다움뿐 아니라 갯벌을 보금자리 삼아 살아가는 생물들의 환경까지 잘 알게 되니 아이들의 자연 공부에 효과적이다. 갈대숲 사이로 단정하게 깔린 나무 데크를 따라 30분 정도 걷다 보면 등산로가 시작된다. 바로 순천만 낙조의 최고 포인트인 용산전망대로 이어지는 길로, 보통 걸음으로 20분이면 충분히 전망대에 다다른다.

뉘엿뉘엿 해 질 무렵, 하늘빛이 붉은색으로 물들고 때마침 바다도 썰물이 되면 질퍽하고 끈적이는 생명의 땅 갯벌은 금싸라기를 뿌려 놓은 듯 반짝이며 그 모습을 드러낸다. 전망대에서 내려다보는 순천만의 모습은 참 아름답고 아기자기하다. 특히 갈대와 칠면초는 마치 정원을 가꾸어 놓은 듯한 착각이 들 정도로 독특한데, 동그란 모양, 세모난 모양, 네모난 모양이 신기하고, 황금빛 갈대는 주변의 칠면초 덕분에 정원 분위기를 한껏 뽐내며 자랑스럽게 순천만을 묘사하고 있다.

12월 말부터 몰려들기 시작해 이듬해 봄이 되면 모두 떠나 버리는 철새는 순천만 갈대숲 속에 둥지를 틀고 겨울을 나는데 그 종류와 수가 남도 제일이라 한다. 두 날개를 펴면 무려 2m에 육박하는 흑두루미 가족이 해 질 녘 순천만을 유유히 비행하는 모습을 보고 있으면 마치 신선이 된 듯한 기분이다. 육지보다 무려 9배나 되는 생산성을 가진 갯벌. 자연을 정화시키는 갯벌을 체험한 아이들에게 분명 이곳은 놀라운 아름다움과 생명의 신비가 느껴지는 곳일 것이다.

순천만의 일몰 보기

갈대숲 사이의 나무 데크가 끝나면 순천만의 일몰을 볼 수 있는 용산전망대로 이어지는 등산로가 나온다. 보통 걸음으로 20분 정도면 전망대에 다다른다. 용산은 용이 하늘로 승천하려는 순간에 지나던 한 아낙이 '산이 날아오른다.'라고 말하자 순식간에 산이 되어 그 자리에 주저앉아 버렸다는 전설을 가지고 있다. 순천만 최고의 일몰을 감상할 수 있는 곳이다. 특히 동지 때가 되면 물길 끝으로 지는 해를 볼 수 있어 많은 사진가가 찾는다.

순천만의 일몰은 겨울철에 가장 아름답다.

12월 097

용암이 빚어 낸 돌꽃의 선율을 만나다
경주 읍천항

해안의 테트라포드 사이에 빨갛고 하얀 등대가 동해의 시퍼런 바다를 향해 솟아오른 읍천항에서 파도소리길이 시작된다. 꼬불거리며 소나무와 바위들 사이를 돌아 나가 출렁다리를 지나면 세계적으로 유래를 찾아보기 힘든 부채꼴 주상절리가 모습을 드러낸다.

체험 여행

연계 교과
4-2 과학

체험 포인트
부채꼴의 주상절리대 관찰하기

●**주소** 경상북도 경주시 양남면 읍천리 ●**가는 길 | 자가용** 경부고속도로 경주 IC → 보문관광단지 → 추령 터널 → 감은사지 → 문무대왕릉 → 읍천항 **| 대중교통** 경주 시외버스터미널 → 150번 시내버스, 읍천 정류장 하차 → 파도소리길 ●**문의** 경주문화관광 054-779-8585, 해양수산과 054-77-6320, 월성원전 홍보관 054-779-2843, 해파랑길 02-6013-6610 ●**먹을거리** 읍천횟집 054-744-0767, 양남해물칼국수 054-774-5348, 모노커피 054-743-0063, 카페베네 054-743-3780 ●**잠자리** 해비치펜션 054-744-4607, 쿠키앤젤리펜션 010-4399-5730, 바다이야기 054-754-4511, 나폴리 010-9814-7400 ●**이색 체험과 축제** 벽화그리기축제 5월 ●**주변 여행지** 문무대왕 수중왕릉, 경주 역사문화지구

파도소리길에 놓인 출렁다리는 짧지만 스릴 넘치는 구간이다.

추천 코스

읍천항 → 출렁다리 → 부채꼴 주상절리 → 하서항 → 읍천항 벽화 마을

가족여행 팁

출렁다리를 지나면 하서항까지 음식물을 판매하는 곳이 없으므로 물을 준비한다. 겨울 바다는 바람이 많이 불기 때문에 방한 준비를 철저히 해야 한다.

○● 마치 국화꽃이 피어나는 듯 아름다운 주상절리

오랜 시간 철조망으로 둘러쳐져 삼엄한 군인들의 경비 속에 고이 모셔져 있었던 천연기념물이 세상 사람들에게 그 모습을 드러낸 것은 2010년 해병 1사단이 철수하면서부터이다. 경주시 양남면 읍천항은 월성 원자력 발전소와 군부대 사이에 끼어 외부인들에게 외면받던 작은 어촌 마을이었다. 하지만 철조망이 걷히고 2012년부터 경주시의 걷기 코스 개발과 월성 원자력 발전소의 각별한 지원을 통해 읍천항 갤러리 프로젝트가 시작되면서 지금은 한국 최고의 힐링 걷기 코스로 각광을 받게 되었다. 그 이름은 '주상절리 파도소리길'이다. 부산에서 강원도 고성까지 총연장 770km의 해파랑길 중에서도 최고로 꼽는 코스가 된 것이다.

화산에서 분출된 섭씨 1천 도 이상의 용암이 차가운 지표면 및 공기와 만나면서 급격히 냉각되고 수축하여 오각형이나 육각형 모양의 수직 기둥 모양이 생겨나는데 이를 주상절리라 부른다. 읍천항에서 하서항까지 해변을 따라 약 1.7km 구간은 주상절리대가 계속 이어져 독특한 바다 풍경을 만들어 낸다.

해안의 테트라포드 사이에 빨갛고 하얀 등대가 동해의 시퍼런 바다를

주상절리

마그마가 흘러나와 급격히 식을 때에는 부피가 수축하여 사이사이에 틈이 생기게 되는데, 오랜 시간 동안 풍화 작용을 받게 되면 굵은 틈이 나타난다. 이것이 바로 절리인데, 주상절리는 단면의 모양이 4~6각형의 긴 기둥 모양을 이루는 절리를 가리킨다.

파도소리길 구간은 우리나라 최대의 주상절리대 구간이다.

1. 읍천마을의 벽화들은 야외 갤러리를 방불케 한다.
2. 읍천항에서 하서항까지 이어지는 파도소리길은 30분 정도면 걸을 수 있다.
3. 읍천항의 방파제 끝에는 하얗고 빨간 등대가 나란히 있다.

향해 솟아오른 읍천항에서 파도소리길이 시작된다. 길은 곧바로 해안으로 접어들며 동해의 바닷바람을 타고 잘 단장된 데크길로 이어진다. 경치 좋은 곳에는 길에 딱 붙어서 카페와 펜션들이 위치해 있는데 이런 곳에서 하룻밤을 묵고 아침 햇살을 받으며 잠을 깬다면 더없는 힐링이 되지 않을까 싶다. 길은 꼬불거리며 소나무와 바위들 사이를 돌아 나가다 출렁다리를 만난다. 흔들거리는 다리 위에서 장난기가 발동한 아저씨들은 여자들이 지날 때마다 일부러 다리를 출렁거린다. 길이는 고작 32m이지만 재미로 따지자면 롤러코스터만큼 신나는 체험이다.

출렁다리를 지나면 세계적으로 유래를 찾아보기 힘든 '부채꼴 주상절리(천연기념물 제536호)'가 모습을 드러낸다. 밀물 때면 그 독특한 모양의 주상절리가 파도를 뒤집어썼다가 모습을 드러내는 모습이 마치 바닷속에서 피어나는 한 송이 국화꽃처럼 보인다. 예쁜 카페를 지나고 바닷가 몽돌 코스를 지나면 소박한 하서항에 도착하면서 길은 끝난다. 하서항 방파제 안쪽에서 해녀들의 숨비 소리가 겨울 바다의 바람을 가른다. 파도소리길은 경관 조명이 되어 있어 야간에도 이용할 수 있는데 여름철엔 밤 10시까지, 겨울철엔 밤 8시까지 불을 밝힌다.

●● 250여 점의 벽화가 마을 전체를 갤러리로 만들다

간단히 음료수를 마시고 다시 읍천항으로 되돌아 온 후엔 천천히 마을의 벽화를 감상해 보자. 읍천1, 2리를 합쳐 200여 가구가 사는 작은 마을이지만, 담장마다 화려한 벽화들로 가득 차 있는 우리나라 최대의 벽화 마을이다. 도로변은 물론이고 골목길의 담벼락도 여지없다. 벽화들은 그냥 간단한 스케치나 만화, 캐리커처 정도의 작품이 아니다. 매년 공모전을 통해 시상을 하기 때문에 꽤나 수준이 높은 작품들이 엄선되어 있다. 2010년 제 1회 읍천항 갤러리 벽화 공모전을 시작으로 매년 50점씩 추가되어 현재까지 약 200여 작품이 읍천마을 전 구간에 화려하게 펼쳐져 있다.

동화 속 아름다운 이야기부터 3차원 입체 작품, 그리고 한 장면이지만 가슴 뭉클한 그림들까지 하나하나 어슬렁거리며 감상하는 것도 제법 즐거운 일이다. 그림을 배경으로 아이들의 사진을 찍어 보는 것도 추억에 남는다. 그림이나 사진이 사람의 마음을 치유한다는 것은 누구나 잘 알고 있다. 말 그대로 읍천의 벽화는 사람들을 행복하게 만든다.

천 년의 고도 경주는 문화재의 보고라서, 경주를 찾는 이들은 시내를 둘러보는 것으로도 시간은 빠듯한 편이다. 그럼에도 경주의 끄트머리에 위치한 읍천항까지 찾아온다는 것은 전혀 다른 매력이 있을 느낄 수 있기 때문이다. 1억 년 전의 용암과 바닷바람이 만들어 낸 자연의 걸작품, 그리고 작은 마을에 행복한 웃음을 불어넣어 주는 아름다운 벽화 작품이 콜라보를 이룬 읍천항은 가족들도 웃음으로 하나 되게 해 주는 멋진 여행지이다.

놓치면 안 될 체험거리

느림 우체통에 엽서 넣기
주상절리대 포토존 옆에는 느림 우체통이 설치되어 있다. 비치된 엽서에 사연을 적어 보내면 한 달 뒤에 배달된다. 아이들이 부모님과의 추억을 엽서에 써서 보내 보는 것도 좋은 체험이 된다.

가장 마음에 드는 벽화 찾아 사진 찍기
벽화는 매년 50점씩 늘어나고 있고 공모전을 통해 그려지는 그림이기에 작품성도 높다. 내 아이는 어떤 종류의 그림을 좋아하는지 감수성을 알아보자.

위 주상절리대 포토존 근처의 느림 우체통은 한 달 뒤에 배달된다.
아래 읍천마을 벽화는 250점이 넘어 갤러리를 방불케 한다.

12월
098

한반도 역사의 축소판인 강화도를 걷다
강화 전등사

고인돌로 거석문화의 정점을 이룬 전등사는 무수한 외세의 침략 속에서도 찬란한 문화를 꽃피웠다. 한민족의 시조인 단군신화가 시작된 강화도는 고려시대에 잠깐이나마 나라의 수도이기도 했기에 섬 전체가 박물관이라고 해도 지나치지 않다. 현존하는 가장 오래된 사찰인 전등사와 강화역사박물관에서 한국의 역사를 되짚어 보자.

연계 교과
3-1, 5-1 사회

체험 포인트
청동기시대부터 시작된 강화의 역사 살펴보기

● **주소** 인천광역시 강화군 길상면 온수리 635 ● **가는 길 | 자가용** 올림픽대로 → 김포 한강로 신도시 IC → 초지대교 → 전등사 ● **문의** 강화군 문화관광과 032-930-3625, 전등사 032-937-0125, 역사관 관광안내소 032-932-5464, 고인돌 관광안내소 032-933-3624 ● **먹을거리** 편가네된장(된장비빔밥) 032-937-6479, 나룻터숯불장어구이(장어구이) 032-981-1071, 충남서산집(꽃게탕) 032-933-1667, 맛소리(왕갈비탕) 032-937-5551 ● **잠자리** 강화 로얄관광호텔 032-427-2000, 서해유스호스텔 032-932-7602, 함허동천 032-937-7878, 일마레펜션 010-5456-1242 ● **이색 체험과 축제** 강화고인돌문화축제 5월, 강화도 새우젓축제 10월 ● **주변 여행지** 강화 석모도

추천 코스

초지대교 → 초지진 → 전등사 →
강화지석묘 → 강화역사박물관

가족여행 팁

전등사와 지석묘에서는 문화해
설사의 설명을 듣는 것이 좋다.

전등사 대웅전 앞마당에서 아이들이 문화해설사의 설명을 듣고 있다.

○○● 전쟁의 역사와 함께한 강화도

강화도는 원래 한강, 임진강 등의 아래쪽에 있다고 해서 강하(江下)로 부르다가 강 아래 아름다운 고을이란 뜻의 강화(江華)로 바뀌었다.《고려사》등의 기록에 의하면 단군이 나라를 세운 뒤 마니산에 참성단을 쌓고 여기서 천제를 올렸다고 전해진다. 또 청동기시대에 만들어진 고인돌의 약 50%가 우리나라에 있어서 강화도의 역사가 한반도 역사의 축소판이라 말하는 사람도 있다. 원래 강화도는 지금보다 훨씬 많은 섬이 흩어져 있었지만 조선 말기에 엄청난 간척 사업을 시행하여 지금의 땅덩어리를 만들었다. 고려 무신정권 시절에는 몽골의 침략 때문에 잠시나마 이곳으로 천도한 적도 있다. 당시 만들어진 고려대장경(팔만대장경)은 유네스코 세계기록유산으로 등재되었다.

이곳은 바다를 통해 서양의 공격을 많이 받았는데, 1866년에 프랑스 함대가 일으킨 병인양요로 전등사의 정족사고에 보관 중이던《조선왕조의궤》를 약탈당했고(2011년에 반환되었다.), 1871년에 미국함대가 공격해 온 신미양요, 1875년에 일본군함이 쳐들어온 운요호 사건 등 최신식 대포로 무장한 외세의 도발에 큰 타격을 입었다. 그래서 섬의 주변에는 갑곶돈대, 초지진, 덕진진, 광성보 등의 진지가 구축되어 있다.

고인돌

고인돌은 신석기시대와 청동기시대에 나타난 돌무덤 형식의 하나로 동북아시아와 서유럽 일대에 걸쳐 많이 나타난다. 한반도의 경우 정확한 숫자를 모를 정도로 고인돌이 많은데 대략 4만 기 정도로 추정된다. 전북 고창처럼 100여 기 이상의 고인돌이 떼를 지어 나타나는 곳도 있다. 고인돌에 들어가는 판석의 무게는 적게는 10톤에서 많게는 300톤에 이른다. 거대한 판석을 떼어 내어 무덤까지 옮기려면 수백 명의 인력이 필요하기 때문에, 고인돌을 세운 고대 문명은 상당히 조직화된 사회였음을 증명한다.

강화도에서는 우리나라 최대의 고인돌을 볼 수 있다.

1. 전등사 대웅전의 삼존불과 닫집이 인상적이다.
2. 단군의 세 아들이 쌓았다는 삼랑성의 동문은 소박한 형태가 이채롭다.
3. 우리나라에서 가장 오래된 절로 알려진 전등사로 들어가는 입구가 단정하다.

○●● 한적한 숲길을 따라 만나는 전등사

단군의 세 아들이 쌓았다는 총 길이 2,300m의 삼랑성 중심에는 우리나라에서 가장 오래된 전등사가 있다. 전등사 주차장은 동문과 남문에 있는데, 동문으로 오르면 삼랑성의 옛 성문을 볼 수 있다. 가파른 길을 따라 식당가를 지나면 매표소 입구에 돌로 만들어진 삼랑성 동문이 나온다. 이곳을 지나면 한적한 숲길을 따라 금세 전등사가 모습을 드러낸다. 부처의 불법(佛法)인 등불을 전한다는 의미의 전등사(창건 381년)는 현존하는 가장 오래된 한국 사찰로 강화도의 대표적 문화유산이다.

조선 중기 때의 건축물 가운데 으뜸으로 꼽히는 대웅보전은 광해군 때 화재로 불타고 1621년에 다시 지어졌는데, 색 바랜 단청과 거친 나뭇결 등이 깊은 멋을 느끼게 한다. 이 건물 처마의 네 모서리를 받치고 있는 작은 나부상이 독특한데, 여기에는 재미있는 전설이 있다. 대웅전을 짓던 도편수는 주막의 주모와 사랑에 빠져 가지고 있던 돈을 모두 그녀에게 주고 일이 마무리되면 함께 살기로 약속했다. 그런데 여인이 돈을 가지고 도망을 가 버렸다. 화가 난 도편수는 벌거벗은 여인상을 만들어 대웅전의 추녀를 떠받들도록 만들었다. 이런 조각을 넣은 도편수도 대단하지만, 이를 허락한 당시 전등사의 스님은 더 큰 아량을 가지고 있지 않았나 싶다.

대웅보전 안쪽에 모셔진 목조삼존불상 위에는 완주 화암사의 것과 견줄 만큼 정교하고 화려한 닫집이 장식되어 있다. 섬세하게 조각된 극락조와 연꽃, 여의주를 물고 있는 용의 모습을 보면 왜 닫집이 걸작이라 불리는지 알 수 있다. 전등사에는 보물로 지정된 범종이 있는데, 표면에 붉은 녹이 슬어 있는 점이 특이하다. 일제 강점기 시절에 쇠붙이라고 생긴 것은 모두 군수물자로 쓰여 약탈당했는데, 그때 전등사의 범종도 떼어 가 버렸다. 하지만 전쟁이 끝나고 일본이 물러간 뒤 혹시나 하는 마음에 약탈해 간 쇠붙이를 모아 놓은 곳으로 스님들이 범종을 찾으러 갔더니, 전등사의 것은 없고, 무쇠종만 남아 있었다. 결국 이것을 들고 와 전등사에 다시 설치를 하였는데, 1907년 중국 하남성 숭명사에서 만들어진 종으로 측면에 '깨달음의 종소리'라는 글귀가 적혀 있고 종소리가 아주 맑다. 현재 보물로 지정되어 있다.

●●● 우리나라 최대의 북방식 고인돌

강화도 고인돌은 고창의 그것과 더불어 세계문화유산에 등재되었다. 강화도에는 길이 7.1m, 높이 2.6m의 우리나라 최대의 북방식 고인돌이 있다. 고인돌 유적지를 처음 본 사람들은 드넓은 광장에 덩그러니 단 하나의 돌만 세워져 있어 썰렁하게 느껴질 것이다. 하지만 무려 3천 년 전에 50톤이나 되는 큰 돌을 이용해서 무덤을 만들었다는 것은 대단한 일이고, 현재 100여 기 이상이 분포되어 있는 강화도는 더욱 당시의 기술과 사회 현상을 생생하게 알 수 있는 역사적 장소이다. 더 자세한 설명과 자료를 보려면 강화역사박물관을 둘러보는 게 좋다.

강화역사박물관 관람하기

강화역사박물관은 개국시원부터 청동기시대, 고려, 조선, 근·현대 시기까지 옛 선조가 남긴 문화재를 전시하고, 시청각 장비를 통해 오랜 역사의 숨결을 느낄 수 있도록 조성되었다. 문화해설사의 설명을 들으며 관람하면 우리나라 역사를 쉽게 알 수 있다.

고인돌 유적지 바로 앞에는 강화역사박물관이 있어서 다양한 역사 자료를 만날 수 있다.

12월
099

화교들의 삶을 통해 중국 문화를 이해하다
인천 차이나타운

멀리 해외로 나가지 않아도 우리나라에서 중국의 문화를 만날 수 있다. 거리 전체가 중국의 모습을 담고 있으며 먹을거리와 볼거리가 다양해 천천히 걸으면서 살펴본다. 화교들의 삶을 직접 보면서 중국의 문화도 배우고 삼국지 벽화를 둘러보며 중국 역사 속 인물에 대해서도 알아보자.

체험
여행

연계 교과
1-2, 2-2 슬기로운 생활,
4-1, 5-1, 4-2 사회, 3-2,
5-1, 6-1 과학

체험 포인트
1. 아트플랫폼 둘러보기
2. 차이나타운 패루 찾아보기
3. 삼국지 벽화 읽어 보기

●**주소** 인천광역시 중구 선린동 ●**가는 길** | **자가용** 경인고속도로 & 제2경인고속도로 종점 → 신흥동 → 답동 사거리 → 한중문화관 → 차이나타운 | **대중교통** 전철 경인선 → 인천역(차이나타운역) → 차이나타운 & 월미도 ●**문의** 인천 차이나타운 www.ichinatown.or.kr, 인천역 관광안내소 032-777-1330, 중구청 관광행정팀 032-760-7537, 문화해설사 010-7276-7277, 중구 시설관리공단 032-763-8145 ●**먹을거리** 공화춘(중화요리) 032-765-0571, 십리향(화덕만두) 032-762-5888, 신포공갈빵(공갈빵) 032-773-1173, 청실홍실(모밀국수) 032-772-7760, 예전(월미도 최초 레스토랑) 032-772-2256 ●**잠자리** 시크릿관광호텔 032-764-8993, 파라다이스호텔 032-762-5181, 홍콩모텔 032-777-9001, 하버파크호텔 032-770-9500, 스타모텔 032-761-5689 ●**이색 체험과 축제** 인천 중국주간문화축제(인천광역시 관광진흥과 032-440-4067) ●**주변 여행지** 강화 석모도, 인천 영종도

차이나타운에 있는 3개의 패루를 찾는 재미도 쏠쏠하다.

추천 코스
인천 아트플랫폼 → 차이나타운 → 자유공원 → 월미공원 → 월미도

가족여행 팁
인천 아트플랫폼의 공연 시간을 미리 확인한 후 찾으면 무료 공연을 관람할 수 있다.

○● 인천의 역사와 중국 문화를 함께 만나는 곳

1883년에 인천항이 개항하면서 배가 닿는 항구 근처는 중국인이 모여 살며 새로운 마을을 형성했는데, 그곳이 바로 지금 인천광역시 중구 북성동의 차이나타운이다. 전 세계 어디를 가나 차이나타운을 볼 수 있는데 인천은 중국과 직선 거리로 불과 400km도 되지 않는 데다가 교통의 요지요, 서남아지역 무역의 중심이기에 중국인이 터를 잡기에 유리했다. 인천에 화교가 자리를 잡은 것은 정확히 1882년 임오군란 때 청나라 군인과 함께 들어온 군역상인이 터를 잡으면서부터다.

규모가 커져 한때 1천여 명의 화교가 살기도 했지만 6·25 전쟁 때 맥아더 장군에 의해 인천상륙작전이 감행될 무렵, 서해안으로 들어선 군함의 포탄 세례를 받기도 했다. 결국 많은 화교가 이곳을 떠나고 고작 수십 가구가 터를 잡고 살던 중 근래에 들어 중국 문화의 간접 체험 장소로 각광 받기 시작했다. 지금은 화교 2, 3세 약 170가구, 500여 명이 틀을 잡고 차이나타운을 조성하고 있는데, 주말이면 먹을거리뿐만 아니라 다양한 볼거리와 즐길거리가 주변에 가득 찬다.

전철로 인천역(차이나운역)에 내리면 바로 정문에 커다란 대문 모양의 구조물이 보인다. 이를 패루(牌樓)라고 하는데, 예전에 중국에서 무덤

화교(華僑)
중국 본국을 떠나 해외 각처로 이주하여 현지에 정착, 경제 활동을 하면서 본국과 문화적·사회적·법률적·정치적 측면에서 유기적인 연관을 유지하고 있는 중국인 또는 그 자손을 일컫는다. 다른 나라 도시에 있는 화교 집중 거주지구를 차이나타운이라고 하는데 특히 동남아시아와 미국에 많다. 우리나라에는 부산광역시 동구와 인천광역시 중구에 있다.

화교들이 모여 살고 있어서 중국어와 함께 중국 문화를 자주 접할 수 있다.

407

1. 자유공원에는 맥아더 장군의 동상이 있다.
2. 군만두는 차이나타운의 명물이다.
3. 월미산 전망대에 불이 켜지면 멋진 조형물이 된다.

또는 공원 따위의 어귀에 세우던 문으로 무사안녕을 기원하기 위하여 만든 것이다. 차이나타운에는 3개의 패루가 있다. 제1 페루는 중화가(中華街)로 차이나타운 입구에 위치하며, 인천시와 자매결연을 맺은 중국 산둥성 웨이하이시가 기증한 것이다. 제2 페루는 인화문(仁華門)으로 한중문화원 인근에 있는데, 다른 패루와 달리 화려한 금장으로 칠해져 있다. 마지막 제3 패루는 선린문(善隣門)으로 자유공원 입구에 위치한다.

●● 삼국지 벽화를 지나 자유공원 오르기

차이나타운의 다양한 볼거리 중에서도 빼놓지 말고 꼭 봐야 할 곳이 있는데, 화교중산학교 뒤쪽의 《삼국지》 벽화 거리가 그중 하나이다. 총 80편의 그림, 한자(漢字)와 설명이 적혀 있는데, 《삼국지》를 읽어 보지 않은 사람도 그림과 설명만 본다면 충분히 이해할 수 있을 만큼 일목요연하다.

제2패루 주변에는 복합 예술 공간인 인천 아트플랫폼이 위치하고 있다. 1930~40년대 인천 개항기에 지어진 건축물을 리모델링하여 복합 문화 예술 공간으로 재탄생시킨 곳으로 창작스튜디오, 공방, 자료관, 교육관, 전시장, 공연장 등 총 13개 동으로 구성되어 있어 아이들이 예술 체험을 골고루 할 수 있게 해 준다. 다양한 예술가가 입주해서 작품을 만들어 내고 무료로 개방되는 전시회가 이어져 언제나 볼거리가 풍성하다. 그림들을 찬찬히 들여다보거나 동영상으로 구성된 예술 작품을 감상하다 보면 시간 가는 줄 모른다.

마지막 제3패루를 지나면 자유공원으로 이어지는데 오르는 계단 주변으로 다양하고 재미있는 그림들이 그려져 있다. 자유공원은 원래 응봉산 만국공원이라 불렀는데 인천상륙작전을 지휘한 맥아더 장군의 동상이 세워지면서 자유공원으로 불리게 되었다. 서울의 파고다공원보다 더 일찍 만들어졌다고 하니 우리나라 최초의 서구식 공원인 셈이다. 아름드리나무와 다양한 조각품이 공원을 가득 메우고 있고, 잠시 앉아서 쉴 수 있는 벤치가 곳곳에 놓여 있다. 석정루에 오르면 인천항의 분주한 모습과 그 뒤쪽으로 월미산이 손에 잡힐 듯 보인다.

월미산은 본래 둘레 1km에 육지와 1km 정도 떨어진 섬이었으나 인천항을 만들면서 육지와 연결되어 이제는 어느 누구도 섬이라 부르지 않는다. 예전에는 군부대가 주둔해서 출입이 통제되었으나 지금은 산 전체를 공원화해서 산책하기에 좋은 장소로 각광 받고 있다. 조선시대의 궁궐정원, 별서정원, 민가정원 등 테마별로 전통 정원이 조성되어 있고, 각 정원마다 대표적인 정자까지 재현해 놓아 느긋하게 둘러보기에 적당하다. 산책로를 따라 걸으면 월미돈대에 이르고, 조금 더 걸으면 월미산 전망대가 나온다. 시원스럽게 펼쳐지는 서해의 풍경도 좋지만 특히 해 질 무렵의 인천대교나 영종도의 풍경은 가히 환상적이다.

인천 아트플랫폼 둘러보기
인천광역시가 구도심 재생사업의 일환으로 중구 해안동의 개항기 근대 건축물과 인근 건물을 매입하여 조성한 복합문화예술 공간이다. 레지던시 프로그램을 중심으로 시각예술을 비롯한 다양한 장르의 예술가와 연구자가 창작과 연구 활동에 전념할 수 있도록 지원한다. 시기별로 전시회를 비롯해 아이들과 함께 다양한 예술 체험을 할 수 있다.
주소: 인천광역시 중구 제물량로 218-3

《삼국지》 벽화 읽어 보기
청일 조계지 계단에서 밑으로 난 길 양쪽의 벽면에는 《삼국지》의 중요 장면을 설명과 함께 타일로 제작하여 장식한 벽화가 있다. 《삼국지》를 읽어 본 사람이라면 그림으로 남에게 내용을 설명할 수 있을 정도다. 총 80여 컷의 장면이 있는데 차이 나타운을 찾는 많은 사람의 사랑을 받고 있다.

위 인천 아트플랫폼에서는 다양한 공연이 열리므로 꼭 참여해 본다.
아래 《삼국지》 벽화가 그려진 골목은 언제나 사람들로 문전성시를 이룬다.

12월
100

금수강산을 갈라놓은 군사분계선을 보다
철원 전쟁유적지

철원은 우리나라의 대표적 철새 도래지로 전쟁으로 인해 사람의 손길이 많이 닿지 않아 자연이 그대로 보존되어 있다. 천혜의 자연과 전쟁의 슬픈 상흔을 만날 수 있는 철원으로 떠나 보자. 아이들에게 우리 역사의 현장을 보여 주고 이를 통해 올바른 역사 의식을 길러 줄 수 있을 것이다.

체험 여행

연계 교과
1-2, 2-2 바른생활, 2-1, 2-2 슬기로운 생활, 5-2, 6-1, 6-2 사회, 3-1, 3-2 과학

체험 포인트
1. 6·25 전쟁의 현장 둘러보기
2. 겨울 철새 살펴보기

● **주소** 강원도 철원군 동송읍 (철의 삼각지) ● **가는 길 | 자가용** 퇴계원 → 진접 → 베어스타운 → 철원군청
● **문의** 철원군 문화관광과 033-450-5365, 철의 삼각지 관광안내소 033-450-5558/5559, 고석정매표소 033-450-4297, 도피안사 033-455-2471 ● **먹을거리** 한탄강매운탕(메기매운탕) 033-452-8878, 영진식당(부대찌개) 033-452-5630, 내대막국수(막국수) 033-452-3932, 서울식당(오징어물회) 033-455-7404 ● **잠자리** 별비내리는마을 010-4177-3489, 마로니에펜션 033-452-9876, 그린밸리펜션 033-455-1052, 하늘마루펜션 033-455-8368 ● **이색 체험과 축제** 철원화강다슬기축제 8월 ● **주변 여행지** 포천 명성산, 포천 아트밸리

추천 코스

노동당사 → 철의 삼각지 → 토교저수지 → 직탕폭포

가족여행 팁

민북마을로 들어가려면 하루 4회 지정된 시간에 공무원의 인솔을 받아야 한다.

DMZ 안보 견학 버스를 타면 편안하게 철원 일대를 둘러볼 수 있다.

●● 6·25 전쟁의 슬픈 역사 현장

남쪽으로는 포천군이, 서쪽으로는 연천군이, 동쪽으로는 화천군이 접해 있는 강원도 철원은 한반도의 배꼽이라 불러도 될 만큼 지리적으로 중앙에 위치하고 있다. 미륵불의 출현을 꿈꾼 궁예가 고구려 재건의 큰 뜻을 펼쳤던 곳이기도 하다. 해방 직후에는 북한 땅이었지만 6·25 전쟁을 치르고 나서 개성과 맞바꾸게 된 사연 많은 땅으로, 분단의 역사를 제대로 볼 수 있는 살아 있는 안보 교육의 장이기도 하다.

6·25 전쟁 최고의 격전지로 알고 있는 철의 삼각지(Iron Triangle Zone) 역시 이곳 철원 땅을 일컫는다. 지금도 눈을 감으면 영화 같은 전쟁의 장면이 떠오를 것만 같다. 무엇 때문에 그렇게 엄청난 사상자에도 불구하고 지켜내야만 했을까? 주요 병참선인 3번 국도와 경원선 철로를 확보하려는 뜻도 있었지만, 가장 큰 이유는 서울 면적만큼 넓고 거대한 철원 평야가 있었기 때문이다.

지금도 철원의 곳곳에는 6·25 전쟁 때의 기억을 떠올리게 하는 것들이 남아 있다. 앙상하게 뼈대만 남은 철원 끄트머리의 노동당사 건물이 대표적이다. 1946년에 철원이 북한 땅이었을 때 조선 노동당에서 지은 러시아식 건물로 6·25 전쟁 전까지 반공활동을 하던 사람들이 잡

철의 삼각지

6·25 전쟁 당시 최고의 격전지로 알진 철의 삼각지는 철원–평강–김화를 잇는 라인을 군사용어로 사용하면서 시작되었다. 무려 17,000여 명의 사상자를 내며 수없이 주인이 바뀌었던 치열한 격전지이다. 얼마나 많은 포탄이 떨어졌으면 아이스크림처럼 산이 녹아 내렸다고 해서 아이스크림 고지라는 이름이 붙었다.

6·25 전쟁 때 참혹하게 파헤쳐진 아이스크림 고지의 형태가 독특하다.

1. 작지만 단정하게 보존되어 있는 월정리역의 모습이 인상적이다.
2. 겨울이면 한국의 나이아가라로 불리는 직탕폭포가 꽁꽁 얼어 있다.
3. 고석정 주변은 이름난 관광지가 되었다.
4. 노동당사 건물은 을씨년스러운 분위기를 풍긴다.

혀 와 악랄한 고문과 학살을 당했던 곳이다. 6·25 전쟁을 치르면서 많이 파괴되었지만 뼈대만큼은 잘 남아 있어 등록문화재로 지정되었다. 민통선(민간인 통제구역 선) 내부, 군사 분계선에 근접한 북쪽 마을을 흔히 '민북마을'로 부르는데, 예전 같으면 안보 견학 버스 등을 이용해서 간신히 들어와 잠깐 볼 수 있었지만 지금은 많이 달라졌다. 오전 9시부터 오후 6시까지는 군부대에서 지키는 입구 초소에 신분증만 맡기면 자가용으로도 들어가 볼 수 있다. 이 마을에는 안보 견학을 위한 코스도 있지만, 겨울철에 이곳을 찾는다면 진귀한 겨울 손님들을 만날 수도 있다.

●● **사람의 때가 묻지 않은 자연이 만든 절경**

철원은 겨울철 아침 최저 기온 소개에서 빠지지 않고 소개될 만큼 춥기로 소문난 곳이다. 한편 철원 평야 오대쌀의 낙곡을 주 먹이로 하는 철새들이 겨울을 나는 곳이기도 하다. 철의 삼각지 전망대로 가는 길에 만나는 토교저수지는 1976년에 만들어진 인공 저수지로 철새들이 목을 축이며 먹이를 찾아 날아드는 보금자리다. 저수지 앞쪽의 야트막한 동산에 오르면 철새의 모습을 한눈에 볼 수 있다. 전쟁 후 사람의 손길이 닿지 않아 자연이 그대로 보존되어 있다. 매년 11월 말에서 2월 말경이면 100여 종 이상의 철새가 찾아와 조류박물관을 방불케 한다. 특히 날개를 펴면 2m에 육박하는 커다란 덩치의 독수리 100여 마리가 몰려드는 장면은 두고두고 잊지 못할 기억이 될 것이다.

강원도 평강군에서 시작하는 한탄강은 용암으로 만들어진 현무암이 식으면서 생긴 수축 작용으로 협곡을 만들고, 다시 갈라지며 주상절리를 만든 우리나라 유일의 현무암 협곡지대이다. 그래서 한탄강은 물길이 닿는 곳마다 눈이 휘둥그레질 만큼 멋진 비경을 만들어 낸다. 그 대표적인 곳이 바로 직탕폭포다. 철원팔경 중 하나로 높이 3m의 폭포가 무려 80m 길이로 쏟아져 내린다. 풍부하고 맑은 물을 따라 즐기는 래프팅, 태봉대교 위에서 느끼는 스릴 만점의 번지점프까지 한탄강은 모두에게 즐거움을 안겨 준다.

추운 겨울에 만난 철원은 아름다운 자연에 대한 감동을 주는 것은 물론 슬픈 전쟁의 역사를 되돌아보게 만든다. 지구상에 마지막으로 남은 분단국가라는 현실 앞에서 우리 아이가 통일의 염원과 올바른 역사관을 가질 수 있도록 부모가 도와주어야 할 것이다.

흑두루미와 독수리 관찰하기

겨울철에 민북마을 안쪽에서는 진귀한 겨울 손님들을 만날 수 있다. 철원 평야 오대쌀의 낙곡 1만7천 톤을 주 먹이로 하는 겨울 철새가 월동을 위해 찾기 때문이다. 1976년에 만들어진 토교저수지 앞쪽의 동산에 오르면 철새의 모습을 한눈에 볼 수 있는데, 6·25 전쟁 이후 50년 넘게 사람의 손길이 미치지 않아 철새들의 낙원이 되었다. 매년 11월 말에서 2월 말경이면 천연기념물 제202호의 두루미는 물론 20만 마리의 쇠기러기와 청둥오리, 독수리 떼까지 이곳 철원으로 모여들어 장관을 이룬다.

위 철원에서는 겨울철 재두루미의 월동 모습을 볼 수 있다.
아래 토교저수지 주변에서는 독수리의 모습도 볼 수 있다.

부록

온 가족이 함께 하는
오토캠핑 여행

캠핑의 인기가 높아지면서 가족 단위 캠핑족이 늘어났다. 연인은 물론 가족 단위 캠핑족을 위한 오토캠핑 노하우와 함께 전국의 대표 오토캠핑장의 특징을 알려 준다. 캠핑을 처음 가는 초보자도 쉽고 간단하게 준비할 수 있다.

오토캠핑의 매력

캠핑은 어릴 적 소꿉장난처럼 즐겁고, 많은 사람들이 동경하는 레저 활동이다. 옛날에야 고생하는 맛에 즐기던 일이지만, 요즘은 자동차를 이용한 오토캠핑이 보편화되면서 더 고급스럽고 편안한 캠핑 생활이 가능해졌다. 전국에 있는 300여 개의 오토캠핑장에는 샤워 시설, 화장실, 전기 설비 등 편의 시설이 잘 갖춰져 있다. 캠핑은 온 가족이 함께 즐길 수 있는 취미 생활로 매력적인 점이 많다.

❶ 온 가족이 공동의 목표를 가지고 다 함께 준비해야 하기 때문에 협동 정신을 기를 수 있다. 장을 보는 것에서부터 텐트를 설치하고 철수할 때까지 함께 해야 한다.

❷ 자동차를 이용하지만 자연에 좀 더 가까이 다가가기 때문에 자연과 교감을 나눌 수 있다. 아름다운 풍경뿐만 아니라, 비가 내리거나 바람이 부는 등 모든 현상이 자연의 일부라는 것을 깨닫게 된다.

❸ 캠핑의 매력은 야외에서 만드는 요리와 그 음식을 먹는 재미에도 있다. 야외에서는 음식 준비가 아내의 일이 아닌, 온 가족이 함께하는 시간이 된다.

❹ 캠핑장 주변에서 레저 활동도 즐길 수 있다. 자전거를 타거나 간단한 공놀이를 할 수도 있고 주변의 걷기 코스를 둘러볼 수도 있다.

캠핑용품 준비하기

기본적인 용품은 가족 구성원의 수, 활용 빈도, 활용 목적, 가족의 스타일과 경제적인 여유에 따라서 준비한다. 무턱대고 크고 비싼 제품이나 너무 많은 물품을 준비할 필요는 없다. 기본적인 장비로 텐트, 침낭, 침대, 타프가 있어야 하고, 그 다음으로 주방용품, 거실용품, 조명용품, 난방용품(겨울철)이 필요하다. 그리고 기타 용품으로 야전삽이나 비상 의약품, 돗자리 등을 준비하면 요긴하게 사용할 수 있다.

계획 세우기

가족과 함께하는 일이니만큼 조금 세부적으로 계획을 잡는 것이 좋다. 계절별로 준비해야 할 것이 다르고, 장소의 선택도 다르다. 또 가고자 하는 캠핑장의 여건도 확인할 필요가 있다. 편의 시설은 어떤 것이 갖춰져 있고, 어떤 것이 부족한지도 확인한다. 더불어 오가는 길을 선택할 때도 드라이브를 즐길 수 있는 코스라면 더욱 좋다. 고속도로나 국도의 교통 상황도 출발 전에 확인해 보자.

오토캠핑의 에티켓

❶ 늦은 시간에는 가급적 다른 사람에게 피해를 주지 않도록 조용히 지내는 것이 좋다.
❷ 음식 재료는 대부분 미리 다듬어 가져간다. 그래도 생기는 음식물 쓰레기는 캠핑장의 지정된 장소에 버리며, 그곳에서 처리하지 못한 경우 되가져간다.
❸ 불을 피울 때는 가능한 한 화로와 재받침을 사용하여 주변 오염을 최소화하도록 한다.
❹ 특별한 경우를 제외하고 오토캠핑장 내에서는 차량 운행을 삼간다.
❺ 캠핑장의 지정된 장소 외에 장비를 설치하는 일은 삼간다.
❻ 반려동물을 데리고 간다면 줄로 묶어 두는 등 적절한 관리가 필요하다.
❼ 돌아갈 때는 최대한 흔적 없이 원상복구한다.

유의 사항

❶ 캠프는 캠핑장에서 하는 게 좋다.
❷ 전력을 아낀다.
❸ 각종 사고에 대비해 간단한 응급 처치 도구와 요령을 숙지한다.
❹ 차에 아이들만 두지 않도록 주의한다.
❺ 차의 크기에 맞춰 장비를 챙기고 항상 안전을 생각한다. 꼭 필요한 장비만 갖추고, 차량의 배터리가 방전되지 않도록 주의한다.

참고

한국관광공사 고캠핑 www.gocamping.or.kr
국립공원공단 예약 시스템 reservation.knps.or.kr/main.action
전국 자연휴양림 안내 www.foresttrip.go.kr/main.do?hmpgId=FRIP
캠핑지도 www.campingjido.com/#centerCenterPanel:campingGridID
오지캠핑 www.5gcamp.com
고릴라캠핑(캠핑용품) www.gorillacamping.net/default

전국의 오토캠핑장

지역	이름	보유 시설 및 특징	가격	연락처 및 위치
서울	서울 한강 난지캠프장	화장실, 개수대, 샤워장, 매점	입장료 4,000원, 야영료 15,000원(4인기준), 주차료 1일 10,000원	02-3780-0612 hangang.seoul.go.kr/archives/46897 서울 마포구 상암동 495-81
경기	남양주 해자연 캠핑장	화장실, 개수대, 샤워장, 매점, 전기, 글램핑	야영료 40,000원(평일,주말 동일), 글램핑 100,000~140,000원(성수기)	010-8307-3800 sunnpark.cafe24.com 경기 남양주시 오남읍 팔현리 9-12
	남양주 축령산 자연휴양림	화장실, 개수대, 샤워장	입장료 1,000원, 야영료 4,000원, 주차료 3,000원	031-592-0681 foresttrip.go.kr/indvz/main.do?hmpgId=ID02030050 경기 남양주시 수동면 외방2리 280
	연천 세계캠핑체험존	화장실, 개수대, 샤워장, 계곡, 매점, 전기, 펜션동	야영료 20,000~30,000원(성수기), 펜션 48,000~220,000원	031-835-7100 hantan.co.kr 경기 연천군 전곡읍 선사로 123
	가평 호명산 잣나무 숲속 캠핑장	화장실, 개수대, 샤워실, 매점, 전기	야영료 25,000~40,000원(성수기)	010-3311-5353 www.hmforestcamp.com 경기 가평군 상지로 64번길 83-25
	강화 함허동천 야영장	화장실, 개수대, 샤워장, 계곡, 매점, 전기	입장료 2,000원, 야영료 18,000원	032-930-7066-7 camp.ghss.or.kr/usr/mav/MainView.do 인천 강화군 화도면 사기리 340-2
	화성 백미리 희망캠핑장	화장실, 개수대, 샤워장, 매점, 전기	야영료 30,000~40,000원(성수기)	010-8082-8989 www.hopecamping.co.kr/default 경기 화성시 서신면 백미길 210-24
	양주 송천캠핑장	화장실, 개수대, 샤워장, 계곡, 매점, 전기, 어린이 놀이장	야영료 40,000원(전기료 포함)	010-9090-9005 songchun.okkg.com/index.htm 경기 양주시 백석읍 기산리 382-3
	포천 아버지의숲 산정캠프	화장실, 개수대, 샤워장, 계곡, 매점, 전기	야영료 40,000~60,000원(성수기), 펜션 70,000~200,000원	010-5272-9141 supeon.modoo.at 경기 포천시 영북면 산정리 558-1
	가평 용소 캠핑장	화장실, 개수대, 샤워장, 계곡, 매점, 전기	야영료 50,000~70,000원(성수기), 방갈로 120,000원	010-4815-7033 yongso.modoo.at 경기 가평군 북면 도대리 335-3
	가평 산장국민관광지	화장실, 개수대, 샤워장, 계곡, 매점, 전기	야영료 18,000~33,000원(성수기), 펜션 50,000~120,000원	031-8078-8056 gpfmc.or.kr/sanjang 경기 가평군 상면 덕현리 산 74-1
	가평 자라섬 오토캠핑장	화장실, 개수대, 샤워장, 매점, 잔디밭, 전기	오토캠핑장 15,000~20,000원(성수기), 캐러밴 60,000~180,000원	031-8078-8028 www.jaraisland.or.kr 경기도 가평군 가평읍 달전리 산7
	가평 유명산 자연휴양림	화장실, 개수대, 샤워장, 계곡	야영료 14,000~16,500원(성수기)	031-585-9643 foresttrip.go.kr/indvz/main.do?hmpgId=0101 경기 가평군 설악면 가일리 산35
	가평 둥지 캠핑장	화장실, 개수대, 샤워장, 수영장, 게이트볼	야영료 40,000원, 글램핑 59,000~119,000원	010-4909-2379 www.doongjicamp.com/Main.aspx 경기도 가평군 설악면 묵안리 305
	파주 반디캠프	화장실, 개수대, 샤워장, 매점, 전기, 인터넷	야영료 40,000원, 전기료 3,000원	010-6280-6635 cafe.naver.com/ksm8558k (선착순 입장) 경기 파주시 광탄면 기산리 517-1
	양주 씨알농장 오토캠핑장	화장실, 개수대, 샤워장, 계곡, 매점, 전기	야영료 35,000원	010-2416-7070 cafe.daum.net/hur123 경기 양주시 광사동 295
	여주 참숯마을 오토캠핑장	화장실, 개수대, 샤워장, 전기, 잔디밭	야영료 25,000~35,000원, 펜션 50,000~220,000원	031-886-1119 www.yjcharmsoot.co.kr 경기도 여주군 강천면 이호리 65-6

지역	이름	보유 시설 및 특징	가격	연락처 및 위치
강원	정선 가리왕산 자연휴양림	화장실, 개수대, 샤워장, 계곡, 매점, 전기	야영 데크 15,000원, 오토캠핑장 17,000원	033-562-5833 foresttrip.go.kr/indvz/main.do?hmpgId=0113 강원도 정선군 정선읍 회동리 2-1
	원주 간현관광지 캠핑장	화장실, 개수대, 샤워장, 계곡, 매점, 전기	일반 캠핑 20,000~35,000원(주말)	033-731 4088 www.gocamping.or.kr/bsite/camp/info/read.do?c_no=7353 강원도 원주시 지정면 소금산길 26
	양양 갈천 오토캠프장	화장실, 개수대, 샤워장, 계곡, 매점, 전기	야영료 30,000~40,000원(성수기)	010-5294-2427 cafe.naver.com/galchunauto 강원도 양양군 서면 갈천리 221
	영월 남강캠프	화장실, 개수대, 샤워장, 잔디광장, 계곡, 매점	야영료 50,000~60,000원(극성수기)	010-4878-5950 cafe.naver.com/namgangcamp 강원도 영월군 수주면 법흥리 89-4
	무릉계곡 힐링캠프장	화장실, 샤워장, 전기, 개수대, 계곡, 화로, 와이파이존	야영료 8,000~35,000원, 주차비 2,000원, 샤워장 2,000원	033-534-7306 mureungvalley.or.kr 강원 동해시 삼화동 859-1
	동해 망상 오토캠핑리조트	화장실, 개수대, 샤워장, 계곡, 매점, 전기	야영료 15,000~40,000원(성수기)	033-534-3110 www.campingkorea.or.kr/main/main.htm 강원 동해시 망상동 393-39
	인제 방태산 자연휴양림	화장실, 개수대, 샤워장, 계곡, 매점	야영료 14,000~16,500원(성수기)	033-463-8590 foresttrip.go.kr/indvz/main.do?hmpgId=0109 강원 인제군 기린면 방태산길 241
	인제 백담계곡 오토캠핑장	화장실, 개수대, 샤워장, 계곡, 매점, 전기	야영료 40,000~50,000원(성수기)	033-462-2838 www.백담계곡오토캠핑장.com 강원 인제군 북면 용대리 1093번지
	남양주·평창 솔섬 오토캠핑장	화장실, 개수대, 샤워장, 계곡, 매점, 전기, 수영장	야영료 50,000~70,000원	010-5178-1657 solsum.com 경기도 남양주시 화도읍 가곡리 402-1 강원 평창군 봉평면 유포리 227-1
	고성 송지호 오토캠핑장	화장실, 개수대, 샤워장, 전기	야영료 30,000~40,000원(성수기), 통나무집 40,000~70,000원	033-681-5244 camping.gwgs.go.kr 강원 고성군 죽왕면 오봉리 169-2
	양양 오토캠프장	화장실, 개수대, 샤워장, 전기	야영료 30,000~50,000원(성수기)	010-9468-0630 www.camping.kr 강원 양양군 손양면 송전리 산 1-5
	영월 솔밭 오토캠핑장	화장실, 개수대, 샤워장, 계곡, 전기	야영료 40,000~50,000원(성수기)	010-5483-7066 www.solbatcamp.co.kr/introduce/introduce_02.php 강원도 영월군 수주면 법흥1리 655
	오대산 소금강 오토캠핑장	화장실, 개수대, 샤워장, 계곡, 매점, 전기	입장료 2,000원, 야영료 15,000~19,000원(성수기), 전기료 3,000원, 주차료 5,000원	033-661-4161 www.knps.or.kr/front/portal/visit/visitCourseSubMain.do?menuNo=7020096&parkNavGb=epil_viewNews&parkId=120900&vnewsId=VNEWSM001330 강원 강릉시 연곡면 삼산리 46-1
	영월 정든 오토캠핑장	화장실, 개수대, 샤워장, 계곡, 전기	야영료 35,000~40,000원(성수기)	010-9825-0058, 010-3267-1388 blog.naver.com/inaki 강원 영월군 수주면 법흥리 712
	영월 사슬치 오토캠핑장	화장실, 개수대, 샤워장, 수영장	야영료 30,000~40,000원(성수기)	010-4822-7852 cafe.naver.com/saseulchi 강원도 영월군 주천면 용석리 339
	홍천 비발디 캠핑파크	화장실, 개수대, 샤워장, 전기	야영료 50,000~55,000원(성수기)	010-5203-3593 cafe.naver.com/vivaldicampingpark 강원도 홍천군 서면 모곡리 99-8

지역	이름	보유 시설 및 특징	가격	연락처 및 위치
강원	원주 치악산 자연휴양캠핑장	화장실, 개수대, 계곡	야영료 3,000원, 주차료 4,000원	033-762-8288 foresttrip.go.kr/indvz/main.do?hmpgId=ID02030024 강원 원주시 판부면 금대리 산 100
경상	울진 구수곡 자연휴양림	화장실, 개수대, 샤워장, 계곡	야영료 20,000원, 숲속의 집 40,000~150,000원	054-781-4005 foresttrip.go.kr/indvz/main.do?hmpgId=ID02030073 경북 울진군 북면 상당리 321
	칠곡 가산산성 야영장	화장실, 개수대, 샤워장	야영료 10,000~12,000원(성수기), 주차료 1일 2,000원	053-602-5900 camping.gb.go.kr/main.php 경북 칠곡군 동명면 득명리 113-1
	거창 금원산 자연휴양림	화장실, 개수대, 매점	입장료 1,000원, 야영료 8,000~10,000원, 주차료 3,000원, 숲속의 집 56,000~138,000원	055-254-3971 foresttrip.go.kr/indvz/main.do?hmpgId=ID02030077 경남 거창군 위천면 상천리 산 61
	봉화 마방오토캠핑장	화장실, 개수대, 샤워장, 계곡	야영료 40,000~50,000원(성수기)	010-6470-7362, 054-672-7362 경북 봉화군 소천면 고선리 722
	고성 남산공원 오토캠핑장	화장실, 개수대, 샤워장, 매점, 전기	야영료 20,000~25,000원(성수기), 캐러밴(4인) 평일/주말/성수기 8/10/12,000원, 글램핑 150,000원	070-4152-5255, 010-4904-5253 www.gscamping.com 경남 고성군 고성읍 신월리 657-1
	단양 소백산 삼가야영장	화장실, 개수대, 샤워장, 계곡	야영료 15,000~19,000원(성수기), 산막 40,000~50,000원(성수기)	054-637-3794 reservation.knps.or.kr/information/campInfo.action?seqId=B121001 경북 영주시 풍기읍 삼가리 320
	영양 생태공원사업소 야영장	화장실, 개수대, 계곡, 전기	야영료 20,000~30,000원 (5월~10월 운영)	054-680-5323 www.yyg.go.kr/np/camping/facilities 경북 영양군 수비면 수하리 240
	청도 운문산 군립공원 야영장	화장실, 개수대, 계곡, 샤워장	야영료 13,000~23,000원(성수기), 주차료 2,000원	010-2928-8837 cafe.naver.com/skybluesiolr 경북 청도군 운문면 신원리 2087
	청도 배너미 오토캠핑장	화장실, 개수대, 계곡, 전기	야영료 40,000~50,000원(성수기) 캐러밴 120,000원, 게스트룸 60,000~140,000원	010-6568-3969 www.bcamp.kr/use/use_01.php 경북 청도군 운문면 신원리 32
	의령 벽계야영장	화장실, 개수대, 샤워장, 계곡, 매점, 전기	야영료 40,000~45,000원(성수기), 캐러밴 130,000~150,000원(성수기), 미니 펜션 90,000~110,000원	010-7176-8757 bkcamping.co.kr 경남 의령군 궁류면 벽계리 957-5
	청송 주왕산 상의자동차야영장	화장실, 개수대, 샤워장, 계곡, 전기	야영료 18,000~23,000원(성수기), 주차료 4,000원~5,000원(성수기)	054-870-5341 www.gocamping.or.kr/bsite/camp/info/read.do?c_no=2765&viewType=read02 경북 청송군 주왕산면 공원길 146
	봉화 청옥산 자연휴양림	화장실, 개수대, 샤워장, 계곡	야영료 10,000~20,000원(성수기), 휴양관 32,000~91,000원	054-672-1051 foresttrip.go.kr/indvz/main.do?hmpgId=0183 경북 봉화군 석포면 대현리 산 13-64
	울진 통고산 자연휴양림	화장실, 개수대, 샤워장, 계곡, 매점	야영료 12,000~16,500원(성수기), 휴양관 35,000~154,000 원	054-783-3167 foresttrip.go.kr/indvz/main.do?hmpgId=0193 경북 울진군 서면 쌍전리 산 150-1
전라	부안 줄포만갯벌생태공원 캠핑장	화장실, 개수대, 샤워장, 전기	야영료 20,000원(평수기/성수기 동일)	063-580-3171 julpoman.buan.go.kr/home 전북 부안군 줄포면 생태공원로 38
	변산 고사포 야영장	화장실, 개수대, 샤워장, 전기	야영료 19,000원	063-582-7808 reservation.knps.or.kr/information/campInfo.action?seqId=B181002 전북 부안군 변산면 운산리 441-11

지역	이름	보유 시설 및 특징	가격	연락처 및 위치
전라	장성 백양사 가인 야영장	화장실, 개수대, 계곡	야영료 11,000~13,000원(성수기)	061-393-3088 reservation.knps.or.kr/information/ campInfo.action?seqId=B041001 전남 장성군 북하면 약수리 138
	무주 덕유대 오토캠핑장	화장실, 개수대, 샤워장, 계곡, 매점, 전기	야영료 10,000~19,000원(성수기)	063-322-3174 reservation.knps.or.kr/information/ campInfo.action?seqId=B051002 전북 무주군 설천면 삼공리 411-8
	장수 방화동 자연휴양림	화장실, 개수대, 샤워장, 계곡, 매점, 전기	야영료 20,000원, 숲속의 집 90,000~150,000원	063-353-0855 foresttrip.go.kr/pot/rm/ug/ selectFcltUseGdncView.do?hmpgId=ID0203 0082&menuId=004002005&ruleId=205 전북 장수군 번암면 사암리 625
	광양 백운산 자연휴양림	화장실, 개수대, 샤워장, 계곡, 매점	야영료 30,000~50,000원(성수기), 캐러밴 100,000~140,000원, 숲속의 집 60,000~180,000원	061-797-2655 bwmt.gwangyang.go.kr/bmt 전남 광양시 옥룡면 추산리 산 115-1
	곡성 섬진강문화학교 캠핑장	화장실, 개수대, 샤워장, 계곡, 전기, 매점, 어린이 놀이터, 영화 상영, 사진 전시관	야영료 30,000원, 캠핑카 40,000원	061-362-0313 www.dokdocamping.com 전남 곡성군 죽곡면 태안로 793
	지리산 달궁 자동차 야영장	화장실, 개수대, 계곡, 매점, 전기	야영료 15,000~19,000원(성수기)	063-630-8900 reservation.knps.or.kr/information/ campInfo.action?seqId=B012002 전북 남원시 산내면 덕동리 274
	구례 피아골 오토캠핑장	화장실, 개수대, 샤워장, 계곡, 전기	야영료 15,000~25,000원(성수기), 글램핑 90,000~190,000원	063-783-5222 www.guryecamp.com 전남 구례군 토지면 내서리 101
	해남 땅끝마을 오토캠핑장	화장실, 개수대, 샤워장, 계곡, 매점, 전기	야영료 15,000~25,000원(성수기), 캐러밴 50,000~12,000원	061-534-0830 autocamp.haenam.go.kr 전남 해남군 송지면 송호리 1245
충청	계룡산 동학사 자동차 야영장	화장실, 개수대, 샤워장, 계곡, 전기	야영료 15,000~19,000원	042-825-3005 reservation.knps.or.kr/information/ campInfo.action?seqId=B161001 충남 공주시 반포면 학봉리 682-1
	태안 구례포 석갱이 오토캠핑장	화장실, 개수대, 샤워장, 계곡, 매점	야영료 35,000~45,000원(성수기)	010-6787-0455 www.sgcamping.com 충남 태안군 원북면 황촌리 810-2
	청원 금관숲 오토캠핑장	화장실, 개수대, 계곡, 전기	야영료 30,000~40,000원(성수기)	010-9417-9115 www.금관숲캠핑장.com 충북 청주시 상당구 미원면 운암계원로 628
	천안 독립기념관 캠핑장	화장실, 개수대, 샤워장,	야영료 1인당 3,000원	041-560-0711,0625 www.i815.or.kr/2018/tour/campsite.do 충남 천안시 목천읍 남화리 230
	태안 몽산포해수욕장	화장실, 개수대, 샤워장, 매점	야영료 15,000~30,000원(성수기), 샤워장 1,000원	011-409-9600 www.mongsanpo.or.kr/sub3_1.html#3 충남 태안군 남면 신장리 358-3
	단양 소선암 오토캠핑장	화장실, 개수대, 샤워장, 계곡, 전기	야영료 20,000~30,000원(성수기)	043-423-0599 www.campsoseonam.co.kr:455 충북 단양군 단성면 상방리 290
	영동 송호리 국민관광지 야영장	화장실, 개수대, 샤워장, 계곡, 매점	야영료 10,000원, 캐러밴 60,000~150,000원(성수기), 전기료 5,000원	043-740-3228, 043-740-5986 www.gocamping.or.kr/bsite/camp/ info/read.do?c_no=1807&viewType =read01&listOrdrTrget=last_updusr_ pnttm&searchDo=,11,&c_signgu=133 충북 영동군 양산면 송호리 279-1

지역	이름	보유 시설 및 특징	가격	연락처 및 위치
충청	영동 민주지산 자연휴양림	화장실, 샤워장, 개수대, 계곡	입장료 1,000원, 야영료 5,000원, 주차료 3,000원, 숲속의 집 38,500~220,000원(성수기)	043-740-3437 yd21.go.kr/portal/html/sub04/0401.html 충북 영동군 용화면 조동리 산 4-129
	제천 월악산 닷돈재 캠핑장	화장실, 샤워장, 개수대, 계곡, 매점, 전기	야영료 15,000~19,000원, 주차료 4,000원(성수기 5,000원), 글램핑장 70,000원(성수기 80,000원)	043-653-3250 reservation.knps.or.kr/information/campInfo.action?seqld=B111001 충북 제천시 한수면 송계리 693-1
	금산 국민여가 오토캠핑장	화장실, 샤워실, 개수대, 계곡, 전기	야영료 30,000원, 방갈로 50,000원, 통나무집 70,000원, 보유 캠핑카 100,000원 (성수기 동일)	041-751-7142 www.금산캠핑장.com/sub1/sub102 충남 금산군 재원면 닥실길 16 금강생태과학체험장
	단양 천동관광지	화장실, 개수대, 샤워장, 계곡, 매점, 전기	야영료 20,000~30,000원(성수기), 종량제 봉투 1,000원	043-420-3589 www.dtmc.or.kr:451/facility.asp?location=004 충북 단양군 단양읍 천동리 201
	태안 별빛 캠핑장	화장실, 개수대, 샤워장, 수영장, 전기, 탁구장, 매점, 산책로	야영료 35,000~49,000원(성수기), 캠핑하우스 60,000~99,000원	041-672-9737 www.taeanstarcamp.com 충남 태안군 소원면 법산리 897
	괴산 화양동 야영장	화장실, 개수대, 샤워장, 계곡, 카페, 수영장, 전기	야영료 30,000~40,000원(성수기), 캐러밴 40,000~50,000원	043-832-4347 hwayangcamp.com 충북 괴산군 청천면 화양리
	서천 희리산 해송자연휴양림	화장실, 개수대, 계곡, 매점	야영료 15,000~16,500원, 캠핑카 22,000~42,000원	041-953-2230 foresttrip.go.kr/indvz/main.do?hmpgld=0187 충남 서천군 종천면 산천리 산 35-1
제주	서귀포 모구리 야영장	화장실, 샤워장, 개수대, 인라인스케이트장, 축구장	야영료 3,000원 (성인 1인), 기타 시설 이용료 별도, 입장료&주차료 무료	064-760-2114, 064-760-3408 eticket.seogwipo.go.kr/openos/product/productDetail.do?productCode=3180000121 제주 서귀포시 성산읍 난산리 2960-1
	제주시 관음사 야영장	화장실, 개수대	야영료 3,000원	064-756-9950, 064-756-3730 제주 제주시 오등동10
	서귀포 돈내코 야영장	화장실, 개수대, 샤워장, 계곡	야영료, 주차료 무료	064-733-1584 제주 서귀포시 상효동 1459
	서귀포 자연휴양림	화장실, 개수대, 계곡, 매점	입장료 1,000원, 야영료 4,000원, 주차료 2,000원	064-738-4544 foresttrip.go.kr/indvz/main.do?hmpgld=ID02030013 제주 서귀포시 대포동 산 1-1
	서귀포시 붉은오름 자연휴양림	화장실, 개수대, 샤워장, 풋살 경기장	입장료 1,000원, 야영료 2,000원, 전기료 2,000원, 캠핑카 17,000원, 샤워장 2,000원	064-782-9171 foresttrip.go.kr/pot/rm/fa/selectCmpgrArmpListView.do?hmpgld=ID02030014&menuld=002002002 제주 서귀포시 표선면 남조로 1487-73

부록

쉽고 편리하게 떠나는
주말 시티투어

시티투어는 교통이 불편해서 장거리 여행을 꺼리는 가족을 위해 쉽고 편리하게 즐길 수 있는 여행이다. 일반 여행에서는 갈 수 없었던 곳까지 볼 수 있어 좋고 각 지역의 꼭 필요한 여행지만 둘러볼 수 있어 효과적이다.

온 가족이 버스를 타고 쉽고 빠르게 여행을 할 수 있어요.

시티투어의 매력

생각보다 훨씬 많은 도시에서 시티투어를 진행하고 있어 짧은 시간에 짜임새 있는 여행을 할 수 있다. 시티투어는 버스를 타고 이동하며 편안하게 해설을 들을 수 있어 두 가족이나 세 가족이 함께 프로그램에 참여할 수 있다. 아이들은 또래와 함께할 때 더 즐거움을 느끼므로 고려해볼 만하다. 게다가 또래 아이들을 둔 부모가 함께 여행을 하면서 아이들에 관한 정보를 공유할 수 있다. 특히 아빠들이 만날 수 있는 기회는 많지 않은데, 이런 프로그램을 통해 접해 보자.

❶ 한정된 시간 동안 짜임새 있게 움직이며 여러 장소를 둘러볼 수 있다.
❷ 얽힌 전설이나 알려지지 않은 이야기를 들을 수 있다.
❸ 지리를 몰라도 되고, 운전의 피곤함을 걱정하지 않아도 된다.
❹ 자가운전을 하지 않으므로 가족과의 대화 시간이 늘어난다.
❺ 흔히 볼 수 없는 2층 버스나 2층이 개방되어 있는 오픈카를 탈 수 있어 아이들이 더 좋아한다.

시티투어 준비하기

지역별로 시티투어 프로그램이 마련되어 있는 곳도 있고, 없는 곳도 있으니 출발하기 전에 확인한다. 주변에 다른 여행지와 함께 여행할 계획이라면 출발 시간, 소요 시간 등을 정확히 확인해야 다른 여행 스케줄에 지장을 주지 않는다. 여름에는 야간 코스를 이용하는 것도 특별한 경험이 된다.

계획 세우기

정기적으로 운행되는 코스와 역사 문화 유적이나 지역 축제 등을 탐방하는 부정기적 테마 투어가 있으니 자기에게 맞는 코스를 선택한다. 야간 시티투어는 아름다운 야경을 볼 수 있는 장점이 있지만 밤바람을 많이 쐴 경우 아이들이 감기에 걸릴 수 있으니 여벌 옷을 준비해야 하고, 아이들의 취침 시간을 고려해서 너무 늦은 시간은 피하는 것이 좋다.

유의 사항	❶ 정차하는 주차장에 다른 관광버스가 함께 주차할 때 잘못 타는 경우도 있으니 타고 온 버스가 어떤 버스인지 꼭 확인한다. ❷ 버스의 옆 좌석에 앉은 사람에게 자신의 존재를 알려, 탑승하지 않았을 경우 출발하지 못하도록 한다. ❸ 버스를 타고 내릴 때 주변에 지나는 차량이나 오토바이가 없는지 확인하는 등 안전사고에 유의한다. ❹ 멀미를 할 경우 미리 멀미약을 복용하는 것이 좋다.
준비물	이야기를 받아 적을 체험노트와 필기도구, 작은 카메라, 음료수와 간식거리, 햇빛을 충분히 가릴 수 있는 모자, 편안한 운동화를 준비하면 도움이 된다.
참고 사이트	대한민국 구석구석 korean.visitkorea.or.kr ☎02-729-9615 트래블 짐스 클럽 www.jimsclub.net ☎02-765-9625

전국의 시티투어 프로그램

[서울특별시]

서울시티투어버스

	도심순환 코스 (1층 버스)	트롤리버스+2층 버스 파노라마 코스	야간 코스
코스	광화문 → 덕수궁 → 남대문시장 → 서울역 → USO → 용산역 → 국립중앙박물관 → 전쟁기념관 → 미군용산기지 → 이태원 → 크라운호텔 → 명동 → 남산골한옥마을, 한국의 집 → 소피텔앰배서더호텔 → 국립극장 → N서울타워 → 하얏트호텔 → 신라호텔 → 동대문시장 → 대학로 → 창경궁 → 창덕궁 → 인사동 → 청와대 앞 → 경복궁 → 광화문	광화문 → 청계광장 → 명동 입구 → 서울애니메이션센터 → 남산케이블카 → 밀레니엄힐튼호텔 → 남산도서관 → 하얏트호텔 → 세빛섬 → 63빌딩, 한강유람선 → 5호선 여의나루역 → 홍대 앞 → 공항철도 홍대입구역 → 신촌역, 이대 앞 → 세종문화회관 → 서울역사박물관 → 농업박물관	**1층 버스** 광화문 → 마포대교 → 여의도 → 서강대교 → 성수대교 → 한남대교 → N서울타워 → 남대문시장 → 청계광장 **2층 버스** 광화문 → 마포대교 → 서강대교 → 한남대교 → 달빛무지개분수 → 동작대교 → 성수대교 → 한남대교 → 남산도서관 → 남대문시장 → 청계광장
이용 기간 및 시간	09:00~21:00 (막차 19:00 출발, 30분 간격), 약 2시간 소요 월요일 휴무 (단, 월요일이 공휴일인 경우 정상 운행) / 7월 넷째 주~8월 15일에는 휴무 없이 운행		1일 1회 운행, 20:00~21:30
요금	성인 12,000원 / 고교생 이하 10,000원		성인 6,000원 / 고교생 이하 4,000원
출발 장소	광화문 동화면세점 앞 (지하철 5호선 광화문역 6번 출구)		
승차권 구입	버스 탑승 시 가이드에게 직접 구입, 광화문 코리아나 호텔 옆 티켓박스에서 구입		
문의	www.seoulcitybus.com, 02-777-6090		
비고	• 2층 버스 이용 후 1층 버스 환승 시 할인 적용 • 10인 이상 단체 이용 시 10%할인 • 티켓에 당일에 유효한 할인권이 붙어 있음 • 각 장소별 입장료는 별도		

[경기도 & 인천광역시]

수원시티투어

	제1코스 수원시티투어 (화~금)	제2코스 수원/광명 1일코스	제3코스 수원/화성 1일코스
코스	수원역 (관광안내소) → 해우재 → 화서문 경유 → 화성행궁 → 장안문 경유 → 화홍문 (방화수류정) → 연무대 → 수원화성박물관 → 수원역 (관광안내소)	수원역 (관광안내소) → 해우재 → 화서문 경유 → 화성행궁 → 연무대 국궁체험 → 지동시장 (중식, 자유식) → 광교호수공원 → 수원역 (관광안내소)	수원역 (관광안내소) → 화서문 경유 → 장안문 경유 → 화홍문 → 화성행궁 → 연무대 → 중식 (지동시장) → 팔달문 → 융건릉 → 용주사 → 수원역 (관광안내소).
이용 기간 및 시간	1일 2회 운행 (10:00, 14:00), 약 3시간 30분 소요 / 연중운행, 월요일은 정기휴무, 설·추석 당일 휴무	일요일 1회 운행 (09:30~16:30), 약 7시간 소요 / 연중 운행	일요일 1회 운행 (09:30~16:30), 약 7시간 소요 / 연중 운행
요금	성인 11,000원 / 초·중·고등학생, 군인 8,000원 (화성행궁 입장료 포함) / 장애인·노인 우대 5,000원 / 미취학 아동 4,000원	성인 16,900원 / 초·중·고등학생, 군인 14,900원 (화성행궁 입장료 포함) / 장애인·노인 우대 12,900원 / 미취학 아동 10,900원	성인 14,900원 / 초·중·고등학생, 군인 12,900원 (화성행궁 입장료 포함) / 장애인·노인 우대 10,900원 / 미취학 아동 8,900원
출발 장소	수원역 4번 출구 수원관광안내소		
승차권 구입	전화 예약 031-256-8300 (문의 시간: 09시~18시), 티켓 수령: 수원역 4번 출구 앞 수원시 관광정보센터		
문의	www.suwoncitytour.co.kr, 031-256-8300		
비고	매주 월요일은 정기휴일		

안산시티투어

	제1코스 시내특화코스	제2코스 대부해솔길	제3코스 맞춤형 체험코스
코스	중앙역 출발→최용신 기념관→성호기념관→중식→단원 미술관→안산갈대습지공원→중앙역	중앙역 출발→시화 조력발전소(달전망대)→대부 해솔길 1코스→중식→탄도 바닷길→중앙역	단체 20명 이상에 한하여 안산시, 대부도 지역을 자유롭게 원하는 코스 구성하여 운영
이용 기간 및 시간	10:00~17:00		
요금	성인 6,000원 / 유치원, 학생, 군인, 65세 이상 4,000원		
출발 장소	중앙역		
승차권 구입	온라인 예약, 전화 예약/당일 취소 시 해지 수수료 20% 징수		
문의	www.ansancitytour.com, 1899-7687		
비고	• 무료: 최용신기념관, 향토사박물관(안산문화원), 환경전시관, 갈대습지공원, 노적봉 폭포, 식물원 • 유료: 성호기념관(단체-성인 300원, 그 외 100원/개인-성인 500원, 그 외 200원), 행복예절관(체험실비 5,000원 미만), 어촌민속박물관(단체-성인 1,500원, 청소년 1,000원, 어린이 700원/개인-성인 2,000원, 청소년 1,500원, 어린이 1,000원)		

화성시티투어

	공룡의 숨결	문화의 숨결	바다의 숨결	자연의 숨결	파도의 숨결	평화의 숨결	테마투어
코스	공룡알 화석산지→우음도, 형도→선감브리아지층	융건릉→용주사→화성당성→제암리 3.1운동 순국기념관	궁평사구→갯벌생태→화성호→매화리 염전	남양성모성지→우리꽃 식물원→비봉 인공습지→서봉산, 삼봉산	국화도→입파도→제부도	매향리 평화역사관→제암리 3.1운동 순국기념관→발안 만세시장	농어촌체험
이용 기간 및 시간	매주 토, 일, 공휴일 09시 출발						
요금	17,000~34,000원, 6세 이하 무료/3일 전 취소 시 수수료만 제외, 1일 전 취소 시 50% 환불, 당일 취소 시 전액 환불 안 됨.						
출발 장소	예약 시에 출발 장소 지정 가능 - 동탄역 : 동탄역(SRT) 2번출구 앞 버스정류장 - 동탄 : 화성시미디어센터 앞 버스정류장 - 병점 : 화성시 동부출장소 앞 버스정류장 - 봉담 : 봉담읍사무소 맞은편 버스정류장 - 향남 : 향남읍사무소 앞 버스정류장 - 남양 : 남양모두누림센터 앞 버스정류장						
승차권 구입	온라인 예약(tour.hscity.go.kr/citytour)						
문의	tour.hscity.go.kr/citytour, 031-366-4928						
비고	저탄소 여행이므로 되도록 개인 컵을 사용하며 일회용품을 자제한다.						

인천시티투어

	시내 코스(순환형)	
	바다 노선	개항장 노선
코스	센트럴파크→송도컨벤시아→왕산마리나→을왕리해수욕장→파라다이스시티→인천국제공항(T1)→인천항국제여객터미널→G타워→아트센터인천→센트럴파크	센트럴파크→인천항 국제여객터미널→인천내항 경유 (5부두→8부두)→인천역→인천내항 경유 (8부두→5부두)→송도컨벤시아 트리플스트리트→센트럴파크
이용 기간 및 시간	10:00~16:00, 매 정시 출발	09:30~15:30, 매시 30분 출발
요금	성인 10,000원, 소인 8,000원	성인 5,000원, 소인 4,000원
출발 장소	센트럴파크	
승차권 구입	인터넷 예매(https://www.travelicn.or.kr/open_content/citytour), 인천역관광안내소, 인천종합관광안내소(송도), 버스 탑승 시 신용카드 결제	
문의	www.travelicn.or.kr/open_content/citytour, 032-772-4000	

시내 코스(테마형)

	인천시간여행	소래시장	강화역사	강화힐링	노을야경
코스	코리아나 호텔→개항장→월미도 카페리→파라다이스시티(인천대교 경유)→센트럴파크 수상택시→G타워→코리아나 호텔	인터컨티넨탈 서울 코엑스→소래포구→부평문화의거리→인터컨티넨탈 서울 코엑스	검암역→강화 평화전망대→교동대룡시장&교동제비집→강화역사박물관&강화지석묘→고려궁지&외규장각→검암역	검암역→전등사&삼랑성곽길→마니산 치유의 숲→소창체험관&조양방직→검암역	인천종합관광 안내소→(인천대교 경유)→왕산마리나→(인천대교 경유)→인천종합관광 안내소
이용 기간 및 시간	09:00 목/금/토/일	09:30 목/금	09:00 토	09:00 일	18:40 금/토
요금	성인 22,000원, 소인 18,000원	성인 15,000원, 소인 12,000원			성인 10,000원, 소인 8,000원
출발 장소	코리아나호텔	인터콘티넨탈 서울 코엑스	검암역 1번 출구	검암역 1번 출구	인천도시역사관 관광안내소
승차권 구입	온라인 예약(www.travelicn.or.kr/open_content/citytour), 인천역관광안내소, 인천종합관광안내소(송도), 버스 탑승 시 신용카드 결제				
문의	www.travelicn.or.kr/open_content/citytour, 032-772-4000				

안성문화관광투어

	기본 코스
코스	3.1운동 기념관/미리내성지→안성팜랜드/선비마을→안성전통시장/안성맞춤 박물관→칠장사/태평무공연/천문과학관→남사당공연
이용 기간 및 시간	3월~11월 매주 토요일
요금	성인 19,900~24,900원(중식 미포함)/유아 무료(5세 미만)/왕복 차량, 문화관광해설사, 여행자보험, 입장료, 체험 비용 등 포함
출발 장소	서울 광화문역 6번출구 동화면세점 (07:30) 서울 양재역 12번출구 마을버스정류장 (07:50) 경부고속도로 하행 죽전간이버스정류장 (08:10)
승차권 구입	온라인 예약, 전화 예약
문의	www.anseong.go.kr/tour/contents.do?mId=0501010000, 031-678-2492, 02-735-8142
비고	3일 전 취소 시 전액, 2일 전 취소 시 70%, 1일 전 취소 시 50% 환불, 당일 취소 시 환불 없음

남양주시티투어

	힐링체험코스 A	힐링체험코스 B	역사문화코스 A	역사문화코스 B	문화체험코스
코스	도농역→피자 만들기 및 샌드아트 체험→점심→정약용 유적지 및 생태공원→도농역	도농역→오디 수확 체험→점심→정약용 유적지 및 생태공원→도농역	도농역→프라움 악기박물관→정약용 유적지 및 생태공원→남양주시립박물관(에코백 만들기 또는 합죽선 만들기)→도농역	도농역→홍유능/광릉/사릉→점심→산들소리 수목원→우석헌 자연사 박물관→도농역	도농역→팜아트홀릭(마리모 하우스 체험 또는 수제 과일청 만들기)→점심→모란미술관→피아노폭포→도농역
이용 기간 및 시간	매월 2, 4번째 토요일 (6월 제외)	6월 2, 4째 토요일만 운영	매월 2, 4번째 토요일		
요금	참가비 성인 2,000원 체험비 39,000원/4인	성인 12,000원	성인 9,500원	성인 9,000원	성인 20,200원
출발 장소	도농역(중앙선) 09:30				
승차권 구입	온라인 예약, 전화 예약				
문의	www.nyj.go.kr/culture/223, 031-590-4243 ※30인 이상 수시 출발				
비고	투어비+입장료 포함, 중식비 불포함				

양주웰빙시티투어

	양주 북부코스	양주 남부코스
코스	서울시청 → 잠실 종합운동장 → 양주역 → 양주 회암사지 및 박물관 → 비암장수마을(중식) → 조소앙 기념관 → 필룩수 조명박물관 → 서울시청	교대역 → 시청역 → 양주역 → 양주 회암사지 및 박물관 → 양주목 관아 → 자유 중식 → 장욱진 미술관 또는 가나 아트파크 → 교대역
이용 기간 및 시간	매주 토/일요일 08시 출발	
요금	23,900원(중식 포함)	14,900원(중식 미포함)
출발 장소	서울시청, 잠실종합운동장, 양주역	교대역, 시청역, 양주역
승차권 구입	전화 예약 (로망스투어 02-318-1664)	전화 예약 (풍경 02-2669-9720)
문의	www.yangju.go.kr/tour/contents.do?key=2666	
비고	정기 투어라도 예약 인원이 10인 이하일 경우 취소될 수 있음. 단체 투어는 최소 운행 인원이 20인 이상일 경우 맞춤형으로 운행 가능.	

[강원도]

삼척관광시티투어

	종일 코스
코스	죽서루(탑승) → 삼척종합버스터미널(탑승) → 쏠비치(탑승) → 해양레일바이크(궁촌역) 체험 → 중앙시장 중식 및 시장투어 → 대금굴 관람 → 쏠비치(하차) → 삼척종합버스터미널(하차) → 죽서루(하차)
이용 기간 및 시간	4.1~11.30 매일 운행, 09:00~18:00 (8시간 소요)
요금	대인 6,000원 / 청소년 4,000원 / 7세~4세 3천 원 / 4세 이하 무료 ※ 입장료 및 중식 불포함
출발 장소	삼척종합버스터미널, 쏠비치, 죽서루
승차권 구입	온라인, 현장 예약
문의	citytour.samcheok.go.kr, 평일) 033-570-3846, 주말) 033-570-3651
비고	탑승 2일 전 50% 환불, 1일 전 30% 환불, 당일 환불 불가 (대금굴 입장료 : 12,000원, 레일바이크 4인용 30,000원 별도)

춘천시티투어

	월요일코스	화요일코스	수요일코스	목요일코스	금요일코스	토요일코스	일요일코스
코스	춘천역 → 소양강댐 → 청평사 → 옥동굴체험장 → 소양강스카이워크 → 소양강처녀상 → 춘천역	춘천역 → 소양강스카이워크 → 소양강처녀상 → 김유정문학마을 → 강촌레일바이크 → 국립춘천박물관 → 구곡폭포 → 춘천역	춘천역 → 소양강스카이워크 → 소양강처녀상 → 물레길 → 옥동굴체험장 → 강원도립화목원 → 춘천역	춘천역 → 소양강스카이워크 → 소양강처녀상 → 옥동굴체험장 → 등선폭포 → 제이드가든 → 춘천역	춘천역 → 물레길 → 김유정문학관 → 강촌레일바이크 → 애니메이션박물관 → 춘천역	춘천역 → 막국수체험박물관 → 소양강댐 → 청평사 → 강원도립화목원 → 소양강스카이워크 → 소양강처녀상 → 춘천역	춘천역 → 소양강스카이워크 → 소양강처녀상 → 김유정문학마을 → 구곡폭포 → 토이로봇관 → 장절공신숭겸묘역 → 춘천역
이용 기간 및 시간	매일 10:30 출발						
요금	대인 6,000원 / 소인, 군인, 경로, 장애인 4,000원, 36개월 미만 무료 * 도선비/입장료/체험료 별도						
출발 장소	춘천역 시티투어 승강장						
승차권 구입	온라인 예약, 현장(춘천시 관광안내소) 접수, 전화 예약(033-241-5533)						
문의	tour.chuncheon.go.kr, 033-241-553						
비고	입장료와 중식비 별도						

원주투어버스

	테마형 코스			
	원주이야기	특별한 사색여행	남한강 역사문화길	고품격 레저아트투어
코스	엘리트 체육관 앞 → 구룡사 중식 → 반곡역사관 → 원주 역사박물관	엘리트 체육관 앞 → 성황림 황둔 삼송마을 → 중식 → 용소 막 성당	엘리트 체육관 앞 → 충효사 → 흥원창 → 중식 → 거돈사지 → 법천사지	엘리트 체육관 앞 → 소금산 출 렁다리 → 중식 → 뮤지엄 산
이용 기간 및 시간	6월 6일 / 7월 4일 / 8월 8일 / 9월 5일 / 10월 10일 / 11월 7일	6월 13일 / 7월 11일 / 8월 15일 / 9월 12일 / 10월 17일 / 11월 14일	6월 20일 / 7월 18일 / 8월 22일 / 9월 19일 / 10월 24일 / 11월 21일	5월 30일 / 7월 25일 / 8월 29일 / 9월 26일 / 10월 31일 / 11월 28일
요금	4,500원 (구룡사 입장료 포함)	13,000원 (찐빵 만들기 체험 포함)	3,000원	17,400원 (출렁다리 입장료 별도)

	계절형 코스		
	봄	여름	가을
코스	엘리트 체육관 앞 → 강원감영 → 전통시장 → 중식 → 국형사(동악단) → 관음사	엘리트 체육관 앞 → 기후변화홍보관 → 행구수변공원 → 중식 → 강원감영	엘리트 체육관 앞 → 조엄기념관 → 반계리 은행나무 → 중식 → 동화마을 수목원
이용 기간 및 시간	6월 27일	8월 1일	10월 9일
요금	3,000원	7,000원 (에코백 만들기 포함)	3,000원
출발 장소	국민체육센터 옆 엘리트 체육관 승차장		
승차권 구입	온라인 예약		
문의	www.wjmunwha.or.kr 033-764-3794		
비고	중식 미포함		

화천산천시티투어

	감성 A 코스(힐링권역)	평화 B 코스(DMZ 안보권역)
코스	춘천역 → 산소길 걷기 → 화천시장(중식) → 물빛누리호(파로호) → 평화의 댐 → 토속어류생태체험 → 춘천역	춘천역 → 월남파병용사 만남의 장 → 화천시장(중식) → 칠성전망대 → 산천어 커피박물관 → 춘천역
이용 기간 및 시간	1, 3, 5주 차 토요일 10:30~18:20	2, 4주 차 토요일 10:30~17:30
요금	춘천 출발 8,000원, 화천 출발 4,000원	춘천 출발 8,000원
출발 장소	춘천역	
승차권 구입	온라인 예약(tour.ihc.go.kr/hb/portal/sub02_03_02_01_01), 전화 예약	
문의	tour.ihc.go.kr, 033-440-2575	
비고	중식비, 입장료, 승선료, 체험료 불포함	

[충청도/대전광역시]

대전시티투어

	월요일투어	화요일투어	수요일투어	목요일투어	금요일투어
코스	대전역 → 보훈공원 → 단재신채호생가 → 문충사 → 대전역 → 대전형무소 망루 → 목동성당 → 국립대전현충원 → 대전역	대전역 → 한밭교육박물관 → 천연기념물센터 → 테미오래 → 대전역 → 대전복합터미널 경유 → 대청댐 → 대청호수변생태공원 → 대전역	대전역 → 국립중앙박물관 → 카이스트 → 화폐박물관 → 대전역 → 지질박물관 → 대전시민천문대 → 미래에너지움 → 대전역	대전역 → 무수천하마을 → 효월드 → 대전시립박물관 → 대전역 → 대전복합터미널 → 동춘당 → 우암사적공원 → 옛 충남도청 → 대전역	대전역 → 만인산휴양림 → 대동하늘공원 → 대전역 → 대덕과학기술학교 → 장태산자연휴양림 → 대전역

	토요일투어	일요일투어	언택트세이프		광역투어		순환투어
코스	대전역 → 국립중앙과학관 → 카이스트 → 화폐박물관 → 지질박물관 → 대전역 → 대전복합터미널 경유 → 계족산 황톳길 걷기 → 대전역	대전역 → 한밭수목원/이응노미술관/대전시립미술관 → 테미오래 → 대전역 → 대전복합터미널경유 → 대청호 오백리길 → 슬픈연가 촬영지 → 대전역	A 코스	대전역 → 한밭수목원 → 유림공원 → 국립대전현충원 → 대전역	첫째주	옥천코스	남부코스	대전역 → 서대전역 → 옛 충남도청 → 테미오래 → 아쿠아리움 → 오월드 → 효월드 → 장태산휴양림 → 성심당 → 대전역
					둘째주	청주코스		
			B 코스	대전역 → 동춘당 → 계족산황톳길 → 유성온천 족욕장 → 대전역	셋째주	금산코스	대청호코스	대전역 → 판암역 → 세천공원 → 대청호생태관 → 찬샘마을 → 삼정생태공원 → 대청댐 → 대전역
					넷째주	부여코스		
					다섯째주	영동코스		
이용 기간 및 시간			토/일요일		토/일요일		토/일요일	
요금	1일 투어 7,000원, 반일 투어 4,000원				9,000원		4,000원	
출발 장소	대전역							
승차권 구입	온라인 예약(www.daejeoncitytour.co.kr) / 전화 예약 (042-252-7725)							
문의	www.daejeoncitytour.co.kr, 042-253-6583							
비고	중식비, 입장료 불포함							

보령시티투어

	당일치기 코스 (토요일)	드라마·영화촬영지 코스 (일요일)
코스	대천역 → 죽도 상화원 → 개화예술공원 → 대천역	대천역 → 충청 수영성&오천항 → 천북 공룡발자국 → 청소역 → 대천역
이용 기간 및 시간	13:30 출발 (10인 미만 시 미운행)	
요금	성인 6,000원 / 초등학생 이하 4,000원	
출발 장소	대천역	
승차권 구입	전화 예약, 방문 접수	
문의	www.brcn.go.kr/tour/sub02_06_01_05.do, 041-933-7051 (대천관광협회), 041-930-6563 (보령시 문화관광)	
비고	중식비 + 입장료 및 체험료 별도	

온양온천시티투어

	주말형 테마코스			
	홀수형 (토요일)	짝수형 (토요일)	홀수형 (일요일)	짝수형 (일요일)
코스	온양온천역 → 옹기발효음식 체험관 → 아산레일바이크 → 아산코미디홀 → 온양온천역	천안아산역 → 봉곡사 → 아산 외암마을 → 신정호수공원 → 천안아산역	온양온천역 → 환경과학공원 → 공세리성당 → 영인산휴양림 → 온양온천역	천안아산역 → 세계꽃식물원 → 아산레일바이크 → 아산코미디홀 → 천안아산역
이용 기간 및 시간	매주 토요일 10:00		매주 일요일 10:00	
출발 장소	천안아산역 1층	온양온천역 관광안내소 앞		

주말 시티투어

	주말형 순환코스	평일형 테마코스		
	토/일 순환코스	홀수형 (금요일)	짝수형 (금요일)	풍물 5일장
코스	온양온천역(온양온천시장) → 온양민속박물관 → 은행나무길 → 현충사 → 온양온천역	천안아산역 → 봉곡사 → 외암민속마을 → 신정호수공원 → 천안아산역	온양온천역 → 온양민속박물관 → 현충사 → 공세리성당 → 영인산자연휴양림 → 온양온천역	온양온천역 → 온양민속박물관 → 현충사 → 공세리성당 → 영인산자연휴양림 → 온양온천풍물5일장 → 온양온천역
이용 기간 및 시간		매주 금요일 10:00	매주 금요일 10:00	매달 5일장날(4,9일)
출발 장소	천안아산역 1층	온양온천역 1층	천안아산역 1층	온양온천역 1층
요금	성인 4,000원, 그 외 모두 2,000원			
승차권 구입	온라인 예약, 전화 예약			
문의	www.asan.go.kr/tour/citytour, 041-540-2517, 041-530-6400			
비고	코스별 체험료, 입장료, 중식비는 별도			

부여시티투어

	연꽃향 이색투어	백제항 생생투어	문화향 싱싱투어	사비항 상상투어	사비항 밤마실투어
코스	관광주차장 → 궁남지 → 정림사지 → 중식 → 국립부여박물관 → 부소산성(황포돛배 체험) → 관광주차장	관광주차장 → 궁남지 → 대조사 → 중식 → 국립부여박물관 → 정림사지 → 부소산성(황포돛배 체험) → 관광주차장	관광주차장 → 능산리고분군 → 신동엽문학관 → 중식 → 사비도성 가상체험관 → 백제문화단지	리조트 → 국립부여박물관 → 부소산성(황포돛배) → 생활사박물관 → 리조트	리조트 → 신동엽문학관 → 석식 → 정림사지 → 궁남지 → 백제문화단지 → 리조트
이용 기간 및 시간	7~8월 금요일 10:00	7~12월 토요일 10:00	7~12월 일요일 09:00	7~10월 토요일 13:00	7~10월 토요일 17:30
요금	10,000원	10,000원	14,000원	15,000원	3,000원
출발 장소	부소산성관광주차장			롯데 리조트 주차장	롯데 리조트 주차장
승차권 구입	온라인 예약, 전화 예약 (041-830-2880)				
문의	tour.buyeo.go.kr, 041-830-2880				
비고	입장료, 체험활동, 중식비 별도				

충주시티투어

	정기투어		특별투어
	문화역사 투어	힐링 체험 투어	
코스	충주시청 → 터미널 → 충주역 → 충주 국립중원문화재연구소 → 탄금대 → 충주 탑평리 7층석탑 → 중식 → 고구려비전시관/청룡사 → 반기문 옛집/전통시장 → 충주시청	충주시청 → 터미널 → 충주역 → 비내섬 오대호아트팩토리 → 충주 탑평리 7층석탑 → 중식 → 중앙탑 초가집(입고놀이 의상 대여) → 다육이 만들기 → 충주시청	수안보 서울시연수원 → 물탕공원 → 수주팔봉 → 계명산 휴양림 치유의숲 → 중앙탑 공원 → 석식 → 야경 관람 → 수안보 서울시연수원
이용 기간 및 시간	6~12월 매주 토요일 10:00		6~12월 매주 토요일 14:20
요금	5,000원(12세 이하 무료) / 전통시장 상품권 5,000원 배부		10,000원(12세 이하 무료) / 전통시장 상품권 5,000원 배부
출발 장소	충주시청 분수광장 앞		수안보 서울시 공무원연수원/물탕공원
승차권 구입	인터넷 예약 (www.chungju.go.kr/tour/addTnCtAppViewU.do?key=2742), 전화 예약 (043-857-7644)		
문의	www.cj100.net/tour/?menu=tour%2Dbbg, 043-857-7644		
비고	중식, 석식비, 입장료, 체험료 불포함		

천안시티투어

	화요일 코스	목요일 코스		토요일 코스		일요일 코스
정기코스	천안터미널 → 천안역 → 독립기념관 → 점심(아우내장터) → 외암리민속마을 → 현충사 → 천안역 → 천안터미널	A코스 (1,3,5주)		A코스 (1,2,4,5주)		천안터미널 → 천안역 → 유관순열사 생가 → 유관순열사 사적지 → 아우내만세운동기념공원 → 점심(아우내장터) → 이동녕선생 기념관 → 독립기념관 → 천안역 → 천안터미널
		천안터미널 → 천안역 → 산사현대시100년관 → 점심(아우내장터) → 유관순열사 사적지 → 이동녕선생기념관 → 천안역 → 천안터미널		천안터미널 → 천안역 → 홍대용과학관 → 점심(아우내장터) → 천안박물관 → 예술단공연관람 → 우정박물관 → 천안역 → 천안터미널		
		B코스 (2,4주)		이벤트코스 (3주)		
		천안터미널 → 천안역 → 봉선홍경사갈기비 → 직산현관아 → 온조왕사당 → 직산향교 → 점심(서북구청근처) → 망향의동산 → 각원 → 천안터미널 → 천안역		천안터미널 → 천안역 → 상록리조트 → 점심(아우내장터) → 예술단 공연 관람 → 천안박물관 → 천안역 → 천안터미널		
한시코스	배꽃 사잇길 걷기	치즈 만들기 체험		천안의 보물찾기		거봉포도 따기 체험
	4월 21일 ~ 4월 23일	5월 19일 ~ 5월 21일		6월 4일 ~ 6월 11일		9월 5일 ~ 9월 8일
	천안터미널 → 천안역 → 독립기념관 → 점심(아우내장터) → 화수목 정원 → 배꽃사잇길 걷기 → 천안터미널 → 천안역	천안터미널 → 천안역 → 독립기념관 → 점심(아우내장터) → 이동녕선생 기념관 → 치즈 만들기 → 천안역 → 천안터미널		천안터미널 → 천안역 → 천흥사지 당간지주 → 천흥사지 5층석탑 → 점심(광덕사 근처) → 광덕사 → 삼태리마애여래입상 → 천안역 → 천안터미널		천안터미널 → 천안역 → 천안흥타령관 → 천안박물관 → 점심(박물관근처) → 각원사 → 거봉따기 → 천안터미널 → 천안역
		※ 치즈 체험 : 13,000원				※거봉 따기 체험 : 15,000원
	밤줍기 체험		흥타령 춤축제 체험		사과대추 따기 체험	
	9월 19일 ~ 9월 22일		9월 26일 ~ 9월 28일		10월 13일 ~ 10월 15일	
	천안터미널 → 천안역 → 천안흥타령관 → 천안박물관 → 점심(박물관근처) → 화수목정원 → 밤 줍기 체험 → 천안역 → 천안터미널		천안터미널 → 천안역 → 독립기념관 → 점심(춤축제장) → 축제장 둘러보기 → 박현수와 능소의 테마길 → 흥타령관 → 천안역 → 천안터미널		천안터미널 → 천안역 → 유관순열사 사적지 → 점심(아우내장터) → 사과대추 따기 → 화수목정원 → 천안역 → 천안터미널	
	※ 밤 줍기 체험(4kg) : 15,000원				※ 사과대추 체험(1kg) : 10,000원	
이용 기간 및 시간	3월~11월 10:00					
요금	성인 4,000원 / 중·고등학생 및 군인 3,000원 / 5세~초등학생, 65세 이상 2,000원					
출발 장소	천안터미널 및 천안역					
승차권 구입	온라인 예약					
문의	www.cheonan.go.kr/tour/sub01_11_01.do, 041-521-2038					
비고	중식 및 입장료 미포함, 기상 악화 시 취소될 수 있음					

예산 시티투어

	당일코스 1	당일코스 2
코스	예산역 → 충의사 → 수덕사 → 중식 → 내포보부상촌 → 예당호 출렁다리 → 예산역	예산역 → 예당호 출렁다리 → 중식 → 수덕사 → 내포보부상촌 → 충의사 → 예산역
이용 기간 및 시간	매주 토요일 09:30 1회 운영	
요금	무료 (선착순)	
출발 장소	예산역 09:30	
승차권 구입	인터넷 및 전화 예약 (매주 수요일 18시까지 접수 마감)	
문의	www.yesan.go.kr/tour/index.do, 041-339-7323	
비고	중식비 + 관람료 + 여행자 보험가입비 불포함	

[전라도]

여수시티투어

	제1코스 (항일암코스)	제2코스 (브리지코스)	이순신 유적코스	야경코스	2층버스(주간 코스)	2층버스(야간 코스)
코스	여수엑스포역 → 오동도 → 진남관 → 여수테마촌 → 항일암 → 여수수산시장 → 여수엑스포역	여수엑스포역 → 돌산대교 → 여수시청 → 소호동동다리 → 조화대교 → 조발도 전망공원 → 둔병대교 → 낭도대교 → 저금대교 → 팔영대교 → 적금휴게소 → 가사리생태공원 → 여수시청 → 엑스포	여수엑스포역 → 충민사 → 진남관 → 고소대 → 이순신광장 → 이충무공어머니사던곳 → 선소 → 흥국사 → 수산시장 → 엑스포역	여수엑스포역 → 여수국가산업단지 → 돌산공원 → 돌산갓김치거리 → 이순신광장 → 하멜전시관 → 여수엑스포역	여수엑스포역 → 아쿠아플라넷 → 케이블카 주차타워 → 하멜전시관 → 이순신광장 → 수산물특화시장 → 돌산공원입구 → 여수엑스포역	여수엑스포역 → 돌산공원 → 선소 → 소호동동다리 → 여수시청 → 히든베이호텔 → 이순신광장 → 해양공원 → 여수엑스포역
이용 기간 및 시간	매일 10:30 (1회) 매월 둘째주 월요일 휴무	매일 10:30 (1회)	매주 일요일 10:30 (1회)	매일 19:30 (1회) 12~2월 19:00	매일 10:30~ (6회) 1,3주 월요일 휴무	매일 19:30 (1회) 12~2월 19:00
요금	성인 10,000원, 할인 5,000원				성인 5,000원, 할인 2,500원	성인 10,000원, 할인 5,000원
출발장소	여수 엑스포역					
승차권 구입	온라인 예약 www.yeosu.go.kr/tour/leisure/city_tour, 전화 예약 061-692-0900, 0903					
문의	www.yeosu.go.kr/tour/leisure/city_tour, 동서관광 061-692-0900					
비고	1인 10명까지 예약 가능					

군산시티투어

	1박2일 코스		고군산군도-시간여행 마을 코스	시간여행 코스	군산-서천 코스
	도보여행	선상유람			
코스	**1일차** 터미널 → 군산역 → 금강여행 → 경암동 → 점심 → 시간여행마을 **2일차** 월명동 → 고군산군도(도보여행) → 점심 → 새만금수산시장 → 군산역 → 터미널	**1일차** 터미널 → 군산역 → 금강여행 → 경암동 → 점심 → 시간여행마을 → 은파호수공원 **2일차** 은파호수공원 → 새만금 → 고군산 선상유람 → 중식 → 섬여행 → 비응항 → 군산역-군산터미널	터미널 → 군산역 → 고군산군도(도보) → 중식 → 시간여행마을 일원 → 군산역 → 터미널	터미널 → 군산역 → 채만식 문학관 → 임피역 → 이영춘가옥 → 경암동 철길마을 → 중식 → 시간여행마을 일원 → 수산물종합센터 → 군산역 → 터미널	군산역 → 터미널 → 근대역사박물관 → 호남관세박물관 → 근대건축관 → 부잔교 → 진포해양테마공원 → 서해국립해양생물자원관 → 서천국립생태원 → 서천한산모시관 → 군산역 → 터미널
이용 기간 및 시간	1~12월	4~10월	1~12월	1~12월	1~12월
	매주 토요일 09:30	매주 토요일 09:30	매주 토, 일요일 09:30	매주 일요일 09:30	매주 토요일 09:30
요금	10,000원		5,000원	5,000원	5,000원
출발 장소	군산 시외버스터미널 앞(09:30 출발) / 군산역 광장 앞(10:00 출발)				군산역 (09:30 출발) / 군산시외버스터미널 (10:20 출발)
승차권 구입	온라인 www.gunsan.go.kr/tour/m2110, 전화 예약 063-463-7271				
문의	tour.gunsan.go.kr, 동양해외관광 063-838-1199				
비고	유람선 승선료, 숙박비, 식사비, 입장료 등 불포함				

나주시티투어

	1코스	2코스
코스	광주 유스퀘어 → 나주역 → 빛가람전망대 → 산림자원연구소 → 중식 → 읍성권 → 황포돛배 → 국립나주박물관 → 반남고분군 → 나주역 → 유스퀘어	광주 유스퀘어 → 나주역 → 불회사 → 중식 → 읍성권 → 황포돛배 → 한국천연염색박물관/복암리 고분군전시관 → 영상테마파크 → 나주역 → 유스퀘어
이용 기간 및 시간	3월~11월 매주 토요일 09:30	
요금	4,000원, 그 외 2,000원	
출발 장소	광주 유스퀘어 34번 홈(09:30), 나주역(10:10)	
승차권 구입	온라인 예약 www.narabus.co.kr/jw_2ds/?menu_id=47:49, 전화 예약 062-526-7700	
문의	www.narabus.co.kr/jw_2ds/?menu_id=47:49, 나주시청 문화관광과 061-339-8724	
비고	식비, 입장료, 숙박, 기타 개인 비용은 불포함	

담양버스투어

	시내 순환 코스	가사문학 순환 코스	담양호 순환 코스
코스	메타랜드 → 문화회관 → 주공아파트 → 청전아파트 → 대나무박물관 → 국민체육센터 → 죽녹원(후) → 죽녹원(정) → 담양군청 → 메타랜드	메타랜드 → 문화회관 → 창평슬로시티 → 고서성월리 → 가사문학관(식영정) → 소쇄원 → 가사문학관 → 창평슬로시티 → 메타랜드	메타랜드 → 문화회관 → 대나무박물관 → 국민체육센터 → 죽녹원(후) → 용마루길 (추월산) → 죽녹원(정) → 담양군청 → 메타랜드
이용 기간 및 시간	매일 운행	매일 운행	금, 토, 일, 휴일 운행
	10:00~17:00 (1시간 간격 배차)	09:30, 13:10, 15:50 (3회 운행)	10:10, 13:20, 15:20 (3회 운행)
요금	성인 2,000원(군민 1,300원), 청소년/어린이/경로 1,000원		
출발 장소	메타랜드 앞		
승차권 구입	인터넷 예약 www.damyang.go.kr/reserve/index.damyang		
문의	www.damyang.go.kr/reserve/index.damyang, 061-380-3055		

화순버스투어

	동부권 투어	서부권 투어	적벽투어 (화순)	적벽투어 (이서)
코스	이용대체육관 → 임대정원림 → 연둔숲정이 → 김삿갓문학동산 → 중식 → 환승(적벽초소) → 화순적벽 → 조광조 유배지 → 이용대체육관	이용대체육관 → 환승(적벽초소) → 화순적벽 → 환승(적벽초소) → 중식 → 운주사 → 고인돌 유적지 → 세계거석테마파크 → 로컬푸드직매장 → 이용대체육관	이용대체육관 → 1전망대 → 2전망대 → 화순적벽 → 이용대체육관	이서커뮤니티센터 → 1전망대 → 2전망대 → 이서커뮤니티센터
이용 기간 및 시간	3월~11월 매주 토, 일요일 09:30 (1회)		3월~11월 매주 수, 토, 일요일 09:30, 14:10 (2회)	3월~11월 매주 토, 일요일 09:20, 12:40, 14:50 (3회)
요금	17,000원 (중식 포함)	20,000원 (중식 포함)	10,000원	5,000원
출발 장소	이용대체육관 앞			이서커뮤니티센터
승차권 구입	온라인 tour.hwasun.go.kr/cmd.do?opencode=pg_1201			
문의	tour.hwasun.go.kr, 061-379-3504, 3505			
비고	※ 악천후 등으로 운행이 곤란할 경우 취소될 수 있으며, 사정에 의하여 코스가 변경될 수 있음			

목포시티투어

	주간 코스	야간 코스
코스	목포역 → 구 동본원사 목포별관 → 서산동 시화골목 → 유달산 노적봉 → 목포근대역사관 1관 → 목포근대역사관 2관 → 김대중 노벨평화상기념관 → 갓바위 → 국립해양문화재연구소 → 목포수산시장 → 목포역 → 목포해양케이블카	목포역 → 북항회타운 → 유달유원지 → 유달산 → 빛의거리 → 목포항구포차 → 갓바위 문화타운 → 갓바위 해상보행교 → 춤추는 바다분수 → 목포역
이용 기간 및 시간	화~일요일, 09:30~15:40, 월요일 휴무	4~5월, 6월, 9~11월 금, 토 운행. 7, 8월 화, 수, 목, 금, 토 운행 19:00~22:40
요금	어른(대학생) 5,000원 / 장애인·군인·경로자 4,000원 / 초·중·고등학생 2,000원	
출발 장소	목포역(출발 10분 전 탑승완료)	
승차권 구입	온라인 예약 www.mokpo.go.kr/tour#none, 전화 예약	
문의	www.mokpo.go.kr/tour#none, 061-270-8599, 초원여행사 061-245-3088	
비고	입장료, 중식 불포함. 기상 악화 등으로 취소될 수 있음	

순천시티투어

	도심 코스 (트롤리 버스)	선암사 코스	송광사 코스	자연생태 코스
코스	순천역 → 순천만습지 → 순천만 국가정원(동문) → 드라마촬영장 → 와온해변 → 순천역	순천역 → 선암사 → 낙안읍성 → 순천만국가정원 → 순천만습지 → 순천역	순천역 → 송광사 → 낙안읍성 → 순천만국가정원 → 순천만습지 → 순천역	순천역 → 드라마촬영장 → 낙안읍성 → 순천만국가정원 → 순천만습지 → 순천역
이용 기간 및 시간	화~일요일 10:10, 11:30 (2회) 1월1일, 설·추석 연휴 휴무	수, 일요일 09:40 (1회) 1월1일, 설·추석 연휴 휴무	화, 목요일 09:40 (1회) 1월1일, 설·추석 연휴 휴무	금, 토요일 09:40 (1회) 1월1일, 설·추석 연휴 휴무
요금	어른 5,000원, 청소년/군인 3,000원, 어린이 2,000원			
출발 장소	팔마체육관			
승차권 구입	온라인 예약 www.suncheon.go.kr/tour, 전화 예약 뉴삼우관광 061-742-5200			
문의	www.suncheon.go.kr/tour, 뉴삼우관광 061-742-5200			
비고	탑승료+입장료 포함, 중식비 불포함			

[경상도/부산광역시/울산광역시]

대구시티투어

	팔공산코스	비슬산코스	낙동강코스	수성가창코스	야경코스 (동절기)	청라버스	순환형 2층버스
코스	청라언덕역 → 동대구역 → 대구공항 → 불로동고분군 → 동화사 → 시민안전테마파크 → 방짜유기박물관 → 동대구역 → 청라언덕역	청라언덕역 → 동대구역 → 대구공항 → 국립대구과학관 → 도동서원 → 송해공원 → 동대구역 → 청라언덕역	청라언덕역 → 동대구역 → 대구공항 → 사문진나루터 → 마비정벽화마을 → 인흥마을 → 디아크 → 동대구역 → 청라언덕역	청라언덕역 → 동대구역 → 대구 김광석길 → 수성못 → 녹동서원 → 대구시립미술관 → 모명재 → 동대구역 → 청라언덕역	청라언덕역 → 김광석길 → 앞산전망대 → 수성못 → 청라언덕	대구구/향촌문화관 → 청라언덕 3.1만세운동길 → 김광석 다시그리기길	동대구역 → 대구공항 → 삼성창조캠퍼스 → 김광석 다시그리기길 → 동성로 → 청라언덕 → 이월드 → 안지랑곱창골목 → 앞산전망대 → 수성못 → 국립대구박물관 → 동대구역
이용 기간 및 시간	화~일요일 10:30 (1회)	화, 금요일 10:30 (1회)	목, 일요일 10:30 (1회)	수, 토요일 10:30 (1회)	금, 토요일 18:30 (1회)	매일 09:20, 10:20, 13:20, 14:20, 15:20	09:00~1시간 간격
요금	성인 10,000원, 중고생 8,000원, 경로 6,000원 (열차, 고속버스 승차권 소지자 20% 할인)					3,000원 (입장료 포함)	성인 10,000원
출발 장소	각각 표시						
승차권 구입	인터넷 예약 www.daegucitytour.com, 전화 예약						
문의	053-627-8900, 8906					053-255-0531	053-746-6407

포항시티투어

	종일코스 A	종일코스 B	반일코스 A	반일코스 B	야간코스
코스	포항역 → 터미널 → 구룡포 일본인 가옥거리 → 과메기 문화원 → 호미곶 → 호미반도 둘레길 → 연오랑세오녀 테마파크 → 죽도시장 → 포항역 → 터미널	터미널 → 포항역 → 경상북도연수원 → 보경사 → 중식 → 영일대 → 철길숲/불의정원 → 포항운하 → 포항역 → 터미널	포항역 → 터미널 → 철길숲/불의정원 → 포항운하 → 죽도시장 → 포항역 → 터미널	포항역 → 터미널 → 오어사 → 호미곶 → 연오랑세오녀 테마공원 → 터미널 → 포항역	터미널 → 포항역 → 영일대 → 송도송림테마거리 → 형산강에코전망대 → 포항역 → 터미널
이용 기간 및 시간	토, 일요일 09:20 (1회)		토, 일요일 12:30 (1회)		금, 토요일 17:30 (1회)
요금	6,000원		4,000원		
출발 장소	포항역 앞				

	핫플레이스	영일만관광특구	첨단과학투어	보훈체험투어	학습형체험
코스	포항역 → 터미널 → 구룡포 → 호미곶 → 영일만 야시장 → 포항역 → 터미널	포항역 → 터미널 → 포항운하 → 송도송림테마거리 → 영일대 → 영일만친구야시장	포항역 → 터미널 → 포스코글로벌안전센터 → 중식 → 포스코역사관 → 포항가속기연구소 → 로봇융합연구원 → 지곡영일대 → 터미널 → 포항역	학교 → 학도의용군전승기념관 → 학도의용군전적비 → 중식 → 포항함체험관 → 해군6전단 항공역사관 → 학교	터미널 → 포항역 → 로봇융합연구원 → 덕동문화마을 → 전통문화체험관 → 새마을운동발상지기념관 → 포항역 → 터미널
이용 기간 및 시간	월~목요일 13:30 (1회)	매일 13:00 (1회)	매일 09:30 (1회)	매일 09:10 (1회)	
요금	6,000원				
출발 장소	포항역 앞			협의	포항터미널
승차권 구입	인터넷 예약 http://www.hdair.kr/new/?field1=812_2, 전화 예약 054-278-8500 (목요일 17시까지)				
문의	http://www.hdair.kr/new/?field1=812_2, 현대관광 054-278-8500				
비고	중식비+입장료 불포함, 정기, 반일투어 15인 이상, 테마투어 30인 이상 출발				

울산시티투어

	순환형 코스		테마형코스		
	태화강 코스	대왕암 코스	암각화투어	힐링투어	달빛여행
코스	태화강역 → 스타즈호텔 → 롯데광장 → 롯데시티호텔 → 태화광장정류장 → 태화강전망대 → 삼호대숲 → 태화강국가정원 → 태화루 → 시계탑사거리 → 중앙전통시장 → 롯데시티호텔 → 롯데호텔 → 스타즈호텔 → 태화강역	태화강역 → 롯데광장 → 고래박물관 → 대교전망대 → 대왕암공원 → 태화강역	롯데광장 → KTX울산역 → 천전리각석 → 대곡박물관 → 중식 → 언양읍성 → 반구대암각화 → KTX 울산역 → 롯데광장	KTX 울산역 → 롯데광장 → 대운산 → 간절곶 → 중식 → 외고산옹기마을 → 롯데광장 → KTX 울산역	태화강역 → 울산대교전망대 → 대왕암공원 → 울산대교 → 태화강역
이용요금	성인 6,000원, 소인 4,000원		성인 10,000원, 소인 8,000원		
이용 기간 및 시간	09:30~16:30 (9회)	09:30~16:40 (5회)	화요일 09:40 (1회)	목요일 09:40 (1회)	5~10월 금, 토요일 19:00 (1회)
출발 장소	태화강역		롯데광장	KTX 울산역	태화강역
승차권 구입	순환형 코스는 현장 선착순 판매. 테마형 코스는 온라인 예약제로만 운영 (전화 예약 가능)				
문의	www.ulsancitytour.co.kr, 052-7000-052				
비고	중식 불포함				

주말 시티투어

김해가야의땅투어

	고정형 코스			테마형 코스			
	가야의 땅 1코스	가야의 땅 2코스	별빛 코스	유적탐방	명소탐방	-힘코스	가야테마
코스	장유도서관 → 김해종합관광안내소 → 김해수로왕비릉 → 김해구지봉 → 국립김해박물관 → 김해낙동강레일바이크 → 봉하마을 → 장유도서관 → 김해종합관광안내소	장유도서관 → 김해종합관광안내소 → 김해봉황동 유적 → 대성동고분박물관 → 봉황동유적패총전시관 → 김해낙동강레일바이크 → 클레이아크김해미술관 → 장유도서관 → 김해종합관광안내소	김해종합관광안내소 → 김해분산성 → 김해가야테마파크 (미디어파사드 쇼) → 김해종합관광안내소	김해종합관광안내소 → 수로왕비릉/구지봉 → 국립김해박물관 (가야누리) → 중식 → 수로왕릉 → 봉황동유적 → 노무현 대통령 생가 → 김해종합관광안내소	김해종합관광안내소 → 대성동고분 → 클레이아크김해미술관 → 중식 → 노무현대통령생가 → 낙동강레일파크 → 김해종합관광안내소	김해종합관광안내소 → 화포천습지생태공원 → 중식 → 염색/도자기체험 → 클레이아크 김해미술관 → 국립김해박물관 → 김해종합관광안내소	김해종합관광안내소 → 김해가야테마파크 → 중식 → 체험(염색/생태원예/도자체험 중 택) → 봉황동 유적지 → 수로왕릉 → 김해종합관광안내소
이용 기간 및 시간	1, 3주 토요일 09:30~17:00	2, 4주 토요일	5~8월 매주 토요일 18:00 (1회)	15인 이상 단체 예약 시 연중 무휴 투어 운행 가능 10:00 (1회)			
요금	성인, 청소년 15,000원, 12세 이하 10,000원						성인 17,000원, 12세 이하 12,000원
출발 장소	김해종합관광안내소						
승차권 구입	온라인 예약 tour.gimhae.go.kr, 전화 예약 1800-0231						
문의	tour.gimhae.go.kr, 055-333-6300						
비고	중식비 + 관람료 + 버스 이용료 포함 (체험비 별도)						

부산시티투어

	레드라인 (부산역-해운대)	블루라인 (해운대-용궁사)	그린라인 (오륙도-황령산)	테마버스	야경코스 (2층버스)
코스	부산역 → UN기념공원 → 부산박물관 → 용호만 유람선터미널(환승) → 광안리해수욕장 → 아르피나 → 마린시티 → 동백섬 → 해운대해수욕장(환승) → 해운대역 → 센텀시티 → 신세계백화점(영화의 전당) → 시립미술관(벡스코) → 광안대교 → 평화공원 → 광복로 → 부산역	해운대해수욕장 → 문탠로드 → 청사포 → 아세안문화원 → 송정해수욕장 → 오시리아역 → 수산과학관/해동용궁사 → 아난티코브 → 죽도 → 대변항 → 기장시장 → 용궁사/수산과학관 → 동부산 롯데아울렛 → 국립부산과학관 → 송정역 → 시립미술관 벡스코 → 해운대해수욕장	부산역 → 용두산공원 → 영도대교 → 흰여울문화마을 → 하늘전망대 → 75광장 → 태종대 → 국립해양박물관 → 부산항대교 → 오륙도스카이워크 → 용호만유람선터미널 → 평화공원 → 부산항대교 → 남항대교 → 송도해수욕장 → 송도구름사책로 → 자갈치광장 → 부산역	부산역 → 동래읍성 회동수원지 → 범어사 → 동래온천 → 부산역	부산역 → 부산대교 → 부산항대교 → 광안리해수욕장 → 수영2호교 → 마린시티 → 해운대해수욕장 → 시립미술관벡스코 → 광안대교 → 부산항대교 → 남항대교 → 송도구름산책로 → 자갈치/국제시장 → 부산역
이용 기간 및 시간	화, 수, 목요일 10:00~ 50분 간격 9회 운행 금, 토, 일요일 09:30 40분 간격 12회 운행	화~일요일 09:50~ (9회 운행)	화, 수, 목요일 10:00~ 50분 간격 9회 운행 금, 토, 일요일 09:30 40분 간격 12회 운행	화~일요일 10:00 (1회)	4~10월 19:30 (1회) (예약 필수, 환승 불가)
휴일	월요일 (단, 월요일이 공휴일인 경우 정상 운행)				
요금	성인 15,000원 / 소인 및 청소년 (만 5세 이상) 8,000원 ※ 환승시 5,000원 별도			성인 20,000원, 소인 10,000원	성인 15,000원, 소인 8,000원
출발 장소	각각 기재				
승차권 구입	현장 선착순 구매(예약 불가)			인터넷 예약 접수 www.citytourbusan.com	
문의	www.citytourbusan.com, 051-464-9898				
비고	순환형 버스는 환승 가능, 환승비 5,000원 추가, 테마형과 야경투어는 환승 불가, 중식비 불포함				

통영시티투어

	통영시티투어
코스	통영항 여객터미널 → 한산도 제승당(여객선 이용) → 중식 → 삼도수군통제영관아 세병관/향토역사관 → 윤이상기념관(화,수)/박경리기념관(목,금)/전혁림미술관(토,일) → 미륵산케이블카 탑승 → 통영항 여객터미널
이용 기간 및 시간	08:30~16:30, 월요일 휴무
요금	성인 45,000원 / 아동 35,000원 / 단체(25명 이상) 42,000원
출발 장소	통영항 여객터미널 앞
승차권 구입	온라인 예약
문의	www.tycitu.com, 055-644-5464
비고	중식비 불포함, 여객선 승선료 · 케이블카 탑승료 · 유적지 및 미술관 입장료 포함

안동시티투어

	하회마을 권역	도산서원/만휴정 권역	도심 순환형 투어	야경 투어
코스	안동역 → 안동터미널 → 부용대 → 병산서원 → 중식 → 하회별신굿탈놀이 관람 → 하회마을 → 안동터미널 → 안동역	안동역 → 안동터미널 → 봉정사 → 임청각 → 중식 → 월영교 → 도산서원 → 안동터미널 → 안동역	안동터미널 → 안동역 → 찜닭골목 → 임청각 → 월영교 → 민속박물관 → 유교랜드 → 온뜨레피움 → 유교랜드 → 민속박물관 → 월영교 → 임청각 → 찜닭골목 → 안동역 → 안동터미널	안동역 → 영호루 → 음악분수 → 월영교 → 민속박물관 → 찜닭골목 → 안동역
이용 기간 및 시간	연중 안동역 10:15 (1회)		6~12월 매주 금, 토, 일요일 10:00, 13:00, 15:00, 17:00 (4회)	7~12월 매주 금, 토, 일요일 19:00, 20:00, 21:00 (3회)
요금	성인 25,000원, 19세 이하 23,000원	성인 28,000원, 19세 이하 27,000원	성인 3,000원	
출발 장소	안동역, 안동터미널		안동터미널	안동역
승차권 구입	온라인 예약 www.andongtour.kr, 전화 예약 010-3507-4859, 현장 발권			
문의	www.andongtour.kr, 054-855-7179, 010-3507-4859			
비고	입장료 포함, 중식비 불포함			

거제시티투어

	제1코스	제2코스	제3코스
코스	한화리조트 → 고현터미널 → 옥포롯데마트 → 소노캄거제 → 외도/해금강 → 학동몽돌해변 → 바람의언덕 → 해금강마을	한화리조트 → 고현터미널 → 옥포롯데마트 → 소노캄거제 → 거제식물원 → 거제현아 → 거제포로수용소유적공원 → 옥포대첩기념공원 → 매미성 → 칠천량해전공원	한화리조트 → 고현터미널 → 옥포롯데마트 → 소노캄거제 → 거제조선해양문화관 → 거제식물원 → 거제포로수용소유적공원
이용 기간 및 시간	토, 일, 화요일 08:00 (1회)		
요금	성인 15,000원 / 중고생 10,000원, 어린이 8,000원 / 중식, 체험료, 입장료 별도		
출발 장소	한화리조트(08:00)-고현터미널(08:30)-옥포롯데마트(08:40)-소노캄거제(09:00)		
승차권 구입	온라인 예약 www.geojebluecitytour.com, 전화 예약 055-636-3000		
문의	www.geojebluecitytour.com, 055-636-3000		
비고	최소 인원 8명 이상 시 운행됨(성인 기준), 체험료 + 입장료 불포함		

경주시티투어

	동해안투어	세계문화유산투어	신라역사투어	양동마을/남산투어	경주야경투어	알짜투어
코스	승차 → 경주전통명주전시관 → 감은사지 → 문무대왕릉 → 양남주상절리 → 골굴사 → 괘릉 → 하차	승차 → 무열왕릉 → 대릉원 → 분황사 → 불국사 → 석굴암 → 하차	승차 → 김유신장군묘 → 국립경주박물관 → 황룡사역사문화관 → 불국사 → 경주세계문화엑스포 → 하차	승차 → 양동마을 → 전통시장 → 포석정 → 삼불사 → 석조여래좌상 → 경애왕릉 → 하차	승차 → 동궁과월지 → 첨성대 → 계림 → 교촌마을 → 월정교 → 하차	신경주역 → 터미널 → SKT 경주대리점 → 석굴암 → 불국사 → 첨성대 → 대릉원
요금	성인 20,000원 소인 18,000원				성인 17,000원, 소인 15,000원	성인 17,000원 SKT고객 15,000원
출발 장소	보문단지 일대 픽업, 장소 및 시간 확인 www.cmtour.co.kr					
이용 기간 및 시간	매일 09:00 (1회)	매일 09:30 (1회)	매일 08:55 (1회)	매일 09:30 (1회)	매일 18:30 (1회)	금, 토요일 12:00 (1회)
승차권 구입	온라인 예약 www.cmtour.co.kr, 전화 예약 054-743-6001					
문의	www.cmtour.co.kr, 054-743-6001, 1666-8788					
비고	15인 이상 출발, 중식비 + 입장료 불포함					

[제주도]

제주시티투어

	순환형 코스	야간테마 코스
코스	제주국제공항 → 제주버스터미널 → 탐라장애인복지회관 → 제주민속자연사박물관 → 사라봉 → 크루즈여객터미널 → 제주연안여객터미널 → 김만덕객주 → 동문시장 → 관덕정 → 탑동광장 → 용연구름다리 → 용해로 → 어영해안도로 → 도두봉 → 이호테우해수욕장 → 제주민속오일장 → 흑돼지식당가 → 한라수목원 → 노형오거리 → 메종글래드호텔 → 제원아파트(누웨마루)	제주국제공항 → 이호테우등대 → 도두봉 → 어영해안도로 → 산지천 → 동문재래시장
이용 기간 및 시간	매일 08:00~16:00 (1시간 간격, 9회) 매월 세 번째 월요일 휴무	6~10월 목, 금, 토요일 18:30 (1회)
요금	트롤리 황금버스 (1일권 - 성인 12,000원, 소인 8,000원)	2층 버스 성인 15,000원, 소인 13,000원
출발 장소	각 정류장에서 탑승 가능	제주국제공항
승차권 구입	인터넷 예매 www.jejucitybus.com	
문의	www.jejucitybus.com, 064-741-8784~5	
비고	당일티켓으로 환승 가능	

부록

아이들과 함께하는
주말 체험 프로그램

주 5일제로 주말이 여유로운 아이들을 위한 다양한 체험 프로그램이 운영되고 있다. 박물관이나 미술관, 축제, 도서관, 동물원 등 다양한 기관에서 이루어지는 프로그램에 참여해 놀이와 공부 모두 만끽할 수 있다.

주말마다 엄마, 아빠와 특별한 체험을 해요!

주말 체험 프로그램의 매력

주 5일제가 본격적으로 시행되고, 학교도 토요일을 가족과 함께하는 날로 정했다. 그래서 여가 생활의 활용은 가족 활동의 중요한 한 부분으로 자리 잡게 되었다. 주말 체험 프로그램의 장점에는 여러 가지가 있다.

❶ 가족이 함께 모여서 계획을 세울 수 있어 대화의 시간이 늘어난다.
❷ 아이들이 하는 만들기 프로그램의 결과물은 완성도가 높은 작품이 아니라도 자신감 상승에 충분히 도움이 된다.
❸ 창작이나 만들기 등 손을 이용한 체험 프로그램은 지능 발달과 정서 안정에 탁월한 효과가 있다.
❹ 가족의 협동심과 유대감을 한층 증진시키고 자연의 소중함도 함께 배울 수 있다.
❺ 다양한 프로그램을 통해서 유익한 경험을 많이 쌓을 수 있다.

주말 체험 프로그램 준비하기

처음 시작은 호기심 유발을 위해 아이들이 좋아하는 분야부터 시작하는 것이 좋고, 차츰 역사나 과학 등 교육적으로 유익한 분야로 체험 활동 분야를 넓혀야 한다. 체험 프로그램에 참여하기 전에, 하고자 하는 것이 무엇인지, 또 어떤 유익한 점이 있는지 등에 대해 미리 아이에게 설명을 해 주어 호기심을 유도하는 것이 필요하다. 가고자 하는 여행지와 그 주변에는 어떤 역사가 있는지에 대해서도 들려주면 아이의 이해도를 높일 수 있다. 방학 때는 미리 예약하지 않으면 참여하기 어려운 프로그램도 있으니 미리 알아보는 것이 좋다.

계획 세우기

아무리 좋은 프로그램이라 할지라도 무리하게 먼 거리를 이동하는 것은 프로그램에 참여하기도 전에 지치게 만들 수 있다. 따라서 이동 거리를 충분히 고려해서 계획을 세우는 게 좋다. 당일 여행이 아닌 숙박을 해야 하는 여행이라면 준비물은 더욱 늘어난다. 숙박을 고려한다면 숙소, 식사 준비, 갈아 입을 옷, 세면도구 등 필요한 준비물을 미리 준비하는 것이 좋다. 여행지 주변에 다른 여행지가 있는지 확인해서 남는 시간을 이용해서 주변을 둘러보는 것도 시간을 아낄 수 있는 방법이다. 계절에 따라 시행하지 않는 프로그램도 있으니 미리 확인해 보자.

유의 사항

❶ 날씨 확인은 제일 먼저 해야 한다. 날씨로 인해 취소되는 경우도 있기 때문이다.
❷ 아이가 실수했다 하더라도 충분히 칭찬을 해 주어 자신감을 심어 주는 것이 중요하다.
❸ 체험장의 안전 수칙을 꼭 지키고, 불필요하고 위험한 행동은 하지 않도록 주의를 주어야 한다.
❹ 숲 체험 활동 시에는 맨발에 샌들을 신기보다 발목을 덮는 긴 양말과 운동화를 신어야 벌레나 곤충 등에 물리거나 나뭇가지에 다치는 것을 막을 수 있다.
❺ 갯벌 체험 활동 시에는 맨발로 다니기보다 샌들이나 아쿠아슈즈 등을 신는 것이 안전하다.

준비물

❶ 포트폴리오 작성을 위한 카메라
❷ 메모할 수 있는 노트
❸ 갈아입을 여벌 옷과 오염되어도 쉽게 씻을 수 있는 여분의 신발
❹ 자연 체험의 경우, 햇빛을 충분히 가릴 수 있는 모자
❺ 벌레에 물렸을 때 바르는 약

참고 사이트

한국문화체험협회 www.korcea.or.kr ☎031-829-5990
경기도 농촌체험관광 kgtour.gg.go.kr/main/index.jsp
　　　　　　　　☎031-8008-4422
쏙쏙 체험 www.soksok.kr ☎02-2633-7131
체험 팩토리 corp.chehumfactory.com ☎02-3668-9760

전국의 주말 체험 프로그램

지역	프로그램명	프로그램 소개	대상	가격	연락처
서울	서울문화탐방	우리문화 우수성 소개	청소년	16,000원	서울청소년수련관 ☎ 02-2267-2914 ★ www.youthc.or.kr ♠ 서울 중구 을지로 11길 23
	직업세계여행	다양한 직업 체험		15,000원	
	창의체험활동	봉사활동 테마형캠프 무한비전 항공캠프	청소년	문의 02-2642-1318 (내선3)	목동청소년수련관 ☎ 02-2642-1318 ★ www.wawa.or.kr ♠ 서울 양천구 목1동 918
	자원봉사활동	매월 다양한 자원봉사활동	초, 중, 고	무료	도봉구자원봉사센터 ☎ 02-2091-3632~7 ★ vol.dobong.go.kr ♠ 서울특별시 중랑구 중화동 중랑천길
	백범김구기념관 주말가족나들이	함께 떠나는 역사기행 내가 만드는 백범김구 등	전체	무료	백범김구기념관 ☎ 02-799-3400 ★ www.kimkoomuseum.org ♠ 서울시 용산구 임정로 26 (효창동 255번지)
	봉사활동 체험	쓰담쓰담(쓰레기담기)	전체	무료	서울숲사랑모임 ☎ 02-462-0295/0253 ★ www.seoulforest.or.kr ♠ 서울시 성동구 뚝섬로 273 (서울숲관리사무소) 1층
	청소년효행교실	한자 및 예절교육	초, 중, 고	무료	동대문구청 ☎ 02-2127-4231 ★ www.ddm.go.kr/education/ChineseWriting.jsp ♠ 서울시 동대문구 천호대로 145(용두동)
	월별 교육프로그램	다문화체험, 공연, 독서 등	전체	무료	마포구립작은도서관 ☎ 02-373-2900 ★ mplib.mapo.go.kr/libsmall ♠ 서울 마포구 망원동 416-14
	맛있는 떡과 함께하는 신나는 토요일	떡 만들기 체험	유, 초, 중, 고	10,000~30,000원 (입장료 2,000원 별도)	떡박물관 ☎ 02)741-5447 ★ tkmuseum.or.kr ♠ 서울시 종로구 돈화문로 71
	토요일 가족 체험프로그램	오색한지공예-사각보석함/종이클레이-탈만들기	전체	각 10,000원	종이나라박물관 ☎ 02-2279-7901 ★ www.papermuseum.or.kr ♠ 서울 중구 장충단로 166 박물관
	집콕!약초공방	집에서 즐기는 뚝딱! 한방 생활용품 만들기	전체	3,000~5,000원	서울약령시 한의약박물관 ☎ 02-969-9241 ★ museum.ddm.go.kr/index.html ♠ 서울 동대문구 약령중앙로 26
	심산기념관 관람	독립운동가 김창숙선생을 기리고자 설립된 기념관 관람	초, 중, 고	무료	심산기념문화센터 ☎ 02-2155-9654~6 ★ seochocf.or.kr/site/main/content/culture_space_simsan_inform ♠ 서울시 서초구 사평대로 55(반포동 114-3)
	역사문화탐방	선농제향 체험 전통문화 체험 선농단 도슨트	초, 중, 고	무료	선농단역사문화관 ☎ 02-3295-5562 ★ ddm.go.kr/sun ♠ 서울 동대문구 무학로44길 38 선농단역사문화관

주말 체험 프로그램

443

지역	프로그램명	프로그램 소개	대상	가격	연락처
서울	중랑캠핑숲 여행	캠핑, 생태 체험	초, 중	25,000원 (전기료 3,000원)	동대문구청 ☎02-435-7168~9 ★parks.seoul.go.kr/template/sub/JungnangCampGround.do ♠서울 중랑구 망우동 56 공원관리사무소
	사진, 미술, 컴퓨터	사진, 캘리그라피, 컴퓨터 활용	전체	75,000원~ 100,000원	관악문화재단 ☎02-6712-0532 ★www.gfac.or.kr ♠서울 관악구 신림로 3길 35
	자연사박물관환경교실	자연사에 관한 흥미로운 테마 체험	유, 초	문의	경희대자연사박물관 ☎02-961-0143 ★nhm.khu.ac.kr ♠서울특별시 동대문구 경희대로 26 경희대학교 자연사박물관 (서울캠퍼스)
	각종 체험, 봉사활동	청소년들의 봉사활동과 다양한 문화 예술 체험 활동	중, 고, 성인	무료	중구청소년센터 ☎02-2250-0523 ★www.j-youth.org ♠서울시 중구 동호로5길 19(신당동)
	초등학교 사회 탐구	아이들의 사회교과서 내 역사, 문화 체험	초등	문의	여행이야기 ☎02-738-5900 ★www.travelstory.co.kr ♠서울특별시 강남구 삼성동 131
	동물나라 자연나라 재미나라	방구석동물원 랜선 탐험 놀이문화	전체	무료	어린이 대공원(광진구) ☎02-450-9311 ★www.sisul.or.kr/open_content/childrenpark ♠서울특별시 광진구 능동 18
	토요 영화 감상 독서 동아리	영화 감상 독서 동아리 체험	전체	무료	서대문도서관 1833-6948 ★sdmlib.sen.go.kr ♠서울시 모래내로 412
	영화 상영	영화 감상	전체	무료	강서도서관 ☎02-3219-7060 ★gslib.sen.go.kr ♠서울특별시 강서구 등촌동 520-6
	안전 체험 교실	소방과 안전에 대한 체험	전체	무료	구로소방서 ☎02-2684-8119 ★fire.seoul.go.kr/guro ♠서울특별시 구로구 경인로 408(고척1동)
	청계천 생태 교실 프로그램	청계천의 자연생태 탐방	중, 고	1,000~2,000원	청계천 생태교실 ☎02-2290-6859 ★yeyak.seoul.go.kr ♠서울특별시 중구 세종대로 110
	외국어/예체능/교육 문화	문화 체험, 교과서 체험	전체	문의	성북청소년센터 ☎02-3292-1318 ★www.sbyouth.or.kr ♠서울시 성북구 한천로 95길 7
	음악/독서/놀이 체험	음악, 독서, 놀이	전체	문의	성메작은도서관(마포) ☎02-373-4785 ★cafe.naver.com/seongmae?20120305121555 ♠서울 마포구 성산동 406
	청소년 체험 활동	요리, 음악, 미술, 외국어	초등(4~6)	문의	서대문청소년수련관 ☎02-334-0080 ★www.fun1318.or.kr/_src/sub32.php ♠서울특별시 서대문구 연희로 32길 129(연희동) 서대문청소년수련관

지역	프로그램명	프로그램 소개	대상	가격	연락처
인천 경기	공예 체험 숲생태 체험 허브 체험	도자기, 염색, 목공예, 한지 숲 설명과 함께하는 놀이 허브와 야생화 심기	전체	문의	애보박물관 ☎032-466-3181~2 ★www.aebo.co.kr ♠인천 남동구 운연동 2번지
	수상레포츠 체험 교실	체력 단련, 해양스포츠 체험	초등 이상	2,500~20,000원	한국마리나산업협회 1577-2281 ★oleports.or.kr/home/main/main.asp ♠경기 김포시 고촌읍 전호리 233-1
	한국잡월드 견학프로그램	직업 세계 전시 관람	전체	3,000~18,000원	한국잡월드 ☎031-1644-1333 ★koreajobworld.or.kr ♠경기 성남시 분당구 분당수서로 501
	도서 관련 프로그램	나비박사 석주명의 업적 책으로 읽고 배우기, 나비 이름을 짓는 형식부터 한국에 서식하는 나비에 대하여 자세히 알아본다.	초	10,000원	파주나비나라박물관 ☎031-955-3727 ★www.nabynara.com ♠경기 파주시 교하읍 문발리 출판문화정보산업단지 500-8
	주말 공방 체험	작품 창작	어린이, 학생, 성인	15,000~20,000원	영은미술관 ☎031-761-0137 ★www.youngeunmuseum.org/kr ♠경기 광주시 쌍령동 8-1
	바늘구멍으로 사진 만들기	바늘구멍사진기 만들기, 사진 찍기, 인화하기	초	입장료 3,000~5000원 참가비 15,000원	한국카메라박물관 ☎02-502-4123 ★www.kcpm.or.kr ♠경기 과천시 막계동 330번지
	풀짚공예 기능 체험	풀과 짚을 이용한 공예 체험	유, 초, 중, 고	7,000~25,000원	풀짚공예박물관 ☎031-717-4538 ★www.pulzip.com ♠경기 광주시 오포읍 신현리 331-5
	고양국제꽃박람회	날짜별 꽃 문화행사, 식물 심기 등 가족 체험	전체	6,000~50,000원	고양국제꽃박람회 ☎031-908-7750 ★www.flower.or.kr/main/main.php ♠경기 고양시 일산동구 장항2동 906번지 고양 꽃 전시관
	한국미술관 창의 체험	미술관 견학 및 전시 관람	전체	입장료 2,000원 참가비 5,000원	한국미술관 ☎031-283-6418 ★www.hartm.com ♠경기 용인시 기흥구 마북동 73-1~2 한국미술관
	예술의 꿈 체험교실	무용, 국악, 필하모닉오케스트라	전체	무료	경기도아트센터 ☎02-230-3334 ★www.ggac.or.kr/?p=117 ♠경기도 수원시 팔달구 효원로 307번길 경기도 문화의 전당
	우리나라 지도 관람	업무 소개, 관람, 현장 체험	전체	무료	지도박물관 ☎031-210-2600 ★www.ngii.go.kr/map/main.do ♠경기 수원시 영통구 월드컵로 92
	여주 도자기축제	도자기 축제 전시 관람 및 체험	전체	무료	여주군 ☎031-881-6165 ★www.yjceramic.or.kr ♠경기도 여주시 신륵로 301-1
강원	전통 한지 공예 및 수묵화 그리기	한지 공예, 수묵화 그리기 체험	유, 초, 중, 고	참가비 5,000~50,000원 재료비 포함	한얼문예박물관 ☎033-345-0151~3 ♠강원 횡성군 우천면 산전리 426-3

지역	프로그램명	프로그램 소개	대상	가격	연락처
강원	곤충 체험과 낙농 체험	애벌레 담아가기, 표본 만들기, 아이스크림/치즈 만들기, 드론 배우기	전체	4,000~43,000원	원주곤충마을 ☎ 033-731-8645 ★ www.bugsvill.co.kr 🏠 강원도 원주시 지정면 간현리 603-5
세종	교육 프로그램	토요예술 쉼표 그림책 여행 다같이 돌자 동네한바퀴	유, 초, 중, 고	무료	미래엔교과서박물관 ☎ 041-861-3141~5 ★ www.textbookmuseum.co.kr 🏠 세종특별자치시 연동면 청연로 492-14
충청	계룡대 견학 및 체험 프로그램	안보 교육 및 전시관 관람 병영 식사 체험 1박2일 병영 체험	전체	무료	계룡대 ☎ 042-550-7437 ★ www.army.mil.kr/event/visit 🏠 충남 계룡시 신도안면 남선리 501
충청	한산 모시 문화제	모시 짜기 체험	전체	무료	서천군 ☎ 041-950-4256 ★ www.hansanmosi.kr 🏠 충청남도 서천군 한산면 지현리 60-1번지
충청	박물관 관람	교과서에 수록된 공연예술 내용 위주로 관람 및 체험	유, 초, 중, 고	무료	천안박물관 ☎ 041-521-2891~2 ★ www.cheonan.go.kr/prog/tursmCn/tour/sub01_04_01/view.do?pageIndex=4&cntno=23 🏠 충남 천안시 동남구 삼룡동 261-10 천안박물관
충청	흥타령 풍물난장 전통춤 의상 체험 세계 문화 체험관	천안 흥타령 춤 축제	전체	무료	천안시 ☎ 041-900-7020~1 ★ cheonanfestival.com 🏠 충청남도 천안시 동남구 삼룡동 306, 삼거리공원
충청	햇사레 감곡 복숭아 축제	지역 농수산물의 특징 알기	전체	무료	감곡농협 ☎ 031-643-0040 ★ www.peachfestival.co.kr 🏠 충북 음성군 감곡면 장감로 127
충청	관람 및 체험	나만의 의약서적 만들기 감기 동화 이야기 파스퇴르 이야기	전체	무료	한독의약박물관 ☎ 043-530-1004 ★ handokmuseum.modoo.at 🏠 충북 음성군 대소면 대풍지방산업단지 37
충청	목재 문화 체험장	목재 공예 체험	전체	홈페이지 참조	백야자연휴양림 ☎ 043-871-5963 ★ www.eumseong.go.kr/forest/contents.do?key=5237 🏠 충북 음성군 금왕읍 백야리 산 13번지
충청	가죽 공예 체험	원데이 클래스 취미 클래스 정규 클래스	전체	100,000원대 200,000원대	스튜디오 은은 ☎ 010-7651-1524 ★ blog.naver.com/thorn43 🏠 충북 청주시 상당구 용암동 1327
충청	현장 체험 학습	현장 체험 학습 및 캠핑	전체	8,000~10,000원	문암생태공원 ☎ 043-271-0780 ★ munam.cheongju.go.kr 🏠 충북 청주시 흥덕구 문암동 100
충청	청주 실내 빙상장	스케이트 타기	유, 초, 중, 고	2,500~3,500원 (입장료)	청주시설관리공단 ☎ 043-270-7317 ★ www.cjsisul.or.kr/home/sub.do?menukey=645 🏠 충북 청주시 흥덕구 사창동 514
충청	놀이를 통한 창의력 개발	크리안트 어드벤처 에듀피아 영화 관람	초, 중, 고	5,000원	청주에듀피아 ☎ 043-219-1290/1000 ★ www.cjedupia.co.kr 🏠 충북 청주시 청원구 상당로 314

지역	프로그램명	프로그램 소개	대상	가격	연락처
경상	밀양아리랑대축제	각종 공연	전체	무료	밀양시 ☎ 055-353-3550 ★ www.arirang.or.kr ♠ 경남 밀양시 삼문 송림길 13 (삼문동)
	봉산수상레저파크	수상 레저 체험	초, 중, 고	15,000~30,000원	봉산수상레저파크 ☎ 055-933-1973 ★ www.hc.go.kr/06572/06704/06731.web ♠ 경남 합천군 봉산면 김봉리 519-8
	사랑다리 건너기 체험 (부교)	진주 남강 유등 축제	전체	편도 1,000원	진주시 ☎ 055-761-9111 ★ www.yudeung.com ♠ 경상남도 진주시 강남동 남강둔치 일대
	유등 띄우기 체험			3,000원	
	한복 체험			무료	
	유람선 체험			주간 5,000원 야간 6,000원	
	소망등 달기 체험			10,000원	
	공룡, 희망의 빛으로 미래를 열다.	경남고성공룡세계엑스포	전체	성인 18,000원 청소년 14,000원 어린이 12,000원	고성군 ☎ 080-2006-114 ★ www.dino-expo.com ♠ 경남 고성군 회화면 당항만로 1116
	하동 야생차 문화축제	다구 전시 및 체험, 템플스테이	전체	무료~5,000원 템플스테이 문의	하동군 ☎ 055-880-2375 ★ www.hadong.go.kr/02641/02652/02809.web ♠ 경상남도 하동군 하동읍 군청로 23번지
	문경찻사발축제	도자기 빚기, 가마 체험, 찻사발 그림그리기, 도자기 흙 체험 등	전체	무료 1,000~10,000원	문경시 ☎ 054-550-6395 ★ www.sabal21.com ♠ 경상북도 문경시 문경읍 문경대로 2416 문경전통찻사발축제추진위원회
	동물사랑학교	반려견 훈련 체험 반려견 직업 체험	전체	4인 가족 100,000원 1인 15,000원	삽사리테마파크 ☎ 053-751-3412 ★ blog.naver.com/PostList.nhn?blogId=sapsaree2&from=postList&categoryNo=15&parentCategoryNo=15 ♠ 경북 경산시 와촌면 박사리 산 21-1번지 삽사리테마파크
	군자마을에서 휴식과 사색, 그리고 창작 활동	군자마을 고택 체험	초, 중, 고	숙박 250,000원 입장료 성인 2,000원 청소년 1,300원 어린이 800원	군자마을 ☎ 054-852-5414 ★ www.gunjari.net/sub3_1.html ♠ 경북 안동시 와룡면 오천리 산28-1번지
	포스코역사관 견학 프로그램	포스코의 과거와 현재 그리고 미래가 공존하는 기록관 체험을 통해 자기 진로탐색	전체	무료	포스코역사관 ☎ 054-220-7720 ★ museum.posco.co.kr ♠ 경북 포항시 남구 동해안로6213번길 14
대구	자연 염색 체험 교실	자연 염색, 문양찍기, 한지 자연 염색, 자연염색의 묘화	유, 초, 중, 고	10,000~50,000원	자연염색박물관 ☎ 053-981-4330 ★ www.naturaldyeing.net ♠ 대구 동구 중대동 467번지
대전	국립중앙과학관 프로그램	주말 과학 교실 방학 과학 교실 목조 건축 과학 교실	초	36,000원 60,000원 100,000원	국립중앙과학관 ☎ 042-601-7894 ★ www.science.go.kr ♠ 대전광역시 유성구 대덕대로 481 국립중앙과학관

지역	프로그램명	프로그램 소개	대상	가격	연락처
부산	반딧불이 체험 (매년 6월)	글짓기, 사생대회, 반딧불이 체험	전체	무료	이기대 공원 ☎051-607-4062 ★ www.bsnamgu.go.kr/index.namgu?menuCd=DOM_000000603004000000 ♠부산 남구 용호3동 산 25
부산	밤의 해저 여행	부산아쿠아리움 관람, 상어투명보트, VR 체험존	초, 중, 고, 성인	25,000~150,000원	부산아쿠아리움 ☎051-740-1700 ★ www.busanaquarium.com ♠부산광역시 해운대구 해운대해변로 266 (중동) SEA LIFE Busan Aquarium
울산	울산 고래 축제	고래 관련 퍼포먼스, 퍼레이드, 고래잡이 재연, 고래전시관 및 공연 관람, 태화강 수상 체험	전체	무료	울산시 ☎052-276-8476 ★ www.ulsanwhale.com ♠울산 남구 돋질로 233 울산광역시 남구청 6층
전라	함평 나비 축제	농경사회문화 체험, 미꾸라지 잡기 체험, 젖소농장 체험, 앵무새 먹이 주기 체험, 나비곤충 퍼즐 만들기	전체	무료~2,000원	함평군 ☎061-322-0011 ★ www.hampyeong.go.kr/butterfly ♠전라남도 함평군 함평읍 중앙길 200
전라	청산 슬로걷기 축제 (매년 4월 개최)	느리게 걷기 체험	전체	무료	완도군 ☎061-554-6969 ★ www.wando.go.kr/tour/attraction/main_tour/Cheongsando_info/experience ♠전남 완도군 청산면
전라	청산 슬로걷기 축제 (매년 4월 개최)	조개공예 체험	전체	3,000~5,000원	완도군 ☎061-554-6969 ★ www.wando.go.kr/tour/attraction/main_tour/Cheongsando_info/experience ♠전남 완도군 청산면
전라	청산 슬로걷기 축제 (매년 4월 개최)	소달구지 체험	전체		완도군 ☎061-554-6969 ★ www.wando.go.kr/tour/attraction/main_tour/Cheongsando_info/experience ♠전남 완도군 청산면
전라	순천 문학관 순천만 역사관	김승옥, 정채봉 문학 이해, 순천만의 과거와 현재	초, 중, 고	무료	순천시청 관광진흥과 ☎061-749-6052 ★ scbay.suncheon.go.kr/wetland/#firstSection ♠전남 순천시 교량동 144번지
전라	청보리밭 축제	보리개떡, 강정, 바람개비, 비누, 초콜릿, 나무공예 목걸이 만들기, 천연 염색	전체	문의	학원농장 ☎063)564-9897 ★ www.borinara.co.kr ♠전라북도 고창군 공음면 학원농장길 158-6 (학원농장)
전라	모양성제 (10월 시행)	모양성을 사수하라 낭만 달빛 극장 조선 순라군 체험	전체	무료	고창군청 ☎063-560-2957 ★ www.gochang.go.kr/tour/index.gochang?menuCd=DOM_000000403004001000 ♠전북 고창군 고창읍 읍내리 126
전라	나침반 체험	전통 풍수나침반 제작 체험	전체	무료	윤도장 전수교육관 ☎063-562-3167 ♠전라북도 고창군 성내면 산림리 304
전라	조각 체험	140여 점의 작품을 전시	전체	입장료: 어린이 1,000원, 어른 2,000원 체험비는 문의	금구원 야외조각미술관 ☎063-584-6770 ★ www.keumkuwon.org/index.html ♠전북 부안군 변산면 도청리 861-20
전라	곰소 천일염 체험 천년의 솜씨 99m	부안마실축제	전체	무료	부안군 ☎063-580-4778 ★ www.buanmasil.com ♠전북 부안군 부안읍 당산로 91(동중리 222-1)
전라	익산 문화재 야행 (8월 시행)	백제 문화 가득한 왕궁 체험	전체	무료	익산시청 ☎063-859-5793 ★ www.iksan-night.kr ♠백제왕궁, 탑리마을 일원

지역	프로그램명	프로그램 소개	대상	가격	연락처
전라	미륵산 자연학교	숙박형 자연 생태 체험 숙박형 농촌 체험	전체	30,000~200,000원	익산시 ☎063-858-2580 ★www.mireuksan.com ♠전라북도 익산시 삼기면 연동리 204 죽청마을
	익산 둘레길	함라산 길 강변포구 길 성당포구 길 무왕길 미륵산 길 용화산 길	전체	무료	익산시 문화관광청 ☎063-859-5436 ★www.iksan.go.kr/tour/index.iksan?menuCd=DOM_000001503006000000 ♠전북 익산시 인북로 32길 1
	전주 한지 박물관	전주 한지 박물관 관람 및 한지 만들기 체험	초,중,고	무료	전주한지박물관 ☎063-210-8103 ★www.hanjimuseum.co.kr ♠전북 전주시 완산구 현무1길 20(경원동3가 14-2) 한국전통문화전당
	전주 한지 문화 축제	전시, 공연, 패션쇼, 학술 행사, 한지 공예	전체	무료	전주시 ☎063-271-2503 ★www.jhanji.or.kr/index.php ♠전북 전주시 완산구 현무1길 20(경원동3가 14-2) 한국전통문화전당
	전주동물원	동물원 체험	유,초,중,고	성인 3,000원 어린이 1,000원	전주동물원 ☎063) 277-5027 ★zoo.jeonju.go.kr ♠전주시 덕진구 소리로 68
	최명희 문학관에서	1년 뒤에 받는 나에게 쓰는 편지	초,중,고	2,500원	최명희 문학관 ☎063-284-0570 ★www.jjhee.com ♠전북 전주시 완산구 풍남동3가 67-5
		전주 발, 엽서 한장		1,000원	
		꽃갈피 만들기		3,000원	
		길광편우		8,000원	
	각종 공연/전시	연중 시행되는 공연과 전시	초,중,고	문의	한국소리문화의전당 ☎063-270-8000 ★www.sori21.co.kr/index.sko ♠전북 전주시 덕진구 덕진동1가산 1-1
	천주교 치명자산 성지	성지 순례	전체	무료	치명자산 성지 ☎063-285-5755 ★www.joanlugalda.com ♠전북 전주시 완산구 대성동 산11-1
	전주 전통 문화관	전통 음식 체험	전체	11,000~20,000원	전주한벽문화관 ☎063-280-7030 ★www.jt.or.kr ♠전북 전주시 완산구 교동 7-1
		장구/소리/탈춤		7,000~9,000원	
		한지 공예		7,000~10,000원	
		칠보/도자기/매듭		7,000~25,000원	
		전통 혼례 체험		7,000~9,000원	
	전주예다원	전통차, 천연염색	전체	문의	전주시 ☎063-228-8218 ★hanokydw.kr ♠전북 전주시 완산구 향교길 106
	선비의 살이 선비의 놀이	밥상머리 교육, 과거길, 호연지기, 안빈낙도	초,중	무료	국립전주박물관 어린이 박물관 ☎063-220-1030 ★jeonju.museum.go.kr/index.es?sid=a5 ♠전북 전주시 완산구 효자동2가 900

지역	프로그램명	프로그램 소개	대상	가격	연락처
전라	전주덕진공원	전주 명물 연꽃 등 생태 체험	전체	무료	전주덕진공원 ☎063-232-6293 ★www.jeonju.go.kr/index.9is?contentUid=9be517a7503a4b6a015063bc141f2be2 ♠전북 전주시 덕진구 덕진동1가 73-48
전라	숲놀이 체험	손오공 코스	10세 이상	6,000원	고산자연휴양림 ☎063-263-8680 ★foresttrip.go.kr/indvz/main.do?hmpgld=ID02030025 ♠전라북도 완주군 고산면 오산리 산43-1
전라	숲놀이 체험	슈퍼보드 코스	10세 이상	9,000원	
전라	숲놀이 체험	저팔계 코스	14세 이상	9,000원	
전라	남원 춘향제	전통 행사, 공연, 춘향시대 체험 등	전체	무료	남원시 ☎063-620-5785 ★www.chunhyang.org ♠전라북도 남원시 광한서로 28 축제상설사무국
광주	영아트 아카데미	실크스크린 창작	초4~6학년	10,000원	무등현대미술관 ☎062-223-6677 ★www.mdmoca.co.kr ♠광주 동구 증심사길 9
광주	전시 교육	전시관 안내와 체험 활동	초4~6학년	8,000원	
제주	체험 프로그램	신화 속 즐거운 인형극 유적지 탐방 향토문화학교 박물관 속 극장	초, 중	무료	제주교육박물관 ☎064-752-9101 ★www.jjemuseum.go.kr ♠제주 제주시 오복4길 25
제주	서귀포 유채꽃 국제걷기대회 (매년 3월 개최)	걷기 대회 체험	전체	12,000원 / 단체(20명 이상) 10,000원	서귀포시 ☎064-760-3320 ★cafe.daum.net/seogwipo-walking ♠제주 중문 관광단지 제주국제 컨벤션센터 북측공원

찾아보기

가나다순

ㄱ
가평 아침고요수목원 |338
가평 자라섬 |310
강릉 경포 & 정동진 |150
강진 다산 유배길 |90
강진 청자박물관 |186
강화 석모도 |314
강화 전등사 |402
거제 전쟁유적지구 |86
거제 지심도 동백길 |66
거제 해금강 & 외도 |118
경주 문무대왕릉 |34
경주 양동마을 |82
경주 역사유적지구 |378
경주 읍천항 |398
고성 학동마을 |230
고창 선운사 |290
괴산 갈은구곡 & 산막이옛길 |254
군산 근대문화유적지 |22

ㄴ
남원 광한루원 |126
남원 바래봉 |154
남해 보리암 & 다랑이논 |58
논산 관촉사 |110

ㄷ
단양 도담삼봉 |38
담양 대나무 숲길 |202
대관령 삼양목장 |166
대관령 양떼목장 |198

ㅁ
무안 회산 백련지 |238
무주 덕유산 눈꽃 트레킹 |42
문경새재 과거길 |170

ㅂ
보령 머드축제 |246
보성 차밭 |158
보은 속리산 & 법주사 |326
부안 변산반도 |218
부여 궁남지 & 부소산성 |258

ㅅ
서산 천수만 간월도 |390
서울 길상사 |74
서울 인사동 & 남산한옥마을 |98
서울 창덕궁 |294
서천 갈대밭 & 동백정 |382
순천 낙안읍성 |190
순천만 갈대숲 |394
신안 비금도 |282
신안 안좌도 |266
신안 증도 |234

ㅇ
안동 하회마을 |262
안산 누에섬 |346
양평 두물머리 |178
여수 영취산 |122
여수 오동도 |62
영동 월류봉 |370
영암 도갑사 |174
영월 선암마을 |46
영주 부석사 |362
옥천 둔주봉 |206
옥천 용암사 |374
완도 청산도 |146
완주 대둔산 |330
울릉도 나리분지 |286
울릉도 행남해안 산책로 |270
울산 간절곶 |14
울산 대왕암 |358
익산 무왕길 |94
인제 자작나무숲 |350
인천 소래포구 |302
인천 차이나타운 |406
임실 옥정호 |182
임진각 평화누리공원 |102

ㅈ
장태산 자연휴양림 |386
장흥 천관산 |342

찾아보기

전주 한옥마을 |366
정읍 내장산 |354
제주 올레길 7코스 |50
제주 우도 & 성산 일대 |78
제천 청풍문화재단지 |114
진안 마이산 탑사 |130
진주 유등축제 |318
진천 농다리 |274

ㅊ

창녕 화왕산 |322
창녕 우포늪 |142
창원 주남저수지 |26
창평 슬로시티 |106
철원 전쟁유적지 |410
청송 주왕산 & 주산지 |222
청원 청남대 |226
청주 고인쇄박물관 |70
청주 대청호 |138
춘천 남이섬 |214
춘천 청평사 |278

ㅌ

태안 신두리 사구 |18
태안 해변길 |306
통영 이순신공원 & 동피랑마을 |54

ㅍ

평창 오대산 |210
평창 장전계곡 |194
포천 명성산 |334
포천 아트밸리 & 비둘기낭 |250

ㅎ

하동 악양 슬로시티 |298
하동 화개 |134
합천 해인사 |30
합천 황매산 |162
해남 땅끝마을 |242

지역별

서울특별시
성북 길상사 |74
서울 인사동 & 남산한옥마을 |98
서울 창덕궁 |294

경기도 & 인천광역시
가평 아침고요수목원 |338
가평 자라섬 |310
강화 석모도 |314
강화 전등사 |402
안산 누에섬 |346
양평 두물머리 |178
인천 소래포구 |302
인천 차이나타운 |406
임진각 평화누리공원 |102
포천 명성산 |334
포천 아트밸리 & 비둘기낭 |250

강원도
강릉 경포 & 정동진 |150
대관령 삼양목장 |166
대관령 양떼목장 |198
영월 선암마을 |46
인제 자작나무숲 |350
철원 전쟁유적지 |410
춘천 남이섬 |214
춘천 청평사 |278
평창 오대산 |210

평창 장전계곡 |194

충청도 & 대전광역시
괴산 갈은구곡 & 산막이 옛길 |254
논산 관촉사 |110
단양 도담삼봉 |38
보령 머드축제 |246
보은 속리산 & 법주사 |326
부여 궁남지 & 부소산성 |258
서산 천수만 간월도 |390
서천 갈대밭 & 동백정 |382
영동 월류봉 |370
옥천 둔주봉 |206
옥천 용암사 |374
상태산 자연휴양림 |386
제천 청풍문화재단지 |114
진천 농다리 |274
청원 청남대 |226
청주 고인쇄박물관 |70
청주 대청호 |138
태안 신두리 사구 |18
태안 해변길 |306

전라도
강진 다산 유배길 |90
강진 청자박물관 |186
고창 선운사 |290
군산 근대문화유적지 |22

남원 광한루원 |126
남원 바래봉 |154
담양 대나무 숲길 |202
무안 회산 백련지 |238
무주 덕유산 눈꽃 트레킹 |42
보성 차밭 |158
부안 변산반도 |218
순천 낙안읍성 |190
순천만 갈대숲 |394
신안 비금도 |282
신안 안좌도 |266
신안 증도 |234
여수 영취산 |122
여수 오동도 |62
영암 도갑사 |174
완도 청산도 |146
완주 대둔산 |330
익산 무왕길 |94
임실 옥정호 |182
장흥 천관산 |342
전주 한옥마을 |366
정읍 내장산 |354
진안 마이산 탑사 |130
창평 슬로시티 |106
해남 땅끝마을 |242

경상도 & 부산광역시 & 울산광역시
거제 전쟁유적지구 |86

454

찾아보기

거제 지심도 동백길 |66
거제 해금강 & 외도 |118
경주 문무대왕릉 |34
경주 양동마을 |82
경주 역사유적지구 |378
경주 읍천항 |398
고성 학동마을 |230
남해 보리암 & 다랑이논 |58
문경새재 과거길 |170
안동 하회마을 |262
영주 부석사 |362
울릉도 나리분지 |286
울릉도 행남해안 산책로 |270
울산 간절곶 |14
울산 대왕암 |358
진주 유등축제 |318
창녕 우포늪 |142
창녕 화왕산 |322
창원 주남저수지 |26
청송 주왕산 & 주산지 |222
통영 이순신공원 & 동피랑마을 |54
하동 악양 슬로시티 |298
하동 화개 |134
합천 해인사 |30
합천 황매산 |162

제주특별자치도

제주 올레길 7코스 |50
제주 우도 & 성산 일대 |78

455

테마별

세계가 인정한 유적지로 가는 여행

신라의 문화유산 속에서 역사를 배우다
경주 역사유적지구 | 378

조선왕조 500년의 역사를 살펴보다
서울 창덕궁 | 294

갈대의 멋과 한산모시의 전통을 만나다
서천 갈대밭 & 동백정 | 382

느긋하게 걸으며 자연의 아름다움에 빠지다
제주 올레길 7코스 | 50

제주의 길을 걸으며 호연지기를 느끼다
제주 우도 & 성산 일대 | 78

세계 최초의 금속활자를 만나다
청주 고인쇄박물관 | 70

소중한 문화유산의 면면을 살펴보다
합천 해인사 | 30

한국의 전통 마을을 찾아 떠나는 여행

세계가 보존해야 할 한국의 전통 마을을 가다
경주 양동마을 | 82

고결한 선비의 노블레스 오블리제를 느끼다
고성 학동마을 | 230

현대와 어우러진 한국의 전통 미술을 보다
서울 인사동 & 남산한옥마을 | 98

조선시대의 마을 속에서 머물다
순천 낙안읍성 | 190

유네스코 문화유산 속을 거닐다
안동 하회마을 | 262

단종의 슬픔이 서린 곳에서 자연을 만나다
영월 선암마을 | 46

생거진천을 돌아보며 선조의 지혜를 배우다
진천 농다리 | 274

전통 사찰을 만나는 여행

한반도 역사의 축소판인 강화도를 걷다
강화 전등사 | 402

인간 세상에서 하늘로 오르는 길을 걷다
고창 선운사 | 290

은진미륵의 미간에서는 촛불처럼 빛이 난다
논산 관촉사 | 110

세조의 발자취를 따라 오리 숲길을 걷다
보은 속리산 & 법주사 | 326

법정 스님의 무소유 정신을 생각하다
서울 길상사 | 74

신령스러운 고장에서 도선국사를 느끼다
영암 도갑사 | 174

부석사의 다양한 문화재를 둘러보다
영주 부석사 | 362

새벽 운해에 휩싸인 산 위에 오르다
옥천 용암사 | 374

소양호를 지나 천년 고찰을 찾다
춘천 청평사 | 278

국내 대표 역사유적지로 떠나는 여행

아름다운 섬에서 옥포대첩의 영웅을 만나다
거제 전쟁유적지구 | 86

군산의 옛 역사 현장 속으로 떠나다
군산 근대문화유적지 | 22

두물머리에서 아침을 맞고 다산을 따라가다
양평 두물머리 | 178

찾아보기

화교들의 삶을 통해 중국 문화를 이해하다
인천 차이나타운 | 406

금수강산을 갈라놓은 군사분계선을 보다
철원 전쟁유적지 | 410

대통령의 별장을 거닐며 꿈을 키우다
청원 청남대 | 226

슬픈 전쟁의 역사 현장을 돌아보다
임진각 평화누리공원 | 102

이순신 장군의 기개를 이어받다
통영 이순신공원 & 동피랑마을 | 54

축제 및 체험이 있는 여행

오토캠핑과 가평 올레길을 함께 즐기다
가평 자라섬 | 310

비색청자의 혼이 머무는 곳으로 가다
강진 청자박물관 | 186

붉은 철쭉으로 물든 산상정원을 거닐다
남원 바래봉 | 154

서해 갯벌이 만든 축제의 현장으로 가다
보령 머드축제 | 246

붉게 타오르는 진달래밭을 오르다
여수 영취산 | 122

벚꽃 흩날리는 청풍호를 누비다
제천 청풍문화재단지 | 114

논개의 충절이 깃든 남강을 음미하다
진주 유등축제 | 318

벚꽃길을 따라 천년차나무를 찾다
하동 화개 | 134

슬로시티에서 머무는 여행

소금과 태양이 있는 자연의 섬으로 가다
신안 증도 | 234

느린 걸음으로 봄 향기에 한껏 취하다
완도 청산도 | 146

전통과 현대가 함께 어우러진 곳으로 가다
전주 한옥마을 | 366

전통이 살아 있는 마을의 돌담길을 걷다
창평 슬로시티 | 106

슬로시티가 주는 느림의 미학을 즐기다
하동 악양 슬로시티 | 298

고궁 및 테마공원에서 즐기는 여행

동화 속 정원의 아름다움에 취해 걷다
가평 아침고요수목원 | 338

춘향을 따라 봄의 광한루를 걷다
남원 광한루원 | 126

연꽃 사이를 거닐며 청아한 사람을 꿈꾸다
무안 회산 백련지 | 238

백제의 역사와 자연의 신비로움을 느끼다
부여 궁남지 & 부소산성 | 258

갈대숲을 걸으며 철새를 관찰하다
순천만 갈대숲 | 394

문무대왕의 왕비가 잠든 곳을 둘러보다
울산 대왕암 | 358

버려진 것에서 새로움을 발견하다
포천 아트밸리 & 비둘기낭 | 250

땅끝, 삼천리 금수강산의 시작점을 가다
해남 땅끝마을 | 242

느긋하게 걸으며 즐기는 걷기 여행

차향 가득한 길에서 정약용을 만나다
강진 다산 유배길 | 90

아름다운 계곡과 옛길을 걷다
괴산 갈은구곡 & 산막이 옛길 | 254

조선시대 선비들이 걷던 과거길을 따라가다
문경새재 과거길 | 170

초록의 차밭에서 맑은 마음을 키우다
보성 차밭 | 158

무왕이 사랑한 도시를 걸어서 둘러보다
익산 무왕길 | 94

해변을 따라 거닐며 솔숲향에 취하다
태안 해변길 | 306

457

맑은 공기가 있는 산으로 떠나는 여행

카르스트 지형이 만들어 낸 최고의 절경
단양 도담삼봉 | 38

드넓은 초록의 목초지를 마음껏 걷다
대관령 삼양목장 | 166

양 떼와 함께 푸른 초원 위를 누비다
대관령 양떼목장 | 198

온통 눈으로 뒤덮인 설천봉에 오르다
무주 덕유산 눈꽃 트레킹 | 42

달빛이 유유히 흐르는 신선들의 마을
영동 월류봉 | 370

자연이 만든 놀라운 지형을 감상하다
옥천 둔주봉 | 206

구름다리 위에서 가을의 정취에 취하다
완주 대둔산 | 330

억새에게 손을 내밀어 자연을 느끼다
장흥 천관산 | 342

환상적인 십리 벚꽃길을 따라 돌탑을 돌다
진안 마이산 탑사 | 130

넘실거리는 억새의 바다 속을 걷다
창녕 화왕산 | 322

신록이 우거진 숲에서 무더위를 이겨 내다
청송 주왕산 & 주산지 | 222

우리나라 5대 적멸보궁 중 한 곳을 가다
평창 오대산 | 210

억새가 만든 하얀 물결의 바다를 걷다
포천 명성산 | 334

숲에서 피톤치드를 만끽하는 여행

푸른 바람이 부는 대나무숲에서 쉬다
담양 대나무 숲길 | 202

귀족의 자태를 뽐내는 자작나무숲을 거닐다
인제 자작나무숲 | 350

숲 속을 거닐며 몸과 마음을 정화시키다
장태산 자연휴양림 | 386

단풍이 물든 길에서 자연의 이치를 깨닫다
정읍 내장산 | 354

초록의 세상에서 마음을 정화하다
평창 장전계곡 | 194

은하수를 따라 흐르던 별빛은 황매산 철쭉 위로 쏟아진다
합천 황매산 | 162

푸른 강과 호수, 바다와 벗이 되는 여행

커피향에 취해 바다를 바라보다
강릉 경포 & 정동진 | 150

사람이 만든 아름다운 자연에서 쉬다
거제 해금강 & 외도 | 118

삼국을 통일한 문무대왕을 생각하다
경주 문무대왕릉 | 34

용암이 빚어 낸 돌꽃의 선율을 만나다
경주 읍천항 | 398

보물섬에서 선조의 지혜를 엿보다
남해 보리암 & 다랑이논 | 58

넉넉한 바다의 품에서 마음이 쉬다
부안 변산반도 | 218

철새들의 낙원을 찾아 떠나다
서산 천수만 간월도 | 390

제일 먼저 해 뜨는 곳에서 소망을 빌다
울산 간절곶 | 14

펄떡이는 포구의 활력 속으로 가다
인천 소래포구 | 302

옥정호 일출의 장관 속에 서다
임실 옥정호 | 182

청정환경이 만든 아침 풍경을 누리다
청주 대청호 | 138

바다 위의 보석 같은 섬을 만나는 여행

서울에서 가까운 섬으로 소풍 가다
강화 석모도 | 314

쪽빛 남해 바다 가운데 붉은 동백섬의 유혹
거제 지심도 동백길 | 66

찾아보기

염전, 고운 모래, 바둑이 있는 섬으로 가다
신안 비금도 | 282

천재 미술가의 예술들이 섬을 그리다
신안 안좌도 | 266

드넓은 갯벌에서 온몸을 치유하다
안산 누에섬 | 346

동백꽃이 만발한 여수의 봄을 만끽하다
여수 오동도 | 62

자연을 벗 삼아 바닷길을 거닐다
울릉도 행남해안 산책로 | 270

울릉도의 원시림 속을 느긋하게 거닐다
울릉도 나리분지 | 286

동화의 나라에서 꿈에 대해 이야기하다
춘천 남이섬 | 214

특별한 천연기념물을 엿보는 여행

태곳적 자연 속에서 자신을 돌아보다
창녕 우포늪 | 142

저수지 위를 날아가는 철새를 관찰하다
창원 주남저수지 | 26

자연을 지키고 가꾸는 법을 배우다
태안 신두리 사구 | 18